U0103094

馮滬祥著

環境倫理學

——中西環保哲學比較研究

台灣學生書局印行

謹以本書紀念

先師方東美教授（1899–1977）

並獻給

師母高芙初教授

獻辭

——中西環保名言

(1)「大人者，與天地合其德。」——孔子

(2)「天地之大德曰生。」——孔子

(3)「不違農時，穀不可勝食也，數罟不入洿池，魚鼈不可勝食也，斧斤以時入山林，林木不可勝用也。」——孟子

(4)「萬物並育而不相害，道並行而不相悖。」——中庸

(5)「天地與我並生，萬物與我爲一。」——莊子

(6)「一切衆生，悉有佛性。」——大般涅槃經

(7)「乾稱父，坤稱母，予茲藐焉，乃渾然中處。故天地之塞，吾其體，天地之帥，吾其性。民吾同胞，物吾與也。」——張橫渠

(8)「大其心，則能體天下之物。」——張橫渠

(9)「山川使予代山川而言也，山川脱胎於予也，予脱胎於山川也……山川與予神遇而跡化也。」

——石　濤

(10)「人類乃是整體宇宙的一部份，然而人們却將其思想與感受，自外於其他部份…我們今後的任務，就在於突破這種拘禁，擴大悲憫胸襟，以擁抱關懷自然一切萬物。」

——大科學家愛因斯坦（Albert Einstein）

(11)「我贊同動物均有其權利，如同人類均有人權一樣。這才是擴充仁心之道。」

——美國林肯總統（Abraham Lincoln）

(12)「上前來吧，帶著一顆同情的心，仔細觀察自然，領略自然的生命。」

——大詩人華滋渥斯（William Wordsworth）

(13)「生態保育，就是保持人與大地的和諧。」

——西方「生態保育之父」李奧波（Aldo Leopold）

(14)「這整個原野，看來如此充滿盎然生意，如此親切充滿人性。即使每個石頭，都看似在傾訴說話，與我們就像兄弟手足一般，息息相關。難怪當我們每思及此，便覺得擁有共同的父母親。」

——美國「國家公園之父」約翰・繆爾（John Muir）

(15)「當悲憫之心能夠不只針對人類，而能擴大涵蓋一切萬物生命時，才能到達最恢宏深邃的人性光輝。」

——「非洲之父」史懷哲（Albert Schweitzer）

⒃「人真正的進步，是慈悲心的進步，其他一切進步都僅是次要的。」

——評論家赫胥黎（Aldous Huxley）

⒄「若論人與自然的倫理系統，我們仍然必需回到中國道家。道家強調萬物有序、無爲、與平衡的觀念，必需加以保存。因爲根據道家，道無所不在，從物理層次、到生理層次、乃至於心靈與精神層次，均普遍貫注大道生命。」

——同上，赫胥黎

⒅「環境危機肯定是今天西方文明最嚴重的問題……西方哲學以往將自然排斥在外，未能將其與真實生活具體結合，形成以往最大的病端。環境倫理學正是改進這最大毛病的機會。」

——名環保學者郝尤金教授（Prof. Eugeue Hargrove）

序言

美國總統約翰・甘迺迪(John F.Kennedy)很早就曾呼籲「及早擴大保育的觀念」，俾能因應「新時代的環境危機」，並為後代「保存綠意盎然的純淨空間」。因此近卅年來。如何提昇環境品質，迎向純淨的廿一世紀，已經成為全球性的共同問題。我國政府有鑑於此，於民國七十六年八月廿二日，成立行政院環境保護署，對環保問題，全力以赴。

然而，全球在加強環保的呼聲中，除了已經重視硬體建設的環境工程外，以往卻忽略了軟體建設——環境倫理的建立，因此，今後應如何正確處理人與自然的關係，從而厚植環保的哲學基礎，提昇環保的精神動力，同樣成為重要的紮根工作。

在一次與馮教授共同應邀參加的演講會上，聽到馮教授談起環境倫理的重要，他並認為中國傳統五倫均以人與熟人間的關係為主，第六倫談「群己關係」，開始擴大到人與不認得人之間關係，但除此之外，還應該注重人與自然萬物的關係，這就可稱為「第七倫」，亦即「環境倫理學」；本人認為深具啟發意義，所以當即委託他進一步研究，並寫成專書，俾能增進環保教育與環保成效。

如今，這本五十萬言的大著果然呈現在國人面前了！馮教授勤奮治學，曾獲多項學術獎。這本「環境倫理學」深具原創作與啟發性，是國內第一本相關著作，同時因為馮教授能夠深入弘揚中國環保哲學，並與西方環保哲學相互比較研究，很能發西方學者之所未發，所以在國際上也是第一本研究「中西比較環保哲學」的著作。

值此環保相關的重要研究著作出版之際，本人由衷期盼；若能因本著作而加強國人對環境倫理的重視，從而導正人與自然應有的和諧關係，則我國環境品質必能及早提昇。另外，國際環保學者若能因本著作而吸收中國哲學的靈感，東西方進而共同合作，更加充實環境倫理的哲學基礎，從而促進環保工作更加成功，那就更何止是一國一族之幸了！

行政院環境保護署
署長　簡又新謹誌
中華民國八十年四月

自序

「人與人」應如何相處，是人類倫理學的重要課題，「人與自然」應如何相處，則是「環境倫理學」的重要課題，這是西方近十年才逐漸興起的學問，卻是今後整體人類命運休戚相關的極重要學問。

「非洲之父」史懷哲（Albert Schweitzer, 1875–1965），曾經語重心長的警惕世人，對於這項重要工作：

「人類已經失去了能力，既不能前瞻未來，也不能防患未然。他將在毀滅地球中同時滅亡。」❶

史懷哲這段話看似危言聳聽，其實卻深具苦心。

卡森女士（Rachel Carson）早在一九六二年就曾出版《寂靜的春天》一書，指出因爲人對自然長期而嚴重的破壞，很多地方連「鳥都不叫」「河都去世」，因而自然必定會「反擊」。❷如今匆匆又已過了將近卅年，放眼全球生態破壞與環境污染的情形，竟然更加惡化，更加複雜，如果人們再不能共同合作，長此以往，史懷哲的預言，恐將眞正不幸而言中！

因此，西方「生態保育之父」李奧波（Aldo Leopold, 1887-1948），很早就曾提醒世人，應視地球爲「同一社區」。唯有人與自然和諧共存，視物我爲一體，在此「地球村」中，人人深具「生態良心」，尊重自然，互助合作，才能眞正開創共同的光明！

這種呼聲充分證明，生態保育與環保的工作，應該超越種族、超越國界、也超越意識型態。此所以即使在蘇俄，也於一九九〇年特別出版一部名著，呼籲世人共同《拯救我們的地球》（Save Our Earth），因爲——「我們只有一個地球」！❸

整體而言，地球需要拯救、生態需要保育、環境需要保護，如今均已經在全球形成共識。然而，另外還有一項更重要的問題，那就是：如何做？

迄今爲止，如何從科技方面加強環保工作，還算比較容易，世界先進國家也有近廿年的經驗。然而，如何從學理方面加強環保的哲學基礎——「環境倫理學」，俾能深植人心，賦予環保工作更爲深厚的動力，至今卻仍然是一門亟待開發的新學問。

西方很多環保人士，均能瞭解此中問題的重要性與迫切性，因而近年來，一直在努力摸索中。但是因爲西方傳統哲學，長期以來缺乏環保精神，甚至一直以征服自然、破壞環保爲主流思想，因而，這在西方等於要重新建構環保哲學，一切從頭開始，極爲辛苦與艱難。所以，雖然他們有相當敏銳的省思與環保心得，但至今卻仍然很缺乏深厚而完備的環境倫理學。

相形之下，中國哲學卻深具環保的思想傳統，不但對於人與自然的關係，一直肯定應以和諧互助爲主——不像西方多半只以征服自然、役使萬物爲主，而且一直肯定「天人合一」、「物我合一」，乃至於「合天地萬物爲一體之仁心」。像張載《西銘》更肯定應以孝敬父母的心情善待地球，此其所謂「乾爲父，坤爲母」，堪稱最早也最高明的「地球環保哲學」。凡此種種豐盛的環保思想，在中國傳統哲學內比比可見，因而，也正是當今建構全球性「環境倫理學」的最佳借鏡。

尤其，中國哲學不論儒、道、釋，或新儒家，均共同肯定大自然中萬物含生、物物相關，而且旁通統貫、圓融無礙，因而形成了深值重視的「機體主義」（Organicism）。這種「機體主義」的環保精神，也正是當今西方環保人士所夢寐以求的共同理想！

所以，綜合而言，中國哲學深具環保的深厚傳統，而當代西方又深具環保的實務經驗，兩者各有千秋，因此，今後如何透過比較研究，促使兩者互通有無，加強合作，共同爲東西方全人類開創光明，乃成爲極爲重要、也極爲迫切的神聖工作！

筆者懍於此中工作的重要性與緊迫性，所以不揣學淺，特別以此專題，做爲近年研究重點，先在國立中央大學哲學研究所開設相關課程，並將授課講義整理成書，以期本書能成爲國內第一部完整的《環境倫理學》著作，並能透過中西比較研究，弘揚中國環保哲學的特性，促進國際學界的應有重視。

所以本書架構，係先做整體性的評論，因而在第一與第二章，分論「環境倫理學的現代意義」，以及「環境倫理學的基本問題」。然後從現代眼光申論中國環保哲學，所以在第三、四、五、六章，分述儒家、道家、大乘佛學、與新儒家的環境倫理學。緊接著再評論西洋環保思想，因而在第七、第八章分述西洋傳統與現代環境倫理思想的特性。最後則以整體性與前瞻性眼光，在第九章總論「今後環保運動的方向」。

扼要而言，本書宗旨，在於結合中國傳統哲學與現代環保問題，以期貢獻棉薄心力，建構東西方均迫切需要的環境倫理學；並從中西哲學的比較研究，評述西方環境思想之優點與缺點，做爲今後東西方互補互濟的重要參考。

唯因個人才疏學淺，所以仍祈各界高明能不吝指正，多多賜教。若能因爲本書的拋磚引玉，而更開啟仁人志士對「環境倫理學」的研究風氣，從而增進今後環保工作與功效，則何止是一人一地之幸而已！

美國「國家公園之父」約翰・繆爾（John Muir, 1849-1914）有一段名言，極爲中肯：

「大自然對人心，不但可以治癒，也有鼓舞與激勵人心的功能。」❹

此所以美國老羅斯福總統（Theodoe Roosevalt,1859–1919），在其自述文中，就曾經明確提到，熱愛大自然，對其一生「心中的欣悅，具有無窮的助益！」❺

另外，印度聖雄甘地❻（M.K. Gandhi,1869–1948），也曾經極爲中肯的指出：

「一個國家的道德是否進步，可以從其對動物的態度中看出。」

凡此種種，均可看出，人們對自然與萬物是否能夠尊重，正是今後衡量一個國家道德是否進步的標準，也是衡量今後整體人類文明程度的標準，此中影響，實在既深且遠，人人均不能再予輕忽！

因而，深祈本書之作，多少可以喚醒人心：重新親近大自然，尊重大自然，從而保護大自然，眞正促使人與自然能夠和諧共進。如果人人均能有此體認，重新省思人對自然的應有態度，進而以尊重生命的心境愛護大自然，那何只是自然之幸，同樣是人類之福！

本著作之完成，承蒙行政院環保署簡又新署長的熱心策劃，以及學生書局的推動印行，謹此特表由衷謝忱；全書經由中央大學哲研所三位研究生石慧瑩、朱柏熹、與游惠瑜的費心整理與謄稿，也應在此特表感激之忱。

先師方東美先生學貫中西，一生以弘揚中國哲學爲己任，尤其以對弘揚中國哲學「機體主義」的貢獻極大。所以筆者在撰寫本書時，經常念及方師的風範與教誨，對其多年的督促與期勉，尤其念茲在茲，不敢或忘。謹以本著作之完成，敬獻方師在天之靈，以示心中永懷紀念之忱。

另外，方師生平專心學術工作，有關生活起居均由師母照料，方師母高芙初教授不但本身在台大等校作育英才很多，而且含弘厚重的坤德，正是中國所說「大地如慈母」的最佳精神典範，多年以來，同樣深受各期學生的共同敬重。本書印行之際，方師母已逾八旬高齡，仍然因纏病長期住院中，所以，也謹以本書強調回饋大地的拙作敬獻給方師母，以示心中眞誠致敬之意。

是爲自序。

中華民國八十年三月廿七日

【附註】

❶ 參見Rachel Carson名著，《寂靜的春天》（Silent Spring），Houghton Mifflin Co., Boston, 一九八七年印行第廿五新版，扉頁。

❷ 同上書，尤其可參考第八、九、十五章。

❸ Mikhail Rebrov, "Save Our Earth", tran. by Anatoli Rosenzweig, Mir Pubhsihers, Moscow, 1990, pp. 168-175

❹ Peter Browing (ed.) ," John Muir In His Own Words", Great West Books, Ca. 1988,p. 64

❺ Theodore Roosevelt," Wilderness Wri tings, "Gibbs M Smith Inc, Salt Lake City,1986, p. 292

❻ Wynne-Tyson," The Extended Circle", Paragon House, N.Y.,1989, p. 92

「環境倫理學」
——中西環保哲學比較研究

目錄

序言……簡又新……一
自序……一
第一章　環境倫理學的現代意義……一
緒論……一
第一節　解決經濟發展的副作用……三
第二節　建立中國文化的第七倫……一六
第三節　改進西方傳統的自然觀……三〇
第四節　弘揚中國哲學的自然觀……四四

第二章　環境倫理學的基本問題……六三
緒　論……六三
第一節　環境倫理學的研究主題……六四
第二節　環境倫理學的中心思想……八八
第三節　環境倫理學的應有共識……一一五
第三章　儒家的環境倫理學……一四三
緒　論……一四三
第一節　對自然的理念……一四五
第二節　對萬物的看法……一七〇
第三節　對衆生的態度……一九〇
第四章　道家的環境倫理學……二一九
緒　論……二一九
第一節　對自然的理念……二三四
第二節　對萬物的看法……二五三

第三節　對衆生的態度……二七六

第五章　中國大乘佛學的環境倫理學……三一三

緒　論……三一三

第一節　華嚴宗對自然的看法……三三六

第二節　華嚴宗對萬物的看法……三五九

第三節　華嚴宗對衆生的態度……三八〇

第六章　新儒家的環境倫理學……四〇九

緒　論……四〇九

第一節　新儒家對自然的理念……四一四

第二節　新儒家對萬物的看法……四四一

第三節　新儒家對衆生的態度……四六八

第七章　西方傳統的自然觀……五〇一

緒　論……五〇一

第一節　上下二分法……五〇五

第二節　神人二分法……五二四
第三節　心物二分法……五三四
第四節　主客二分法……五四三
第五節　科學唯物論（Scientific Materialism）……五五〇
第六節　機械唯物論（Mechanical Materialism）……五五八
第七節　價值中立論（Axiological neutralism）……五六八
第八章　西方當代環境倫理思想……五八九
緒　論……五八九
第一節　對自然的理念……五九九
第二節　對萬物的看法……六二三
第三節　對衆生的態度……六四八
第九章　今後環境保護的展望……六八一
緒　論……六八一
第一節　環保的兩難問題與解決之道……六八二
第二節　環保應有的立場與原則……六八九

第三節　環保應有的素養與共識……七一一
【附錄】英文參考書目……七三一
【附錄】本書作者著作……七三五

第一章 環境倫理學的現代意義

緒論

環境倫理學（Environmental Ethics）是西方很新的一門學問，其崛起的根本原因，在於經濟發展到相當程度後，發生了很多副作用—諸如對生態的各種破壞，對環境的各種污染，對地球的各種傷害…等等，不一而足，目前更已經到了令人怵目驚心的地步。

因此人類應該如何對待自然？如何看待萬物？人與環境之間，如何才算是「善」的態度？凡此種種，便成爲很重要的一門課題。這種把「倫理學」應用在環境問題的學問，便稱爲「環境倫理學」。

我國因爲正進入經濟的已開發國家，爲了及早面對環境問題，防患未然，很需要大力推廣「環境倫理學」，並促使環境保護與經濟建設能夠平衡並重。唯有如此，才不致重蹈西方國家覆轍，也才能及早建立全民環保的觀念與習慣。因爲，環保工作是一項典型「今天不做，明天就後悔」的工作！

尤其，西方國家之所以產生環保問題，主因之一，即在其傳統哲學慣常以「征服自然」的思想立身處世，並且常以「二分法」的對立眼光看待人與自然。因此現在開始出現了種種惡果，這才有所後悔與省思。

然而在中國，長久以來，均以「天人合一」爲深厚傳統，強調人與天地萬物本爲一體，所以很能兼天地、備萬物，深具「尊重自然」的仁心，也極具「萬物含生」的慧見。只是因爲近代以來很多地方崇洋媚外，盲目仿效「科學主義」，反而漠視這種民族固有美德。所以今後，非常需要重新復興這種傳統美德，並充份結合現代社會需要，以弘揚其中發人深省的時代意義。

因此，本文之作，就在根據西方國家當代的環保經驗，分析其近年來環境倫理學的緣起與理念，並發揚中國傳統環境倫理的現代意義，以增補西方之不足，俾對今後整體人類一不論東方或西方，能夠提供完整的「環境倫理學」貢獻。

換句話說，西方傳統哲學對於「環境倫理學」，雖有其心，卻乏其力一因爲三千年來，均缺乏此等保護環境的傳統。例如從希臘哲學起，即爲上界、下界二分，漠視此世，到了基督神學，則爲人神二分，並認爲此世的動物、植物，基本上爲神所賜給人類的食物。到了近代科學唯物論與機械論，尤其只從唯物或機械眼光看自然界。所以雖然當代西方有心之士也很想重建環境倫理，然而只能從零碎的經驗或個別的教訓中，陸續摸索出一些思索原則，但從整體而言，卻缺乏體大思精的哲學架構爲後盾。

反觀中國文化，不論儒、道、釋、或新儒家，都一直具有深厚的環境關懷與「尊生」傳統。只不過因爲清末以來國勢衰微，一衰百衰，導致盲目倣效西方，也以征服自然爲能事，卻忘掉了民族固有的獨特美德，因而成爲另一毛病—本來有力，近代卻無心。

所以放眼今後世界環保運動，亟待中西方有識之士，共同根據中國傳統哲學內豐富的寶庫，充份開發其中高明精闢的環境倫理思想，並且密切結合現代環保問題的需要，然後才能眞正達到東西方攜手合作，共同爲「地球村」創造更光明的遠景！

因此，本章將針對下述重點，分別申論環境倫理學的現代意義：

第一：解決經濟發展的副作用。

第二：建立中國文化的第七倫。

第三：改進西方傳統的自然觀。

第四：弘揚中國哲學的自然觀。

第一節　解決經濟發展的副作用

所謂經濟發展的副作用，代表先進國家充分工業化之後所產生的問題。其中最主要的就是各種環境問題—包括各種生態保育、污染公害、以及破壞地球、影響大氣……等等。這些問題都是幾千年以來，以往農業社會從來不會出現的問題。所以它第一個特性，便是「工業化」（industrialization）以後，首先面臨的副作用問題。

本來早在一九四八年，西方環保學者李奧波（Aldo Leopold,1887-1948）即已發表其著名的《大地倫理》（The Land Ethic）一文，後世並尊稱他爲「生態保育之父」，只是當時並未受到世人普遍重視。直到近廿年來，美國才開始有更多專著，呼籲重視環境倫理的問題。

這種趨勢到了最近十年，更加受到各界重視。歐美各大學研究環保的論文或期刊，也愈來愈多。像喬治亞大學還發行了專門季刊：《環境倫理雜誌》（Journal of Environmental Ethics），可說是環境倫理學第一部普受重視的期刊。

除此之外，國際間很多著名的大學都開始紛紛出版專門著作。可見環保問題愈來愈受到關切。只不過在國內來講，目前仍然在剛開始階段。今後重要的課題，乃是如何「站在前人的肩膀上」迎頭趕上，並且根據中國本有的環保哲學，能夠後來居上。

扼要來講，西方當代對環保的工作經驗，有成功的，也有失敗的，其學理有高明的，也有不足的，我們都應該持平分析。更重要的是，應透過對中國傳統哲學的發揚，進行擷長補短的比較研究工作。

例如，西方傳統哲學對於保護環境、尊重自然的觀念，並不多見。反倒從希臘到近代，通常把自然視爲征服的對象，而不是愛護的對象，所以在發展科學與經濟上固然很有成就，但同時也造成了生態與自然環境的大量破壞。這種現象正如老子所說：「禍兮福之所倚，福兮禍之所伏」（道德經五十八章），其中不但福禍相倚，得失也是相倚。

換句話說，西方開發工業與經濟發展的副作用，造成自然各種環境大量受損與污染公害，這些回過頭來又爲害人類的生命品質，也影響全球的生態平衡，並且還爲害到今後世代子孫的居住環境！用佛學的話說，不但有「現世報」，還有「隔世報」，更有「世世報」！眞可說是「善有善報，惡有惡報，不是不報，時候未到！」這句佛學名言應用在環境問題上，尤爲眞切傳神！

因此，今後人類救贖之道，唯有及早警覺：「我們只有一個地球，」因而全球人類，應不分國籍，不分種族，共同以做爲「地球村」的一員村民自勉，並且共同攜手合作，加緊維護環境。否則人類不斷自作孽的結果，只有像孟子所說：「天作孽，猶可違，自作孽，不可活！」[1]

所以此時，根據中國哲學的仁心與慧心，人類就應跳出本身自我中心的觀點，眞正擴大胸襟，從「大其心」的仁者情懷善體萬物。然後才能看出，一切萬物其實均自有其內在的生命意義與價值，不論表面多卑微，也自有其平等的生命尊嚴，不能任意加以抹煞。

這也就是說，大自然中，不論天上飛的、地下爬的、水中游的、一切大小生物，均應有其平等而獨立的生命價值，因而均應加以尊重。正如同不論是白人、黃人、紅人、黑人，男人、女人，不分膚色，不分性別，均有其平等的生命價值，因而不能有任何歧視或藐視。擴而充之，甚至一切頑石、荒野、惡地，也均有其生命與感覺，此即中國所謂「無情荒地有情天」，用佛學的話說，正是「無情有性」—看似無情，其實均有生命在內。

這些深刻道理，如果只從西方十九世紀的科學唯物論或機械論來看，便認爲很不通，但若能從當今更新更高明的「生命科學」（bio-centric Science）、「價值科學」（axiological Science）、或「深度生態學」（deep ecology）來看，則完全能夠相互會通。由此也可看出，中國傳統環境哲學與西方最新高度科學很能契合相符之處。

我們若以西方「生態保育之父」李奧波的一首小詩〈草花〉來看，便可深深體會其中的仁者胸懷與智者慧心，並與中國哲學很能心心相印：

草花[2]

在幾個星期內，
草花，這最小的草花，
會以小小的花散滿每一處沙地。
兩眼望天而希望春天來臨的人，
從未看到如草花這麼小的東西，
兩眼下垂而對春天失望的人，

不自知的把它踏在脚下。
而用雙膝跪在泥地上去尋求春天的人，
　則會找到很多。
草花祈求也得到了，
少量份內的温暖和舒適。
它生存在人家不要的殘餘時間與空間。
植物學的書上，
有兩三行提到它，
但從未有一張描圖或畫像。
更大而更好的花認爲太貧乏的沙地，
太弱的陽光，對草花已經夠好了。
　到底它不算是春花，
只是一個希望的附筆而已，
草花不會動人心弦。
　它的芬芳，假如有的話，
也在大風中消失了。
它的顏色是純白的，

它的葉子上有一層務實的絨毛。
沒有東西會去吃它：

它實在太小了。
沒有詩人去歌頌它。
有位植物學家給了它一個拉丁學名，
然後又忘了。
雖則它並不重要—只是一個小生物，
但把一件小事做得又快又好。

這首詩，很生動的描繪出，草花雖然渺小，「但把一件小事做得又快又好」，這就是充份肯定了，小花也有其生命的尊嚴與價值，只要它能全力以赴，把其小生命的內在潛能充份完成，就足以發揮昂然燦爛的生命之光。這種慧心，正是促進生態保育最重要的心靈！

另外印度詩哲泰戈爾也曾特別以詩品的型態指出，「一枝草，一點露，一朵花，一天堂。」此中的溫馨精神，同樣深值世人體認：千殊萬異的花形，千差萬別的姿態，其實都是一樣完整的生命：[3]

「一枝草、一點露，一朵花、一天堂」

只要你曾經探索過生命的奧妙，
只要你曾經對一枝小草彎下高傲的身軀，
只要你曾經對一朵小花追問其美麗的源起，
你就會明白，
在俯仰行坐之際，我們原本有多少機會讚嘆這個世界，
有多少機會目睹生命極致的展現。

路邊隨意迎風的酢漿草花，嫩黃的容顏，不彷彿是對天地謙卑鄭重的獻禮？
或者，出來看看蒲公英如何爬遍原野，在風中歡送那細白白的子孫；

抬抬頭，望那青山深處，有空谷幽蘭靜吐清芬：
我不能從這春天的富麗裡送你一朵花，
我不能從天邊的雲彩裡送你一縷金霞。
打開你的門眺望吧。

從那繁花盛開的大花園裡，
收集百年前消逝花朵的芬芳記憶。

我們從上述詩文中，明顯都可以看到一種「以生命為中心的自然觀」，這些都正是尊重生命、關愛自然的絕佳作品，也正是以詩篇表達生機橫溢的「機體主義」。這種「萬物含生」的機體哲學，正是中國哲學的重要通性，由此更可看出，東西哲人心靈相符之處，深值今後東西方共同弘揚。

事實上，對一朵小草花，不只從詩人心靈來看，深具生命意義，即使從生態學的循環論來看，在「自然消長」（Succession）的重要程序中，也深具「先驅植物」（Pioneer Vegetation）的意義。❹

例如，海濱的水芫花、馬鞍藤等，具有定砂護岸的功能，在水岸的莎草科、薑科植物，在岩壁邊的禾草、蕨類等，也均有其重要的生態價值。因此，「野花」並非「雜野」的花，而是著生於「自然環境」的「原生」植物。由此充份可見，不論從詩人心或生態學來看，任何小野花，均有其不可抹煞的生命意義與價值。我們對小小野草花尚且不能輕忽其生命，如果以小看大，更可看出對整個大自然萬物生命，更應何等尊重與愛護了！

美國著名的環保學家約翰・繆爾（John Muir, 1838-1914），一生倡導森林保育與國家公園，他早在一八七六年即敦促美國頒布森林保育政策，在大英百科全書上，並被尊稱為「

美國國家公園之父」。其最膾炙人口的成就，便是呼籲成立了美國加州「優勝美地」（Yosemite）國家公園，在一八六四年成爲世界第一個州立公園，並在一八九〇年繼黃石公園成爲世界第二座國家公園。

繆爾有一個觀念很重要，那就是，他認爲山嶺公園與保留地乃「人生所必需」，不僅是森林及河流的泉源，也是人類「生命的泉源」。尤其，在現代社會緊張與枯燥的工作心情下，他更極力主張，人人必須回歸自然，才能重新恢復生命活力。這可說是爲老子的名言「歸根復命」，做了最爲生動的詮釋。像他下述一段話便甚爲發人深省：

「數以千計身心疲憊、神情緊張、過度文明化的人們，開始發現，爬上高山就是回到家中。他們發現原野很有必要存在，還有山林公園以及保留區，不僅是森林與河川的泉源，更是人類生命的泉源。」[5]

另外，繆爾也曾明白指出，回歸大自然的重要功能，對於緩和經濟快速發展的副作用，具有相當貢獻：

「每一個人除了需要麵包，也需要美景，需要地方玩耍，也需要地方祈禱，因此大自然對人類身心，不但可以治癒，也有鼓舞與激勵的功能。」[6]

在《我們的國家公園》一書中，繆爾更明白強調，「我已盡力表達原野山林保護區和公園之悠美與壯觀，以及它們的用途，希望大家來重用它們，讓它們深入大家的心靈深處。」❼

在這一段中，特別值得注意的是，繆爾能夠看出，原野山林之美，可以「深入大家的心靈深處」，相互融攝，這就充分肯定了大自然與人們心靈能夠氣息相通、心心相印，這種慧心可說與中國莊子哲學「與天地並生，與萬物為一」，在精神上完全可以不謀而合。

除此之外，當繆爾在奧林匹克島風景區宿營時，也曾寫下如此感想：

「當一個人獨處於這些寒林中時，寂靜立即令人感到敬畏與莊嚴，每一片樹葉似乎都在說話。個人與自然如此地接近，對美之愛慕便油然而生。這種感覺若在帳幕隔離中，是不可能發生的。」❽

其實，這種人對自然親近後的感覺，不只在帳幕的隔離中不可能產生，在現代都市生活的隔離中也不可能產生。而這一項毛病，正是現代社會在工業化、都市化後的嚴重副作用。這種有形的「隔離」，也正是造成心理上無形「疏離」（alienation）的最大主因，深值大家警惕與改進。繆爾在此提倡的回歸自然，也正是對治此一文明病的重要良方。

此所以先總統 蔣公很早就倡導，在現代化生活中，除了應注意「鄉村都市化」外，也應同時注意「都市鄉村化」。唯有如此，才能眞正做到經濟建設與環境保護能並重，也才能做到人與自然的親近和諧。

這也正是西方學者所期盼的「永續性開發」(sustainable development)的觀念。

事實上，在繆爾的觀念中，很早就有「人與自然合則兩利」的體認。所以他曾強調：「住在加州山谷的人們與生在山中的樹木，兩者的福利是相連的。」其中的理由很簡單：森林能保持土壤及水份，一旦樹木被濫砍，山坡水土就會流失，因此可能導至山谷的水災。[9]繆爾在將近一百多年前，就有此遠見，的確很不容易。難怪舊金山「紅森林」(Red Woods)保護區即專門命名爲「繆爾森林區」(Muir Woods)，由此也可看出美國有識之士在環保上的苦心。這些苦心與遠見，都是深值我們重視與借鏡之處。

除此之外，美國「原野法案」在一九六四年的草創人史提格勒(Wallace Stegner)也曾指出，原野對美國現代人民而說，是「美國歷史開拓下的寶貴遺產」[10]，因爲它也提醒美國人民，「其先民是如何建立了其國家與民族」[11]，這是他認爲大自然應被保護的另一項重大理由。這就更超越了民生利益，而進入了人文歷史以及愛國精神的領域，同樣深值重視。我們若能由此來看保護長江三峽，那就更具重大的人文與歷史意義，俾能爲中華民族留下重大的寶貴遺產。凡能有此眼光的有識之士，便絕不會輕易以水壩計劃去破壞三峽的古風與景觀。

所以，當代西方另一著名環保學者狄爾丹（P. Dearden），說得非常中肯：

「人類對原野的看法，不應該只是爲了遊憩娛樂，而應該藉此去體會祖先們當年墾荒所付出的心血，以激發人們效法先烈的精神。」⑫

所以，即使從這一點來看，無論在世界那個角落，保護原野都已經變得愈來愈必要。因爲，人類與祖先之間的距離，已經越來越遠了！

除此之外，繆爾對自然的愛，更還有一份「美的宗教」情懷，此所以他盛讚優詩美地公園各種美景時，不禁讚嘆說道：「在這兒，上帝總是把祂的力量發揮得淋漓盡致。」⑬此中心境，肯定大地山水之美，均在表現上帝造化神功，可說便與中國山水詩畫極爲接近。繆爾認爲「上帝從未創造醜陋的山水，所有陽光照耀之處都非常亮麗悠美。」⑭，更與道家藝術精神非常相通。

另外，繆爾對生命靈魂的神聖性也深爲重視，所以他曾特別強調：

「美與自然愛，只能在靈魂從恐懼、功利主義、及卑鄙中再生時，才能看到。」⑮

事實上，今天很多地區快速工業化的結果，不但造成了功利主義的暴發心態，也造成了心靈的鄙陋以及對生活環境的恐懼。所以愈在此刻，我們愈需充份發揮繆爾所說的「美與自然愛」。由此例証，更可看出，環境倫理學對救治現代文明病，有多大的功能及作用！

事實上，上述種種環境保護與回歸自然的呼聲，在西方仍然算是近代非常新的發展，但在中國卻本是非常淵遠流長，因而中國傳統哲學在此可以有很大的貢獻。

以往總有人誤以爲，中國哲學講「天人合一」會妨礙科學，殊不知若能眞正了解天人合一的精義，不但並不會妨礙科學，而且能同時促進科學發展與環保工作。

因爲，中國哲學所謂「天」，並不是指物質性的天，而是指義理性的天，或象徵性的天。代表人要效法天的創造精神，一方面可以開物成務，理性的發展科學與經濟，二方面又可以天人合德，和諧並進，這就足以防範經濟快速發展與「科學主義」的副作用。

所謂「科學主義」，就是認爲科學爲唯一眞理，奉「科學」爲新的上帝，而否定一切精神價值。這可說是西方從十九世紀到廿世紀中葉的流行思潮。因其明顯貶抑人文與社會科學的研究，也抹煞了藝術精神與宗教情操，所以其結果不但貶抑了人類生命的尊嚴，也破壞了自然萬物的生命尊嚴，更造成今天全球世界性的環保與生態危機。

所以今天我們痛定思痛，仔細反省，便知科學誠然重要，但人文、社會、藝術、宗教更不能偏廢，今後唯有平衡發展，和諧並進，才是整個人類之福，也才是大自然之幸。

因而，在這最新的趨勢下，中國哲學「天人合一」的環境觀，便深具重要的現代意義與貢獻。今後深值我們由此中國哲學傳統中，擷取「人與自然」相處的深厚智慧，以切實弘揚「第七倫」的現代精神。

第二節　建立中國文化的第七倫

台大地理系教授張石角在分析「天人之際」中，曾經提到：

「西洋人看到我們隨意糟蹋自然環境，製造公害的行爲，歸咎於儒家五倫之外，別無規範人與自然關係的這一倫所致。」⓰

該文後來進一步評論：「這是沒有依據的即興式說法，因爲在西洋哲學體系中，不見得能找到這六倫，即以影響西方文化至鉅的聖經，其創世紀所記載的人與自然的關係，就存在著矛盾。」

筆者認爲，張教授的分析相當中肯。不過，值得補充的是，西方以往哲學體系，非但不見得能找到人與自然和諧相處的傳統，而且還充斥著相互對立的例証，本書在以後各章會專門對此討論。在本章所要強調的是，中國哲學以往雖然名義上只列出五倫，但在本質上卻深具豐富的環保傳統，肯定人與自然應和諧互重之道。

然而，這一傳統在順序上，並不是儒家的第六倫—因爲第六倫應屬「人與群體」的「群己關係」，在第七倫才算是「人與自然」的關係。這不但在儒家傳統中，一向有精闢、深厚的尊生思想，另外在其他道家、佛學乃至新儒家，都是淵遠流長的共同特性。只不過因爲以往還是農業社會，未曾面臨如今工業化的環境危機，因而未曾充份彰顯而已。

所以，今後吾人努力之道，便應一方面將儒家傳統的五倫內容，弘揚其各倫的現代意義，不能泥古不化；二方面更應進一步加以增補，將以往隱而未顯的精神特色，明確增訂爲新的各倫，不能劃地自限。唯有如此，儒家思想才能更加週全，也更有活力，並能充份因應現代社會的需要。

這種方法——深入傳統優點，發揚現代意義，其重要精神正如同「解釋學」（Hermeneutics）的方法，在扣緊「意義感」（Sense of meaning）並加以發揮。唯有如此，從傳統思想中勾勒出深具現代意義的部份，加以弘揚光大，才能「勾深致遠」，一方面促使儒家傳統日新又新，永保生命的活力，二方面也能激勵儒家思想精益求精，足以解決現代的問題。

以上即根據此等精神，闡揚中國傳統各倫的現代意義，並進而申論「第七倫」—環境倫理學的重要內容。

扼要來說，中國文化從孟子〈滕文公〉所明確揭示的前五倫，均以「人與人」之間的關係爲主，以下即先分別闡述其現代意義。

其中第一倫原爲「君臣有義」，如今便應轉化爲人民對國家應有的忠義精神。第二倫原爲「父子有親」，如今也應擴大範圍，包括母子在內，成爲親子間應有的倫常。第三倫原爲「夫婦有別」，今天也應擴大爲「男女」兩性之間應有的互諒之道。第四倫爲「長幼有序」，今天也可擴大爲「手足」之間應有的相互扶持，包括兄弟姊妹均在內。第五倫原爲「朋友有信」，今天同樣可以擴大爲一切道義之交的互信互助。

所以，綜觀中國傳統這五倫，只要今後能充份發揮其現代意義，結合現代實際問題，形成一種「創造性的轉化」（Creative transformation），便極具重要的時代功能，足以成爲重要的智慧泉源與導正力量。

例如原先第一倫的君臣關係，雖然今天已經沒有君主，但卻仍有國家，因此原來忠於「君」，只對個人效忠，今天便應轉化爲忠於國家、忠於人民、忠於工作，而不能說因爲沒有君，便連「忠」也不要了，這也正是當今極重要的國家觀念與愛國精神。

再如第二倫的父子關係，到今天便應擴大爲父母親與子女的關係，連同母親、女兒均在內。尤其父母對子女，不應再是權威式的關係，而應是相互親切的溝通。事實上，在孝經裡，孔子曾經明白強調「子不可以不諍」，並且明白指出「子從父令，焉得爲孝？」充份可知他本身是很理性的開明作風，絕不同意盲目服從爲孝。只不過後人扭曲，有些硬用權威主義強加說明「孝」，並認爲「移孝作忠」，形成政治上的權威主義，造成韋伯（Max Weber）誤以爲孝即是「盲目服從」[17]，但若究其根本，正本清源，便知絕非孔子的原意。

再如第三倫的夫婦關係，今天也應擴大爲兩性關係，所謂「夫婦有別」的「別」，並不代表性別歧視或差別待遇，而代表應尊重兩性在生理與心理上的不同，從而產生同情的瞭解，而不要強求與己相同。事實上，當今很多家庭與感情的破裂，都是因爲兩性互相不夠瞭解與尊重，不能設身處地爲對方來著想。所以在此處所謂的「有別」，便是應瞭解對方的不同，並能充份尊重，不要勉強對方改變，否則必然產生衝突。唯有如此，互諒互重，才能在平等相敬的基礎上和諧並進。

另外，再如第四倫的兄弟關係，現在應擴大爲兄弟姐妹的親情關係。尤其中國此一傳統，很能補足社會救濟與社會福利之不足。這種工作在西方通常由政府當做例行公事在做，但在中國則由家族手足相互扶持。往正面意義而言，便更具温馨的現代功能。西方近年奧斯卡最佳影片「雨人」（Rain Man），也在弘揚此等親切的手足之情，充份可見東西方已共同重視此一珍貴親情，深值繼續提倡。

另外，第五倫所講「朋友」關係，也是如此。儒家所謂「友直、友諒、友多聞」，代表眞正的朋友，很能彼此激勵上進，規過勸善。有很多叛逆性強的人，不一定聽父母的話，也不一定聽老師的話，卻往往能聽朋友的話。所以這種道義之交互信互勉，足以化解現代社會很多心靈空虛、與性情孤癖的毛病，仍然深具重要的現代意義。

以上是扼要申論中國傳統五倫的現代意義，我們可以看出，經過「創造性的轉化」後，不但不會迂腐，而且更能深具重要的現代功能與貢獻。

然而，如果只有這五倫，面對今天工業化與民主化的現代社會，便明顯已經有所不足。

所以，爲了因應現代民主社會的需要，首先便應增補第六倫「群己關係」，亦即「個體」與「群體」的關係。

事實上，這「第六倫」是由先總統　蔣公所提，再由李國鼎先生進一步引申，主要是規範個人與群體之間的應有關係。嚴復先生中譯穆勒（John Mill）的《論自由》（On Liberty）爲「群己權限論」，正是此中精義。這也是民主社會中，每一公民最重要的基本素養。

尤其，中國從前五倫講的內容，都是人與熟人之間的關係—包括自己的上司、父母、兄弟、妻子與朋友，然而對於不認得的人（亦即「群體」），應如何正確相處？並未明確納入這五倫。但這卻是現代民主社會「守分寸、識大體」很重要的風度。更是全民對公德心應有的共識，所以深值闡論與力行。

換句話說，一部份國人常常只對認得的人講人情、講禮貌，但對不認得的人，卻不知禮讓，也不太注意應有的公德心。因而「個體」與「群體」之中，便亟待建立應有的分寸。

其實，中國哲學以往也早已有此精神，只是没有特別闡揚其現代意義。像孔子講「仁者愛人」，並不是只愛自己認得的人，而是普遍的愛人—包括認得的人，以及陌生的人。人人若能有此精神，自然能同時爲他人著想，成爲現代民主社會的好公民。再如孔子所說的「克己復禮」，如果人人均能有此素養，自然也都能自我節制，嚴守本分，認識大體，形成眞正「富而好禮」的現代社會。

因此，以上第六倫講的內容，可說是針對現代「民主化」社會應有的共識，這對今後重建現代新倫理，的確很有啟發意義。

另外，針對現代「科學化」社會，我們應有的態度，便可稱「第七倫」—也就是指「人和自然」的關係。

換句話說，從前第一倫到第五倫，講的都是人與認得的人之間關係，第六倫講的，是人與不認得的人之間關係，到第七倫，講的則是「人與自然」（或「人與環境」、「人與萬物」）的關係。因此這第七倫，正是「環境倫理學」最重要的課題。

事實上，中國哲學不論儒、道、釋、或新儒家，都肯定人與自然應和諧相處，人不但應該尊重自然、愛護萬物，而且人與天地萬物應爲一體，此中有很豐富而生動的環保思想，只不過在從前，因時代需要並不迫切，所以同樣未能充份彰顯其精神意義。本書在以後各章會分別申講各家的環境倫理觀，在本章即先就儒家部份引述相關名句，以扼要說明這項「第七倫」的重要性。

首先，例如孔子很早就強調：「天地之大德曰生」，「生生之謂易」⑱，這就是肯定一切萬物皆含生，整個自然界大化流行，莫不浹化著燦然生意，所以絕不只是乾枯、僵化、毫無價值的龐然大物而已。

孔子又曾明白指出「夫大人者與天地合其德」⑲，這就是強調，人要能善體天地創造萬物生命之大德，然後才能與天地浩然同流，體認萬物一體的情境。正因孔子能體悟大自然間雄健創生之德彌綸萬物，生命活力貫注一切萬有，所以他才明確強調：「乾道變化，各正性命，保合太和，乃利貞。」⑳這種雍雍穆穆的生命和諧景象，最能展現大化流行之中，不但生態陶然平衡，而且莫不盎然含生。

除此之外，具體而言，孔子在平日生活中，「釣而不網、弋不射宿」㉑。這就代表他能將仁心擴及於水中的魚、及天上的鳥，因而決不濫釣與濫射。前者正如同今天國際環保共識，不能以流刺網捕捉魚類，後者更代表對鳥類絕不狡詐偷襲，這些都代表很能尊重野生魚類與鳥類的生命，並能將人道精神擴充相待，同樣深符今天環保的基本精神。

換句話說，孔子雖然也釣魚、射鳥，但絕不「濫釣」與「濫射」，也就是絕不會以計謀心機去網魚與欺鳥，此中不但有仁者胸懷，也有中庸精神（既非素食，也非濫捕）。看似小地方，卻很能代表孔子平日身體力行其主張的精神，更能証明孔子言行與現代環保不謀而合之處。

或有人稱，如果孔子眞正同情魚類、鳥類，根本不應釣魚射鳥。然而此即儒家與佛學不同之處。儒家肯定「可欲之謂善」，並未主張「禁欲」之謂善。所以肯定在合理的範圍內，對於民生營養基本需要，仍然容許攝取魚類肉類。重要的是，不能去濫捕濫射，或捕殺瀕臨絕種的珍禽野獸，這也很合乎一般人性人心。因爲，事實上很難要求所有民衆只准吃素，而且嚴格意義下的素食主義，更非普遍長久可行之道。這也就是儒家與墨家不同之處。墨子強調苦行，固然精神可佩，但畢竟並非人人可行，也非恆久之道。所以歷史証明畢竟多數肯定儒家，其「中庸」精神當為主要原因之一。

另外，此亦所以孟子強調：「數罟不入洿池，魚鼈不可勝食也，斧斤以時入山林，林木不可勝用也。」㉒此中重點仍在不要「濫砍」或「濫釣」，而並非矯枉過正，完全不砍不釣，置民生需要於不顧。

所以儒家一貫強調的禮節，禮節，禮中應有「節」，也就是應符「中庸之道」。否則便成為過猶不及，兩者皆走極端，均不可能長久。這對當今環境倫理也深具啟發意義—環保不宜太過，否則便會形成另一種極端的毛病。

另外，孟子也曾清楚強調，「萬物皆備於我」㉓，明白代表其能「備萬物為一體」的心靈。他並曾指出「君子所過者化，所存者神，上下與天地同流」㉔，更清楚點出了「兼天地而並進」的生命氣象。正因他能如此「兼天地，備萬物」，當然就一定能充份尊重萬物生命，並且必定能維護自然環境。凡此種種，也正是當今亟需弘揚的環境倫理精神！

再如荀子。雖然具有「戡天役物」的思想，但他也並非盲目的征服一切自然。所以他也曾明白強調「君子大心，則天而道」，同樣呼籲人們要能擴大心胸，效法天道。基本上，仍然深具儒家包容萬物、尊重生命的精神，所以不能任意抹煞。

先秦儒家這種尊重萬物生命的傳統，到了後代儒學仍然一脈相承，並能發揚光大。此所以在中庸也曾明白認為：

「萬物並育而不相害，道並行而不相悖，小德川流，大德敦化，此天地之所以爲大也。」㉕

這一段名言，明白道出了如今生態保育最基本共識—「萬物並育而不相害，道並行而不相悖」。所以人類一定要能善體此種精神，然後才能尊重萬物各自獨立平等的內在價值，並且盡心加以維護，從而盡力幫忙彼等充份實現內在潛能。此即中庸所謂「能盡人之性，則能盡物之性」，然後才能共同「贊天地之化育」，並且更進一步「與天地參」！這種恢宏開闊的胸襟與氣象，正是當今環保教育最需提倡的精神修養，也是西方環保人士一再呼籲的共同理想，的確深值共遍弘揚於世界！

到了新儒家張載，在《西銘》更曾明白強調，應以孝敬父母的心情善待地球。此即其所謂「乾稱父，坤稱母，予茲藐焉，乃渾然中處，故天地之塞，吾其體，天地之帥，吾其性，民吾同胞，物吾與也。」㉖

這種胸襟與仁心—能以奉養父母一般的孝心回饋地球，並以民胞物與的精神，善待萬物，同樣堪稱當今最感人的環境倫理精神，甚至可說獨步全球，在西方任何哲學家都很罕見。(因爲西方文化本來就缺乏對「孝」的體認，所以更難想像用「孝」的精神看待地球)。

另外，張載還曾強調：「大其心則能體天下之物，物有未體則心爲有外」，「聖人盡性，不以聞見梏其心，其視天下，無一物非我」（大心篇）。正因爲他完全肯定物我一體，所以才能做到愛物如愛我。他能把愛護環境萬物的倫理，分析得如此精闢與深刻，可說與當今最新的環境倫理完全能夠會通互映！

後來到陽明先生，在《大學問》中更進一步肯定，「大人者，以天地萬物一體者也，其視天下猶一家，中國猶一人焉。」這種精神，肯定「天地萬物與人原爲一體」，「風雨露雷，日月星辰，禽獸草木山川土石，與人原是一體」，更是如今尊重自然最重要的護生仁心。至於其「視天下猶一家，中國猶一人」，更如同當今「地球村」的最新觀念，尤其深值大家體認，進而共同弘揚！

總之，我們從上述扼要引申的儒家重要經典中，可以發現充滿尊重自然、愛護萬物的倫理思想，只是因爲以往並未稱之爲「環境倫理學」，所以有其實卻無其名而已。因此個人認爲，這種人與自然相處之道，正可稱爲「第七倫」，不但深符現代社會需要，也深符今後環保需要，所以很值得大力發揚。尤其很多論點，至今仍然很能發西方之未見，深具創意與啟發，更需我們精研與弘揚！

另外，個人認爲，若進一步講，則第八倫應爲「人與自我」的關係。這在現代社會裡即是「職業倫理學」。

像李國鼎先生就曾指出，一個社會是否眞正文明進步，可看其自由業——例如律師、醫師、會計師等是否有職業道德。如果律師沒有職業道德，只知賺錢，而不知伸張眞理公義，那麼雖有辯才，只有爲害更多。醫師如果只知賺錢而濫開不必要的刀，只有醫術而無醫德，同樣也只有更害人。會計師如果精於作帳，卻很會作假帳，同樣形成公害。凡此種種，均不能忽視。這種對自我的要求，落實在現代社會即成爲「職業倫理」，亦即人在職業上對自我良心的要求，從前也未曾清楚明講，如今則可稱爲「第八倫」。

事實上，這「第八倫」與「第七倫」很有密切關係。例如今天很多工廠製造廢水、廢物與空氣污染，都與職業道德有關。如果只顧自己工廠賺錢，不管居民環境，便同樣變成公害之一。雖然政府也可依法取締，但更重要的仍在此等工廠主持人能深具「職業倫理」觀念，否則如果一再鑽法律漏洞，或陽奉陰違，與環保人員捉迷藏，均會持續形成公害。所以這第八倫與第七倫息息相關，同樣重要。

另外，個人認爲，還有最重要的一倫—第九倫，也就是指「人與神」（上帝）的關係。從某一個角度來看，這仍與第七倫相關。因爲此中重點在講人與天的關係，並且用宗教信仰來尊重萬物生命，相信敬神即應該敬萬物生命，也可說是當今環保極重要的一環。

換句話說，在現代社會中，並不能因爲科學發達，就認爲宗教無用。事實証明，宗教不但對撫慰人心、充實精神生活，極具重大功能，即使在現代社會的制度中仍有其重要地位。像美國總統至今仍然按著聖經來宣誓，即是明白例証。甚至物質生活中，所有美金上面都印有一句話—「我們信奉上帝」（In God We Trust），也是明顯証明。另如大科學家愛因斯坦更明白認爲，宗教與科學對現代人而言，均爲同樣重要，缺一不可：「只有宗教沒有科學只是瞎子，但只有科學而沒有宗教也是跛子」[27]

事實上，史賓格勒（O. Spengler）在《西方的沒落》（The Decline of The West）一書中，也曾以「浮士德文化」象徵西方的衰微，[28]以此象徵現代人心雖然很有知識，物質生活豐富，但卻精神空洞貧乏—此即時下所稱「富裕中的貧窮」，以致他寧可出賣靈魂給魔鬼，以交換各種享受，最後仍然有賴「二度宗教情操」，才能提昇靈性上天，可說極具重要啟發性。

再如　國父中山先生很早也曾強調，要以宗教「補政令之不逮」[29]，一般人心也都肯定：相信「三尺頭上有神明」的人，應該不會壞到那裡去。凡此種種，均同樣代表，宗教在現代社會的重要意義，不能忽視。

中國儒家雖然也很有宗教情操，但在以往五倫中，並未列入人與神的關係，所以個人認爲，這種人與神的最高倫常，即可稱爲「第九倫」。（中國歷代以「九」象徵最高級，如故宮建築各棟樑數與雕龍數，均爲九或九的倍數，即爲明証，所以今也以第「九倫」爲最高倫，以符中國文化傳統精神。）

總結而論，到了第九倫，可以說基本上包括了現代社會中，所有應該涵蓋的基本關係，尚書中曾論「洪範九疇」，做爲當時社會九大範疇，今天我們或亦可稱此等九倫爲「新洪範九疇」。今後我們面對現代社會的新問題，這「新洪範九疇」當能相當週全而且有效的因應與對治。

尤其，放眼現代社會的心靈，最大的文明病當即爲「疏離感」（alienation）—不但人與人感到疏離，人與「自然」也感到疏離，另外人與「自我」也感到疏離，人與「神」同樣感到疏離。因而，面對今後此等文明病，應如何才能救治？中國文化這「新九倫」的精神當極能有效對治—因爲其中前六倫即在對治「人與人的疏離」，而第七倫則在對治「人與自然的疏離」，第八倫可以對治「人與自我的疏離」，第九倫則能對治「人與神的疏離」。所以綜合而言，這「新九倫」堪稱最能針對時弊而救治的良方，深值東西方共同體認。

相形之下，西方「生態保育之父」李奧波雖然也曾分析類似精神，但卻仍然不夠週全。例如他在〈大地倫理〉（The Land Ethic）一文中，曾經提到，西方從希臘以降的倫理學，討論「人與人的關係」爲第一類，「人與社會的關係」爲第二類，然後即未再繼續擴展研究，所以他要進一步討論第三類——人與環境的關係，他並稱此爲「演化的可能性，以及生態的必然性」。

這在西方固然已經很難得，但此起中國上述九倫，其第一類倫理尚未能更深入分爲五倫，至於第二類民主倫理，則正好相當於中國第六倫的「群己關係」，而第三類環境倫理，則恰爲中國文化的第七倫，由此也很可印証「第七倫」在東西方同樣重要。只是李奧波本身也只談到這三類倫理，仍未能進一步分析中國文化的第八倫與第九倫，所以整體而言，仍以中國文化「新九倫」最爲完備，深值重視與推行。

中國新九倫的現代意義

九倫順序	傳統內容	現代意義	基本精神	現代功能	李奧波分析之西方倫理三大型態
第一倫	君臣（有義）	人與國家關係	忠勇愛國	可以對治現代社會「人與人」的各種疏離關係	第一類倫理（人與人關係）
第二倫	父子（有親）	親子關係	親切溝通		
第三倫	夫婦（有別）	兩性關係	互敬互諒		
第四倫	長幼（有序）	兄弟姊妹關係	相親相愛		
第五倫	朋友（有信）	朋友同事關係	互信互勉		
第六倫	隱而未顯	人與群體關係（民主法治觀念）	守本份識大體		第二類倫理（人與社會關係）
第七倫	〃	人與自然關係（環境倫理學）	尊重自然愛護環境	可以對治現代社會「人與自然」的疏離關係	第三類倫理（人與環境關係）
第八倫	〃	人與自我關係（職業倫理學）	正己成性問心無愧	可以對治現代社會「人與自我」的疏離關係	未及分析
第九倫	〃	人與神的關係（宗教倫理學）	尊崇神明上通天心	可以對治現代社會「人與宗教」的疏離關係	

以下特再用簡表說明中國文化「新九倫」的基本精神與功能，並作相關比較研究。

第三節 改進西方傳統自然觀

泰戈爾是一位非常親近自然，也很能保護環境的大文豪與思想家。他在《生命之實現》（The Realization of Life）一書中，曾經對西方文明有一段總括性的批判：

「西方人常以其征服自然的思想自傲，好像我們都是生活在一個敵對的世界中。在那裡，我們必須向外掠奪所需，才能生存。由於長期處在城牆內過著一種拘牽束縛的生活，無形中便養成如此窘迫的思想習慣。因爲生活在城牆內，很自然的，我們心靈的視界只限於個人的生活和工作，於是造成了人、和孕育我們的宇宙之間一種人爲的分隔」。[30]

這種西方文化中，人與宇宙間的「分隔」，實際上也正是前面所說的「疏離」，在泰戈爾眼中，很早就已看出此種文明病。

另外，德國哲學家理查・康納（Richard Kroner）也曾反省西方文化後，清楚指出：「我們永遠生活在對立的世界之中。」他並強調「我們所能想到的，就是這個根本的對立。」

而且「在我們的經驗中，不可避免的矛盾即是世界和自我的對立。」[31]

「它們存在於我們經驗和內心中的形而上的矛盾，是純粹的二律背反。」[32]

那麼，到底是什麼因素，造成這種對立與二律背反呢？康納講得也很清楚：「徹底的分析起來，使世界和自我對立的主角，也就是這個自我。」[33]

換句話說，人類是自己與自然隔離，自己與自然對立，因爲把自然視爲征服的對象，認爲它是它，我是我，所以才形成西方自然觀最大的二分法毛病。正因如此，所以才會與自然敵對，優越感駕凌其上，而沒有用同情心去瞭解，只知用征服心去破壞，而沒有用仁愛心去維護。

因此，一代大哲方東美先生曾經提出，此時便應更加倡導中國哲學「廣大和諧」的精神，若能以此等精神曠觀自然，便能從根本加以救治。因爲「我們確信人和自然（也就是宇宙），都是生元所發，都是中和的。」[34]

方東美先生並曾強調，中國人在這方面的自然觀，就是一種「融貫主義者」，如果用哲學專有名詞來講，就是一種「機體主義」者，而絕不是一種分離主義。

反觀西方在自然觀上，基本上便是一種分離主義者，雖然其中也有例外—如大文豪莎士比亞，華滋華士、歌德、雪萊，也能透過一種詩情藝境的奔放，體會出親切盎然的自然觀，但通常這些並不被視爲是哲學思想，而當作是超乎現實的詩歌，所以基本上仍然未被廣泛接受。

因此，方東美先生曾經特別透過比較研究，分析西方傳統「自然觀」的六個重點，加以深入批評，並用中國哲學超越，深值我們重視：

㈠「自然，在後期希臘哲學中，是指一個沒有價值意義，或否定價值意義的『物質的素材』（Physis）」。㉟

換句話說─在希臘哲學家看來，自然只是一種中性價值，不帶生命，也不帶價值；但中國哲學剛好相反，中國哲學本質上是一種以生命爲中心的自然觀，也是一種以價值爲中心的自然觀，能把整個大自然都看成有生命、有意義、有價值的有機體。這種「萬物含生論」正是中國哲學的通性，不論儒、道、釋、或新儒家，都無例外。

例如儒家在易經中講乾卦，「天行健，君子以自強不息。」在希臘哲學看起來，對於「天行健」，多半只看成自然現象的例行運轉，並沒有什麼生命意義或價值。但在中國人看起來，這種運轉不已卻代表陽剛進取、生生不息的意義，所以君子才要以之爲效法對象，要能自強不息。這就與希臘哲學有極大的不同。

另外，同樣的情形，希臘哲學家看地球，同樣覺得沒有生命價值，像柏拉圖便認爲這個世界，只是上界的「模仿」，因而沒有什麼意義與價值。但在中國哲人卻不然，不但認爲大地與人類息息相關，而且認爲應「以大地爲慈母」，其中關係不但至爲親切，並且深具意義與價值，所以君子也應特別效法大地的精神。此即易經所謂「地勢坤，君子以厚德載物」。這與希臘哲學視大地爲中性也截然不同。然而，若從環境保護的觀點來看，則中國哲學對天地的看法，顯然要比希臘哲學高明很多。

(二)「希伯來宗教思想認爲，一個墮落的人受虛榮的慾望，自私的惡念，和虛僞的知識等愚妄所迷惑，而一任罪惡所擺佈，這就叫做自然。」[36]

換句話說，在希伯來宗教，以及中世紀的宗教傳統中，所謂的「自然」，代表一些罪惡、或墮落的意義，所以特別要壓抑自然，並且把這個現實世界與另一個天上世界，分隔對立起來。因而在基本上，此世被認爲是充滿罪惡的，自然界也充滿引誘，不值得留戀。至於萬物生命則根本應爲人類而存在，所以均無法肯定此世與自然。

例如聖經〈創世紀〉中，便曾明白強調，神照自己形象造人，治理這地，並且「也要管理海裡的魚，空中的鳥，和地上各種行動的活（生）物。」這便是明顯以人類自我爲中心的自然觀。另外「遍地上一切結果的菜蔬，和一切樹上所結有核的果子」，全賜給人類作食物，至於青草則賜給各種飛禽走獸爲食物。凡此種種，均顯示人類之外的萬類生命，都被認爲是低人一等，這也形成對環境保護的負面影響。

(三)在近代「科學主義」而言，「自然是指整個宇宙的機械秩序，這種秩序依近代科學來說，即是遵從數學物理定律支配的數量化世界，是純然中性的，而無任何眞善美或神聖價值的意義。」[37]

基本上，這是近代西方科學唯物論與機械論的錯誤看法，反觀中國哲人，則共同肯定大自然在生成變化中生生不息，因而是有生命、有意義的大有機體。但在近代科學萌芽時期，卻往往把時間也予以空間化。因而一定要先去除動態的時間因素再看自然，所以自然便只成爲一個靜態的世界，以及片面的層次。在這樣瞭解下的自然世界，當然不可能是一個有生成發展、層層變化的有情世界。

換句話說，科學唯物論與機械論的共同毛病，就是把活躍創造的大自然，化約成機械僵化的物質表象。雖然後來有黑格爾的辯証法，籠罩整體世界，但其基本上還是建立在「二律背反」之上，透過正、反、合的相互對立，再以螺旋型上昇，其中仍然並沒有討論生命現象，更沒有統貫生命價值。所以整個自然界，在一些膚淺的「科學主義者」來看，仍然是價值中立的，仍然是受數量化所分配的機械宇宙，而不是活躍創造的生命現象。因此就不會有尊重自然、以及尊重萬物生命的觀念。

㈣「自然是指一切可認識現象的總和。嚴格遵守先驗自我所規定的普遍和必然的法則。」㊳

像英國經驗論者休姆（David Hume），便認爲人心只是「一束印象」，這一束印象的總和即是我們的人心，因而他根本否認，心靈世界或自然世界有一定的實體存在，當然更談不上肯定自然是有生命、有意義的實體。再如一些經驗科學，只從可認知的表面來看，所以雖然遵從先驗自我所規定的普遍和必然的法則，但是只肯定一切可以認識的對象總和是自然，除此之外，則一律否定，這同樣抹煞了大自然整體的有機性與生命性。

相形之下，康德並沒有完全抹煞本體，他只是認爲以吾人目前的知識來說，本體是「只可思、不可知」，也就是只可以去思考，但知識還到達不了。這是它在知識論上的份際，但並沒有抹殺掉「物自體」（Ding-an-Sich）。

然而，到了廿世紀中葉邏輯實証論，卻只重邏輯、只看實証，表面看似客觀，其實方法本身甚爲偏狹，因而對大自然很多神奇奧妙的生命現象只能否定。這也明顯助長了對環境生態保育的負面影響。

要之，以上西方傳統對自然的四種主要看法，對環境保護均會形成不良影響，非常需要省思。本書在以後各章會再進一步分析。除此之外，西方也有其他少數不同的看法，可以幫助環境保護的觀念。所以方先生曾經另外又歸納出後兩項，而這兩項，與中國的自然觀便甚爲接近。

㈤「大詩人們常把自然當作擬人化的母親。」㊴

換句話說，西方哲學雖然缺乏環保傳統，但不少詩人卻能把自然界當作是歌頌、親切的對象或母體。因而反倒很能幫助促進環保觀念。尤其如此視自然爲大地之母，便與中國哲學精神很接近。像老子很早就曾把宇宙與人的關係，用母子的親切關係來形容。此其所謂「天下有始，以爲天下母，既得其母，以知其子，既知其子，復守其母，終身不殆。」這種精神，在西方哲學很難看到，在西方詩人或藝文界，卻還能找到一些例証。

例如英國詩人華滋渥斯（William Wordsworth, 1770-1850），就常透過生機燦溢的詩境，讚嘆大自然的神奇奧妙。以下一段「詩中有哲」的名作，便很能表現此等精神特色：

「讓大自然成爲你的老師，
大自然所帶來的學問，無限優美；
然而，我們自以爲是的知識，
卻扭曲了萬物之美，
很多生物甚至因爲解剖而死。
……
走上前吧，帶著一顆同情的心，
仔細觀察自然，領略大自然的無窮生命。」❹⓪

此地所說「一顆同情的心」，也正是中國哲學所一再強調的「仁心」。由此充份可見，中國哲人的慧心，在西方詩人的「詩心」中，反倒很能相通契合。

事實上，將這種仁心所代表的悲憫精神，同時遍及人類以及萬物，在西方大文學家與藝術家之中，都能找到相關例証。

此所以俄國人道主義大文豪托爾斯泰（Nikola Tolstoy, 1828–1910），便曾明白強調：

「一個人若激勵自己邁向宗教生活，第一項禁律，便是不能傷害動物。」❹①

這種「不殺生」的精神，也正是尊重萬物生命的根本要義。西方凡是眞正具備這種人道精神的文豪，即很能充份弘揚此一重點並加力行。

這也就是英國大文豪蕭伯納（Geogy Bernard Shaw, 1856–1950）所說：

「對一切萬物生命，最大的罪過並不是憎恨牠們，而是覺得牠們的生命無所謂。這才是不人道的本質。」㊷

換句話說，眞正的人道，不但對人應待之以仁，對動物植物同樣均應待之以仁。事實上，這也正是中國所說「大其心」的精神。就此一點而論，西方很多詩人心靈，因其敏銳多情，反而很能相通。

德國大文豪歌德（Gothe）也可說是大哲人，他以下《浮士德》的詩句，強調「密察自然意」以「妙趣和神會」，很明顯同樣代表了「大其心以體天下之物」的精神，與中國哲學完全能夠呼應相通：

「願君摶扶搖，
飛入寬宏地！

解識遙天路，
密察自然意，
靈性勃以溢，
妙趣和神會。」43

再如英國詩人雪萊（Percy Bysshe Shelley, 1792-1822）雖然盛年早逝，本身生命只活了卅歲，但已深具豐富的仁心胸襟，他曾明白而具體的指出：

「我希望沒有任何生物會受到痛苦！」44

除此之外，另如法國大文豪雨果（Victor Hugo, 1802-1885）也曾明確強調此等精神：

「首先，人與人之間，應以文明相待，這項工作已經相當進步了。然而，人與自然之間，也應以文明相待，這項工作至今卻仍一片空白。」45

所以，俄國另一位文豪朵斯托也夫斯基（F. M. Dostoevsky, 1821-1881）也曾沉痛指出：

「愛護動物……因爲上帝賦予了牠們淺顯思想與欣悅的器官。所以不要擾亂牠們的欣悅、不要襲擊牠們，不要剝奪牠們的幸福，更不要違背上帝的意旨。」[46]

「人類，不要自認可以驕傲，而對動物有優越感，牠們是沒有罪的，而你們，以爲你們自稱的偉大，卻褻瀆了地球，也留下了劣行。」[47]

換句話說，西方傳統哲學雖然並未以關懷自然萬物爲主，但西方的文學藝術傳統，卻很能心繫萬物，尊重生命，並且以此一再批評人類對萬物的殘酷不仁。

此所以像文藝復興時，大畫家達文西（L. Davinci, 1452-1519）很早也曾指出：

「人類真不愧是百獸之王，因其殘暴超過一切百獸。我們是靠其他動物的死亡才生存的，我們真是萬物生命的墳場！」[48]

另外他很早就曾反對殺生，並且反對肉食：

「我很早就誓言不吃肉食。總有一天，人們會像我一樣—將屠殺動物看成與屠殺人類同樣殘暴。」[49]

更難得的是，早在五百多年以前，他就曾語重心長的指出，如果人類仍然頑冥不靈，那麼：

「…總有一天，所有萬物均將一無所存。
在空中、在地下、在水中，均將一無所存。
因為，所有萬物均已被獵殺，全部消滅殆盡！」[50]

今天我們再重温這段感嘆，可說並無誇張之處。如果本世紀以來各種環境與生態的破壞再不中止，人類如果再不加強各種環保工作，那總有一天，會形成達文西所說的情形，到了那時，人類眞正要成為地球的罪人！若用宗教比喻來說，在上帝之前最後審判起來，比起一般動物都還不如了。

此所以美國文豪馬克吐温（Mark Twain, 1835–1910），便曾經很中肯、也很風趣的強調：

「天堂是大家都喜愛的，但是如果以素行而論，很可能你的狗能進去天堂，而你卻只能留在外面！」[51]

另外，馬克吐溫也曾用反諷筆法，一再指出人類應有的愧咎：

「在研究所謂低等動物的特點與性情之後，若再以其與人類比較，我發現其結果令我很感臉紅。

人類是所有動物中唯一會因愧咎而臉紅者—或者他們必須如此！」[52]

凡此種種，從上述各種例証中，均充份可見，西方心靈並非沒有尊重自然生命的精神，只不過蘊藏在文藝傳統中的悲憫精神，遠甚於哲學傳統，所以同樣也應重視，並且共同弘揚光大，以便及早改進西方哲學以往的疏漏與錯誤。

(六)史賓諾莎曾強調「活的自然」(Nature Naturans)其中具有無限活力，因此能夠同樣肯定自然充滿創造的潛能。他可說是西方哲人之中，極少數尊重自然的例外。

根據史氏看法，「自然」即「神」即「實體」(Substance)，神既無所不在，因而其所代表的創造活力當然也能浹化萬物，無所不在。所以他很能肯定自然萬物充滿生命，必需待以敬意與同情，這就很能接近當代環保工作所強調的精神。

事實上，史氏在此看法，與中國道家也非常相通，尤其與莊子所說「道無所不在」極能符合，同樣能充份表現活躍和諧的機體論精神，這比起近代西方其他乾枯的宇宙論，便可說更明顯生動許多。

此所以當代西方思想家赫胥黎（Aldous. Huxley, 1894-1963）曾經明白批評：「近代人類不將再自然視成神聖，而且自認爲可以對其爲所欲爲，如同自大的征服者與暴君一樣。」[53]因此他曾經同時呼籲西方人士，「若論人與自然的倫理傳統，我們便需回到中國的道家。」

赫氏對道家所強調的平衡、無爲等精神，曾經深深表示讚嘆，對於「道無所不在」的心胸尤其欽佩不已，一再稱頌；由此也再度可以看出東西方眞正偉大心靈很有相通之處。而這種相近之處，也正是今後推動環保工作，最應重視與弘揚之處！

除此之外，赫氏有句名言，非常中肯：

「眞正的進步，是慈悲心的進步，其他一切進步均僅屬次要。」[54]

值此世界各國，至今仍然多半只以經濟進步爲指標之際，以及多半世人仍然只以物質生活爲追求目標之際，赫氏這種仁心與遠見，的確深值大家重視與體認！這種悲憫精神—不但對人類悲憫，對萬物也悲憫，才能造就眞正的進步，相信乃是東西方所有有識之士的神聖責任！

尤其，西方觀念中，「自然理性」與「神聖理性」之間是絕緣的，而哲學的智慧又無法加以溝通，所以方東美先生認爲，西方把人稱爲理性的動物，有些是名不符其實，相形之下，明顯也影響西方對自然應有的親切認知。

此所以方先生曾經指出：

「例如蘇格拉底是西方理性的代表，但他爲了保持精神的不朽，卻必須讓自然的肉身死亡。再說，西方人大多接受希伯來宗教的主張，認爲自然人具有自然理性，引發了自然知識，照理說，一切都順乎自然的。可是卻又相信人有原罪」。[55]

因爲如此，所以也形成嚴重矛盾。

總之，西方哲學這種二分法的思想，形成「分離主義」的嚴重毛病，基本上對於人與神、人與自然的關係，多半未能體認其中和諧統一的融貫精神，也未能瞭解機體主義的重要啟發，所以方先生針對此一點，明白強調，「我以爲中國哲學能救此病」[56]。因爲，這些融貫精神與機體主義，正是中國哲學自然觀的重要特性，的確深值東西方有識之士共同體認與弘揚！

第四節　弘揚中國哲學的自然觀

關於中國哲學的自然觀，方東美先生曾經在《中國人的人生觀》一書中，有一段總括性的說明，深值體悟其中精義：

「對我們來說，自然是宇宙生命的流行，以其真機充滿了萬物之謂。在觀念上，自然是無限的，不爲任何事物所拘限，也沒有什麼超自然凌駕乎自然之上，它本身是無窮無盡的生機，它的真機充滿一切，但亦不和上帝的神力衝突，因爲在它之中，正含有神秘的創造力。再說，人和自然也沒有任何間隔，因爲人的生命，和宇宙的生命，也是融爲一體的。」57

因此，方先生曾將中國哲學的自然觀稱爲「融貫主義」，其精神正相當於當今西方環保學者所提倡的「機體主義」（Organicism）。

事實上，「機體主義」在當代西方哲學也已逐漸受到重視，其中像英美世界第一大哲懷海德（A. N. Whitehead），其哲學思想便可稱典型的機體主義，其名著《實在與歷程》（Process and Reality）一書可稱代表作。其中原因之一，便因爲懷海德非常能夠體認中國哲學精神而深受影響所致，像他在《科學與近代世界》（Science and the Modern World）一書中，曾經明白指出：「我們對中國文學藝術與人生哲學愈瞭解，便愈欽佩中國文明的高度發展。」58便爲明顯例証。

另如當代德國大哲雅士培（Karl Jaspers）的宇宙觀，同樣也視人與自然的關係爲互動、融貫，人並且有某種「密碼」可以感應大自然的生命脈動，相互溝通，同樣也與中國哲學精神深能相通。我們從雅士培所寫的《世界大哲學家》（The Great Philosophers）一書中，便可看出他對孔子、老子瞭解均頗深刻，並且很受影響。[59]

由此可見，凡是能夠瞭解中國哲學，領悟深刻的西方哲人，都很能肯定「機體主義」或融貫主義的精神，他們對原先西方二分法的毛病很能警覺，而且也很能跳脫原先唯物論或機械論的錯誤。

那麼，中國哲學的機體主義，特性是什麼呢？方先生曾經歸納中國文化裡人與自然的關係，分成五個重點，很能扼要說明中國儒、道、釋等共同通性。本書以後各章將會進一步分析各家看法，今特先引述方先生總結整個中國哲學對自然的五項共識如下：[60]

(一)「關於自然，我們認爲它是宇宙普遍生命的大化流行境域。不能將它宰割而簡化爲機械物質的場合，以供貪婪的人們作科學智能的征服對象，或政治、經濟權益競爭的戰場。自然，對於我們而言是廣大悉備、生成變化的境域。在時間中，無一刻不在發育創造；在空間內，無一處不是交徹互融的。它具有無趣的理趣，值得我們欣賞和戀眷。」

(二)「自然是一個和諧的體系。它藉著理性的神奇與熱情交織而成的創造力，點化了板滯的物性，使之成爲至善至美的自由豐盛的精神作用。仁人志士於此可以戮力勵行，提昇品德；高人雅士於此可以優遊創作，成就才藝。自然是本體的至真之境，也是萬有價值的淵藪。它是純善、純美潔淨無疵的。」

㈢「富有心智的中國人，都認爲自然是神聖的、幸福的境域。在那裏，聖人賢士都以順應感召的方法，散佈著生命的福音；而不是以恐嚇咀咒的手段，斥責人間的罪戾。很多中國的經典古籍裏，都充滿了這種對自然生命的讚歌」。

㈣「由於心中對這種生命存有神聖的信念，作爲一個典型的中國人，他的人格修養不是局限於個人偏頗才能的發展，而是企求懿美品德的完成。我們人類精神的發揚，既然已臻於崇高的境界，那麼個人就應以忠恕體物，深覺我之與人，人之與物，一體俱化。我、人、物三者，在思想、情份、及行爲上都可以成就相似的價值尊嚴。我們以平常的心情，待人接物，自不難與天地並生，與萬物爲一，共証創造生命的傳奇。唯有這樣，我們在內心深處才能發掘出一種廣大的同情心，唯有這樣把它發現出來，才可以佈滿大千。我們珍惜自己的生命，也當尊重別人的生命，同時更應維護萬物的生存。由於這種民胞物與的同情心，使我們能看得出，感得到，而且更相信每個人及每一物的生存價值，和我們自己的成就是一致的。有限和無限在神聖生命妙樂的享受上是合一的。哲學所建立的理想生命，和宗教所啟示的神聖生命，是交融互徹，一體不分的。」

(五)「最後，我們尊敬生命的神聖。我們站在整個宇宙精神之前呼籲大家本於人性的至善，共同向最高的文化理想邁進。也就是爲了這個原因，傳統的中國思想不受原罪的干擾，而且相信憑著我們的純潔、莊嚴的本性，可以得到精神的昇華。中國人的思想在這方面是獨一無二的，絕不會如牛津大學陶滋（Dodds）教授所說的，像西方人那樣背負著『罪戾的文化』的傳統，而感覺命運的沉重。」

換句話說，中國哲學各大家的自然觀，基本上均能肯定，天地、人與萬物均息息相關，而且共爲一體。此即儒家所言「通天地人之謂儒」，人和自然可以會通感應，不但萬物含生，而且旁通統貫，這才是眞正的儒家氣象。

另外道家老子也強調，域中有四大：「道大、天大、地大、人亦大」，所以人和天地之間，以及大道之間，也都共同融通爲一體；此亦莊子所強調的「唯達者知道通爲一」。唯有如此，才能「與天地並生，與萬物爲一」。

不僅如此，中國大乘佛學也肯定：人人皆有佛性，即使是兇手，只要放下屠刀，也可立地成佛。同樣情形，物物也都有佛性，都能在光明的法滿世界中，展現生命的光輝價值。因而佛學講「一眞法界」，這「法界」就代表對自然並不只看成物質世界，而是看成充滿佛法光輝的金色世界，對於如此莊嚴的「華藏世界」，人類當然應充滿尊重與關愛，而絕不能任意破壞或污染。

另外，如果我們再看當代西方深層生態學的最新發展，便知其所強調的四項原則：「物物相關」、「物有所終」、「自然睿知」，以及「天下沒有白吃的午餐」[61]，與中國哲學上述精神很能相互呼應，共同互通。

(一)「**物物相關**」的**原則**：這正代表中國「融貫主義」的基本精神，也正是華嚴宗哲學「事事無礙」、圓融互攝的特性。生態學中有很多具體例証，像「加拿大山貓與野兔的數量循環，魚類、藻類和氣候之間的互相消長」，就是明顯的說明。[62]

(二)「**物有所終**」的**原則**：這和物理學上的物質不滅定律相同，物質既然不滅，終必歸至某處。從生態學具體而言，如日本熊本縣水俣市的怪病「水俣病」，後來証實是因爲該市一家以氧化汞爲催化劑的工廠將廢水排入水溝，流入海中，而廢水中的汞進入魚體，人或貓吃了此魚，汞侵入腦部破壞神經細胞，便會狂抖而死！[63]這也正如中國佛學所稱「因果循環」，屢應不爽，同樣不能輕忽！

(三)「**自然睿知**」的**原則**：這正如同中國哲學「機體主義」的基本精神，肯定大自然是由許多相互涵攝的部份所組成，它是一個大有機體，並且肯定一切自然萬物均在最和諧平衡的有機組織中生存發展。這也正是中國哲學「萬物含生」、「無情有性」的特色，認爲即使小草、頑石也有生命，並有其內在價值與尊嚴，所以不能任意抹煞！

(四)「**天下沒有白吃的午餐**」**原則**：這正如同中國佛學的因果論與輪迴說，代表現代人雖然有科學發展與經濟成長，但卻付出慘痛的環境污染代價。一旦人類任意摧殘自然，破壞生態，本身便會受到懲罰—這是一種超政治型態的懲罰。此所以連中共萬里都坦承：「如果我們違反大自然的定律，將來便會受到大自然的懲罰—即使我們是一個實行社會主義的國家。」64

根據上述可見，眞正是東西方殊途而同歸，不論從中國哲學或西方生態學來看，均爲百慮而一致，而能在最高明的智慧統會上相通。這種最高的統會互通，也正是今後東西方推進環保工作的原動力，的確深值我們推廣與弘揚！

此所以史懷哲（Albert Schweitzer）很早就呼籲世人，當代文明的衰敗，最主要就因缺乏「倫理學的基礎」（Ethical Foundation），因此，他強調，今後應有一種「以倫理爲中心的世界觀」，然後世界文明才能藉此「整合性的哲學」（Integralist Philosophy）得到拯救。65

從環境倫理學來看，這一點尤其重要。與中國哲學也極能相通。因爲，唯有如此，才能在面對未來世界時，眞正做到「尊重生命」（Reverence for Life）與悲憫萬物（Compassion for Pain）。也才能站在整合性的「地球人」立場，共同以倫理觀點曠觀世界與萬物，那才是眞正生態保育與環境保護之道。

尤其，我們如果能體認廿一世紀的環境問題將會何等嚴重，便知道史懷哲所言不虛，也才更能知道，弘揚中國哲學的自然觀，對整個未來世界具有多麼重大的意義！

例如一九八〇年，美國直屬總統的「環境品質委員會」（Concil on Environmental

Quality）便曾經奉總統之命，以前瞻性眼光，費時三年，完成了一部重要的報告：《給總統的地球公元二千年報告——進入廿一世紀》[66]，原文厚達三百六十頁，其結論明白表示，從環境觀點而論，若以今日人類表現來看，則對未來遠景明顯是悲觀的，一旦進入廿一世紀，甚至還會有一種「恐怖經驗」。

根據該份報告指出，地球上的森林，在一九八〇年代，已經正以每年一千八百萬到二千公頃的速度，急劇地消失中。若按此速度損失下去，地球上貧窮落後地區的森林面積到廿一世紀，將比一九七五年減少百分之四十。

除此之外，空氣污染的直接影響及其間接造成的酸雨，更是世界性的問題。當酸雨之酸度PH值低於4.5時，已經威脅到淡水魚類的生存。像挪威的數據，顯示被酸雨污染的湖泊中，百分之七十已沒有魚類，而美國的紐約州及加拿大也有相同的情形。

另外，公元二千年另一項已可確定的氣候災難，則是二氧化碳的濃度，將高出工業革命前二分之一。加上熱帶雨林的迅速消失，到廿一世紀初，二氧化碳濃度將增加一倍，造成氣溫上升以及對農作物生長的干擾，並可能使北極的冰山部分溶化，形成海水面上升、海水倒灌的水災。這也就是著名的「溫室效應」災難。事實上，人們在一九九〇年已經很清楚的可以看出其中影響，若再十年，更將明顯惡化。

不僅如此，地球臭氧層的破壞，同樣形成嚴重隱憂。因爲氟氯碳化物的濫用，破壞同溫層的臭氧，造成紫外線不被阻擋，直接照射到地球表面，將使公元二千年時，皮膚癌（

Melano ma）的病例大幅增加，而這種病變的治癒率只有百分之廿，這也是大氣「臭氧洞」被破壞的災難。同樣在一九九〇年已經明顯可以看出，更何況另外再加十年！

尤其，因爲上述氣候改變，加上多種生物棲息地破壞、水源土壤污染、以及地形、地貌的改變等等，也將使許多野生動物消失絕滅。據估計，大約一百五十萬到二百萬種生物，將會在公元二千年來臨之前絕種，約佔地球上生物品種的百分之十五到廿！

更嚴重的是物種的滅絕，直接影響到整個地球生物體系的平衡及穩定，間接也加速了人類絕滅的時間。另外再加上種種其他型態的污染與環境破壞，還更不勝枚舉，所以，這份《進入廿一世紀》的報告最後強調：

「按目前的趨勢發展下去，到了公元二千年，這個地球上的人，將更爲擁擠，環境將更爲污染，自然生態體系也更爲脆弱及易遭破壞。縱然人類能解決資源匱乏及糧食生產的問題，但因爲越來越多的人口，將使數以億計的極端貧困人口，生活在更貧困之中。」[67]

綜合以上各種研究的具體例証，充份可知，在廿一世紀，人類與自然將面臨空前的災難。因而眞正有識之士，必需及早醒悟：所有「地球村」的村民，必需不分種族、不分國度、不分黨派、不分職業、不分性別、甚至不分老少，共同警惕，以及早加強環保意識，增進環保知識，並且共同化爲行動，那才能眞正自救而救世，開創光輝而明亮的廿一世紀！

事實上，史懷哲很早就曾經提醒世人，「倫理學上的虛無主義」（Ethical Nihilism）以及「倫理學上的無所謂主義」（Ethically indifferent knowledge）都會腐蝕人類活力，污染人性良知，[68]的確非常語重心長。就此而言，中國哲學的環境倫理思想，更深深值得世人重視與發揚！

尤其這種倫理學上的「無所謂」，會造成人心冷漠，尤其造成人性麻木，的確深值大家警惕與驚醒！

就此而言，儒家所說的「憂患意識」便很重要，一定要能大家共同有此精神，一起警覺，並化爲行動，切實加強保護環境，才能眞正做到「生於憂患」。否則如果多數麻木不仁，繼續任意破壞自然萬物，還自以爲可以永享此等安樂，那眞的會形成「死於安樂」了！[69]

當代西方環保學者貝爾（Ernest Bell, 1851-1933）有一段心聲，不但深具環保精神，也深符儒家思想：

「同情心乃是道德之本，也是道德的唯一根基，並且是真誠與永恆互愛的唯一連繫……不論真正的利他主義或彼此團結，均能將自我擴大境界與格局，均根源於同情心。」[70]

貝爾這裡所講的同情心，正是儒家所強調的「恕道」精神，人類若能將心比心，設身處地爲萬物生命著想，就能眞正忠恕體物，尊重萬物。這種擴大自我的境界與格局，正是新儒家張橫渠所說的「大其心以體天下之物」，也最能對治貝爾所感嘆的下列自我中心病端：

「人類乃是一種自大得幾乎沒有希望的動物。他自認爲不只地球與所有萬物均爲其存在，甚至天空、太陽、乃至他所知道的全宇宙，都是以其爲目的而存在。」[71]

「一旦他認爲自然本身均無生命意義，他便當然不會用尊重生命的態度看待自然。」[72]

因此，貝爾明白呼籲，應加強環保教育，尤其應從保存人類赤子之心做起，這也正與孟子所說「大人者，不失赤子之心」完全相通。孟子所說的赤子之心，代表人類的善根，亦即不忍人之心，這從兒童愛護動物的童心中，最能親切看出。所以貝爾明白強調：

「教育的核心…在培養同情心與正義感…爲達到此目的，最好的教育，便是保持赤子之心，並且從親近動物、愛護動物的童心做起。」[73]

我們由此更充份可見，東西方心靈殊途同歸之處。事實上，這份赤子童心，亦即陽明先生所說「合天地萬物爲一體之仁心」，而陽明先生所強調的「致良知」，正是要恢復這份本與天地一般大的良心。凡此種種，均可看出，正是今後促進人心共同推動環保的重要動力！

另外佛教名言中，也很清楚強調此等悲憫精神：

「正因他對一切萬物生命均心懷憐憫，所以他被稱爲『聖人』。」[74]

「正義的最大進步，就在於人類對一切萬物不殺生，不傷害。」[75]

再如印度當代聖雄甘地，也曾明白指出：

「我希望不僅對所有人類認同爲兄弟手足，也要對一切萬物衆生均有此認同，甚至包括在地上匍匐爬行的小東西。」[76]

這種胸襟與精神，也正是張横渠所說「民胞物與」的同樣表現。另外即使首倡「進化論」的達爾文（Charles Darwin, 1809-1882）也曾強調：

「對於所有萬物生命的關愛，乃是人類最可貴的屬性。」[77]

所以，當代力倡生態保護的綠色和平哲學，有一段名言，也深值引述：

「這一個簡單的字眼—『生態學』，卻代表了一個革命性的觀念，與哥白尼天體革命一樣具有重大的突破意義。哥白尼告訴我們，地球並非宇宙中心。生態學同樣告訴我們，人類也並非這一星球的中心。生態學並告訴我們，整個地球也是我們人體的一部份，我們必需像尊重自己一樣，加以尊重。所以我們必需感同身受一般，去爲萬物生命著想。」[78]

我們從這一段內容中，充份能夠看出，當代最新生態學的宗旨，與中國哲學機體論根本相通之處，尤其可以看出，不論從最新生命科學觀點，或最高生命哲學觀點來看，均能在最高的統會處旁通互攝，這也正是今後環保工作最需弘揚的重要精神。

總而言之，我們以西方生態學的發展，以及很多當代有識之士的省思，均可看出，眞正對自然態度的共識—肯定萬物均有生命、均有內在價值，因而應尊重愛護，乃至一切萬類物相通，圓融互攝，形成和諧統一的生命有機體等等，均與中國哲學最可貴的特性完全相通。

因此，今後東西方只要能共同闡揚中國哲學此等特性，並且結合當代科學例証，化爲具體行動，相信就必能大力充實環保的哲學根基，並且同時喚醒人心，共同促進有方向、有動力的環保工作，那才是整個人類之福，也才是整個自然萬物之幸！

【附　註】

❶ 孟子，〈公孫丑章〉上，第四章。

❷ 引述自《大自然》季刊，中華民國自然生態保育協會出版，民國七十七年二月廿五日發行，頁七十九，中文由費張心漪所譯。

❸ 同上，頁廿二。

❹ 同上，頁五十。

❺ Peter Browing, (ed.)" John Muir: In His Own Words ", Great West Books,Ca,1988, p.261.

❻ Ibid, p.64

❼ 引自John Muir, "Our National Parks," Houghton-Mifflin Co.Boston , 1909,p.3.中文翻譯參見前述《大自然》季刊第十一期，民國七十五年五月廿五日出版，學甲譯，頁六十二。

❽ 引述自同上《大自然》季刊，頁三十三。

❾ 引文與申論請參上述《大自然》季刊，頁三十六。

❿ Wallace Stegner，中譯請參同上《大自然》季刊，頁七十五。

⑪ 同上。

⑫ P. Dearden，中譯請參《大自然》季刊第二期，民國七十三年一月廿五，頁九十六。

⑬ John Muir，原文中譯請參《大自然》季刊十一期，頁八十。

⑭ John Muir，"Our National Parks"，Houghton-Mifflin Co, Boston,1909, p.4.

⑮ 中譯請參同上，《大自然》季刊，頁二十五。

⑯ 請參見《大自然》季刊，民國七十五年五月卅五日出版，頁九十三。

⑰ Max Weber，"The Religion of China ,"The Free Press, ts. by H. H. Gerth. Illinois, 1951, p.158.

⑱ 孔子，《易經》繫辭傳。

⑲ 易經乾元文言。

⑳ 易經乾元彖傳。

㉑ 孔子，論語〈述而篇〉，第廿六章。

㉒ 孟子，〈梁惠王〉第三章。

㉓ 孟子，〈盡心篇〉上，第四章。

㉔ 孟子，〈盡心篇〉上，十三章。

㉕ 中庸，第二十九章。

㉖ 張載《西銘》。

㉗ Albert Einstein, *Science and Religion* ,in"Approaches to the Philosophy of Religion"，ed. by

Bronstein. N. Y;1955,p.69.

㉘ O. Spengler,"Decline of the West", Tr. by C. F. Atkinson, 1926, vol.1.p.182.

㉙ 孫中山先生〈宗教與政治之關係〉，民國三年在法教堂歡迎會講。

㉚ 泰戈爾原文見"The Realization of Life ,"Leipzig,1921,pp.20-21，中譯請參見方東美先生《生生之德》，民國七十六年四版，台北黎明公司，頁二五九－二六〇。

㉛ 同上，頁二六二。

㉜ 同上，頁二六三。

㉝ 同上。Richand Kroner 原文參見" Cultue and Faith "美國芝加哥大學，一九五八年出版。

㉞ 同上。頁二六三。

㉟ 同上，頁二七六。

㊱ 同上。

㊲ 同上。

㊳ 同上。

㊴ 同上。

㊵ William Wordsworth, "*The Tables Turned*'，引自Wynne-Tyson," TheExtended Circle", Paragon House, 1989.N. Y. P. 446.

㊶ Ibid, p.376.

㊷ p.325

㊸ Gothe, " Faust ", V. 418-425，參見方東美先生中文譯句。

㊹ P. B. Shelley " *Prometheus Unbound* "引自Wynne-Tyson, "The ExtendedCircle " p.321.

㊺ Ibid, p.131.

㊻ Ibid, p.71.

㊼ Ibid, p.65.

㊽ Ibid , p.65.

㊾ Ibid, p.65.

㊿ Ibid.

51 Ibid, p.383.

52 Ibid, p.382.

53 A. Huxley,Ibid,p.135.

54 Ibid.

55 方東美，《先生之德》，頁二六。

56 同上。

57 同上，頁二七七。

58 A. N. Whitehead, "Science and the Modern world", N. Y;1925, p.18.

59 Kanl Jaspers," The Great Philosophers ".N. Y.,1957，請參有關孔子與老子專章。

60 方東美先生《先生之德》，頁二七八—二八〇。

61 引自韓韓女士所著〈爲人類而保育，爲自然而開發〉，《大自然》季刊創刊號，民國七十六年十月廿五日，頁一〇八。

62 同上。

63 同上。

64 "Asia Week ",1985,May,31,中譯請參《大自然》季刊第三卷第一期，民國七十四年十一月廿五日，頁一〇八。

65 Albert Schweitzer," The Philosophy of Civilization," N. Y, 1915. pp.36-38.

66 《大自然》季刊，民國七十二年十月廿五日。

67 同上。

68 Albert Schweizer,"The Philosophy of Civilization", N. Y. 1915, pp.2-12.

69 「憂患」二字首先見孔子贊易時所說，到孟子則明白提醒世人，「生於憂患，死於安樂。」憂患意識代表警惕心，也代表使命感，堪稱中國人的宗教情懷與悲憫意識，深值重視與弘揚。

70 Wynne-Tyson,(ed.)" The Extented Circle, "p.14.

71 Ibid,p.15.

72 Ibid,p.15.

73. Ibid,p.13.
74. Ibid,p.37.
75. Ibid,p.37.
76. Ibid,p.92.
77. Ibid,p.107.
78. Ibid,p.62.

第二章　環境倫理學的基本問題

緒論

研究任何一門學問，首應探討其基本問題。例如「哲學」的基本問題，爲形上學、知識論、倫理學、理則學等問題，所以各大學哲學系多將此等列爲必修課。如果更深一層細分，如倫理學的基本問題，即在探討「善」的有關問題，美學爲探討「美」的基本問題，知識論爲探討「眞」的基本問題，凡此種種，均代表做學問首先應扣緊基本問題，才能研究有得。

因此，科學哲學家柯恩（Thomas Kuhn）有句名言：「能否扣緊基本問題研究，才是學問能否進步發展的成功關鍵。」[1]的確至爲中肯。

那麼，環境倫理學的基本問題是什麼呢？個人認爲，首應分析環境倫理學的研究主題，弘揚相關的中心思想，並且就其中方法論尋得共識，從而建立完整的架構體系。因而，準此立論，筆者認爲，環境倫理學的基本問題可從三方面分析。

一、環境倫理學的研究主題：

1. 探討人對自然的應有理念，亦即「自然觀」的問題。

2. 探討人對萬物的應有看法，亦即「萬物論」的問題。

3. 探討人對衆生的應有態度，亦即「衆生觀」的問題。

二、環境倫理學的中心思想：

筆者認爲，一言以蔽之，可用弘揚「機體主義」（Organicism）爲代表，並根據此學說結合東西方共同互通之處。

三、環境倫理學的應有共識：

1. 環境保護與經濟建設並重。

2. 環保教育與法治行動並重。

3. 人文環境與自然環境並重。

以下即從上述架構分別申論。

第一節　環境倫理學的研究主題

環境倫理學的研究主題有三，本節即特別分析這三大主題所包涵的範圍，並扼要說明人們應有的正確態度：

一、**人對自然的理念**：應該用「廣大和諧」的理念看待自然，而不是用對立的態度破壞自然。

二、**人對萬物的看法**：應該用「同情體物」的心情看待萬物，而不是用征服的態度役使萬物。

三、**人對衆生的態度**：應該用「一往平等」的態度看待衆生，而不是用輕視的態度駕凌其上。

本節重點，在以具體例證說明，如果破壞了這三項原則，將會造成怎樣的傷害，俾能以學理結合實際，闡明環境倫理中三大主題的重要性。至於中外各家有關思想，將在以後各章中論。

一、人對自然的理念

人對自然的理念，如果不能用「廣大和諧」的精神相處，將會形成任意破壞或污染，其影響將極爲重大。本段特扼要舉出自然界三種最切身的例證說明，那就是：「空氣」、「水」以及「海洋」環境的污染。

㈠空氣污染：

空氣污染又可以分成好幾種型態，以下特再分項說明。

很多人們生活在自由空氣中，既忽略了自由的可貴，也忽略了空氣的重要。「自由」屬於政治哲學的範疇，本文暫且不論，然而空氣卻屬於大自然中必需保護的第一對象，我們不能不深深關心。

根據醫學資料顯示，一般而言，一個健康的成人若不吃飯還可以活五星期，不喝水只能活五天，但是若不呼吸，可能活不過五分鐘。由此深切可見，空氣對人類的重要性。

空氣既然如此重要，當然要保護其清新、不受污染，因此，環境保護首先應注意的課題，就是能充分瞭解空氣污染的因素，然後才能共同警惕，一起防範並加消除。

以下即根據有關專家資料，分述空氣污染的相關種類以及防治之道：

第一種是粒狀污染物。

這一類包括無毒的顆粒—如塵埃，但卻可能摻帶有毒氣體進入體內，而產生危害。另一種則在本質上便是有毒的—如金屬燻烟。

例如燃燒金屬形成的「戴奥辛」，便被稱爲世紀之「毒」，再如燒煤或鉛的工廠，排放的鉛微粒，都會透過空氣粒狀污染，造成相當程度身體傷害。

第二種則是氣狀的污染。

這一類看不到但更可怕。很多工廠燃燒重油或柴油，都會排放大量「二氧化硫」，因其在空氣中能氧化成三氧化硫，並與水結合成某種硫酸物，刺激呼吸系統，便會破壞排列在系統上的細胞。

另外還有一氧化碳，這是一種窒息性氣體，爲空氣中最多的污染物，這多半來自機車廢氣，或煉焦工廠、家用瓦斯洩漏等。人體若大量吸入，一氧化碳即取代氧而與血紅素結合，造成全身各組織氧的減少，乃至頭暈與神智不清，甚至中樞組織受損而死。

還有就是氮氧化物以及碳氫化合物，主要來源爲機車、火力電廠及工廠鍋爐，另如已知的致癌物質—如苯、氯化烯等，在職業衛生上，均應鄭重注意。

針對以上各種空氣污染，如今國際上訂定了一種「空氣污染指標」（Pollutions Standard Index,簡稱PSI），將實際所測的污染物濃度換算爲「〇到五〇〇的指數」，以具體說明污染程度。

根據環保署十九個空氣品質站資料顯示，台灣地區空氣污程度超過一〇〇PSI的比率，在近幾年中，以民國七十四年最好，僅佔百分之十三點七二，但到七十八年三月時，卻又高達百分之三四點二一，超過一倍以上，今後發展更值得注意。❷

第三種則是噪音。

從空氣品質來說，噪音也可說是一種相關的環境破壞。噪音的定義，可從下列五項標準來看，基本上殊途同歸，都有重要的參考價值：

第一項定義，是美國職業安全衛生署所訂，「爲聲音大至足以傷害聽力者。」

第二項定義，是日本專家的界說，「會引起生理障礙、妨害交談、聲音太大而音色不美者。」

第三項定義，爲我國專家定義，師大王光得教授稱之爲「凡會引起生理、心理上不愉快之聲音，會妨害談話、思考、休息、睡眠之聲音等均是。」

第四項定義，依據我國勞工安全衛生法之定義，凡「超過九十分貝強度而持續八小時之聲音」均應稱爲噪音。

第五項定義，依我國噪音管制法，則爲「聲音超過管制標準者」。

在聲音分析中，圖書館是最安靜的，爲四十分貝；住家則是五十分貝；電話鈴響是八十分貝；公共場所爲七十分貝，公車擁擠的街上是九十分貝，在機場附近住所，飛機的起昇與降落則是一百二十分貝。

人若生活在噪音中，明顯會造成精神的煩躁與精神上的不安，這也是以往農業社會明顯沒有的現代病。

還有第四種空氣污染，就是酸雨。

這種污染被稱爲「本世紀的環境隱形殺手」❸，也是以往農業社會所未曾見。這不論對森林、湖泊、土壤，都有很大危害，甚至對一般建築、石雕都會破壞腐蝕。究其根本原因，則誠如環保專家所說，實爲人類「咎由自取」。因爲各式各樣的廢氣，在空氣中浮動，透過日光能的催化，轉變成多種氧化物，遇到水氣，便形成「硫酸」或「硝酸」等多種污染物，通稱爲「酸雨」，在無形的方式下便默默地腐損大地萬物。

這種情形，尤以燃燒化石燃料，或發電廠釋出二氧化硫和氮的氧化物更爲嚴重。這些氣體進入大氣和水蒸汽結合，便形成腐蝕性的硫酸和硝酸，降水下來，便成典型的酸雨。這個名詞同時也用在含有酸性的雪、霰和雹。不僅對水中生物、植物有害，也能腐蝕一般建築物的表面設施，所以眞正成爲「隱形殺手」，尤其值得大家警惕。

另外，還有第五種空氣污染，則是「臭氧層」被破壞。同樣是以往農業社會聞所未聞。什麼做「臭氧層」呢？臭氧（O_3）是一種具有刺激性氣味、略帶淡藍色的氣體，與氧分子（O_2）非常近似。大氣中約有百分之九十的臭氧存在於地球平流層中（亦即離地面十五至五十公里之間），另外在平流層的較低層中（地面二十至三十公里），爲臭氧濃度最高的區域，即爲「臭氧層」。

臭氧層因爲可以吸收陽光中大部份的紫外線，以此屏障保護地球表面生物，不受紫外線侵害，所以對所有自然萬物均有極大護衛作用。

早在一九七四年，兩位美國科學家便提出警告，一系列的化學合成物質—氟氯化合物（CFC），由於其化學性質相當穩定，所以其分子要上升到平流層才會分離，而此時其中所含氯，將會釋出，明顯的破壞臭氧層！[4]

那麼，臭氧層一旦被破壞，會對人體及環境有什麼影響呢？根據專家研究，一旦地球表層失去臭氧層保護，紫外線便增加照射，直穿而入地球萬物，這就至少會造成以下八種毛病：

(1)人類皮膚癌罹患率的增加。

⑵免疫系統受抑制。
⑶人類白內障罹患率增加。
⑷農作物減少。
⑸水中生態系受破壞。
⑹加速室外塑膠之老化。
⑺加速地面臭氧之產生。
⑻氣候影響及「温室效應」，間接造成海平面的上升。

美國人造衛星「雨雲」（Nim bus）七號曾在南半球上空，拍攝地球表面臭氧分佈狀況。其中搭載有觀測大氣中臭氧的裝置，並在每天製作全世界臭氧分佈圖。深值警惕的是，從一九八五年後，便顯示南極上空臭氧已經明顯減少，活像臭氧層「開了孔一般」，到了一九八七年，中間更形成一個空洞，可以看出臭氧層已經明顯破壞了百分之五十！

這也就是說，南極臭氧層原先的重大功能——可以擋住過多的紫外線——從一九八五年即被破壞了百分之五十。因而今後人類如果再不覺醒，明顯將會加速上述多種毛病。

所以，一九八五年「聯合國環境委員會」（UNEP）在維也納召集二十八國，簽訂了「維也納條約」（Vienna Convention），特別強調應大力保護臭氧層。到了一九八七年九月十六日，更於加拿大蒙特婁舉行國際會議，明確簽訂了「蒙特婁破壞臭氧層物質管制草約」（

Montreal Protocol on Substances that Deplete the Ozone Layer），特別管制足以排放氟氯化合物（CFC）的物質。

就一般民衆而言，可以身體力行的措施，即避免購買使用氟氯碳化合物的東西——例如，不買以此爲發泡劑所製成的塑膠和紙產品，不買以CFC爲動力的噴霧罐，和其他含有CFC之非必需的產品，並且避免過度在太陽底下曝晒，經常使用防晒油保護皮膚等等。

我國相關的保護措施，也曾配合國際管制行動，於一九八三年五月卅日，即禁止使用CFC於化妝品、噴霧劑、推進劑。經濟部亦於一九八七年十一月卅日，將此從生產事業獎勵類目中刪除。一九八八年六月十六日更停止CFC-11、CFC-12、CFC-113、CFC-114、CFC-115、Halon-1211、Halon-1301、Halon-2402 等八種化學品。今後之防範工作重點，尤在使民衆有共同的認識與警惕，那才能共同增加更大效果。

另外，第六種空氣污染，則是地球的「温室效應」。

温室中的玻璃能接收太陽的輻射線，並阻止室內的紅外輻射線向外散發，再加上温室內對流受抑止，所以可使室內温度高於室外大氣温度。

因爲地球外圍的大氣層含有二氧化碳和水氣，兼有吸收與反射功能，能吸收地球表面散射的輻射長波，並使一部份重新輻射回地面，使地球和大氣增熱，比起沒有大氣層時的温度要高，這與温室中玻璃的效應相似，所以稱之爲「温室效應」。

科學家認爲，因礦物燃料的燃燒，使二氧化碳濃度增大，會產生上述温室效應，所以導致了長期氣候變化。

部份科學家更認爲，世界各地汽車排放的廢氣等污染，日漸加強了温室效應，使全球氣候上升，造成極地冰塊溶化與海洋平面上升。如果再不加以遏止，更會導致全球氣候反常。

以上種種例證，充份可以說明，中國哲學一再強調，人與自然應該和諧相處，是如何重要的理念。上述各項具體資料，正是強有力的科學性證據。這也代表科學與哲學，可以充份合作，共謀人類福祉之處。

尤其像大氣層裡的臭氧洞，或地球的「温室反應」，或隱形殺手「酸雨」，在中國古代雖然不知道這些「現代病」，但是只要能眞正做到人與自然「廣大和諧」的關係，不像現代人如此任性破壞自然，便不會有上述種種毛病。這些今後都很值得我們警惕，並深需亟早改進！

大自然中，除了「空氣」之外，「水」也與我們密切相關，更是我們生存的重要條件。因而，水的污染同樣會造成許多重要危害，以下也特再一一分析。

㈡水的污染，包括河川污染、飲用水污染，以及間接農業養殖業的用水污染，通通會影響人類生活與健康。

根據環保署長簡又新的統計，光就河川污染而言，「台灣地區主要河川廿一條，共長二千零九十二公里，其中未（稍）受污染者占六七・三％，輕度污染占九・三％，中度污染則占一〇・四％，嚴重污染則占一三％。」❺換句話說，除去未（稍）受污染的部份，即有三〇・七%受到不同程度的污染，約占全部主要河川的三分之一，若以上・中、下游三段而論，比例上已經有其中一段完全受到污染，這是何等令人怵目心驚的現象！

至於飲水用水的相關水庫中，根據簡署長資料，「有水庫資料可供詳估之二十一個中，優養化嚴重者五個，應加注意者三者，水質尚可者七個，清潔者六個。」❻

所謂「優養化」（Eutrophication）代表一種因污染而老化的現象，因爲污染性有機物，以及營養元素的積聚，會使原先清澈碧綠的水庫和湖泊，從「貧養湖」，變成「中養湖」，乃至「優養湖」，猶如人類因營養過多，而提前老化，往往在短短幾年內結束生命，所以又被稱爲水庫的「癌症」。

根據上述資料，在台灣廿一個水庫中，「尚可」及「清潔」者，勉強爲十三個，剩下八者則有不同程度的污染（甚至有五個已達「優養化嚴重」），整個有問題的水庫比例高達百分之卅八，不可謂不嚴重，因其代表超過三分之一的水庫已有污染，也可說超過三分之一以上人口所用的水源水庫已受影響，同樣令人必需嚴加警惕！❼

另外，廢污水的產生量，簡署長依七十六年推估，「每日七百五十七萬五千立方公尺，其中市鎮污水占五九%，工業廢水占三六%，畜牧廢水占五%」❽。這些來自四面八方的廢污水，同樣以各種形態在腐蝕大家的生活空間，並破壞各種自然環境，農業養殖業用水直接間接受此影響，加上各種污染所及，在在均會爲害人們健康與農漁民生計，深值正視。

還有，在台灣五個主要港灣中，根據簡署長資料，「嚴重污染者爲基隆港及高雄港，水質尚可者爲台中港，清潔者蘇澳港及花蓮港。」❾也就是說，五個之中者有兩個「嚴重污染」，高達百分之四十，而且是最爲重要的兩個港口！這就很清楚的反映，有關環保工作實在到了刻不容緩的關頭！

事實上，有關各種水的污染，情形日漸嚴重，不僅台灣如此，全球多數國家皆然。因此，今天已經有很多專家建議，對於河川中的魚類儘量不要吃魚皮，以免可能因污染而影響病變。如日本因爲向來愛吃生魚片，雖然經過芥茉消毒，但仍有很多國民罹患胃癌，其比例甚至高居全球第一，中間很可能有相當影響。諸如此類警訊，的確深值有識之士共同努力，及早全面改進！

㈢有關水的第三種污染，則是海洋環境的污染。

我們把海洋也列入自然環境的保護對象，其原因在於從整個地球看，海洋的面積超過陸地的面積，海洋本身對於整個人類的氣候、生態，以及生活環境，都有很大的自然調整作用。另外，海洋本身的海中生態也有莫大的重要價值，一旦海洋受到污染或海底生態受到破壞，對人類生存的自然環境同樣會影響重大。

像希臘最早的哲學，就是從面臨碧藍的海水開始沉思。所以柏拉圖強調哲學是從「驚奇」（wonder）開始，另如古希臘很多神話，也跟海洋密切相關。從這個角度也可看出，海洋環境對人類的文明發展，有相當重要的影響。

近代西方開始有人將世界文化粗略的列分爲「海洋文化」與「大陸文化」，這當然有過份簡化的毛病，像大陸電視影集「河殤」結論中以「海洋文化」代表西方文化，認爲代表開放的希望，所以最後結局是邁向蔚藍的海洋；另外則以「大陸文化」代表中國文化，認爲是封閉的，不像海洋文化開闊，此中固有苦心，但也有誤解，本文不及深論。不過由此也可看出，海洋環境對人文社會有一定的影響，確實不能抹煞。因此，綜合而言，海洋一旦受到污染破壞，同樣會連帶影響人類生活與文化，深值重視與研究保護。

首先，我們應探討海洋環境受到污染的來源。

其中最重要的當推河川污染。人們把垃圾丟到河水，或工廠把廢物流到河水，造成河川污染，河川夾雜著污染物再流到海洋，就造成海洋污染。

海污染若在近海，會影響到近海的捕魚業，因而會回過頭再影響我們每天所吃的海產魚類蝦類。由此可見，不但淡水魚會受影響，連近海魚類也會受到污染影響。

海水的另一種污染，則是核能廠的温排水放流，這尤其會造成海底生態如珊瑚礁的破壞。

事實上，如果海底的珊瑚礁會被破壞，那其他的海底生態也很可能還有不少受到影響。諸如此類問題，的確深值重視，並且加強保護。

對海洋污染的測量，有一定的客觀標準。基本上是以海水中生化含氧量的多少，來顯示有機物所造成的影響。海水中若含有重金屬，或者放射性、硝酸鹽，乃至硫酸鹽，則可顯示無機物的影響。

換句話說，無機物與有機物都會造成海洋污染，其影響不但對於各種魚蝦海產造成污染，也會影響人類胃腸的健康，更會影響海洋的生態與資源。

擴而充之，海洋污染還會妨礙海洋漁業的活動，乃至漁民生活的品質。尤其海底層的廣闊天地中，更有很多重要而珍貴的生物與生態，都會受到無可估量的傷害，這些也直接間接影響到海洋環境的品質，乃至整體的生態環境，以及人類的生活環境，深值警惕與防治。

綜合而言，以上三大項污染——空氣、水與海洋，都是大自然被人類污染最明顯的例證，也是人類切身最易感受的公害，各種資料顯示，如果整體大自然失去平衡，人類再不能以和諧態度愛護自然，尊重自然，影響程度將更大更深，所以今後再也不能輕忽了！

二、人對萬物的看法：

有關人對萬物的看法，我們也可分析三項重要污染，作爲應予正視的重要問題，從而落實尊重萬物、愛護萬物的應有認識。

這三項就是㈠工業的污染，㈡農業的污染，㈢土地的濫墾。

首先第一項，就工業污染而言，對天地萬物明顯會造成重大損害與影響，這也是以往在農業社會所未曾有過的問題。

工業污染常見的有刺激性氣體，例如處理廢鉛工廠所排的廢氣，就會造成人類呼吸道辛辣刺痛，不但對人類有刺激性，對附近相關動物、植物都會有害，而形成眞正「公害」。像新竹有些化工廠，或高雄有些工廠，廢氣廢水處理不當，都會造成同樣情形。這不只影響人類，也同樣影響附近萬物。

另外，工業污染包括金屬中毒，像「鉛中毒」便是嚴重問題。根據報載，民國七十九年三月間，基隆有家金屬公司，因爲長期的製造鉛污染，其結果造成附近幼稚園的兒童受損，甚至智力受到影響。這種污染直接影響民族幼苗，傷害實在太大了！在那種情形下，如果會影響兒童的智力，同樣也可能影響其他萬物的生育，因而形成「慢性兇手」，甚至隱形殺手，特別值得警惕，這同樣也是以往農業社會前所未見的情形。

工業污染不僅如此，此外還會形成職業性的皮膚病，與地域性的傳染病。像台灣南部的烏腳病，公害患者到了後來整個腳都變成黑色，最後不能不硬生生鋸掉。筆者曾經親聞經國先生痛心稱爲：「一生從沒看過如此慘狀。」其悲慘可想而知。至於影響附近生態與萬物更同樣難以估計。諸如此類的污染公害，凡是有同情心與人性者，相信都應共同努力，加緊防範，以切實救治！

上述各項工業污染，可說都是「現代病」，從前在農業社會均無從產生。因而，身爲現代社會的工業家或實業家們，其職業良心與社會公德便很重要。他們在投資工業產品之前，必須同時投資防止污染的設備，然後才能眞正去除污染，賺錢賺得心安。

以往因工業規模小，還沒有工業污染問題，但如今各種工廠數量增多，工業生產的副作用——污染公害，已從量變到質變，直接影響到人體與萬物生態，所以再也不能忽視。因此，今後正確因應之道，一方面工業界應主動將環保設施列入成本之中，形成應有的基本公德，二方面政府也有責任嚴加督導，維護民衆有「免於污染」的自由。惟有如此，才能儘量保持純淨的生活空間。否則，各種公害既影響人類，也影響萬物，再也不容掉以輕心！

其次，第二項，除了工業污染會影響萬物與生態之外，農業污染也有同樣的情形。以下特舉明顯的幾項例證說明。

首先就是「戴奧辛」，這種污染公害的來源，是因爲一些與農產品相關的殺蟲劑、氯化物或垃圾堆，在燃燒之後會有劇毒，所以產生重大的危害。這種戴奧辛毒害的程度很驚人，所以又被稱爲「世紀之毒」，它不但足以破壞呼吸系統，還會侵蝕神經系統，而且會破壞大地萬物，爲害之大，不能不加警惕！

除了戴奧辛之外，農業污染另外一個著名的例子，就是民國七十四年間的「多氯聯苯事件」。根據當時評估，大約三千多人直接間接受到傷害。其原因就是因爲很多土壤中受到農藥影響，含有多氯聯苯，因而生長的農產品受到污染，以致造成肝臟功能、免疫系統，甚至生殖系統的多種傷害。但這還仍然屬於能夠看得到的有形傷害，至於其他大地萬物因爲不能申訴而未曾評量的傷害破壞，更是無法估計。

另外，近年來，也有環保人士發現在米裡，含有過量的鎘，這會造成人體直接間接的傷害。換句話說，有些農產品，雖然本身看起來只是個物質——例如米看起來只是一項物質，土壤、殺蟲劑也都是物質——表面看似沒有生命，但若其本身受到污染，便會成爲一種可怕的病源，回過頭來就會大大影響人類的生命，乃至大地萬物的相關生命。所以我們對於農產品污染所造成的嚴重性，也應充份體認與警惕。

尤其，根據民國七十九年九月廿一日聯合報記載：由於酸雨會造成農作物的不正常生長，甚至造成枯萎，所以揚希颱風過後，竹北市的復耕蔬菜，因遭酸雨腐蝕，二、三天後便出現枯萎而悉數損毀。這是該市歷來首見的酸雨，除造成地方上的震撼外，也顯示農村環境正因工業化而逐漸受到污染，其問題也到了不容忽視的地步！

由此可見，現代社會因爲工業快速發展，千奇百怪的公害影響都會出現，這正是大自然萬物遭到形形色色污染的結果。所以，今後我們再也不能只將萬物看成是沒有生命的物質，而應切實以「尊重生命」的態度善待愛護，否則在物物相關的情形下，均會直接間接影響人類生命與整體生態，這也是深值人類共同警惕與努力的重大課題。

再其次，第三項，除了工業、農業的污染外，我們還應正視，對大地的尊重，也是另一重要課題。

大地看起來好像沒有生命，但若對大地缺乏尊重，不斷加以濫墾、腐蝕，或毒化，則不但整個水土保持都會受影響，所有大地生態也會受到扭曲。一旦水土保持受到影響，一場大雨來臨，立刻會引起水災；一旦大地生態受到扭曲，同樣會造成環環相扣的連續效應，最後受害者均仍是人類與大地萬類！

尤其，大地是孕育自然各種生命不可忽視的根源。如果大地土壤受到污染，那麼從土壤裡生長的農產品立刻會受到影響，像稻米、小麥等相關食品，如果受到嚴重污染後，其對人們生活與萬物的傷害，顯然極爲深遠。

另外，水土保持更是維繫人們生命的重要憑藉，尤其土地資源的再生過程很緩慢，遠不及人類破壞的速度，所以特別值得人們警惕。生態學家史蒂文生曾說：「我們都是脆弱太空船上的乘客，靠有限的水土來維生，因此我們乘客要共同來維護這脆弱的船。」⑩這一段，可說語重心長，深值大家有此體認。唯有共同維護大地與水土免於各種破壞，才能眞正讓此脆弱的太空船不致崩離解體。

事實上，天災人禍常是影響大地與水土保持的禍首。人們對於天災當然只能盡人事以預防，但對於人禍卻一定要能全力以公德爲重，儘量避免私心爲害。

像大陸上，最近一個著名的「人禍」例證，就是中共少數領導爲了想要留名，堅持要在長江三峽開發大水壩，並宣稱若有生之年看不到開工，將「死不瞑目」。但事實上，很多眞正專家均紛紛表示反對：⑪

1.若從經濟角度來看，該計劃初步斥資號稱三百多億美金，已經等於全大陸整年的經建預算總和，顯然不符經濟原則。更何況根據專家瞭解，其中各種精細預算加起來，花費其實高達一千多億美金，代表全大陸經濟建設將因此停滯四、五年，明顯極爲不智。

2.若從水力發電而言，專家明白指出，長江三峽大壩所需水力發電，儘可由其中各支流分批達到，因而完全不需要進行此一充滿缺點的計劃。

3.若從航運觀點而言，則上游淤沙問題已經極其嚴重，一旦再蓋大壩，不但明顯影響航運效率，同時也明顯傷害大壩生命。

4.若從防洪需要而言，該計劃預訂將上游一千多萬住戶大遷徙，形成犧牲上游住戶卻也不見得造福中下游，尤其一旦若有外力入侵戰事，更形成最大致命傷，對所有上、中、下游均形成定時大炸彈。

5.另外，若從生態與環保觀點來看，則此一龐大計劃勢必極其粗魯的破壞兩岸生態與環境，尤其對中華民族歷史文物的損壞，更將形成令人痛心的重大傷害！

此所以，當筆者於民國七十九年八月訪問大陸探親時，親自聽到有關專家強調，「若有人一心想蓋長江三峽水壩，否則死不瞑目，那就讓他睜著眼死吧！」由此充份可見，不論從客觀的理性，或普遍的人心，中共如果硬要蠻幹，建造長江三峽水壩，這種「人禍」更將形成難以估計的嚴重破壞！

相形之下，我們很可參考美國雄偉的大峽谷為例。大峽谷與長江三峽同樣以昂然雄奇著稱。本來早在一百年前，也差點被建為水庫，然而當時老羅斯福總統在一九〇三年訪問之後，針對此一瑰奇雄偉、神斧天工之作，特別發表了一段發人深省的名言：「任何人工的作爲只會破壞大峽谷，這裡顯然是上帝的傑作，那麼也等上帝來改變它吧！」⑫

老羅斯福總統早在八、九十年前，便已經深具這種胸襟與遠見，這實在深值中共有關人士反省。今天縱然中共並不承認「上帝」，但長江三峽同樣是上天賦予大自然的雄偉傑作，今後也只能由大自然來改變，任何自以爲是的蠻橫作爲，雖然也會留名，但只會留下無窮的歷史罵名！凡此種種，也深深提醒我們，對自然大地的破壞，人們除了應防範天災外，更應共同努力，防止蠻橫的人爲禍害！

三、人對衆生的態度：

所謂「衆生」，不僅是講人類全體生命，同樣也講世界上一切生命——包括一切大小動物、植物、礦物等。根據環保精神，不論珍奇的或卑微的，一切衆生均應有其生命意義與價值，甚至如岩石荒地，也應視同具有生命尊嚴與內在價值。

因而，準此立論，至少有以下四個重點值得重視：

1.對林業的保育。因爲，樹林看起來沒有生命，其實卻深具雄厚的生命力，不能任意破壞。

2.對漁業的保育。也就是對海洋中各種生物與植物，均應特別保護彼等生命與生態。

3.對野生動物的保育。也就是對深山荒野或窮鄉僻壤中的野生動物，均應特別做好野生保育工作。

4.防止核子污染的問題。也就是透過對核子相關的知識，切實防治其對一切衆生可能的危害。

首先，針對林業保護而言，我們首先要注意到，原始森林不能受到人爲的砍伐，也不能受到松鼠之類的自然危害。

我們若以中國大陸爲例，便知道林業濫砍的嚴重性。

根據可靠資料，中共控制下的大陸，多種林業損害都很驚人。今特舉犖犖大者說明如下：[13]

1.福建的副熱帶常綠木蓄積量，一向高居全國第一。在一九四九年還有一億七千八百萬立方公尺，到了一九八〇年只剩下八千九百萬立方公尺，損耗率高達百分之五十以上。

2.海南島在一九四九年的造林面積還有百分之廿五・七，但到一九八二年，急速降爲百分之七・二，損耗率更在百分之七十以上！

3.四川省與雲南省，從一九四九年到一九八五年，因人謀不臧，及忽視環保工作，四川省林地已減少百分之卅，雲南省更減少百分之四十五。

4.東北大興安嶺森林蓄積量原占全國百分之四十，但因濫砍與火災，受到大量破壞，在一九四九年到一九八七年之中，就有十一億立方公尺木材伐採，但新生量只有六億立方公尺，以此破壞速度來看，後果真是不堪設想！

5.根據一九八三年中共統計年鑑顯示，大陸現存森林覆蓋率爲百分之十二・五，這與世界平均的百分之卅一・三相去甚遠，甚至一半都不到，深值憂心與警惕！

6.根據中共報載，爲支援其所謂「四個現代化」，中國大陸森林面積正以每年一萬三千三百平方公里速度下降！如此下去再過幾十年，則一切可以採伐的森林將被砍光，大陸農業生態將更爲惡化，不能不令人怵目驚心！

所以，加拿大地理學及生態學家史凡拉博士（Dr. Vaclau Smil）在一九八四年的《惡地》（The Bad Earth）中，便曾特別針對一九四九年以來，中共造成的各種環境危害總括如下：「對環境駭人的損害行爲，最可能是使中國無法邁向富強的最根本障礙。」[14]此中看似沒有直接關係，卻可由中共忽略環保中，看出其根本上缺乏現代化觀念與精神遠見，因而欲振乏力，無法富強，的確發人深省。

事實上，不只中國大陸的林業深受破壞，世界各地也都有程度不同的破壞。因爲林業具有調整氣候與吸收落塵等功能，所以林業破壞，不只代表生態被傷害，同樣代表對人類生活環境的破壞，這也是深值今後警惕的重大課題。

除了林業外，漁業與野生動物的破壞，也是衆所皆知的危機。尤其「動物在集體屠殺後，很難再起死回生，一旦絕了跡，更是人力無法挽回的。」

根據西德慕尼黑大學著名環保學者，也是西德自然保護聯盟主席的殷格哈教授（Prof Walfgang Engelhandt）資料，鯨魚在漁業中，生態被破壞得極爲嚴重。「光是在一九六〇到一九七〇年之間，被捕殺的鯨魚便高達六十萬七千隻之多」，因而他感嘆：[15]

「再這樣下去，世界上所有的鯨魚，便將因其本身所具有的莫大經濟價值而絕跡了。」

另外鱷魚亦然，殷格哈指出：「由於另一項流行的玩意：女用鱷魚皮包、皮鞋等，幾乎使全世界的鱷魚都遭到了生命威脅。」

還有，因爲人類本身的虛榮與時髦心理，結果「世界上所有有花斑的貓科動物，尤其是虎、豹、獵豹、豹貓以及美洲豹等，都受到了威脅，因牠們美麗的皮，可製造各種皮大衣及套裝等，爲製一件豹皮短大衣，便得殺死五到七隻豹！」

以往，可能一般人看到一件豹皮短大衣，只覺得很新奇，然而卻沒有想到，這可是殺死五到七隻豹的間接幫兇！另如印度，「在四十年前還有四萬頭老虎，如今只剩了不到兩千五百頭」。至於肯亞犀牛亦然，在一九六九年尚有一萬八千頭，到一九八六年卻只剩下五百頭！

有關象牙更是如此，一九八三年的銷售高達九百公噸，是「本世紀以來最高紀錄」，其中每一顆象牙，也都代表一頭大象卅年生命的滅絕，再加上很多富豪之家裝飾用的虎頭或獸皮地氈，凡此種種例證，不勝枚舉，深值大家警惕，再也不能疏忽了！

那麼，應該如何防治呢？殷格哈教授首舉捕鯨爲例，強調：

「我們要想有效地保護動物，唯有靠國際立法，不斷地監視法律之執法，才能達到目的。」

因此，諸如國際漁業禁止使用流刺網，禁止捕殺鮭魚，而各種野生保護協會一再強調的禁令，都是深值人們加強瞭解的內容，唯有大家共同認知，加強執行，才能眞正達到成效！

另外，本文在此也應特別討論核子試爆污染的問題。

日本的長崎與廣島，曾經遭受原子彈的轟炸，受害最爲明顯。當然，究其原因，仍因日本軍閥率先發動侵略戰爭，其殘忍的殺戮行爲令人髮指，否則也不會被美國投兩顆原子彈「以戰止戰」，促使日本提早投降。然而，我們若從人道觀點看，也不能忽略核子污染對衆生的傷害。

尤其，當時原子彈爲十六千噸，還不及今天任何最小核彈頭的百分之一。根據統計，一九八五年全球核子彈藥約有一百億噸，其殺傷力與破壞力，足以無數次的破壞整個地球，造成無以評估的重大損害！

根據荷蘭大氣科學家柯眞（P. Crutzen）與美國化學家白克斯（J. Birks）的論文，核子武器的最主要威力還在於「煙與塵」，亦即一旦核子戰爭爆發，地球就進入「核子冬天」，其影響力，遠超過核子彈本身的殺傷力。此時「地面昏暗，不見天地，長則連月不開，地面氣溫降至冰點以下。這種急速冷凍效果，不出數日就可徹底摧毀農業，癱瘓生態，造成遍地的嚴重大飢荒」。[16]因此其直接影響，便是全球五十億人口中將有四十億人口因飢寒交迫而死亡！

這兩位科學家論文發表於一九八二年，那時正是美蘇兩強相互核武競賽的熱潮。今天我們當然很慶幸看到，蘇聯爲了減緩世界的緊張局勢，一方面開始在其國內不斷的民主化，二方面也減少各地駐軍，減裁武器競賽。俄國總統戈巴契夫一九九〇年六月四日在美國訪問時，曾經在史丹諾大學演說，強調「冷戰已結束，這場戰爭無人勝利。」因此他期望「以敵對爲基礎的聯盟應儘速退位，俾建立新的聯盟，致力於消除飢餓、疾病、貧窮與毒品」。我們深深期望今後人類，能夠永遠拋棄核子戰爭的恐懼，並將一切聰明才智能專注於建設性的民生與環保大業。

另外，對於核子電廠，我們也應該同時瞭解其正反兩面的利弊。因爲它一方面具有和平用途的貢獻，但另一方面仍有可能會造成污染。因此，針對這項兩難問題，便需要眞正深入而客觀的評估，才能正確的做出決策，並服衆人之心。

今天全世界約有三百七十四座非軍事性核子爐運轉，提供了全球百分之十五的電力，其中固然發生過美國三哩島事件，以及蘇俄烏克蘭車諾比爾核能廠的意外事件。但其對整體電力的貢獻也不能抹煞。如今核能電廠佔台灣發電也達百分之三十一，因此，如何能同時兼顧電力成長與核子安全，一方面不必因噎廢食，另一方面也能在安全上昭信公衆，相信乃是今後極爲重要的工作。

第二節　環境倫理學的中心思想——機體主義面面觀

中西環境倫理學的中心思想，如果用一個字來簡要說明，就可以說是一種「機體主義」（Organicism）。

綜觀中國儒家、道家、佛學、新儒家，或者西方最新的環保思想，都可以說殊途同歸，共同在強調這種「機體主義」。所以本段要特別就此「機體主義」，申論其中主要觀點。

方東美先生在《生生之德》一書中，曾將機體主義分成消極的三種特性，以及積極的三種特性。很值得首先引述，並加闡論。

消極方面有三個重點：⑰

「㈠否認可將人物對峙，視爲絕對孤立系統。

㈡否認可將宇宙大千世界化爲意蘊貧乏之機械秩序，視爲純由諸種基本元素所輻輳拼列而成者。

(三)否認可將變動不居之宇宙本身壓縮成爲一套緊密之封閉系統，視爲毫無再可發展之餘地，並無創進不息、生生不已之可能。」

換句話說，機體主義就消極意義而言，就是否認可以從呆滯、機械、或封閉的觀點來看大自然萬物。事實上，這也正是否認西方近代某些科學唯物論（Scientific Materialism）、機械唯物論（Mechanical Materialism），乃至「化約主義」（Reductionism）的毛病，也否認西方哲學從希臘以來慣用「惡性二分法」（vicious bifurcation）的方法。

根據中國哲學，眞正高明而正確的環境倫理學，應遵循「機體主義」爲中心觀點。「機體主義」這一名詞，最早由方東美先生在廿年前首先提出，他用來說明中國各主要哲學對自然的看法。如今廿年後，在很多西方環境倫理學的最新論著中，卻不約而同的提到這項觀念與用語，充分可見「人同此心，心同此理」的會通之處。用莊子的話來說，正可說是東西方哲人「相視而笑，莫逆於心」的精彩之處。

今後重要的，當是結合中國哲學傳統固有的機體主義，以及西方環保思想最新領悟的機體主義，共同旁通統貫，彼此互助。並以超越東西方地域的恢宏胸襟，共同爲人類建構完整的環保哲學，那才是整個人類與自然萬物之幸！

針對機體主義，除了上述三種消極的意義外，方先生也曾指出積極的意義三種如下：[18]

㈠「統攝萬有、包羅萬象，而一以貫之，當其觀照萬物也，無不自其豐富性與充實性之全貌著眼，故能『統之有宗，會之有元』，而不落於抽象與空疏。」這也可稱爲「生生不息之理」，也就是在自然萬物之中領悟生生不息的生存現象，並肯定「大自然」的本質，乃是彌綸萬有的生命。其自然觀既不偏於唯物，也不偏於唯心，而是統攝兩者的萬物含生論。

㈡對宇宙萬象認爲「處處都有機體統一之跡象，可在萬物之中發現，諸如本體之統一、存在之統一，乃至價值之統一……等等」。這也可稱爲「旁通統貫之理」，也就是視宇宙萬象之中自成和諧的統一，看似紛然雜陳，其實井然有序，物物相關，環環相扣，深具機體的統一性。

㈢對大自然的衆生，能體認其中「感應交織，重重無盡，如光之相網，如水之浸潤，相與洽而俱化，形成一在本質上彼是相因、交融互攝、旁通統貫之廣大和諧系統」。這也可稱爲「化育並進」之理，正是機體主義最爲深奧高明之處。由此更可以證明中國哲學肯定人類應該「合天地萬物爲一體」的精神，如此兼天地、備萬物而並進，正是當今環保思想最主要的中心信念！

事實上，機體主義以上這三項積極意義，也正是針對環境倫理學前述三大課題所提供的慧見，深值我們發揚光大：

(1)針對人對自然的理念，以「生生不息」之理相對待，此即前述「廣大和諧」的精神。

(2)針對人對萬物的看法，以「旁通統貫」之理相對待，此即前述「同情體物」的精神。

(3)針對人對衆生的態度，以「化育並進」之理相對待，此即前述「一往平等」的精神。

事實上，這三種原理以及內涵的精神，正是中國哲學最重要的特性，今天就環保而言，也堪稱最值得弘揚的哲學思想。

此所以方東美先生曾經強調：

「討論『世界』或『宇宙』時，中國哲學不執著於其自然層面而立論，僅視其爲實然狀態，而是要不斷加以超化。對儒家而言，超化之。成爲道德宇宙。對道家而言，超化之成爲藝術天地。對佛教而言，超化之，成爲宗教境界。自哲學眼光曠觀宇宙，至少就其理想層面而言，世界應當是一個超化的世界。」⑲

換句話說，儒、道、釋三家的自然觀，雖然各有不同特性，但就尊重自然、保護環境而言，卻完全是一致的。

因此，就儒家而言，「自然」充滿了盎然生意，人類透過「天行健」的體悟，即可啟迪「君子以自強不息」的精神，進而肯定人類在此道德宇宙中，不能任意破壞宇宙自然的浩然生機，否則即成爲破壞道德的小人。

另就道家而言，自然更是充滿陶然美感，所以莊子強調，「聖人者原天地之美而達萬物之理。」⑳進而肯定人類在此宇宙中，絶不能任意破壞宇宙的優雅之美，否則即成爲破壞藝術的鄙人。

再就佛家而言，自然尤充滿燦然光明，所以華嚴強調「處處都是華嚴界，個中那個不毘盧。」強調一切萬物均爲法滿世界，進而肯定人類在此宗教境界中，不能任意殘害宇宙的莊嚴寶相，否則即成破壞宗教之罪人。

所以，綜合而言，中國哲學不論儒、道、釋，均充滿機體主義的精神與心靈，以下各章將會分別申論。現在特對此機體主義的三項原則，從西方最新環保思想中，印證其中會通互融之處。

第一、機體主義，代表一種以「生命爲中心」的自然觀，也就是肯定大自然中生生不息之理，西方當代很多環保學者的主張，於此正可說是不謀而合。例如，德維（Bill Devall）與雷森（George Lessions）曾在一九八五年共同強調「深度生態學」的特性，便與中國哲學極能相通：

「深度生態學並不只從零碎偏限的眼光看待環境問題，而係加以超化，以建立廣大悉備的哲學性世界觀……。其基本深義即在肯定以生命爲中心的平等性，認爲所有在此地球上一切萬類都有平等的生存權利、平等的發展權利，乃至於平等的機會，以充份自我實現其潛能。」[21]。（Deep ecology goes beyond a limited piecemeal shallow approach to envirommental problems and attempts to articulate a comprehensive ..... philsophical world view ..... [Its] basic insight ..... of biocentric equality is that all things in the biosphere have an equal right to live and blossom and to reach their own individual forms of ……self-realization.）

這一段精神與中國哲學的自然觀可說完全吻合。因爲中國哲學對自然的看法，絕不只從表面的零碎現象去看，絕不只成爲封閉、僵化的唯物觀，而能用「萬物含生」的精神加以超化，並肯定自然一切萬有均有平等的生命價值，乃至生存發展的平等權利，從而共同形成一個生生不息、廣大悉備的哲學性世界觀。這也正是當今西方「深層生態學」的論點，兩者可說完全不謀而合。

另外，甚至對於看似沒有生命的岩石，當代西方環保學者也強調應予重視。這也與中國

哲學精神極爲神似。像美國學者懷特(Lynn White)在一九七二年有段名言便深植重視:

「人類對待岩石,是否有倫理的責任,對差不多的美國人來說,因爲受到基督教傳統的影響,會認爲這個問題毫無意義。但是若有一天,這種問題對我們不再看來荒謬,那我們才算覺醒,應改變價值觀以解決日漸嚴重的生態危機。真希望還能來得及!」㉒

換句話說,應該有一天,更多的人們體認到,即使岩石也有其生命的尊嚴、內在的價值、甚至獨立的靈性,不容任意摧毀。這不但正是儒道兩家「物我合一」的最高境界,也是大乘佛學所稱「頑石點頭」「無情有性」的精神,深值重視並加弘揚。

中國大乘佛學道生大師(三七四—四三四)因爲深通莊子哲學,深信「道無所不在」之理,所以在大般涅槃經未譯成之前,即肯定人人皆有佛性,不但萬物皆有生命,甚至頑石也有生命,連謗佛者也都有佛性。這在當時本來被一些小乘人士認爲荒謬;結果大般涅槃經譯出後,果然肯定一切自然衆生皆有佛性,連頑石也不例外!相傳道生雲遊四海弘道,到杭州虎跑山講法,果然池中頑石爲之點頭。因此直到現在,杭州還有「生公講道,頑石點頭」之說;筆者在民國七十九年九月裡親訪杭州虎跑山時,即曾親聞此說,並親見相傳「生公講台」與池中頑石。雖然這只是一則民間傳說,卻都寓有深刻的環保啟發。

因爲，人們一旦對頑石都能尊重，並加愛護，當然，對其他一切萬物也都能尊重，中國文化這種同情體物的精神，足以大其心，甚至涵蓋頑石，正是環保的最高境界！

除此之外，史東（Christopher D. Stone）在一九七二年也強調：

「我現在很愼重的呼籲，我們應該把法律性的權利賦與森林、海洋、河川、還有其他一切的『自然萬物』，也就是真正把自然環境視爲一體。」㉓（I am quite seriously proposing that we give legal rights to forests, oceans, rivers and other so-called "natural objects" in the environment – indeed, to the natural environment as a whole.）

這段話的精神，與中國哲學裡「天地萬物爲一體」的自然觀也完全不謀而合。所謂「天地萬物」，就包括了史東所說的森林、海洋、河川，以及其他一切自然萬物，如果都能夠將天地萬物視爲渾然一體，休戚與共，那才能算是尊重自然的最佳精神！

另外，到一九八〇年，斐突拉（Jooeph Pethulla）便曾更進一步指出：

「在美國的生態保育法案，透過法律觀點，以保護美國境內一切非人類的萬物，可以有法律上的權利，以特別保障它們的生命與自由。」㉔（The Marine Mammal Endangered Species Act [embody] the legal idea that a listed nonhuman resident of the

United States is guaranteed, in a special sense, life and liberty）

換句話說，這是透過具體方法，眞正落實「萬物含生」的中國哲學——不但要立法保障萬類生命，也要立法保障它們的自由，促使它們能充份自由的生活，也能充份自由的發展，能與人類一樣，同時具「免於匱乏的自由」，以及「免於恐懼的自由。」這種努力，足以將中國傳統的護生哲學，結合現代具體的法治行動，可說是今後環保工作的最佳模式。

另外，柯羅奇（Joseph W. Krutch）早在一九五四年，也曾強調：

「對整個自然界的岩石、土壤、植物、與動物來講，我們本是一體的，但我們卻缺乏對它們愛心、感覺與瞭解。」[35]（And the thing which is missing is love, some feeling for, as well as some understanding of, the inclusive community of rocks and soils, plants and animals, of which we are a part.）

這一段也令我們立刻連想到陽明學說。陽明先生特別強調：「合天地萬物爲一體」之仁心，在此就極爲相通。尤其中國人說「麻木不仁」，在此也深具警惕意義。它代表如果對自然萬類缺乏愛心、缺乏感覺、缺乏瞭解——一言以蔽之，就是對自然萬物生命「麻木」，那就是「不仁」。

程明道先生即認爲，以「手足痿痺」比喻「不仁」，「此言最善名狀」。因爲手足一旦麻木，便感覺不屬於自己，人類若感覺其他萬物生命不屬於自己，與自己無關，便是同樣的麻木不仁，這種眞切的警語，實在深值我們醒悟體認！

另外，當代西方「生態保育之父」李奧波（Aldo Leopole）早在一九四八年，也曾強調：

「大地的倫理學，在擴大生命社區的領域，以包括土壤、水、植物、動物。整體而言，包括大地。」[26]（The land ethic simply enlarges the boundaries of the community to include soils, waters, plants, and animals, or collectively : the land）

這一段話，明白肯定土壤、水、植物、動物——亦即整個大地自然萬物，都應包含在生命的領域之內，明顯正是中國哲學「萬物含生」的基本精神，深值做爲今後東西方環保工作的重要共識。

另外布羅克威（Allan R. Brookway）一九七三年也曾提到：

「自然世界的神學，肯定所有非人類世界，都有存在價值，這種神學宣稱一切非人類與人類都一樣，具有內在的平等價值。當人類自以爲是的改變岩石、破壞森林、污染空氣、水源、土壤，或殺害動物的時侯，實際上與謀殺人類的罪過完全一樣。」㉗（A theology of the natural world asserts the intrinsic worth of the non-human world, Such a theology declares that the non-human world has just as much right to its internal integrity as does the human world, that human beings destory or fundamentally alter the rocks, the trees, the air, the water, the soil, the animals–just as they do when they murder other human beings.）

這一段宣言，也明白強調一切萬物均有不可磨滅的生命價值，並且具有與人類同樣的內在價值，如果人類任意破壞，便如同任意謀害人類一樣罪惡。這種「萬物含生」、「一往平等」的生態神學，不但是中國傳統哲學一再強調的精神，如今也正是西方環保專家極力呼籲的理念，眞正深值大家共同弘揚，儘早力行！

第二，中國哲學「機體主義」的第二項原理，就是「旁通互攝」的原理。

前述機體主義的第一項原理是「萬物含生」，現在第二項則肯定「萬物互通」，認爲萬有的生命都能相互感應會通。因此人類應該有此慧心認定，千山萬水皆有情，一草一木皆含生，而且整個大化流行均能在宇宙生機之中相互旁通。如此肯定萬物旁通互攝，充滿盎然生機，乃是中國哲學「機體主義」的另一項思想特色。

以下即同樣引證當今西方環保思想，與此不謀而合之處。

美國環保學者菲立普（Wondell Phillips）很早在一八五九年——一百三十多年前，就已經認爲，人類生存在大自然中，「就好像一滴水溶入無盡的民主海裡」㉘（We are lanched on the ocean of an unchained democracy）。

這個比喻——一滴水溶入大海，代表人與自然萬物不但互相交融，而且互相含攝，彼此旁通而又互動。這種情形也正像華嚴經所說，猶如「世界海」中的一微塵，但卻能在佛光點化之下形成華藏世界，充滿金光，而且交融互攝，此即所謂「於此蓮華藏，世界海之內，一一微塵中，見一切法界。」也就是一即一切，一切即一，深值體認其中相通之道。

尤其菲立普別具慧心的稱之爲「民主海」，代表其中一切萬物均一往平等，各具同樣尊嚴，猶如民主之中人人平等，而且人格尊嚴均爲相同，這也正是中國機體主義的重要特色。深值重視。

另外，著名美國「國家公園之父」繆爾（John Muir）早在一八六七年也曾語重心長的提醒世人：

「以往我們總被告知，世界是爲人類而存在，事實並非如此，爲什麼人類總要自我膨脹，自認爲可以駕凌其他萬物？」㉙（The world, we are told, was made especially for man --- a presumption not supported by all the facts ......why should man value himself as more than a small part of the one great unit of creation？）

事實上，這正是經由同情體物的精神，所產生一往平等的心靈，因此不但能爲萬物著想，而且能夠超越自我中心的片面立場，以超然的整體眼光曠觀世界萬物。此即華嚴經所謂「圓滿光明，遍周法界，等無差別。」因而才能用此「無量神通」的同情心，「調伏一切衆生」，進而悲憫、護持一切衆生，絕不會再有自傲自私的心理，這也正是當今環保修養的最勝義。

此所以繆爾早在一八六七年就強調：

「我們是多麼偏狹與自私，對其他萬物缺乏同情心，尤其是對其他所有的萬類，我們對它們應有的權利，更是何等的茫然麻木！」㉚（How narrow we selfish, conceited creatures are in our sympathies! How blind to the rights of all the rest of creation!）

繆爾本段沉痛的省思，在提醒人類必須要能超脫自我中心，拋棄本位主義，眞正擴大心胸，將心比心，設身處地的爲萬類生命著想。唯有如此，跳出自我，融入大自然，才能如道家所說，去除一個小我的我執，眞正體認「道通爲一」的精義。繆爾在此的慧心與悲心，基本上也正是中國哲學所說「大其心」以同情體物的旁通精神。

只可惜，繆爾此等精神苦心並未受到應有重視。因而一百多年後，另一位環保學者布勞爾（David R. Brower），在一九七一年，才再次呼籲世人：

「我肯定的相信，所有其他萬類，應該具有與人一樣權利。」[31]（I believe in the rights of creatures other than man.）

換句話說，人類一旦去除我執，便能放曠慧眼，體認世間一切萬類，不論形態大小，均有同樣價值，也均有平等的生存權利。此即莊子所說「各適其所適」的深義。

在中國哲學中，不但張載明白強調「大其心則能體天下之物……其視天下，無一物非我」，大乘起信論也清楚的強調「體大，謂一切法，眞如平等，不增減故。」凡此種種精神與胸襟，正是今後環保教育中極重要的精神素養。

另外，科羅拉多州立大學羅斯東教授（Holmes Rolston）在一九七五年也曾謂：

「我們在此所要呼籲的，是擴大價值觀，俾使大自然不再只是附屬於人的『財產』，而能與人類同體共生共榮。如果我將『人』的價值普及化，將會發現，其過程從外邦人、異鄉人、嬰兒、孩童、黑人、猶太人、奴隸、女性、印第安人、犯人、老人、瘋人、殘障者……等等，中間進步是如何緩慢！生態倫理學就在質問，我們是否應對每一個生命體的內在價值，也均應予以充份肯定？」[32]

羅斯東教授在此先回顧，人類以往在尊重各種弱勢團體的人權中，歷程是如何艱辛而緩慢，花費了很多心血與時間。然而他仍然肯定的呼籲，今後更應擴而充之，針對一切萬物的內在價值，予以充分肯定，並用以往同樣的愛心與毅力來愛護萬物。事實上，這也正是張載所說「民胞」及「物與」的精神，對一切人類均同樣尊重，此即「民胞」；更對一切萬物均同樣愛護，此即「物與」。此中胸襟與情懷，的確深值世人體認，並儘早普遍力行。

尤其，張載在「大心篇」說得很好：「世人之心止於聞見之狹」，聖人盡性不以聞見梏其心，所以才能從大處看，從高處看，也從深處、遠處看，從而能與一切萬物皆同其情，並肯定一切萬類生命皆具重要的內在價值。這種大其心以體認「物我合一」的胸襟，正是今後東西方環保教育中的極佳典範。

到一九八七年，傅洛曼（Dave Foremem）曾進一步指出：

> 「我們必須擴大我們的生命社區，以包涵自然一切萬物，這些存有——不論四腳的、有翼的、六腳的、根生的、或能飛的……等等，它們都有內在價值，完全不必依附人類而存在。」㉝

從這一段話中，我們更可以看出，東西方哲人殊途同歸之處。傅洛曼在此強調，一切自然萬物均有平等的生命價值，也有同等的內在尊嚴，事實上，這也正是中國大乘佛學中所說的菩薩心靈與精神。此所以《華嚴經》明白強調：

「所有衆生種種差別，所謂卵生、胎生、濕生、化生，或有依於地、水、火、風而生住者，或有依空及諸卉木而生住者，種種生類、種種色身、種種形狀、種種相貌、種種數量、種種名號……等無有異，菩薩如是平等，饒益一切衆生。」

華嚴經在此很生動而週全的涵蓋了一切自然萬類，最後明白指出，以上種種萬類，不論形狀、相貌、數量、名號……種種有何不同，但其根本生命價值均「等無有異」，一往平等。菩薩以此廣大同情精神看待一切萬物，並且維護饒益一切衆生，眞正可說是今後環保工作最重要的效法對象。

另外，辛格（Peter Singer）在一九八一年也曾強調：

「我們正在努力擴大道德圈，以涵蓋非人類的動物。然而，在所有英語世界的哲學系中，動物在倫理學上的角色，仍然是一個爭議很大的題目。我們正邁向道德思考第一個充滿動力的新階段，這個新階段會成爲擴大倫理的最後一個階段嗎？或者我們最後可以更加超越動物，甚至也能涵蓋大地、山嶽、岩石與河流？」[34]

實際上，上述這種精神——將仁心同情不但擴充到動物，也擴充到大地山嶽、岩石與河流等天地萬物，也正是陽明先生極重要的中心主張。所以他在《大學問》中很早也曾強調：

「蓋天地萬物與人原是一體，其發竅之最精微處，是人心一點靈明。風雨露雷、日月星辰、禽獸草木、山川土石，與人更是一體。」

陽明先生所說的仁心，不只涵蓋了動物植物（禽獸、草木），也包括了「石川土木」，甚至還上下兼備天地，涵蓋了風雨露雷、日月星辰，眞正做到孟子所說「上下與天地同其流」，並體認「萬物皆備於我」的精神，此中恢宏的胸襟，確實深值重視與力行！

事實上，中國歷史上祭天的精神氣象，於此便很接近。此所以在北平天壇中，除了正殿「祈年殿」根據尚書經典供奉「皇矣上帝」外，兩邊配殿更分別祭祀「風雨露雷」與「日月星辰」。而且中間正殿頂上爲藍頂，象徵藍天，亦即「天人合一」之意，所奏音樂則爲「中和韶樂」，頌揚人與自然廣大和諧的關係，寓意均極深遠。

筆者在民國七十九年夏天曾經親訪天壇諸殿，駐足良久之後，深感中國此種傳統宗教祭祀背後的種種精神，實寓有深厚雄偉的宇宙觀，與生動和諧的環保觀，深值世人眞切體認，共同弘揚。

這種天人合一的精神特色，即已進入中國哲學「機體主義」的第三項原理，也就是「化育並進」之理。這代表人心在充份擴大後，足以兼天地、備萬物，因而在大化流行之中，可以體認無窮瀰漫的生機，並納入生命創進的過程中，充分拓展人與萬物生命意義與價值。

中國哲學多半肯定天、地、人三才並進，人能頂天立地，參贊化育，並與自然萬物和諧互助，一起邁向宇宙最高的價值理想。這種哲學精神氣魄極大，在西方也頗爲罕見；當代英美第一大哲懷海德因對中國哲學頗有研究，其名著《歷程與實在》（Process and Reality）中的歷程哲學，便與易經與華嚴哲學很能相通。

當代西方環保思想能夠有此精神氣魄的並不多。不過，他們另外從民主政治人權平等的體認，肯定一切萬物也應有平等權利，從而強調人與萬物應互助並進，卻仍然有殊途同歸之處，同樣深值引述與闡揚。

首先，例如辛得·格萊（Gary Snyder）在一九七二年即明白宣稱：

「一種最高級的民主已經來臨了，它把所有的動物與植物都視同人類一般……因而都應在政治權利討論中有其一席之地與聲音代表。針對這種情形，我們如果認定：『權力應賦予一切人類』，那麼動植物也應包括在內。」㉟

這一段精神，明白強調在民主政治中，所有人均一律平等，因而在政治事務中均應有其代表性與發言權。以此擴而充之，動物、植物既然與人同樣平等，自然也應考慮進去，而在宇宙化育中能夠參與並進。唯有如此，才算眞正落實對萬物的尊重，從而對萬物應有的生命權利也充份加以保護，這才是「最高級」的民主。這一點引申了民主的精義，並將「參與權」（participation）與「代表權」（representation）具體提出，深具啟發意義，很值得借鏡與參考。

另外，羅札克（Theodore Roszak）在一九七八年也曾強調：

「我們總算可以認定：自然環境也是一種被剝削的無產階級，就像工業革命之後被壓迫的黑奴一樣……所以大自然也應該有它天賦的自然權利。」[36]

根據羅札克的看法，工業革命之後，十九世紀歐洲社會產生了早期的資本主義，因而無產階級被壓迫。如今，也有另外一種工業社會下的壓迫，那就是「大自然」，它同樣可視爲被剝削的對象，正如同當年的無產階級一樣。中間不同的是，大自然並不會講話，無法申訴。只不過，長期累積下來，正如同《寂靜的春天》（The Silent Spring）書中所說，大自然也已經開始用各種無言的抗議，展開對人類絕地大反攻。

因此，針對這種情形，我們更應以積極而理性的環保工作及早喚醒人心，共同改進以往對自然的壓迫。唯有如此，才算眞正把自由、平等、博愛的人道精神擴充到萬物，也才算眞正把萬物一視同「仁」。佛經中曾稱「一切法平等，無有差別，是諸法實相義，」在此也可說極能相通。

另外，非洲之父史懷哲（Albert Schweitzer）曾經在一九二三年語重心長的提醒世人：

「從前若有人認爲有色人種也是人，我們應以人道待之，會被當作愚蠢，但如今這已是廣被接受的眞理。然而，今天若有人認爲所有萬物均有生命，也應以合乎情理的倫理待之，仍會被認爲太誇張。」[37]

史懷哲在六十多年前所提的問題，至今仍然存在。換句話說，在一百多年以前，歐美國家還普遍有種族岐視，那時連對「人類」的生命都不尊重（只因膚色不同），更何況對「物類」。如今歷經少數民族與有色人種的奮鬥努力，總算相當程度的打破此等岐視，對「人」權平等有相當改進。但仍然有另一種普遍的「種族岐視」——亦即岐視人「類」以外的所有物種族群。這種錯誤，其實與從前的種族岐視本質並無二樣。重要的是，我們何時才能有此警覺，並眞正以行動改進呢？

放眼今日世界，共產地區仍然連對人的生命與權利都未充份尊重，遑論及物；而民主地區固然「人權」頗受尊重，但對「物權」意識仍極缺乏，甚至很多仍如史懷哲所說，認爲這是「誇張」；展望未來，恐需更多有識之士效法儒家「士」的堅忍精神，「不可以不弘毅，任重而道遠」，並以此相互團結砥礪，那才能及早完成「民胞物與」的眞正理想！

到一九六〇年，伍茨特（Donald Worster）曾強調：

「從獨立宣言到美國黑奴解放，已有八十七年空檔，宣言裡認爲不可分割的自決權利，已經成爲不可抗拒的力量，證明傑佛遜在一七一六年所說正確：它是一項不證自明的真理。……現在，則輪到大自然爭取自由解放的時候了。」㊳

這段話明白肯定，不但一切人類均應享有「不可分割的自決權利」，連一切萬類衆生也應享有。這不僅是不證自明的眞理，而且是不可抗拒的力量，正如同大乘佛學大般涅槃經中所肯定，一切萬類不論有情或無情，都同樣能享受佛性，因而都有平等的尊嚴，也都應有同樣的權利。由此我們也再次可以看出中西相通之處。

到一九八四年，美國野生動物保護協會更明白指出：

「我們保護野生動物者，今天可能被認爲如同解放運動者一樣的激進，然而我們希望，一百年之後，人們會驚醒的發現，人類今天對待動物是何等的恐怖——正如同從前的人們，對待奴隸是何等的恐怖！」㊴

民國七十九年四月廿三日，聯合報曾經引述倫敦泰晤士報的一篇文章，明白提醒人們，不論人類所吃、所穿、所接觸的，都可能直接間接來自動物的犧牲；而其結論是：「人類是地球上所有動物的最大天敵！」[40]

其實，人類不只是地球上所有動物最大「天敵」，還可能是「最大公敵」，因爲，人類所吃的多半來自動物，已被認爲理所當然，甚至身上所穿、家中裝飾，也有不少都來自珍奇的動物。

所以該文曾舉例指出，人類將一貨櫃一貨櫃垃圾丟到北極，不但迫使北極熊竟日在垃圾中拾荒，而且更明顯侵占原有的生態環境。另外澳洲居民視袋鼠爲疫類，鼓勵射殺，去皮後的殘骸成堆載往野外棄置，也明顯造成對地球生態之傷害。

人類因爲自私，還會豢養多種動物，以便做爲活體解剖之用。泰晤士報曾經指出，這些實驗的人，「基本上若不是相信此舉是必要的邪惡，便是十七世紀哲學家笛卡兒的信徒。」因爲，在笛卡兒的觀念中，動物没有靈魂，没有教室，過的只是一種全然没有知覺的生活。

叔本華可說是西方近代少數深具環保意識的哲人。所以他曾明白批評西方基督倫理把動物置之度外，因而「動物被排除在哲學倫理之外，也不受法律保護。」如此造成「人們可以把動物拿來做活體解剖，可以狩獵、奔馳、鬥年、賽馬，而且可以在動物拖拉整車石塊的掙扎中，仍然將牠鞭打至死！這是多麼可恥的行爲！」[41]

另外，叔本華更曾經痛切指出：

「衆所皆知，低等動物在歐洲，一直被不可原諒的完全漠視。大家一直裝作動物們没有權利。他們告訴自己，人們對動物的所作所爲與道德無關（與他們所説的道德語言也無關），因而我們對動物都没有責任。這真是令人痛恨的野蠻論調！」㊷

然而，中國哲學家卻不如此認爲，基本上所有儒、道、釋都肯定：人與天地萬物均爲一體，所以應有「不忍人之心」，乃至「不忍物之心」，任何動物受至到傷害時，均應有感同身受的同情與悲憫。

事實上，古希臘在先蘇格拉底時期，也還有一些哲學家深具此等心靈。此所以畢達哥拉斯（Pythagoras）就曾明白指出，「動物與我們同樣都得天獨厚的具有靈魂。」因此他很感嘆：

「天哪！把另一個血肉之驅吞入我們自己血肉之軀中，是多麼邪惡的事情，把其他肉體塞入我們貪婪的肉體，以增加肥胖，把一個生物害死，以餵食另一個生物，都是多麼邪惡的事情！」㊸

只可惜，西方文化的鼻祖——古希臘人雖然少數有此體認，但後來只如同鳳毛麟角，並不多見。否則西方人士若能多數有此同情，便對西班牙的鬥牛運動應重新評估，英國人歷二百五十年之久的獵殺野狐運動也應反省。有時人類要猩猩穿上冰鞋表演絕技，也都是「人類剝削動物的醜陋表現」，如同從前役使奴隸表演絕技一般，同樣不當。

當然，在中國也有同樣情形。中國先哲民胞物與的精神，以及不忍人、不忍物的悲憫心胸，在後代子孫中似乎也遺忘了很多。以致產生各種不當的大吃習慣。有的甚至號稱天上飛的、地上跑的、水中游的，除了飛機、火車、輪船不能吃外，其餘一律可以下肚！這基本上便是殘害衆生萬物的粗鄙行爲，尤其如吃老虎肉、猴腦、蛇膽、鹿角、娃娃魚等，更是野蠻之至，與中國先哲的教誨完全相反，更與中國「文明大國」形象完全相違背，所以實在也應及早改進，重新加強環保教育，那才眞正不愧禮義之邦，也才不愧先哲之後！

此所以，環保工作與保護動物，並不只是東方人或西方人的責任，不論東方或西方，均曾犯下長期的錯誤，因而今後均應透過環保教育，共同及早猛省改進才行！

泰國布頌・勒克古（Boonsong Lekague）是一位備受推崇的博物學家。他就曾經強調，其所以已經七十九高齡仍然工作不懈，便是因爲絕不放棄任何希望。「但是」，他說，「恐怕太遲了！」㊹

因此，今後即使亡羊補牢，我們也應儘快以贖罪的心情，加緊對野生動物的保護才行！

事實上，人類這種驚醒與覺悟，也正是佛性的起源，此所以「佛」（Buddha）即代表「覺者」，而「菩薩」（Buddhi-satra）更代表悲智雙運，同時具備慧心與悲心。

因此，《華嚴經》中曾強調，不只要「救護一切衆生，利益一切衆生，安樂一切衆生」，還要「哀愍一切衆生，成就一切衆生，解脫一切衆生，攝受一切衆生，令一切衆生離諸苦惱，令一切衆生普保清淨，令一切衆生皆調伏，令一切衆生入般涅槃。」[45]

這種胸襟充滿慈悲與仁心，中西方均完全可以相通。這不但是當年林肯總統解放黑奴的動力，也應是今後環保工作愛護自然衆生的最重要動力。林肯解放黑奴，堪稱兼具智慧、仁心與勇氣，今後保護自然、救護衆生，同樣也需兼具這種「智、仁、勇」的精神。相信，「智者、仁者、勇者」的綜合，也正是今後環保人士所應共同深具的正確形象！

「綠色和平組織」（Greenpeace）在一九七九年曾指出，西方近代的人本主義，完全以人爲本，這固然係因爲中世紀以後，爲了平衡神本，然而過份的強調人本，就會把萬物當成只爲人來服務，因而人就會破壞環境、生態與自然景觀。所以很多美國學者呼籲：

> 「人本的價值系統必須被超人本的價值所取代。也就是說，所有的動物、植物，都應在法律上、道德上與倫理上，同時被考慮。而且從長遠來看，不論人們是否喜歡。今後凡繼續破壞及污染大自然者，終必受到大自然的強力反攻。」[46]

事實上，如前所述，大自然被長期污染的結果，已經被逼造成各種反攻，因此我們必須及早反省從前「人本主義」的理念才行！

扼要來說，西方所謂「人本主義」，本係針對中世紀「神本」的反彈，其優點固然重新以人爲本，其缺點卻是否定了神，將人與神對立，因而成爲斷頭截源的思想。久而久之，就成爲易經所說「上不在天，下不在田」的困境[47]；所以遠不如中國儒家「人文主義」的博大高明。

因爲，中國儒家的人文主義，肯定「通天地人之謂儒」，一方面肯定人的尊嚴與價值，足以頂天立地，二方面卻並不否定天地，而是人對天地能參贊化育，和諧並進，形成「天人合一」的最高境界，這就遠比西方否定天的「人本主義」高明。另如道家強調域中有四大，「道大、天大、地大、人亦大。」，也是同樣肯定天地萬物與人同樣偉大，並強調可以共同和睦並進。凡此種種，便深值西方人本主義者與環保人士多多借鏡參考。

另外，綜合而論，筆者認爲，還可進一步透過比較研究，對「機體主義」的特性說明如下：

㈠它超越「人本主義」：因爲西方的人本主義，造成萬物向人低頭，爲人役使。但「機體主義」則不然，機體主義既肯定人類尊嚴，但也絕不貶抑萬物，而是強調人與萬物相互平等，並且涵融互攝，形成充滿生命的大有機體。

㈡它超越「自然主義」：因爲自然主義只是把自然當成表面實然的現象，然後頂多只認定它有客觀的存在，但並不承認普遍具有生命的意義，更不承認內在的獨立價值，也就是只停留在「現象」層次，而未能直探其「本質」，更未肯定整體萬物的相互關係。但機體主義，卻是以充滿生機與融通的眼光，看待一切自然，因而足以肯定萬物含生，而且物物相關，形成整體和諧的統一。

㈢它同時超越「唯心論」與「唯物論」：因爲它既不是只以表面的物質眼光看自然，視之爲化約的物質世界，也不是只以抽象的心靈眼光看自然，視之爲蹈空的虛幻世界，而是以充滿生命的眼光看自然，視之爲充滿燦爛生機的大化流行。其中不但有饒富情趣的感情世界，同時也有充滿生趣的生命世界，乃至於充滿創化的價値世界。

換句話說，機體主義可以說是一種貫通「天、地、人」的人文主義，雖然肯定人爲天地之心，但並不因此而貶抑天地自然，而能肯定天地人三才並進，圓融會通。這種機體主義不但對人文的倫理啟發極爲深遠，對環境的倫理影響同樣重大，深值東西方今後共同弘揚與力行！

第三節　環境倫理學的共識

一、深層生態學的共識

民國七十八年十一月二至八日，挪威著名生態學家奈斯博士（Arne Naers）來台訪問，他是奧斯陸大學哲學教授，同時鑽研科學、倫理學及生態學，並因首創「深層生態學」（Deep Ecology）而著稱於世。其「深層生態學」不但在西方極爲新穎，對於西方輕視自然的傳統思想，也具有革命性的改進，因此極能吻合中國傳統哲學的自然觀，並且正與典型的「機體主義」極能相通。[57]

我國《大自然》季刊曾經將其理念，與西方一般的生態學表列比較如下，也深值重視：

一般生態學	深層生態學
1.自然的龐雜多樣，對人類而言，是一項有用的資源。	1.自然的龐雜多樣，有其自存實在的價值。
2.對人類有用的東西，才有所謂價值。	2.以人類價值為主的傳統，是一種偏見。
3.保護植物種屬，是為了保存基因，以為人類農耕育種及藥材使用。	3.保存植物種屬，是為了該種植物自身存在的價值。
4.公害防治如果妨礙到經濟成長時應減緩。	4.公害防治的價值超過經濟成長。
5.「資源」泛指能為人類所用者。	5.「資源」泛指能為萬物所用者。
6.發展中國家的人口激增威脅到生態平衡。	6.過多人口威脅到生態體系固屬實，唯工業國家人們之消費行為，對環境為害尤烈。

另外，針對生命的本質，奈斯博士也曾經歸納出八點「深層生態學」的基本共識，其中很多均與中國哲學的特性不謀而合，非常值得體認。今特扼要分述如下：㊽

1. 地球生生不息的生命，包含人類及其他生物，都具有其自身的價值，這些價值不能以人類實用的觀點去衡量。
2. 生命的豐富性與多樣性，均有其自身存在的意義。這裏所説的「意義」，並不能夠完全用文字來解釋，因爲大自然生生不息的力量，每一種生命存在的價值，均不能夠用狹隘的觀點加以定位。
3. 人類沒有權力去抹煞大自然生命的豐富與多樣性，除非它威脅到人類本身的安全及基本需要。
4. 目前人類文化與生命的繁衍，必須配合人口壓力的減少，才能趨於平衡，而其它生命的衍生也是如此。
5. 目前人類對其他的生命干擾過度，而且有愈來愈糟的趨勢。
6. 政策必須作必要的修改，因爲舊的政策一直影響到目前的經濟、科技，及基本的意識型態，使得結果成爲現在這個樣子。
7. 生活品質的訴求，應該優於物質生活水準的訴求。生活水準的富裕，不能確保生活品質的好壞。

8.凡是接受前述說法的人，有責任不論直接或間接，促進現狀的進步與改善。

誠如《大自然》季刊專文所說，奈斯博士的上述重點，「再次提醒一些我們中國人本來就擁有的氣質」。尤其，在人人追求物質生活的今天，「我們好像忘記了我們的老祖宗，在幾千年前就有了這種民胞物與、愛屋及烏的觀念，更有著親親而仁民，仁民而愛物的胸襟。」因而，「深度生態學」對中國人來說，不但不應該輕忽，更應該是深值復興與弘揚的重點！

另外，在一九九〇年，美國著名環保專家諾曼（Juin Nollman）也出版了《精神的生態學》一書，全書宗旨均在呼籲人們「重新與大自然連繫」（Reconnecting with Nature）[49]可說完全是同樣的精神；尤其諾曼一直致力於促進人類與野生動物的對話，並擔任「物種溝通協會」的創辦人。他能夠視萬物爲有生命、有靈性，甚至可以溝通，更可說與中國哲學完全不謀而合。至於他視地球如同慈母，著有《大地慈母的訊息》（Mother Earth News）[50]，尤其與中國張載視「乾爲天，坤爲地」很能相通。凡此種種，可說均同屬「深層生態學」的信念，深值今後共同弘揚與推廣！

二、中西機體主義的共識

美國普林斯頓泰勒教授（Paul W. Taylor）曾在一九八六年，出版《尊重自然》（

Respect for Nature）一書，其中有很多觀念均與中國哲學的「機體主義」精神相通，深值做爲東西方共同努力推動的共識。今特扼要歸納比較如下：51

(一)泰勒特別強調萬物各具「內在價值」（The Concept of Inherent Worth）的觀念52，並以「生命爲中心」（Bio-centric Outlook）的觀點看待自然，因而強調人類應尊重大自然的生命與價值，這與中國哲學「萬物含生」的精神便非常相通。

(二)泰勒並把整個世界看成「互相依存的重要體系」（The Natural World as a System of Interdependence）53。這與中國哲學「旁通統貫」的自然觀，肯定自然萬物涵融互攝，彼是相因，尤其能夠互通。

(三)泰勒該書特別以「尊重自然」做爲終極態度（Respect for nature as an ultimate attitude）54，也就是強調以平等心尊重自然界一切衆生，並與萬物衆生在和諧之中共同創進，這也正是中國哲學肯定人與天地萬物「化育並進」的根本精神。

另外，泰勒在書中明白將「機體主義」做爲看待整個大自然的中心思想，並且特別強調以生命爲核心，因而整體自然能夠構成和諧的統一。這種理念明白揭示其環保的中心思想爲「機體主義」，更與方東美先生所稱中國哲學的中心思想爲「機體主義」，可說完全不謀而合了。

除此之外，泰勒在書中並曾特別否認人類對萬物有優越性，認爲人類絕不能駕凌於萬物之上。凡此種種，均與中國哲學所強調的「同情體物」、「一往平等」、「物我合一」完全相通。至於他認爲人類倫理與環境倫理應平衡並重，形成一種「結構性的對稱」（The structural symmetry between human ethics and enviromental ethics）[55]，基本上也正是中國哲學所強調的「中和」精神，深值東西方共同重視。

三、解決環保方法的共識

當前在台灣，因爲經濟日漸繁榮，工業化日新月異，近來來已經發生不少的嚴重污染問題，同時也產生了高昂的環保抗爭意識，諸如杜邦設廠在鹿港的爭議、新竹李長榮化工廠污染事件、高雄林園圍廠事件、五輕石化廠所受後勁居民的抗爭、以及核能四廠在台北縣預訂地的爭議等等，在在均說明，今後環保的預防工作，以及污染問題的解決模式，均深切需要及早建立。

今後放眼未來的環保，相信唯有以理性與和平爲方法，在法治與公義基礎上共同克服困難，才能邁向更爲理想的境地。因此，大家應以何等方法面對日增的環保問題，當是各界均應具備的共識，以下即以此扼要申論相關原則：

㈠環保工作與經濟發展應該平衡並重。
㈡環保教育與法治行動應該平衡並重。
㈢人文環境與自然環境應該平衡並重。

因爲有關環保方法與原則極爲重要，所以謹特分別說明如下：

㈠環保工作與經濟發展平衡並重。

美國環保委員會主席德蘭得在一九九〇年六月八日，曾經發表最新的環保報告。其中強調，以往很多人誤以爲經濟發展與環境保護一定是相互對立的，然而根據其新經驗，兩者其實大可「相輔相成」。尤其，工業發展只要充份做好「對空氣、水、及土壤」的防治污染，便極能並重發展。這一段話可說是以事實的根據，爲兩者的平衡並重，提供了極佳的例証。

那麼，應該如何落實，才能尋到環保與經建的平衡點呢？個人認爲，以下三項基本原則，或可做爲共識參考：

1. 經建過程中，應將防治環境污染的技術與投資列入成本，並切實定期自我評鑑，然後再由政府環保單位依法評鑑。其中政府的公營事業與公共建設尤應以身作則，將污染降到最低，至少符合國際標準，再以此帶動民間工業重視環保的風氣。

2. 有關國計民生必需的經濟建設，容易引起民衆疑慮污染者，應一方面加強說明與溝通，以耐心與誠心，眞正取得民衆的認同，二方面應以決心與細心，切實做好防治污染工作，再以務實態度坦然接受有關監督，以昭公信，並表現應有的民主風範。

3.有關必需保護的地區，以及瀕臨絕種的動植物，尤應及早調查，切實建立正確資訊，並透過法令與預算，完成生態保育的制度，從而眞正落實力行。

以上各項，同時也賴加強民衆教育與執法決心，然後才能共同完成環保工作。因而環保教育與法治行動同時也應平衡並重。此即第二項原則的重要性。

(二)環保教育與法治行動平衡並重。

根據問卷調查，台灣民衆有關正確的環保意識仍然並未普及，有關正確的環保知識更爲缺乏，尤其很多廠商企業的環保良知仍有待加強。因此，個人認爲，充實環保教育，落實法治行動，乃是今後極重要的方法，其中又可特別注重以下三項重點：

1.「預防勝於治療」，這句名言同樣適用於環保，亦即在環境遭受破壞之前先要警覺預防。

我們若以台灣南部水壩爲例：與其在飽受附近養豬人家排水污染後，再化費大筆經費去除水壩中污質，當然不如先以有限的經費輔助養豬人家轉業或遷移，徹底去除污染源。這種「正本清源」的方法，才是眞正有效率的防治之道。

2.「權利與義務應平等並重」，工業發展亦然，不能只享權利，不盡義務，因而在使用天然的空氣、水及土壤之餘，便應有義務與責任防治可能的污染，以免造成公害。

因此，今後任何企業家，均應將「防治污染」看成與「研究發展」同樣重要，並撥列固定預算，以示具體向社會負責。尤其防治污染是爲了公益，所以凡能績效優良者，政府即應加以表揚獎勵，凡未達到標準者，則應不定期抽察，予以處分，如此賞罰分明，才能更得民心。

3.「環境保護，人人有責」，因而政府與社會各界，均應加強此等全民參與的環保教育，所有民衆本身也應隨時注意身體力行。

此中情形，具體而言，「檢舉污染，人人有責」、「舉手之勞，可做環保」，凡此種種觀念，均深值加強，然後才能眞正伸張公德心與正義感，並培養尊重自然、愛護萬物的國民性。唯有如此，才能共同維護「免於污染的自由」，並進而塑造一個有尊嚴、有美感，「富而好仁」的理想環境。而這種工作，同樣是「今天不做，明天便後悔」的當務之急！

要之，環保教育與法治行動同樣重要，這正如同在今後現代化社會中，儒家倫理與法家精神同樣重要，缺一而不可。唯有如此，同時重視內在倫理與外在法治，兩者充份結合，齊頭並進，才能共同促成未來環保工作的成功！

㈢人文環境與自然環境平衡並重。

本項所要強調的重點是，所謂「環境」，不只講有形的自然環境，同時也應指無形的人文環境——也就是不只講物質生活，同時也應講精神生活。唯有如此平衡並重，才能眞正開創高尚其志、有理想、更有意義的生活品質。

準此立論，以下也謹特申述具體的落實方法。

1.城市要鄉村化，鄉村也要城市化。

所謂「城市鄉村化」即充分要能作好「綠化」工作，不但都市計劃要注意綠地保留，住家環境也要能充份美化。例如一些先進國家，在公共建設通過預算時，通常也必定會通過一筆經費，作爲室外綠化以及室內購置藝術品之用。如此整體成爲制度，自然能夠美化整個城市，促使工作環境溫馨而有人性，這也正是廣義的環境保護工作。

根據統計資料，各大城市若以每人所佔平均綠地面積，則應在三十至四十平方米之間，才算符合清新與優美的國際標準。若以世界各地大都市爲例，則合格者有倫敦（卅平方米）、華盛頓（四十五平方米）、莫斯科（四十平方米）、華沙（七十八平方米），不合格者有柏林（廿六平方米）、巴黎（僅八・四平方米），至於北京更僅有五・一四平方米[56]，杭州雖有西湖名勝，然綠化成績每人平均還不到二平方米！凡此種種，均可看出，深值各地不分政治型態，共同努力改進！

至於所謂「鄉村城市化」，一方面係指在農村中應改進各種硬體設備，俾使家家均能享用現代化生活用品；而另一方面同時也應保持鄉村清新的環境，並在精神上保持淳樸風氣，以及親近自然的特色。

綜合而言，「鄉村」與「城市」應互通有無，相輔相成，才是理想目標。這正如同「心物」合一，「城鄉」也應合一，才能達成兩者融會互攝的境界，而不應截然二分，造成城鄉懸殊的差距。這也是今後環保工作極值重視的要點，否則不但城市會日漸醜陋，鄉村也會遭受污染，形成雙方共同受到傷害。

事實上，中國傳統建築一向注重「環山抱水」，氣象萬千，也一貫重視「虛實相生」，配合自然，此中不但代表極爲深邃的建築美學，也蘊含極爲高明的環境美學與環保哲學，所以非常值得深入體認與借鏡。

例如中國的園林建築淵遠流長，深具啟發意義。漢武帝時期，即開始融合儒家與道教方士之說，在宮廷中以人工方法開闢園林，除開闢太液池外，並置蓬萊、方丈、瀛洲諸山，象徵東海神山，因而「在模仿自然山水的基礎上，又注入了象徵和現象的因素」。57其餘園林藝術在各朝代歷經演變，均迭見高潮。然其中的一貫精神，都在使庭園之內展現自然山水之美，以此具體而微表現中國人熱愛自然生命的特性。

筆者曾在蘇州參觀「拙政園」，由此民間第一大園林中，很能看出精心設計的山水之美，以及人與自然融合爲一的精神意境。名建築家漢寶德出版《中國的園林》一書時，也曾特別以哲學性的「物象與心境」爲題，這代表中國人透過園林物象，足以反映親近自然的空靈心境，從而到達心物合一、物我合一、天人合一的境界，可說頗能得其中三昧58。這種舉世無雙的精神特色與內在寓意，的確深值體認與發揚。

2.物質環境與精神環境並重。

當今先進國家除了以經濟指標表示國民物質生活品質，同時也重視文化指標，以表示國民的精神生活品質，這就是深值我們今後重視的關鍵。

所謂文化指標，一般應包括平均每人每年用多少經費買書？每個家庭化多少經費在買書？每人平均每年買多少書？音樂人口共有多少？平均每天多少人進出圖書館、博物館、音樂廳、戲劇院等？除此之外，也包括最暢銷的著作、音樂、電影，其品味水準如何？今後更應加入環保因素，以評估每人平均綠地爲多少，生態認知爲多少？環保知識爲多少？對動物態度爲如何？對自然態度爲如何？凡此種種，整體綜合而論，才能掌握一國人民文化水準之大要。

根據行政院主計處資料，在我國以往所作的「社會統計」中，文化項目常成爲最弱的一環，因此成爲今後亟待充實的當務之急。

目前行政院文化建設委員會已經積極在加強推動，根據文建會預計，今後將以一百二十九項文化指標做爲共同努力目標，其中包括「文化環境、文化資產、文化經費支出、文化活動、倫理與信仰，以及文化素養」等六大類，可見精神生活的品質也已經成爲有識之士的共同關懷，深值今後落實力行。

尤其，根據世界銀行資料，我國的國民平均每年約八千餘美元的國民平均所得，比起歐美、日本等國每年二萬多美元，仍有一大段距離，但奢靡的風氣卻遠遠超過，因此表面看似很有錢，卻大多化費在吃喝玩樂或色情賭博等地方，形成典型的「暴發戶文化」，這種精神生活的貧乏，實在深值我們警惕！

韋伯（Max Weber）曾經強調，一個國家，一旦精神建設與物質建設不能並重，則物質建設的成果，很可能回過頭來腐蝕原先的精神動力，到最後會造成物質建設也逐漸崩潰。歷史上甚多此種教訓，其中吉朋所著的《羅馬帝國興亡史》更是明顯例證。

由此充份可見，今後我們應如何及早加強文化建設，提昇精神靈性，乃是全民極重要的當務之急。否則，如果長期淪爲「富裕中的貧困」情形，甚至一再被譏爲「貪婪之島」或「賭博王國」，則必定會因自我腐蝕而自取敗亡，這些都是今後深值共同警惕奮力改進的關鍵！

另外，若從廣義的環保眼光來看，今天一般所說能源危機或空氣污染，往往只看到有形的部份，卻忽略了無形的能源危機——缺乏民氣與活力，也忽略了無形的空氣污染——價值觀的環境污染，凡此種種，也都是今後深值同時重視的要項。唯有如此，同時改進精神環境與物質環境，才能同時提昇有形國力與無形國力，那才是眞正謀國建國之道！

3.小我環境與大我環境同時並重。

目前部份民衆因爲本位主義與自我中心影響，因此只要電，但不要發電廠，只製造垃圾，而不要垃圾場，形成明顯的只重小我，而忽略大我。這就需要透過教育與法治同時溝通與改進。

盧梭曾經分析，自由共有三種，一是「本能的自由」，二是「公民的自由」，三是「道德的自由」，眞正的民主法治，即是犧牲某些「本能的自由」，共同遵守「公民的自由」，甚至可以更加捨己爲人，達到「道德的自由」；環保之道可說也是如此。

換句話說，眞正公平而正確的環保之道，應該一方面尊重小我的生活環境，（例如應尊重小我的隱私權），但同時也應該注重大我的生活環境，俾能讓所有小我相互尊重，雖然各自犧牲某些本能自由，但能共同讓大我得益。要能達到此種目標，每一小我便要同時爲其他小我與大我著想，而不能一味只想到自己，或認爲任何公共設備「均不要蓋在自己後院」，同時也不能只顧到自己方便或享受，而忽略了對他人及公德的傷害。

明顯例證之一，便是公共場合不宜抽菸。即便個人有再大煙癮，但爲顧及公共場所的空氣不受到污染—也就是爲顧及公德心的存在，只有自我忍耐與節制，或到專門的抽菸地方，此即小我與大我的並重。

除此之外，每個人對家庭本身的環境固應負責維護，同時也應對社區公共環境共同維護，不能只顧到個人家庭四周的環境，而對衆人社區的公用地任意破壞。相信，唯有人人均能心存大我，爲他人著想，才能眞正共同保護大我環境。

另外，個人的環保習性，除了應充份作到不亂丟各種廢棄物、不破壞自然景觀草木、以及不污染公共環境衛生外，更應隨時以道德勇氣糾正他人亂丟廢棄物、破壞自然景觀草木或污染公共環境衛生。唯有如此，每個人既有智慧判斷生態保育，也有仁心尊重自然生命，更有勇氣遏止或檢舉一切破壞環境之舉，才是眞正環保運動的「智」者、「仁」者與「勇」

者，這也才是眞正理想的現代環保公民！

四、環保教育的共識

扼要而言，「環境權」已被今天全世界公認爲基本人權之一，羅斯福總統從前曾強調「免於恐懼、免於匱乏」的權利，今後正如郝伯村院長所說，民衆「免於污染的權利」，同樣具有的重要的意義。所以在環保教育上，均深值政府與民衆有此共識，然後才能共同努力，一起完成！

此所以聯合國早在一九七二牛，於瑞典首都斯德哥爾摩，即曾召開人類環境會議，通過「人類環境宣言」，其後並訂每年六月五日爲「世界環境日」，這與一九七〇年所設立的「世界地球日」，同樣代表國際上對環境問題的重視，深值大家加強對此教育。

「世界環境日」的訂定，其主要的目的有四，民國七十九年六月五日的〈民生報〉曾扼要論述，也深值大家體認其中精神，做爲今後環保教育的共識：

1. 喚醒世人重新反省人和自然的關係，揚棄過去那種以人爲萬物主宰、甚至鼓勵征服自然的想法，而建立順適自然、珍愛地球的新倫理。
2. 要大家明白，保護環境是每個人的責任，俾此唯一可供人類生存的空間能繼續適合於人類居住，但此目標並非那一個部門單獨可以達成，必有賴於政府、民間組織、企業界和每一個人均有體認，共同來分擔此一艱鉅的責任。

3.讓人人明白，保護環境是包含所有部門：立法、行政、工程、科技、經濟、社會、教育、文化，以及我們自己的生活方式等一切環境整合的工作。

4.希望大家透過環境教育，而知道環境之所以遭到破壞，是多種原因作用的結果，故而每一個人都有責任。是人類的觀念和生活方式破壞了環境，所以，要保護環境，就要從改變以往的錯誤觀念和不當的生活方式著手。

綜合而言，「世界環境日」的精神，乃是要提醒全世界人類：爲了地球，也爲了自己，人人均應珍惜地球的種種恩賜！

實際上，這也正是中國張載所說「乾爲父，坤爲母」的精神，提醒人們要能以孝敬父母的心情，珍惜地球的恩賜，並且盡心加以回報，這是個全世界獨一無二的環保哲學。所以值此全世界均亟需建立完整的環境新倫理，以共同尊重地球之際，中國哲學尤其深具全責無旁貸的環保教育使命！

事實上，早在民國七十七年底，美國著名的時代週刊「風雲人物選」(Planet of the Year)，便曾經特別以「瀕臨絕滅的地球」(Endangered Earth)，做爲當年的風雲人物，其用心就在再度提醒世人注重環保的工作，也可說深具環保教育的苦心與慧心。

該刊曾經用五項嚴厲的字眼，形容現今居住在地球上的人類——「貪婪」、「無知」、「短視」、「自私」以及「苛虐」59，的確可說語重心長，寓意深遠。

因此，時代雜誌曾邀請十個國家，三十三位學者專家，共同集會三天，討論地球未來。最後建議四大課題，分別以「種源保育」、「人口控制」、「毒性廢棄物」及「節約能源」對世界各國呼籲，深值做為今後保護地球的教育共識：

㈠種源保育：

1.設置組織及教育方案，使全世界每一個人都能認識基因繁雜的重要性，及種屬消失是不可挽救的損失。

2.建立綜合國土計劃，使開發保育攜手並進。

3.協助熱帶雨林所有國，設立不砍伐的利用計劃。

4.環境檢討應列於國家重要施政檢討中。

5.增加保存基因相關事業之基金。

㈡溫度變化：

1.增加二氧化碳放出者之稅金。

2.增加如太陽能等替代能源之研究經費，並研究更安全的核能發電設備。

3.幫助落後國家建立熱效益較高的發展設備。

4.全球聯合的大規模綠化種植計劃。

5.發展以廢棄物轉換爲沼氣能源之計劃。

㈢垃圾廢棄物：

1.增加垃圾稅及毒性物質處理費，加強不當垃圾處理之處罰。

2.鼓勵資源回收，垃圾分類，及獎勵生產可回收使用者。

3.化學及毒性物質應有更嚴謹的毒性及致癌性試驗。

4.禁止海洋傾倒。

5.禁止垃圾輸出。

㈣人口問題：

1.將人口控制教導每一個成人。

2.增加婦女教育及就業機會，以利人口政策宣導。

3.教育有宗教禁忌者自然節省法。

4.研究更新更有效之節育法。

另外，一九八〇年「國際自然及天然資源保育聯合會」（IUCN）、「聯合國環境計劃組織」（UNEP）、以及世界野生生物基金會（WWF），曾經共同完成「世界自然保育方略」（World Conservation Strategy），被稱爲「世界性的自然保育經典工作」。其中對「自然保育」曾定義如下：

「人類利用生物資源時，經由適當的經營管理，使其對現今人類產生最大而持續的利益，同時保持其潛能，以滿足後代人們的需要與期望。」[60]

這一段定義，固然有其保育自然的正面意義，但若進一步深究其宗旨，便知仍未跳出人類自我中心的功利主義立場，所以文中不但強調要對「現今人類產生最大而持續的利益」，而且還要滿足「後代人們的需要與期望」。由此來看，今後若要眞正做到視萬物爲平等的價值，仍然有賴不斷宣揚正確的環保觀念才行。就此而言，中國先哲的重要精神，實在深值及早弘揚與推廣！

在一九八八年四月，美國著名的生態保育大師喬治謝勒博士—他同時是國際野生動物保育負責人，曾經到香港訪問。他對自然保育工作的幾項原則，很有見解，值得引述，做爲自然保育的共識：[61]

1.自然保育問題，主要是文化與社會方面的問題，而不是科技問題。

2.只有在當地居民支持自然保育的情形下，保育措施才能成功。

3.世界上可能設立的保護區面積總和，最多也不會超過地球上總面積百分之三，因此，除非我們能保護保護區以外的動物，原野世界上生物的龐雜度一定會大量減少！

4.在保育方面的奮鬥，是沒有勝利可言的，我們的努力只能使失敗暫緩產生。因而，我們必須永不鬆懈地注意與追蹤有關動物或棲地的狀況，以便隨時採取必須的保護行動。

這幾段話，語重心長，尤其提醒人們，保育工作，沒有勝利，「只能使失敗暫緩產生」，[62]更加令人怵目驚心。不過，筆者認爲不用太悲觀，如果今後環保教育均能從根做起，並眞正廣爲宣揚中國先哲的精神，促使更多人們能夠體認萬物含生、物物相關，以及物我合一等信念，進而身體力行，相信人與自然衆生仍能眞正和諧並進，而那正是自然保育工作的眞正勝利！

因此本文最後，針對環保教育的方法，願特別強調一項根本共識，即就是—一切環保教育，均應從兒童就開始。即使對成人教育，也應以喚醒其童心爲重點。

此中原因，一方面因爲赤子童心最能親近自然，二方面因爲赤子童心最能關愛動物，三方面則因爲童心本身最爲純眞無邪，因而也最能與自然合而爲一。

此所以早在孟子，即曾強調，「大人者，不失赤子之心」；而老子也明白指出，人心應歸根復命，「復歸於嬰兒」。甚至極具批判性的尼采，其精神三變，也是由駱駝、獅子，而復歸於「嬰兒」。凡此種種，均在提醒人們，「不失赤子之心」，不只是人生哲學的名言，也是環保教育的名言！

另外，近代西方環保專家貝爾（Ernest Bell）更曾明白指出：：

「教育的核心，不應在數學、科學、或語言上—雖然它們多有所明，但真正重要的，則應在品德的薰陶，以去除人心中的凶性，培養同情心與正義感。」[63]

因此，貝爾清楚的強調：

「爲達到此目的，最好的教育，便是保持赤子之心，並且從親近動物、愛護動物的童心做起。大部份孩童都有此自然天性，只要時加鼓勵與指導，便可養成良好的仁心—然而很多卻因後來未受到適當的鼓勵與指導，卻失去了這份赤子之心。」[64]

民初著名的藝術家豐子愷一向強調「同情心」的重要，其六冊《護生畫集》堪稱極爲生動的環保教材。他也曾經強調：

「藝術家的同情，不但及於同類的人物而已，又普遍及於一切生物、無生物。犬、馬、花、草，在美的世界中，均成有靈魂而能泣能笑的活物了。」[65]

換句話說，透過這種藝術的同情心，更能體認「物我合一」的境界，「美」與「善」在此也結爲一體。而此兩項，透過兒童的「眞」，更形成渾然互通，「眞、善、美」於焉更能渾然合一。

此所以豐子愷明白認爲：

「這裡我們不得不讚美兒童了。因爲兒童大都是最富於同情的。且其同情不但及於人類，又自然地及於貓犬、花草、鳥蝶、魚蟲、玩具等一切萬物。他們認真地對貓犬說話，認真地和花接吻，認真地和人像玩偶玩耍，其心比藝術家的心真切而自然得多！他們往往能注意大人們所不能注意的事，發現大人們所不能發現的點。所以兒童的本質是藝術的。」[66]

更進一步看，我們可以說，兒童的本質不但是藝術的，也是環保的。藝術與環保在「物我一體」中完全融合互通。

豐子愷對此說得很好：

「我們畫家描一個花瓶，必將其心移入於花瓶中，自己化作花瓶，體得花瓶生命力，方能表現花瓶的精神。我們的心要能與朝陽的光芒一同放射，方能描寫朝陽，能與海波的曲線一同跳舞，方能描寫海波。這正是『物我一體』的境界，萬物皆入於藝術家的心中。」[67]

中國哲學內，道家生命精神最接近藝術家，因而極能肯定「物我一體」，此即莊子所說「天地與我並生，萬物與我爲一」。[68]至於儒家生命精神則接近道德家，因而同樣極能肯定「合天地萬物爲一體」之「仁心」，而這兩者的共同通性，都是同情心，其中最能具體表現的人，則爲赤子童心。

所以，今後環保教育，除了加強民衆環保知識之外，最重要的，就在加強此種物我一體的「同情心」，而最有效的方法，即在從兒童開始即加以鼓勵，並充份激發民衆們的「赤子之心」。

相信，只要所有兒童均能從小均深具環保教育，而所有大人也都能永保赤子之心，則人人均可成爲環保尖兵，處處均可發揮環保仁心，那才眞正是環保成功的根本之道！

【附　註】

❶ Thomas Kuhn, "The Structure of Scientific Revolution", N.Y.,1982, P.15

❷ 環保署有關空氣品質資料，請見民國七十九年四月廿三日自立晚報引述內容。

❸ 有關「酸雨」進一步說明，請見《大自然》季刊，民國七十五年二月廿五日出版，頁一〇〇。

❹ 有關「温室效應」，合衆國際社曾以特稿說明，呼籲世人警覺。詳情請參民國七十九年四月廿三日自立晚報。

❺ 簡又新，《意識、共識與環保》，行政院環保署印行，民國七十九年初版，頁九。

❻ 同上，頁十。

❼ 同上。

❽ 同上，頁九。

❾ 同上，頁九—十。

❿ 《大自然》季刊，民國七十七年八月出版，頁九十二。

⓫ 以下係筆者在民國七十九年暑假兩度赴大陸探親與訪問，在有關大學接觸有關學者專家歸納所得。

⓬ 引自《大自然》季刊，民國七十六年三月十二日出版，頁七十三。

⓭ 《大自然》季刊，民國七十七年，十月廿五日出版，頁一〇七。

⓮ 原載"Asia Week", 1985, May.31.引自《大自然》季刊，民國七十四年十一月廾五日，頁一〇七—一〇八。

⓯ 引自《大自然》季刊，民國七十五年二月廿五日出版，頁一〇五。

⑯ 引自《大自然》季刊，民國七十五年八月廿五日出版，頁一〇〇。

⑰ 引自方東美先生《生生之德》，台北黎明公司，民國七十六年四版，頁二八四。

⑱ 同上。

⑲ 同上，頁二八七。

⑳ 莊子，〈知北遊〉。

㉑ Quoted from R.F. Nash, "The Rights of Nature," The University of Wisconsin Press, 1989, p.121

㉒ Ibid, p.87

㉓ Ibid, p.121

㉔ Ibid, p.161

㉕ Ibid, p.55

㉖ Ibid, p.55

㉗ Ibid, p.87

㉘ Ibid, p.33

㉙ Ibid, p.33

㉚ Ibid, p.3

㉛ Ibid, p.3

㉜ Ibid, pp.3-4

㉝ Ibid, p.4

㉞ Ibid, p.121

㉟ Ibid, p.3

㊱ Ibid, p.13

㊲ Ibid, p.199

㊳ Ibid, p.199

㊴ Ibid, p.199

㊵ 引自民國七十九年四月廿三，日聯合報中譯內容。

㊶ A. Schopenhauer, " *On The Basis of Morality* ",Quoted from "The Extended Circle" ed. by. J. Wynne-Tyson, Paragon House, 1988, p.310

㊷ Ibid, p.308

㊸ Ibid, p.260

㊹ 引自《大自然》季刊，民國七十五年二月廿五日出版，頁一〇七。

㊺ 《華嚴經》，（入法界品）唐李通玄造論，台北新文豐出版社，民國六十六初版。

㊻ R.F. Nash, "The Rights of Nature", p.161

㊼ 易經，乾〈文言〉傳。

㊽ 引自《大自然》季刊，民國七十九年一月廿五日出版，頁一一四－一一五。

㊾同上，頁一一九。

㊿Jim Normoan, "Spiritual Ecology" Bantam Books, 1990, Chap 2 & 6

51 Paul Taylor, "Respect for Nature", Princeton University Press, Parts 2-3

52 Ibid, p.71

53 Ibid. p.116

54 Ibid, p.90

55 Ibid p.41

56 諸葛陽編著，《生態平衡與自然保護》，台北淑馨出版社，民國七十九年出版，頁一九二—一九三。

57 彭一剛，《中國古典園林分析》，中國建築工藝出版社，北京，一九八六年出版，頁一。

58 漢寶德，《物象與心境——中國的園林》，台北幼獅出版公司民國七十九年出版，第三章曾經專論「道家對中國園林的影響」，深值參考。

59 《時代》週刊，一九八八年十二月號。亦可參《大自然》季刊，民國七十八年一月廿五日出版，頁三。

60 《大自然》季刊，民國七十五年五月廿五日，頁十二。

61 引自《大自然》季刊，民國七十七年八月五日出版，頁五十五。

62 同上。

63 Quoted from "The Extented Circle," p.13

64 Ibid.

65 《豐子愷論藝術》，台北丹青圖書公司，民國七十七年再版，頁一三一。

66 同上，頁一三一—一三二。

67 同上，頁一三一。

68 莊子，〈齊物論〉。

第三章　儒家的環境倫理學

緒論

本章宗旨，在根據儒家思想，闡論其對三項環境倫理主題的見解：

一、人對自然的理念；

二、人對萬物的看法；

三、人對衆生的態度。

在進入主題之前，本文擬先引述方東美先生一段話做爲引言。因爲，這是一個統貫性的通論，言簡而意賅，非常重要：❶

「中國人頂天立地，受中以生，相應爲和，必履中蹈和，正己成物，深契『非彼無我，非我無所取』之理，然後乃能盡生靈之本性，合內外之聖道，贊天地之化育，參天地之神工，完成其所以爲人之至德。」

事實上，方先生在這裏特別強調的：「中國人頂天立地，受中以生」，正是中國人所以稱「中」的重點所在，而且正因「受中以生，相應爲和」，所以一定「履中蹈和」，「正己成物」。這也就是中國文化特別強調「中和」的道理。而這個「中和」道理，不但是中國哲學很重要的中心思想，對環境倫理學也有同樣重要的啟發，深值我們重視。

尤其，方先生所強調，中國文化深契「非彼無我，非我無所取」之理，此處「彼與我」的關係，就可以當做「自然與人」的關係，代表沒有自然就沒有我，而沒有我，對自然也就無所取。因此方先生才說：「乃能盡生靈之本性，合內外之聖道，贊天地之化育，參天地之神工，所以完成其所以爲人之至德。」這在環境倫理學上特別深具重要寓意。

本文所講的儒家，基本上指先秦的原始儒家，包含了孔子、孟子、荀子。文中主要以孔子爲重點，並且特別以《易經》哲學爲主要根據。因爲孔子在《論語》中，基本上是講人間世的學問，重點放在人與人的關係。但在易經中，則是以通天人之際爲主，其重點在論述人與天地自然的關係，所以更爲切合本文需要。

另外，本文還會旁及《中庸》、《大學》與孟子等。至於荀子，則會在最後一節專門說明。因爲荀子看似與孔、孟不完全相同，其實仍然殊途而同歸，最後仍有基本相通的地方。所以，本文將荀子放到最後，再做總結歸納。

以下即先針對環境倫理的三項基本問題，逐一分析儒家看法。首先特提綱挈領，說明各項重點：

一、人對自然的理念：若用一言以蔽之，儒家可以稱爲「萬有含生論」。

二、人對萬物的看法：簡明扼要的說來，儒家可以稱爲「旁通統貫論」。

三、人對衆生的態度：同樣一言以蔽之，儒家可以稱爲「創進化育論」。

如果用西方學術用語來說，則可用英文表達如下：

一、人對自然的理念：「萬有含生論」，可以稱之爲"Bio-centric cosmology"，也就是以生命爲中心的宇宙論，或者以生命爲中心的自然觀。

二、人對萬物的看法：「旁通統貫論」，可以稱之爲"Inter-dependent world-view"，也就是內在相互依存的世界觀。

三、人對衆生的態度：「創進化育論」，可以稱之爲"Value-centric ontology"，也就是以價值爲中心的本體論。

以下即逐一分析與申論。

第一節 對自然的理念

我們首先分析第一項——儒家對自然的理念。

易經》。

本文在此段將特別強調，最能夠表現儒家「以生命爲中心」的自然觀，主要即表現在《易經》。

很多人討論儒家，卻不懂易經，這就造成很大缺憾，甚至有些人認爲易經哲學與儒家無關，這更如同面對寶山卻視而不見，既矮化了儒家，也扭曲了易經。

那麼何以証明易經哲學是儒家的寶典？❷

首先，這可以從論語所強調的「孔子晚而好易，韋編三絶」看出。這說明孔子晚年之後，非常喜歡易經，因此反覆研讀，並賦予哲學性解釋，而與弟子共同完成「文言傳，繫辭傳、彖傳、象傳、序卦傳、說卦傳」等「十翼」。其用功的程度，連竹簡中串連的皮革都爲之磨斷三次，可見功夫之深，所以絶對不能加以忽視。

另外，太史公司馬遷在史記的〈仲尼弟子列傳〉中，講得也很清楚。孔門七十二弟子有位叫商瞿，號子木，正是孔子親授易經的傳人。但在《論語》中，卻從頭到尾未見此名字。由此也可証明，《論語》基本上是以記載孔子晚年之前的言行爲主，若要更進一步探討孔子晚年更成熟與更博大精深的智慧，則應同時研讀其贊易的成果。

孔子傳易，由商瞿繼承，到第八代是楊何，第九代爲司馬談，第十代則正好是司馬遷。❸正因爲司馬遷是第十代傳人，所以，才能把易經的傳承脈絡講得清清楚楚。

事實上，孔門六藝之中，對詩、書、易、禮、樂、春秋的傳承，只有易經這個脈絡最明確。這一方面因爲秦始皇焚書坑儒的時候，易經被當做卜筮之書，所以没有燒掉；另外也因爲，正好傳到司馬遷的父親，並且再傳到司馬遷自己。因而，他在〈孔子世家〉與〈太史公自序〉中才對此交代得極爲清楚，也才會強調他作史記是「通天人之際」，透過史學而弘揚孔學。否則如果只是平舖直敘說歷史，則何必另講「通天人之際」，由此也充份可見，司馬遷深受易經哲學精神影響之處。

換句話說，司馬遷是透過孔門在易經中所述天人之際與變易之道，得到啟發，進而通古今之變，成一家之言，因此他可以說是孔門在史學上的傳人。另外，後來作《文心雕龍》的劉勰（彥和），全書首先強調「宗經」、「原道」，完成中國最有系統的文學批評鉅著，同樣可以說是孔門在文學理論與文學批評上的傳人。

所以，對孔門的傳承，並不一定要在哲學上來傳，不但透過史學、文學可以，甚至透過書法藝術也都可以。像王羲之被稱爲「書中之聖」，正如同孔子被稱做「道統之聖」，兩者在精神上很能相通。因爲，王羲之的字體最大特色就是表現「中和」氣象，所以能夠陰陽並濟，形神並備，而且骨肉均勻，深具中和的雍容氣象。此所以項穆稱頌道：「道統書源，匪不相通。堯、舜、禹、周，皆聖人也，獨孔子爲聖之大成，史、李、蔡、杜，皆書祖也，唯右軍爲書之正鵠。」[4]王羲之（右軍）便可說，透過書法而傳承孔門的中和氣象。

換句話說，我們不能很偏狹的認爲，因爲孔子基本上是哲學家（他晚年曾自稱「哲人」），便一定只能從哲學界、思想界傳承。孔學既浩瀚又親切，不論透過史學界，文學界、書法界，甚至日常生活，通通可以傳承與發揚。

就此而言，透過環保，同樣可以弘揚孔門思想與精神。重要的是，要講儒家的環境觀，易經便是絕對不能夠忽略的重要經典。

很多人不懂易經，便不能眞正算懂得孔子，當然也不能眞正體認孔子的環境觀。因爲，孔子曾說「假我數年，五十以學易，可以無大過矣。」❺他在五十歲以後對易經花了很大的功夫研究，到七十三歲才過世。我們若研究一位思想家，對他晚年最成熟的部份卻看不懂，怎麼能算眞正瞭解呢？

像很多人誤認爲儒家代表「保守」，或者代表「復古」、「守舊」的形象，這都完全錯了，其根本原因便是因爲不懂易經哲學。易經中的思想，基本上完全代表一種生生不息、日新又新的創造精神。所以，方先生曾經稱儒家爲「時際人」（Time-man）—也就是能在時間之流中，向前不斷開創的人❻，孔子被稱做「聖之時者」，也正代表他很能把握時代脈動，切中時代需要，溫故知新並創造不已。這種精神特色怎麼可能是保守、復古、守舊的呢？

尤其，如果談到「人與自然」的關係，則易經哲學正是一種很生動的機體主義。儒家在易經哲學中所肯定的生生之理，不但「彌綸天地」，而且周乎萬物而「道濟天下」、「曲成萬物而不遺」❼，其「萬物含生論」很能拯救西方自然觀「乾枯唯物論」的毛病，也正是當今環保工作所亟需的哲學基礎！

但是，我們如果對易經哲學不能瞭解，那就很難中肯地瞭解儒家的環境觀。由此可見，很多人只把孔子的言行錄《論語》，當做唯一或主要的教材，這是很不夠的。

當然，這並不代表《論語》不重要。筆者所要強調的是，瞭解儒家一定要能「貫串群經」才算眞正如實地瞭解。至少，《論語》一定要和《易經》哲學結合起來研究，才能更有系統地瞭解儒家「天人合德」的自然觀。

尤其易經十翼，可說正是孔門綜合研究易經哲學的成果，雖然並非成於一人，也非成於一代，但明確爲孔門的代表，殆無疑問，所以，我們絕對不能輕忽。

近代很多人把十翼只看成是漢朝以後的作品，這是錯誤的。十翼裏面，除了雜卦傳的部份內容，因爲代代口授相傳略顯駁雜外，其他絕大部份都是純正的儒家思想，跟道家並沒有什麼關係，有人把它當做道家，甚至道教思想，都明顯是錯誤。

爲什麼呢？

因爲根據周禮所述，易經本來共有三種版本，也就是「歸藏易」、「連山易」、以及「周易」。三種版本的最大不同，即「周易」第一個卦就是乾卦，而乾卦正代表了一種陽剛進取的生命精神，這不但充份代表儒家陽剛之美，也充份代表儒家開創的精神。至於「連山易」，則以艮卦爲主，艮代表山，象徵阻礙，「連山」即代表克服重重困難的哲學意義。另外，「歸藏易」則以「坤」元爲主，坤代表大地，象徵萬物歸之於大地，也藏之於大地，代表一種歸根返本的哲學意義。

在三種版本中，目前僅存的就是儒家所傳周易。周易前兩個卦爲「乾」（䷀）、「

坤」(䷁),又稱「乾坤並建」,代表生生創造之德,最後一個卦則是「未濟」(䷿),這代表了易經從開創到最後,都以創造不已爲特性。所以「殿之以未濟」,正象徵生生不息,創造精神永無止盡!

換句話說,雖然在形式上,易經六十四卦總要有一個最後的卦,但是,這最後一個卦的卦名卻叫做「未濟」(䷿),而且各爻正是以一陰一陽相互迭生,充份代表了「一陰一陽之謂道」的精神。整個易經,更象徵一種開創不已、生生不息的開放體系。

這種開放體系,正代表儒家對自然的理念,能夠視自然爲普遍流行的大化生命,而且肯定整個宇宙生命不斷的向前開創,無止無盡。此所以,易經〈繫辭〉中稱,「乾坤,其易之門戶邪」,就是這個道理。代表如果要進入易經的寶藏,就必先經過「乾」「坤」這個門戶。乾代表大生之德,坤代表廣生之德,合起來就叫做「生生之謂易」!

因此,如果只用一句話來代表易經哲學,那就是「生生不息」、創造不已的哲學。它把整個自然界,都看做是一個生生不已的大生命體,這是一種了不起的精神,也是今天環境倫理學最應具備的認知。

方先生曾把「生生」的英文翻譯成"creative creativity"[8],代表整個宇宙的本質,就是一種「創造性的創造力」,這與當今英美世界第一大哲懷海德(A. N. Whitehead)的「歷程哲學」(Process Philosophy)可說不謀而合,兩者均在強調整個自然充滿生命力,而整體宇宙創進的歷程,正是一種生生不息的歷程。

孔門在易經十翼中，特別以〈文言〉傳中論乾元與坤元所象徵的宇宙生生開創精神，方先生稱此爲「宇宙發生論」，代表儒家對整個宇宙天地創生的看法。其中肯定「元者，善之長也，亨者嘉之會也，利者，義之和也，貞者事之靜也」[9]，以此強調生命元氣的淋漓發揮，才是衆善之長，也才是其後一切「亨、利、貞」的根本動力，這在今天環保哲學中，尤具重大的啟發意義。

孔子及其弟子除了在〈文言〉傳中，展現出「宇宙發生論」外，在〈象傳〉中更展現出一種「以生命爲中心的本體論」。方先生用英文表示，即爲"A Bio-centric Ontology"。此所以甚至連自然界的「雲行雨施，品物流行」都被認爲充滿生命活力，也都是「乾道變化」的結果。其中並且特別強調，自然萬物的生命發展，必應求其平衡和諧，各正性命。此即乾象中所稱：「乾道變化，各正性命，保合太和，乃利貞」。「太和」即是廣大和諧，儒家以此做爲萬物利貞之道，更與當今環境倫理中所強調的生態平衡與和諧並進，完全能夠相通呼應。

另外，孔門十翼中，〈象傳〉在各卦均是以「君子」或「先王」作發語詞，則可稱爲「以價值爲中心的衆生觀」，方先生用英文稱之爲"A Value-centric View of Life"。更代表孔門視整個自然不但充滿生命，而且充滿內在價值，這也正是當今環境倫理學極爲重要的信念—肯定一切萬物均有內在價值，而且可與人類一樣具有平等價值。

易經中所推崇的「君子」、「大人」或「先王」，均充滿這種胸襟情懷，不但肯定天人合德，物我互融，而且極能尊重自然，甚至還常向自然哲理學習—例如乾元象傳即為「天行健，君子以自強不息」，坤象即為「地勢坤，君子以厚德載物」，再如謙象「地中有山，君子以哀多益寡」。凡此種種，均能以大自然為師；不但絕不破壞，而且非常尊重，甚至以之為師，這種精神更是當今環保與生態保育極值效法之道。

換句話說，孔子把自然界，絕不只看成一個乾枯、僵硬的龐然大物而已。而是把整個大自然看成有生命、有活力、並且有充份意義與價值的大有機體。所以，〈繫辭〉傳中才會說「生生之謂易」，而且「成象之謂乾，效法之謂坤」，這種機體主義的自然觀，對今後環保哲學非常具有啟發意義。

除此之外，易經十翼中，最重要的「繫辭大傳」，則可稱為「機體主義的哲學總論」。這是孔子及其門生用一種機體眼光綜觀自然萬物，不但肯定萬物含生，而且肯定物物旁通，尤其強調萬物衆生各有尊嚴與價值。此其所以用「天、地、人」三才之道，旁通統貫整體六十四卦，除了本卦之外，並同時重視「錯」卦、「綜」卦、「互」卦。「變」卦，再從其中的「錯、綜、互、變」，體認出宇宙萬物圓融互通，均具生命價值之理。此其所謂「範圍天地之化而不過，曲成萬物而不遺，通于晝夜之道而知，故神無方而易無體。」⑩亦其所謂「一陰一陽之謂道，繼之者善也，成之者性也。」⑪

另外，易經〈繫辭〉中也明白講「易與天地準，故能彌綸天地之道」，代表這種「生生之謂易」的生命活力，貫注在整體天地萬物之中，無所不在，無所不注，因此才能「與天地準」，並且能夠彌綸天地，瀰漫宇宙，充塞於自然萬物之中。這種大化流行的哲理，代表整個自然界都充滿生命的創造力，此其所謂「天地設位而易行乎其中矣。成性存存，道義之門。」[12]既然「生生之謂易」，而「易」又行乎天地之中，即代表「生生」之德充滿於整個天地之中。所以，我們直可稱之爲典型的「萬有含生論」，這正是當今環保哲學最重要的中心信念！

尤其，孔子在易經〈文言〉傳中講得更清楚：「大人者，與天地合其德。」

大人是什麼呢？

大人就是可以頂天立地，和天地共同貫融合一的精神人格！以往很多人誤解「天人合一」，誤以爲這個「天」，只是科學上的意思，那就變成只是氧氣和氮氣，人跟它有什麼好合一的？實際上，易經繫辭傳中講得很清楚，「天地之大德曰生」，天地之大德就是「創造」，也就是能開創「生機」，並以此生機瀰漫一切萬物，充塞一切衆生。所以，人生的重要意義與生命價值，就在能夠體認天地中這種大生機，進而效法天地，以此爲中心主宰，並且關愛萬物，能以仁心普及衆生，然後才能眞正頂天立地，參贊天地化育而並進，這就是孔門所稱的「大人」！

簡單的說，人之所以能爲大人，正是因爲能夠貫通天地之中這種活力與生機，並能身體力行，從而與萬物融通爲一，形成天地人「一脈同流，三極一界」的精神。

由此充份可見，孔子的生命氣象可說是非常磅礡雄偉的，孔子的胸襟更是非常恢宏遼闊的。近代部份人只把孔子看成在人間世的一位「好好先生」而已，那只能說是小化與矮化孔子的錯誤。

像孔子仁學中的「仁」字，就不僅僅講人跟人的關係，同樣也講人跟自然的關係。更講人跟萬物的關係。我們一要更能瞭解易經之後，才能充份體認此中博大精深的道理。此所以，後來儒家到清朝戴震講得也很清楚，什麼叫做仁？「生生而條理之謂仁」⑬，這就完全是從易經裏面得來的精神。

儒家對自然的看法，從其美學中也看得很明顯。

所以〈文言〉傳中，除了明白指出，乾元的精神爲「剛健中正，純粹精也」外，更進一步明白的強調，「乾始，能以美利利天下」。這代表只要能弘揚乾元的陽剛創進精神，就能掌握雄健之美，從而以充滿幹勁的衝力與銳氣，爲天下謀福利。這種活躍創造的生命精神，以龍最能象徵代表，所以文言傳緊接著說，「時乘六龍以御天也。」像這種「利天下」的胸襟，正是深厚的仁心表現，所以乾〈文言〉又說：

「君子體仁足以長人，嘉會足以合禮，利物足以和義，貞固足以幹事。君子行此四德者，故曰乾，元亨利貞。」

簡單的說，這四德的根源，都在「體仁」，也就是能夠體會自然萬物均內在含生之理，所以人們應該幫助自然萬物生存發展，不但以此「長人」，並且同樣以此「長物」，這正是當今保護萬物、關愛自然的重要仁心。唯有如此「利物」，才能合乎公義，並且行事中正，這就是〈文言〉中所說：「利物也以和義，貞固也以幹事」！

孔子在易經中特別強調「乾」元的雄健精神，這種陽剛之美，到了孟子就更加清楚。所以孟子注重「浩然之氣」，將這種至大至剛的雄健精神，表現得淋漓盡致。後來在書法美學中，更表現爲筆力雄渾、充滿勁道的特性，中國歷史上以柳公權的雄勁風格最能代表。另外，在雕塑美學方面，同樣展現爲眞力彌漫、勁氣充周的特點。在園林美學方面，則表現爲充滿機趣、氣韻生動的意境，凡此種種，通通可說是從易經裏面發展出來的精神特性。

我們對此有所體認之後，再看《中庸》裏面的一句名言，就更具深刻意義。《中庸》裏面曾經指出：

「天地之道，可一言而盡矣！」[14]

這是很重要的一句名句。代表整個天地之道—也就是整個自然界—其本質，可以用一句話道盡。這正如同孔子所強調「吾道一以貫之」，這種一以貫之的話，就很可以代表儒家自然觀的本質。

那麼，這是那一句話呢？天地之道可以用那一句話講盡呢？

——「其爲物不貳，則其生物不測」！[15]

根據中庸，整個天地之道，最重要的就是一心一意，誠心誠意！若能如此精誠專注，則能「生物不測」。這一種創生萬物的活力功能，足以源源不竭，無窮無盡，並且足以到達難以測量、難以預測的地步！正因爲其創造動力難以測量，所以天地之中更充滿了生生不息的機趣，因此本段最後明確強調，「天地之道，博也、厚也、高也、明也、悠也、久也」。

這充份証明，儒家對自然的看法，完全視之爲一個博厚高明的大生命體，更看成是一個悠久雄渾的大有機體！這也正是當今環保哲學最重要的「機體主義」精神！

懷海德曾經在《創進中的宗教》（Religion in the Making）一書中強調，宗教精神就是一種「專注的誠懇」（A penetrating sincerity）[16]，這也正是「爲物不貳」的精神，一旦能夠如此專注誠懇，自能發揮神奇莫測的宗教力量，形成「生物不測」的創造動力。這也正與中庸所謂「至誠如神」不謀而合。[17]

事實上，懷海德的宗教精神與傳統基督神學不盡相同，後來演變成「歷程神學」（Process Theology），倒是與儒學很接近。其中所強調的參贊化育歷程，更充滿了圓融和諧的機體主義精神，很能與儒學互通輝映，所以也同樣深具環境倫理學上的啟發意義。

當代西方研究儒學的一代宗師，哥倫比亞大學狄百瑞教授（T.de Bary）也曾經特別指出，因爲儒家非常強調「尊重生命」的人道態度，其深情眞誠直可與天感通，所以孔學很可稱爲「宗教性的人文主義」（religious humanism）⑱，的確非常中肯。雖然他在分析儒家「人權」觀念時，尚未討論對「物權」的看法，然其已能扣緊儒家上通天心的尊生論，進而申論儒家廣大同情心的恕道，堪稱相當難得。

事實上《中庸》在廿二章，曾經有一段非常精闢的文字，將儒家貫通天地人與萬物的精神，發揮得極爲淋漓盡致，深值重視：

> 「唯天下至誠，爲能盡其性；能盡其性，則能盡人之性；能盡人之性，則能盡物之性；能盡物之性，則可贊天地之化育；可以贊天地之化育，則可以與天地參矣。」

什麼叫做盡其性？用今天的心理學名詞來講，就是「自我實現」（Self-realization），也就是能充份完成生命的潛力。「盡物之性」的「性」，並不是性情的「性」，而是「生命」的意思，代表能把萬物生命的潛能，充份完成實現。這也再次証明，儒家視自然萬物充滿生機的特性，並以充份實現萬物生命的潛能爲最高理想。

換句話說，精誠所至，連金石都能開，這種至誠所產生的創造動力，足以「盡人之性」，並能進一步「盡物之性」。代表除了要充份完成人類的生命潛能外，也要能充份完成自然萬物的生命潛能。一旦有了這種信心與決心，就絕不會斲喪自然，更不會破壞生機，而且必定能夠尊重自然萬物的生命，並且幫助萬物的生命潛力都能充份拓展完成。唯有如此，才算眞正參贊天地之化育，到達「天地人」渾然合一的境地。這眞正可說是極爲深刻而高明的的環保哲學！

根據孔門，整個天地的化育功能，就是要讓天地間一切自然萬類，都能夠充份拓展各自生命潛力。事實上這也正是當今西方環保人士極重要的一項主張—視同宇宙爲「以目的論爲中心的大生命體」（Teleological center of life）。⑲東西方哲人於此可說完全相通，共同肯定整個宇宙絕不是在毫無目的下任意運轉，更不是毫無生命的任意拼湊。人們唯有眞正體認宇宙化育一切萬物生命的莊嚴目的，共同參贊並進，才算眞正頂天立地，能與天地合一。

所以，漢儒揚雄也曾經簡明扼要的指出，什麼叫做儒？一言以蔽之，「通天地人之謂儒」。揚雄的整體學說雖然無甚可觀，但這一句話卻極爲中肯。因爲它明白點出了能「通天地人的」這種人絕不是小人，也不是只具表面物理意義的人，甚至不只是生物意義上的人，而是有生命價值，有生命尊嚴、更有生命理想，在宇宙中可以頂天立地的「大人」！

這種能夠「與天地合其德」的大人，才叫做「儒」。他不但能效法天地的生生之德，不斷提昇自己，把自己的生命意義，從物理層次、生理層次一步一步提高，更可以把客觀的物質世界與生理世界，同樣以「大其心」，賦予生命意義，不斷超化提昇，共同形成充滿莊嚴意義的生命世界。這種「萬物含生論」，正是當今環境倫理學中，非常重要的精神所在。

所以，早在《禮記》中，就曾經強調：「人者，天地之德，陰陽之交，五行之秀氣也。」這裡所稱「天地之德」即可說與「天地合其德」相通。代表人並非扁平動物，而是足以頂天立地，並能以天地之心體認一切萬物均有生命，這對當今環保哲學尤其具有重大的啟發意義。

另外，我們在此深值注意，「通天地人」並不代表人可以駕凌萬物，成爲天地的「主宰」，那就變成西方想以人征服萬物的錯誤觀念，或單薄的人本主義，將人與神對立起來，如此以人爲中心的本位主義，既會貶抑上天，也會抹煞自然。到最後，只突出「人」，而將萬物都看成人的奴隸，反而最容易破壞自然萬物。這也正是西方近代環保問題的病源之一，深值警惕以及改進。

在中國儒家哲學中，所肯定的是「人文主義」，而非單薄的「人本主義」，也就是既能肯定人的生命，也同樣肯定天地萬物的生命，共同以平等心與價值感看待一切自然萬物。所以對一切萬物，均能賦以同樣的生命價值與尊嚴，肯定人與天地萬物是並行互助的，其中間是一種和諧並育的關係，既不衝突，更不相害。此即中庸所說的名言：「萬物並育而不相害，道並行而不相悖。」[20] 易經所謂天地人的三才之道，正是此種深意，這也正是當今生態保育極重要的哲學基礎，深值重視與弘揚。

另外，〈禮記〉裏面也同樣講，「人者，天地之心，五行之德也，故聖人作則，必以天地爲本。」根據儒家，人之效法天地，最重要的，是效法天地之中廣大和諧、與生生不已的精神。所以才能成爲「天地之心」，成爲參加天地之中生生化育的共同創造者，而不會成爲破壞生態保育的罪人。

因此，方東美先生曾經用三個英文名詞，將「天、地、人」在宇宙創生中的角色，表達得非常眞切。[21]

首先他把「天」稱爲"creator"，做爲所有萬物的重要「創生者」，此即易經所謂「大哉乾元，萬物資始，乃統天」，[22]這是宇宙發生論很重要的啟發，代表所有自然萬物都由乾元發其端，一切自然萬類也都從乾元開始，因而也都貫注了乾元所代表的純粹生命力。所以乾元可以「統天」，正代表「天」象徵一種充滿勁道的生命原動力。

另外，「地」則是幫忙天的，是順承天的，所以方先生稱之爲"Pro-creator"，這就相當於坤元的象徵意義，此即易經中所謂「至哉坤元，萬物資生，乃順承天」。[23]正因爲坤元象徵大地，而自然萬物一切生命的滋養成長，也都從大地開始，順承了天所象徵的生命原動力，再加以補助滋養，所以可稱爲「輔生者」(Pro-creator)。

那麼，人類是什麼呢？人叫做"co-creator"可說是效天法地的「合作者」，通常我們稱「合作」爲co-operation，代表「共同運作的人」，在此尤其極具啟發意義。代表能夠共同參贊天地，與天地合作，以共同促進宇宙創進，才是眞正的「人」。

方東美先生曾經將此等哲理用圖形加以說明，深值重視：[24]

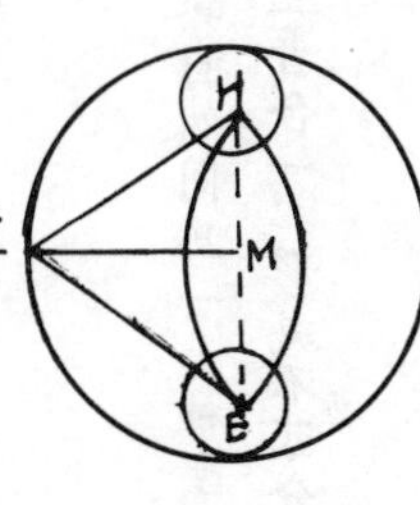

在上述圓形之中，人（M，象徵Man）是天地之心，人在宇宙中間頂天立地，所以上面一個圓圈是天（H，象徵Heaven），底下一個圓圈是地（E，象徵Earth）。人身處天地之中就是要效法天地，體認宇宙自然生生不息之理，進而化爲本身中心主宰，身體力行，向前開創！

所以，值得注意的是，這三個中心點，一定需要共同貫通合作。因此從H到M到E形成同一連線，這就是「通天地人」的意義，象徵一定要能夠「同心」協力，然後才能立人極，通天極，把整個宇宙的創生過程，在時間之流中，不斷往前面推動！

本圖整個圓形即象徵宇宙生命（C，即Cosmos），在上面的就是天，在下面的則是地，人在其中腳踏實地，仰望上天，體認天地之中生生之德的啟發，然後，三種力量共同融貫，往前創造，即形成廣大和諧而又充滿生機活力的宇宙創進景象！

這種能夠貫通天地的人格，是儒家自勉的精神人格，也正是當今環保最需要的精神修養。在這一種精神修養中所看的天地自然萬物，自能充滿無限生香活意，整個大化流行更充塞著生生不息、欣欣向榮的契機與生意，能有這種體認，還會不尊重自然、不愛護萬物生命嗎？

從前部份人士講儒家，容易劃地自限，只限於講論語；如此便多半只能探討人與人的關係，而忽略了人與自然的深厚關係。所以方先生在此透過易經，申論儒家的自然觀，特別值得今後發揚光大。

另外，針對儒家心目中人與天的關係，方先生也曾經用一句話說明，非常重要。那就是用宗教的名詞，稱之為「萬有在神論」，㉕其特色仍在深具「機體主義」的精神，同樣深具環保的啟發。

根據方先生看法，中國上古宗教含藏一套饒有機體主義精神之宇宙觀，不以人生此界與超絕神力之彼界為兩界懸隔，如希伯萊或基督教所云。此外，人生界與客觀自然界亦了無間隔，因為：

「人與自然同為一大神聖宏力所瀰貫，故為二者所同具。神、人與自然（天、地、人）三者合一，形成不可分割之有機整體。」㉖

這種「萬有在神論」，肯定神力遍在萬有，貫注一切自然萬物，所以自然界林林總總的萬類生命風貌乃能「保合太和」。這正與當今「深層生態學」的主張完全相通。

另外，此說也肯定人生的意義與價值乃在「升中於天」，尊重自然萬有生命的神聖性，因而人生的種種境界也才得以同時提昇，與自然萬有一體並進，這也正能吻合當今環境倫理學中最重要的精神修養！

我們若把這種「萬有在神論」，放在世界性的比較宗教學來看，則更能彰顯其對今天生態保育的重要啟發，以及在環境保護上的重要意義。今特綜合方先生的比較研究，扼要申論如下：[27]

第一，它與「自然神論」不同，後者因爲主張神乃超越世界，因而人類容易只重神，不重自然，如此只重上界，不重下界，明顯會忽視在此世的環境生態保育。

第二，它與「位格神論」也不同，後者因爲多少限制神的萬能性，而將神聖實有化約成一個人格神，終而不免沾染過多的擬人化意味，對其他自然萬有的神聖性，卻容易視而不見，這也並非環境倫理應有之道。

第三，它與「尊一神論」又不同，亦即與以色列民族所信仰的部落神不一樣。後者因爲長期顛沛受苦，所以企望強有力的一神爲救世主，但因過份突出本身苦難，而忽略對現實自然界的欣賞與肯定，這便不如「萬有在神論」足以肯定天地自然之大美。。

第四，它與古印度的「交替主神論」（kathenotheism）也不同。後者爲四吠陀時期所崇奉，把一些自然現象看成各有神靈，可以交替互換，但因並非肯定整體萬有均爲神力貫注，所以仍不如「萬有在神論」能充份並週全的尊重自然生命。

綜合而言，中國的「萬有在神論」，對自然一切萬有，均視視同與神性和合並生，因而對天地萬物、名川大山等，均視爲神性莊嚴的寶相，此方先生所謂，對天地山水之物「可視爲天地大美、崇高莊嚴之象徵，乃是神性之顯相於具體者，令人觀賞讚嘆不已。」㉘凡此種種，很明顯都能尊重天地萬有生命，保護自然環境與生態。

西方當代環保名家約翰・繆爾（John Muir）曾經同樣讚嘆：「上帝從未創造醜陋的山水。所有陽光照耀之處都非常亮麗悠美。」㉙此中精神，可說完全相通。

當然，所謂「萬有在神論」，乃現代學術名詞，如果用儒家的話講，不一定用「神」的字眼，我們或可稱之爲「萬有在『生』論」，若用道家的語言，則可稱「萬有在『道』論」，但其中精神宗旨均爲相同互通。

換句話說這種論點肯定生命無所不在，彌綸一切萬有，因此整個宇宙都是大生命體。若用道家說法，即「道無所不在」㉚，整個自然界一切萬物，都是道的具體顯現。這種哲學對當今生態環保而言，正是最深刻、也最完整的理論基礎。

這種精神到了孟子，就將此貫串天地、頂天立地的精神，稱爲「浩然之氣」。一方面強調足以「上下與天地同流」㉛，二方面肯定物我合一，「萬物皆備於我」㉜，究其根本源頭也是傳承於易經。

或有人問，如果易經對儒家很重要，爲什麼沒有見到孟子提起過？

事實上，如果我們深入分析孟子的思想精神，而不是只從字面去看，便知孟子的哲學思想很能闡揚易經的生命精神，只不過並未在字面上提到易經而已。

其中第一個重要証明，便是孟子所說「生於憂患，死於安樂」。這種「憂患」意識最早即從易經裏來。所以孔子很早就在易經〈繫辭〉傳中提過，「作易者，其有憂患乎？」孟子那種「正人心，息邪說」、「舍我其誰」的精神氣概，正是從憂患意識所激發出的文化使命感。另如後來司馬遷所強調，「詩三百首，大抵皆聖賢發憤之作。」乃至范仲淹所說：「先天下之憂而憂」，都可說是從不同領域，共同發揚憂患意識，其中的共同根源均來自易經，他們雖未明用易經之名，卻顯然均承自同一生命精神。

另外一個更重要的論証，就是孟子所講的浩然之氣：「配義與道，至大至剛，沛然莫之能禦」。[32]。這種「至大至剛」的生命精神，也是來自乾元的精神，此即〈文言〉傳中所謂「大哉乾元，剛健中正，純粹精也」，而且「時乘六龍以御天也，雲行雨施，天下平也。」在易經中，不對論雲行雨施或大化流行，都用最爲矯健的六龍，象徵乾元盎然生動的創造精神。而且乾元六爻皆陽，這種陽剛進取的精神旁通萬物，統貫一切，最能象徵「至大至剛」的雄渾生命力。這種盎然乾元到孟子，即稱爲浩然之氣。到文天祥更明白稱爲「正氣」。

此所以文天祥寫正氣歌時，前言首先引述孟子所講的「浩然之氣」。然後開宗明義即強調：「天地有正氣，雜然賦流行」，這種精神在環境哲學中也同樣深具啟發意義。

根據孔子看法，天地有「生氣」，這代表一種萬物含生的自然觀，而天地有「正氣」，更代表宇宙間有一種正大光明的價值觀。如此一來，即將看似沒有生命的自然，不但賦以積極的生命性，而且賦以崇高的價值感。這在當今環保哲學當中，正是極爲重要的一項中心理念。

因此，哲學界前輩梅貽寶先生晚年就曾經把〈正氣歌〉重點，特別譯成英文，並推崇「正氣歌」很能代表中國高明而獨特的自然觀。

因爲，西方人士如果只用純粹的科學唯物論觀點看天地自然，就很難想像什麼叫「天地有正氣」？在他們看來，天地自然界只有一般物理現象與化學成份，那有什麼「正氣」可言？若用這種唯物觀點，當然對中國哲學肯定天地萬類均含生很難理解，不但對中國哲學以生命爲中心的宇宙觀不懂，也不懂中國哲學以價值爲中心的自然觀，這就形成當今環保的一大心靈障礙。

相形之下，文天祥〈正氣歌〉，可說甚能能代表儒家精彩的「萬物含生論」：

「天地有正氣，雜然賦流行，在上爲日星，在下爲河嶽，於人曰浩然，沛然塞蒼冥！」

本段首先肯定，「天地有正氣」，就代表絶非只以唯物眼光看天地；然後又講「雜然賦流行」，代表這種正氣，除了頂天立地之外，更貫注於萬物，瀰漫一切大化流行之中，所以才能萬物含生，無所不在。另外，「在上爲日星，在下爲河嶽」，代表連天上的日星，與地上的河流、山川，通通都分享了宇宙大生命的趣機與正氣，而能夠浩然同流，充份可見萬物含生的精神。

換句話說，根據文天祥的看法，絶不能把天體的運行、各種日星、乃至於整個地球，只看成是沒有生命的龐然大物，也不能把山川河流與一切萬物，都當成是僵化呆板的物質，而應充份體認天地之間正氣充滿全宇宙，融貫各生命，並且，「於人曰浩然，沛然塞蒼冥」！

文天祥肯定，這種雄渾剛健的生命勁氣，足以普遍深入到人類內心，以及一切自然萬物，因而不但人類有內在的浩然之氣，擴而充之，一切萬類也有浩然生氣，所以我們均不能任意輕視與破壞。這種精神上承孟子，很能代表儒家盎然的自然觀與凜然的價值觀，在當今生態保育中，同樣深具重要的啟發意義。

綜合而言，「正氣」首先肯定宇宙本質生氣勃勃，盎然充滿眞力，另外同時強調宇宙目標堂堂正正，燦然充滿光明，絶非任何偏狹邪道所能及。前者肯定以生命爲中心的自然觀，後者則強調以價值爲中心的環境論，可說均根源於易經的精神。尤其這種「正氣」包含了生氣、中氣、與正道之意，絶非任何外國文字從字面所能翻譯——如果用英文從字面譯，即成"right air"無人能懂—所以此種「正氣」堪稱中國文化極爲獨特的精神特色，深值共同體認與弘揚！

一般人如果不懂這種萬物含生、浩然同流的自然觀，就很難能懂孟子下面這段話：

「君子所過者化，所存者神，上下與天地同其流！」

孟子這句話，首先肯定，整個天地自然都是一種動態的大化流行，沒有一處不含生意，也沒有一物不含生機，因此他認爲君子的生命精神，應該提昇到與天地同其流。

此地所說「與天地同其流」，同的是什麼流呢？簡單地說，就是「生命之流」，代表這種大化流行的雄渾生機，普遍融貫於萬物之中。所以人類要能參贊其中，才能提昇生命境界，也才能眞正伸展仁心，體悟天地萬物合爲一體之道。孟子曾經強調：「萬物皆備於我」，也正是此意。這些對當今環境倫理學，都同樣深具啟發意義。

尤其，孟子所說「所過者化」，這個「化」代表「浹化」宇宙生機，然而應該如何「過」呢？人們如果只用唯物的呆滯眼光去看自然，便同樣很難理解。事實上，這一段如果用現代心理學來講，則正可稱爲一種心靈上「創造性的轉化」（creative transformation）。這代表一方面肯定，一切萬物都是大化流行的生命體。另一方面也肯定，內心靈性足以透過修持養氣，而充滿生命浩氣，然後可以大其心以體物，與外在大化生命浩然同流，並充份融貫互映。

因此，這種精神既含超越性（transcendental），也含「內在性」（immanent），既能體認「天人合一」，也能領悟「物我合一」，在環保哲學上，深具重大意義。

事實上，這也很接近大乘佛學所說的，「以菩提與般若相映」。菩提代表生命的內在光明，人人可以提昇靈性，激發生命之光，一旦到了最頂點，便足以與最高的智慧（般若）含攝互映，體悟一切萬物均充滿生命，也深具平等價值，因而形成佛法充滿萬物之中的「法滿」世界。

一旦人們能夠眞正擁有這種精神修養，和智慧仁心，當然對整個大自然，就必定不會輕易去破壞，對所有的萬類存在，更不會去任意斲喪，而一定能誠心誠意的善加愛護與保育。所以這種「萬物含生論」，堪稱當今極爲重要的環保哲學。

總而言之，在原始儒家之中，「通天地人之謂儒」，將天地人合爲一體，絕不是一句空話，若用現代環保眼光來看，這正代表能把天地間一切動物、植物、山川河流等，都看成和自己生命合爲一體，同樣重要。唯有如此，才能眞正產生愛物如愛己的仁心精神，而這正是環境保護最重要的動力與修養。

根據儒家精神，每個人均應發揮這種天地之心—也就是仁心，對整個大自然付出同樣的尊重與關心，並以此愛護自然界一切萬物。否則，破壞天地萬物就等於破壞自己生命。這與當代最新的環保思想，更可說完全是不謀而合，所以的確深值重視與弘揚光大！

第二節　對萬物的看法

根據中國文化，人對萬物的看法是什麼呢？方東美先生在《生生之德》中，曾經有一段話，簡明扼要，甚爲中肯：

「同情交感之中道，正是中國文化價值之模範。」㉞

換句話說，中國文化以一種「同情交感」的中道精神看待萬物，這正是當今環保哲學中極爲重要的核心理念。

方先生對於這種「中道」，還曾提到五個例子說明，也深值重視：㉟

周禮六德之教，殿以中和，是第一個例証。

另外，第二個例証，詩禮樂三科在六藝中，原本不分，所以詩爲中聲之所止；樂乃中和之紀綱；禮乃防僞之中教，在周禮禮記中都敘述甚詳，重點都在強調「中和」二字。

第三個例証，則是中國建築美學，強調環山抱水，得其環中，以應無窮，形成園藝和諧之美，這同時也代表了人對萬物的看法。

第四個例証，則是講繪畫，不論位置，向背，陰陽，遠近，濃淡，大小，氣脈，源流出入界劃，信乎皴染，隱跡之形，氣韻生動，斷盡閡障，靈變逞奇，都是強調要「無違中道，不失和諧」。

第五個例証，則是講中國的文學，中國各體文學，「傳心靈之香，寫神明之媚，音韻必協，聲調務諧，勁氣內轉，秀勢外舒」，因而不論是音韻、聲調、氣勢、旋律、脈絡、文心與意趣，通通是要「一一深迴宛轉，潛通密貫，妙合中庸和諧之道本。」

以上種種，均充份說明，以同情交感爲主的「中道」，乃是中國文化的重要特色。事實上，這也正是儒家的基本精神。《中庸》第一章就強調：「致中和，天地位焉，萬物育焉」，就是同樣精神，這種「中和」之道對促進今後生態平衡，萬物化育，均有重要啟發。

以下即本此特色，來分析中國儒家對萬物的看法。

扼要來說，儒家以同情交感看待萬物，也就是一種「旁通統貫」的道理。「旁通」在英文裏面叫做"extensive connection"，也就是說人們只要能大其心，把心靈拓展出去，充份同情體貼萬物，就可以感受到，不但人人彼此相通，連物物也都是彼此相關。

從前，胡適之先生曾經引述易卜生而強調：社會上每個人和其他的人，其實都是直接間接相關的。例如一個人吐一口痰，看起來對別人没有影響，但總這痰中間有細菌，經過日光蒸發，融入空氣裏面，再由風帶動這空氣，就會被別人吸進去，從而影響其他人的健康。

類似這種例証，說明社會上不但人與人之間相關，擴而充之，宇宙間物與物之間也都相關。此即生態學上所稱的「生命圈」（life cycle）。其中包括各種循環旁通，如「水循環」、「地質循環」、「生物地質化學循環」（如磷的循環，碳、氫、氧的氣體循環、氮循環）、「水生生態系統」等等。

若用佛學的話來講，這就代表一切萬物，直接間接都有彼此的「因果」互通關係，只是程度、遲早不同而已。若用儒家的話來講，這正是「旁通」的道理。

這個「旁通」二字在論語中找不到，甚至在四書中都找不到，但在易經中，卻清清楚楚提到：「六爻發揮，旁通情也。」[36]孔子在說明易卦的構成時，更明白指出「…引而伸之，觸類而長之，天下之能事畢矣！」[37]充份說明，儒家對天下能事與萬物「引申」、「觸類」、「旁通」的深刻體認。

此中原因，即係孔子所傳易經，主要傳給商瞿（子木）。商瞿身爲孔子優秀的七十二個弟子之一，但在整部論語中，卻並沒有他的名字出現。他是出現在史記的〈仲尼弟子列傳〉中，並在〈太史公自序〉中，由司馬遷很清楚的交代了孔子傳授易經的一系列脈絡。

這就充份說明，論語裏面所記載孔子的言行，多半是孔子在五十歲或晚年之前的內容。至於他晚年的智慧，以及更加成熟之後的學問心得，主要表現便在易經中。此亦孔子自己所說：「加我數年，五十以學易，可以無大過矣！」

所以，通稱孔子「作春秋，贊周易」，這個「贊」，用現代的語詞來講，就是「評論」（comment）的意思，亦即發表心得與觀感之意。這因爲，易經的符號系統在孔子之前已經存在，而易卦裏面簡要的卦辭、爻辭也已經都有了。孔子主要的工作，就是把這些符號系統，以及卦爻辭的系統，賦予哲學性的說明，因而能夠展開成爲通天地人的學問。

在這通天地人的易經中，孔門極重要的貢獻，便是整理出易經整個六十四卦，廣大悉備的旁通系統，此中意義極爲重要，對於環境保護與生態保護的啟發，尤其極爲深遠。

例如，易經所謂「乾坤並列、陰陽相索」，這「相索」就代表互相依存、補足的重要觀念。另外，「引而申之」、「觸類而長之，天下之能事畢矣。」這種對萬物「觸類」、「引申」的觀念，形成「範圍天地之化而不過，曲成萬物而不遺」的體認，也正是典型的「機體主義」精神。後來華嚴宗所說的「圓融無礙」，與此就很相通，都屬保於環哲學中重要的核心信念：萬物「旁通」。

什麼叫做旁通？方先生在《生生之德》中，曾經弘揚儒家在易經中的萬物旁通觀，其中明確指出：

> 「成卦之後，比而觀之，凡兩卦並列，剛柔兩兩相孚者，謂之旁通。」

所謂兩兩「相孚」，就是兩兩「互補」。像乾元（䷀）跟坤元（䷁），各爻均爲兩兩相孚，這就叫做「旁通」。也就是說，乾元各爻中凡是陽爻部份，到了坤元即以陰爻對應互補。同樣，坤元各爻中，凡是陰爻部份，到乾元都以陽爻對應。

另外，比如成語「否極泰來」中，「否」與「泰」均爲易經卦名，表面看來似爲否卦（䷋），其實「否」中就已經隱含有「泰」（䷊）的因素，爲什麼呢？因爲只要把否卦裏面，凡屬陰爻的部份都改成陽爻，陽爻的部份都變成陰，它就變成泰了。這不但說明，否與泰互相依存之理，也充份說明，危機中又隱含轉機的生生不息之理。像這種否泰互補相乎，而又互爲因果的哲理，也正是生態保育中的重要道理，在道家即所謂「福禍相依」，均爲環保哲學中的重要理念。

再如，儒家在易經中，也一再提醒世人，要能常常戒惕警愼，時時刻刻提高警覺，勝不驕，敗不餒。因爲勝敗也是相互依存的旁通關係。此所謂「謙受益，滿招損」。[39] 因此，易經六十四卦中，唯一「六爻皆吉」的就是謙卦，而謙卦的卦象就是「山在地下」（䷎）。試想，全天下那有山在地下的情形？山明明在地上，卻能自居其下，這就叫做「謙」！如此以自然景象來象徵人生哲理，在整個易經中，幾乎處處可見，這也是一種從自然萬物旁通人生的哲理，由此也可看出人與自然萬物的親切關係。

此即易經傳〈繫辭〉中所謂：「聖人設卦觀象，繫辭焉而明吉凶」，其具體方法則爲「仰以觀於天文，俯以察於地理，是故知幽明之故。」[40]這也充份証明，儒家很重視觀察天地自然，並從中弘揚人與自然之間互相旁通的關係。

那麼，整部易經的六十四卦，到底怎樣旁通？方東美先生在〈易的邏輯問題〉中分析得很清楚。其中六十四個卦，可以分成三十二組旁通的系統，充份代表「易與天地準，故能彌綸天地之道」，而整個天地之道，一言以蔽之，則爲旁通之道。此即文言傳中所說「六爻發揮，旁通情也。」下圖即依此旁通原則，重新排比六十四卦：[41]

易經「旁通」圖示

乾	坤	无妄	升	解	家人
震	巽	訟	明夷	蒙	革
坎	離	遯	臨	渙	豐
艮	兌	遘	復	困	賁
泰	否	同人	師	小過	中孚
大壯	觀	履	謙	蹇	联
需	晉	屯	鼎	漸	妹
大畜	萃		過	旅	節
小畜	豫	益	恒	咸	損
大有	比	筮嗑	井	既濟	未濟
夬	剝	隨	蠱		

（註：凡兩封並列，剛柔兩兩相孚者，謂之「旁通」。）

這種「旁通」之理，對於人跟人之間的啟發，就是能夠設身處地，爲他人著想；此即論語所說的「忠恕之道」，也就是「己所不欲，勿施於人」。㊷這正是孔子一以貫之中心的思想，不僅對於人與人相處，極具啟發，對於人與自然萬物相處，也同樣深具啟發。

所以，當代西方思想家赫胥黎（Aldous Huxley, 1984–1963）便曾經提醒世人：

「人們應該瞭解中國儒家的訓誡：『己所不欲，勿施於人』這句話不僅只對人類而言，同樣可以用於動物、植物、以及萬物身上。」㊸

這種精神表現在《大學》裏面，就是「絜矩之道」，能夠從各個方面都將心比心，以感同身受的心情尊重他人，此即所謂：

「所惡於上，毋以使下；所惡於下，毋以事上；毋惡於前，毋以先後；所惡於後，毋以從前；所惡於右，毋以交於左；所惡於左，毋以交於右。此之謂絜矩之道。」

換句話說，絜矩之道，若用實例說明，就是如果厭惡上司對自己的態度，那就不要以同樣態度對待下屬；如果厭惡下屬對自己的態度，那也不要以同樣態度事上。如果厭惡前面人的態度，就不要以同樣態度待後面的人。如果厭惡後面人的態度，也不要以此態度對前面人。相同情形，如果厭惡右邊人態度，就不要以此待左邊的人，厭惡左邊人的態度，就不要以此對待右邊的的人—唯有如此，從四面八方、前後左右，都能設身處地，從各個不同角度爲他人著想，才是眞正絜矩之道。這不但是眞正同情體貼他人之道，也同樣才是眞正對萬物同情體貼之道。

因爲，「絜矩」的根本字義，代表「衡量」一個「矩形」，而矩形的平衡與對稱，即象徵彼此要能尊重，在平等的原則下分工合作。這種絜矩之道，應用在企業管理上，正是如今美國和日本很重要的管理哲學。應用在環境保護中，則同樣爲深具「旁通」啟發的環保哲學。

我們若從管理哲學來看，這就如同在一個高科技的公司內，行政人員跟科技人員，本來各有所長，也都彼此相需，但若彼此均以本位主義排斥對方，相互對立，甚至彼此抗爭，那就一定造成整體失敗。所以，此時就必須要能相互尊重，分工合作。此中道理，正好比兩組平行線—一組彼此平行，代表平等的「分工」，相互尊重對方本行，另外一組與此垂直的平行線，則代表相互合作，互敬互重，這就形成「互助」的哲學基礎。也這正是任何公司均應遵從的成功管理之道！（如圖）

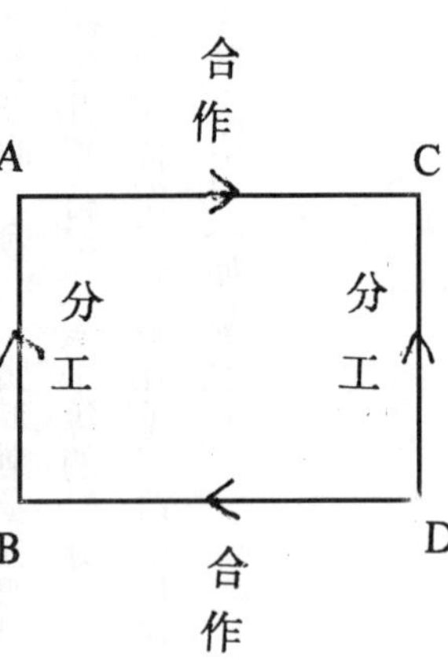

在上圖中，AB與CD平行，分別代表科技人員與行政人員應平等並行，各守分際，亦即相互「分工」。

另外，AC與DB則代表互索互動，互助合作，進而形成整體的團結與進步。

因此，在當今美國最新的管理哲學中，便有一個專有名詞，叫做「矩陣組織法」（Matrix organization），代表以上圖的矩形組織，充份分工合作，互敬互重。其根本礎學基楚正是來自儒家的「絜矩之道」！

尤其，這種「絜矩」之道最重要的精神，是能將整體組織視爲生動靈活的有機組織，而不是呆板僵化的無機組織，因而均能以生命眼光與平等精神相待，所以，這同樣可以引申到人與自然萬物的關係，代表同樣能尊重萬物生命，並且設身處地對其同情體貼，因而對於萬物，便絕不會任意輕視破壞，並能眞正和諧互助，共同邁進，這即可稱爲「矩陣的機體主義」（Matrix Organicism）。

換句話說，若以上圖爲例，我們也可根據易經中所稱「引申」、「觸類」與「旁通」，應用在「人」與「自然萬物」的關係。此時AB爲人類，CD爲自然萬物，同樣代表應該相互尊重，彼此體諒，從而分工合作，共同促成宇宙生命的和諧並進，這就形成了「物我合一」的機體主義。（如下圖所示）

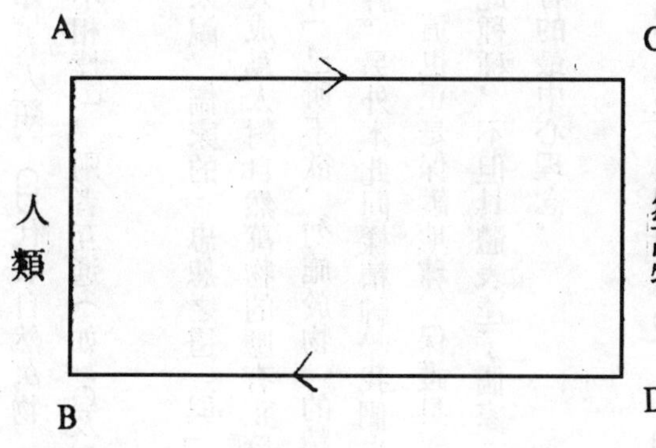

右圖中，AB代表人類，CD代表自然萬物。兩者平行，正代表中庸所說「萬物並育而不相害，道並行而不相悖」，兩者互通（如AC及BD），則更代表同情感應、彼是相因的旁通精神。

所以，扼要來說，儒家的「忠恕之道」與「絜矩之道」，不但很能正確處理人與人的關係，同樣也可擴大成爲人對自然萬物的應有正確態度。也就是說，除了「己所不欲，勿施於人」外，同樣應有「己所不欲，勿施於物」的精神。如此擴充到人與萬物的關係，即是保護萬物的最重要精神。另外本此同樣精神，我們也可說，「己所不欲，勿施於天」、「己所不欲，勿施於地」，這也正是保護地球、保護臭氧層、乃至保護陽光、空氣、水、與大地等等的重要哲理。凡此種種，不但具體表達了儒家「天人合一」、「物我合一」的精神，也正是當今環保生態保育的最中心理念。

當代西方著名環保學者萬達生（Wynne-Tyson），曾經搜集全世界著名哲學家、文學家、科學家、藝術家等相關環保的名言，編成《擴展的生命圈》（The Extended Circle）一書。其中對孔子引述的只有一句，㊹那就是：「己所不欲，毋施於人。」我們由此一方面可以看出外國學者多半深知此語的重要性。但另一方面也可看出，西方學者對中國哲學所知太少，這就有賴中國哲學界今後多加弘揚了。

尤其，儒家這種「忠恕」之道與「絜矩」之道，如果我們追尋其中的共同根源，仍然是易經中的「旁通」之道。綜合而言，這三者，本身便形成一以貫之，足以統合的融貫精神。

那麼，這「統貫」是用什麼來「統」？又如何來「貫」呢？簡單的說，就是用「生生之德」統貫一切萬物，也以「生生之德」融貫一切萬物。

換句話說，萬物中間互相旁通之理，主要就是靠「生命」來貫串統合，其中萬物相關的根本關鍵，也是通過「生命」而旁通，而天地一切萬物本身形成一個大生命體，其中整體架構的統會，又是靠「生命」來統貫。所以不論縱而統之，或横而通之，整體宇宙，都是洋溢著充沛互通的生命力，這就充份代表儒家對萬物的看法，所以才能夠眞正尊重萬物，愛護萬物。

當今生態學的最大特色，就是肯定一切萬物共同構成互通的「生命圈」，儒家在此可說完全不謀而合，因而也正是今後環保工作中最迫切需要的哲學基礎！

總而言之，「旁通統貫」之理，乃是構成易經六十四卦的根本道理，當其做爲方法論，乃是一套周密的邏輯演繹系統，從「易有太極，是生兩儀，兩儀生四象，四象生八卦」、「三才而兩之」，到「四營而成易」、「十有八變而成卦」，形成非常嚴謹的數學架構。若做爲宇宙論，更代表以生命爲中心的自然觀，此所以第一卦爲「乾」元，代表大生之德，到最後一卦更殿以「未濟」，充份宣暢宇宙生生不息之理。

另外，若再就形上學來講，則易經哲學更是一種強調生命動態創進的歷程哲學。同時，也代表一套價値哲學，以宇宙生命廣大圓融和平中正爲中心，闡明「至善」觀念的起源及其發展，此即所謂「形而上者之謂道」，而且「一陰一陽之謂道，成之者性也，繼之者善也。」

這一種以生命爲中心的宇宙論，乃至於以價值爲中心的形上學，應用到各種倫理上，便具有極爲重大的啟發。

尤其，這裡所說，陰陽互助並進的倫理學，到後來更發展成爲陰陽互濟的「太極圖」，其中黑白並非截然二分，而是「陰中有陽，陽中有陰」，充份代表，陰陽相需互索、交融旁通的精神，這種精神除了適用人與人的關係外，同樣適用於人與自然萬物的關係，因而也正是當今環境倫理學中最重要的哲學理念！

方東美先生在《哲學三慧》裏面，曾經弘揚中國哲學幾項重點精神，做爲倫理學上的特色。事實下，其中前三項所代表的儒家精神，㊺也很可應用於環境倫理學。因而本文將進一步，申論其對生態保育與環境保護的重要啟發。

一、一往平等

儒家肯定一切萬物均含生，而且，不論大小生命都是同樣的生命，所以彼此都有共同的平等性。

換句話說，人的生命固然可貴，但是小兔子、小白鴿、甚至小蚱蜢、小螞蟻的生命，也都同樣可貴。一株紅檜木的存在固然重要，一株小草花的生命也同樣重要。珍貴的飛禽走獸固然重要，一般小鳥、小魚的生命也同樣的重要。因此根據儒家，均應站在尊重生命的立場，用平等心一視「同仁」，沒有大小之分。也唯有如此，才是眞正「同」萬物爲一體的「仁」心。

法國近代哲人伏爾泰（F.M.A.Voltaire, 1694-1778），生平非常推崇孔子儒學，因而其思想也很受影響，應用在生態保育與環境保護上，更常呼籲人類多發揮悲憫之心。此其所以強調：

「人類本性中，有種悲憫之心，可以擴展開來，……說眞的，如果沒有廣包一切的仁心，哲學家之名就沒有什麼了不起的。」[46]

此處所說的「悲憫之心」，正是儒家所說仁心，伏爾泰認爲應該「擴展開來」，「廣包一切」，更代表要用平等心一視同仁，充份可見東西哲相通之處。

根據此中同樣同精神，史懷哲也曾明白指出：

「人類除非能大其心，擴展其悲憫精神到所有萬物，否則他將永遠得不到和平。」[47]

另外伏爾泰也曾明白強調：「如果有人認爲動物只是機械，不需要瞭解與感覺，那是多麼貧乏與可憐的心靈。」㊽同樣充份可見，伏爾泰所受儒家影響，因而同樣肯定萬物含生，應該用平等心尊重一切生物。

蘇俄大文豪托爾斯泰同樣非常推崇孔子。他曾提醒朵斯陀也夫斯基（F. M. Dostoevsky），除了對生命存在感受要很敏銳外，還應「多讀孔子與佛陀」，俾能更增生命厚重之氣。因此朵氏也頗有儒者之風，此所以他也曾明白強調應「愛護動物」，並且提醒人類：

「不要自認可以驕傲，而對動物有優越感，牠們是沒有罪的，而你們，以及你們自稱的偉大卻褻瀆了地球，留下了劣行。」㊾

這也充份顯示朵氏對一切萬物所具的平等心。究其根源，主要仍來自孔子儒學啟發，在今天更深具意義。

這種平等精神，如果運用在民主政治來看，就是不論總統、大官或平民、乞丐，就生命的尊嚴來講，通通是同樣平等。如果運用在生態保育上，就是肯定一切動物，植物，不論大小都有同樣平等的尊嚴，因而也都應與人類一樣，同樣受到應有的尊重與保護。

換句話說，在民主政治中，不會認爲平民是爲總統才存在，也不會把總統看成駕凌衆人，而是一律平等，沒有特權。政府高官本質上也是「公僕」，而非駕凌百姓的「父母官」。同樣情形，在生態保育中，這種平等精神同樣肯定，自然萬物並不是爲人類才存在，人類也並非駕凌萬物、高高在上，而應胸懷一往平等的精神尊重萬物，這才是眞正應有的環境倫理。

二、大公無私

大公無私，代表沒有私心，不會偏心，更不會自我中心，這也是環保哲學中極重要的胸襟與精神修養。

如果講政治哲學，應有的倫理，最重要的便是「天下爲公」，這也是儒家推崇的最高理想。柏拉圖在《理想國》中，對「哲王」（Philosopher-king）最重要的推崇，也就是「大公無私」，可見東西方聖哲相似之處

這種精神如果運用在環境倫理學，也同樣需要「天下爲公」—不要用人類私心霸佔了地球上所有自然資源，人類也不能只想到自己，而把一切自然萬物都看成役使的奴隸，否則便會成爲只逞一己之私，全無公心可言。

所以，眞正的生態保育之道，一定要能充份體認：地球不只是人類的地球，同樣是動物、植物、乃至一切萬物的地球，也同樣是山川、河流、岩石的地球，人類只是其中的一部份，更只是「地球村」中的成員之一而已；因此絕不能私心自用，壟斷一切資源，甚至破壞

自然平衡。

換句話說，人類應該體認，很多野生動物、植物、礦物、乃至一切萬物，早在億萬年前，即已先於人類而在地球生存，人類只不過是近幾千年才在此定居的後來「房客」。所以根本沒有任何資格可以憑藉私心，任意破壞自然萬物，污染地球環境，成爲地球的「惡客」，與萬物最大的公敵！

大科學家愛因斯坦一生深具大公無私的胸襟，不但在宗教哲學上提倡「宇宙宗教感」（cosmic religious feeling），在環境倫理上同樣一再呼籲，人類應有宇宙整體一分子的體認。其精神在此與儒家便極爲相通：

「人類乃是整體『宇宙』的一部份。然而卻將其思想與感受，自外於其他部份，形成意識上的一種妄想。這種妄想，對人類是一種拘禁，自我受拘於私慾或偏狹心胸。我們今後的任務就在於，突破這種拘禁，擴大悲憫胸襟，以擁抱自然一切萬物。」[50]

另外，近代大哲史懷哲也曾經明確提醒世人：

「我們的文明缺乏人道感覺。我們號稱人類，卻並不尊重人道。我們必需承認這一點，並且尋求一種新精神。我們已經失去了這種理想，完全只以人類爲自我中心，忘掉了仁心與悲憫應擴及一切萬物。」[51]

史懷哲在此所說的「新精神」，代表足以將悲憫仁心擴及萬物的哲學，同樣也正是中國家哲學最大的特色。

尤其，儒家所講的大公無私，就倫理學而言，就是不要「目中無人」，而要目中有人，不能爲逞自己私心私慾或一時之快，而把自己的快樂建築在別人的痛苦上面。同樣，在環境倫理學上，此即代表不要「目中無物」，而要「目中有物」－這「物」既代表動物，也代表植物。代表不能把自己的快樂，建築在其他動植物的痛苦之上，這正是當今生態保育極重要的觀念。

所以由此看來，孟子所講「不忍人之心」就很重要。他曾經明白強調，對一些待宰爲食物的牛，「見其生不忍見其死」。[50]這種心情，既代表「不忍人之心」，也代表「不忍物之心」，正是促進生態保育的極重要精神。

尤其，如今很多餐廳爲表新奇，當場活煎不少小動物或魚蝦，一分鐘前還活蹦亂跳，後一分鐘就被殘忍地煮下鍋了，眞讓人看了很不忍心。有些人可能覺得無所謂，或剛開始不忍，久了就習慣了，從生態保育來看，卻是「麻木不仁」。

所以，針對儒家「不忍人之心」，今後也應擴大來講，成爲「不忍物之心」，這也代表「惜物」的精神，不只珍惜物品、珍惜物質、更代表珍惜萬物生命。唯有如此，才能眞正做到大公無私，沒有自我中心的私心，也才能眞正促進人與萬物的眞正幸福！

三、忠恕體物性

「忠恕體物」，就是拿設身處地的精神，來瞭解萬物、體恤萬物。所以，方東美先生又稱之爲「同情感召性」，[53]也就是用「同其情」的精神來愛護萬物，用「己所不欲，勿施於人」的精神，保護萬物，形成「己所不欲，勿施於物」的胸襟。

此所以赫胥黎（Aldous Huxley,）曾經明白提醒世人：儒家「己所不欲，勿施於人」的訓誡，不僅只對人類而言，同樣可以用於動物、植物，以及萬物身上。[54]「如果只用於人類身上，而對一切萬物不善，那麼一切萬物也會循環報應，對人類不善。」[55]

換句話說，赫氏明白指出，人類如何對待自然萬物，自然萬物也會如何對待人類。因此他又強調：「如果我們要有一套對自然的良好政策，就先要有一套良好的哲學。」[56]而其心目中一套良好的哲學，顯然是以儒家爲重要典範，所以今後的確深值東西方共同弘揚。

值得強調的是，儒家在此所說的「同情」並不是憐憫的意思。而是「同其情」，以體貼尊重的意思。例如很多殘障同胞，並不願意別人用憐憫的眼光來看他們，因爲那樣就變成施捨，反而有損其生命尊嚴與精神人格。根據儒家精神，眞正正確的態度，就應該是站在平等的精神，以同其情的立場，設身處地，體會他們的感受，從而擬定應有的態度與政策。這種「感同身受」的精神，才是眞正既平等而又「同其情」的仁心。

今天凡是眞正文明進步的新建築，必定會考慮到殘障同胞的需要。因而不論在走道、電梯、乃至廁所，都會很週到的考慮殘障同胞不便之處。以往或者因爲經濟能力不夠，有些機構還做不到，或者因爲根本沒有想到—那就是「沒有心」—而沒有做，但眞正具有仁心的政策就應體悟到：殘障者同樣有平等的生命尊嚴。如果音樂廳、歌劇院等場所，在設計上疏忽了對他（她）們的方便，那等於不但剝奪了他（她）們應有的行動權利，也剝奪了他（她）們充實精神生活的機會，就明顯造成雙重不公平。

同樣的情形，如果我們對殘障者應有這種週到體貼的考慮，那我們對萬物是否也應該同樣如此考慮週到？這種考慮週到與體貼，正是儒家「忠恕體物」的精神表現，也是生態保育最應有的重要省思，更是進步國家應有的具體表現。

所以印度聖雄甘地（M.K.Gandhi, 1869-1948）曾明確指出：「一個國家的道德是否偉大，可以從其對動物的態度看出。」[57]的確很有道理。事實上今天還可擴而充之，從一般國民對於自然萬物能否同情愛護，看出一個國家是否文明進步，所以深值大家警惕與改進。

例如，人類對於野生動物，如果看成只是供人新奇好玩的工具，或者賺錢牟利的工具，那就完全忽略了牠們應有的生命尊嚴。試想，如果一個人本身被關在籠子裏，被當做賺錢工具，任人指指點點，此人會如何去想？人類一定要能有此設身處地「同情體物」的精神，才能眞正達到環境保護與生態保育的最高境界。

或有人說，動物畢竟只是動物，與人不一樣。這又犯了上述的毛病—只以人類爲自我中心，自認可以駕凌萬物之上，役使萬物。例如人類如果硬要把熊貓捕盡，當做人類觀賞對象，則明顯是將自己的快樂建築在熊貓的痛苦之上，當然遠不如讓熊貓均能放歸山林，逍遥自在的獨立生活，這才是眞正尊重生態保育之道。這種「忠恕體物」的態度，才是儒家廣大同情的眞正仁心。

所以，儒家強調「善與人同」，在此便很重要。所謂「善與人同」，就是站在同其情的態度，儘量用同情的瞭解，眞正體貼與尊重他人不同的意見，以眞正促成和諧互助的精神。這種忠恕同情的精神運用在環境倫理上，就是「善與物同」。因爲，儒家明白肯定是「物我合一」，所以「善與人同」，同樣可以擴大爲「善與物同」，也就是能夠設身處地，站在一切萬物的立場爲它們著想，不但爲一切動物著想，也爲一切植物乃至萬物著想，如此共同和諧並進，正是當今生態保育最重要的理念與信念，的確深值大家體認，共同弘揚。

第三節　對衆生的態度

儒家對萬類衆生的態度，簡單地說，就是共同參贊宇宙創造活動，以共同化育並進，所以可稱爲一種「創進化育論」。

易經裏面曾經強調，「一陰一陽之謂道，繼之者善也，成之者性也。」[58]根據儒家看法，一陰一陽象徵宇宙中兩種旁通相依的力量，互盪互動的結果，共同創造成爲宇宙生命。因而不論從人類生命來看，或從衆類生命來看，凡能繼承這種陰陽和諧運轉的創進之道，就叫「善」；而能夠眞正完成一切萬有潛能的化育之道，就是「性」——這也就是「生命」的意義與目的。

所以，方東美先生在《生生之德》裏，曾經特別說明此中創進化育之理，非常中肯：

「生爲元體，化育乃其形相，元體是一而不限於一，故判爲乾坤，一動一靜，相並俱生，盡性而萬衆成焉。元體攝相以顯用，故流爲陰陽，一翕一闢，相薄交會，成和而萬類出焉。」[59]

「生者，貫通天、地、人之道也，乾元引發坤元，體天、地、人之道，攝之以行，動無死地，是乃化育之大義也。」[60]

「生爲元體」，代表以生命爲中心的本體論，一動一靜，相並俱生。「盡性而萬象成焉」，則代表一切萬類衆生莫不以此貫注生命；另外，「成和而萬類出焉」，則代表以價值爲中心的宇宙論，強調一切萬類生命莫不以「和」爲貴，唯有眞正愛護衆生，並且和諧並進，才是眞正尊重萬物，保護衆生之道。

所以儒家肯定，「生者，貫通天、地、人之道也」。新柏拉圖學派普羅汀那（Plotinus

）主張「太一流衍說」，認爲一切萬類衆生均貫注生命，形成動態流衍的和諧統一，可說於此極爲接近。尤其從環保哲學而言，這不但足以彌補柏拉圖上下二分、輕忽此世的毛病，同時更與當今環保意識所肯定的物我並生、共同創進，精神完全相通。

另如美國近代文豪愛默生（Ralph Walds Emerson, 1803-1882）不但是位深愛自然的大詩人，也是位深愛儒家的大哲人，他對自然衆生的很多看法，既代表新柏拉圖學派的傳統，也代表深受儒家影響的結果。此所以他曾經在《自然》一書中，明白指出：

「真正說來，很少成人能夠看到自然。大部份人没有看到太陽。對成人而言，太陽只照他們的眼睛，但對孩童而言，太陽同時照亮了他們的心靈。」61

因此，愛默生強調，大人們應該與孩童一樣，永遠保持赤子之心，眞正做到親近天地自然，吸吮天地靈氣，以做爲其精神糧食。此其所謂：

「熱愛自然的人，不論內在心靈或外在感受，均能融通互攝……其與天地的交感，足以變成其日常糧食的部份來源。」62

這種肯定人與天地交感並進的道理，正是儒家強調「生者，貫通天、地、人之道」的衆生論。此所以愛默生也曾明白肯定其能「上下與天地同流」的精神：

「大化流行貫通我身，因此我也屬於天神的一部份。」[63]

這種精神，強調衆生均來自上天，因而均平等分享上天的尊嚴神性，不但肯定了一切萬有均應和諧並進，弘揚大化生命，並且肯定了一切衆生均有內在尊嚴與獨立價值，不容任何他人或他物貶抑，這在當今環境倫理學上，是極重要的一項中心信念。

孟子曾經強調，「人人有貴於己者」，[64]代表人人生命都有其內在的獨立意義和價值，不假任何外求，正是此等深意。此其所謂「趙孟之所貴，趙孟能賤之」，[65]強調一切外求的價值—諸如權位財富—均不足恃，唯有自己頂天立地的精神人格才眞正可大可久。

孟子所說，是從人類倫理學立場而言，同樣精神若應用在環境倫理學，今天我們同樣也可以說，「物物有貴於己者」，代表萬類衆生同樣有其內在尊嚴與獨立價值，不假外求，也不需要人類肯定才算數，更不需要迎合人類需要或利益，才能肯定萬類的生命意義與價值。這也正是當今環境保護中，極爲重要的基本共識與信念。

此所以，易經乾〈文言〉中很早就強調：「乾道變化，各正性命，保合太和，乃利貞。」

這個乾元，就代表一種生發創造的精神，它足以「各正性命」，代表能促進萬類衆生都充塞此等創生精神，並各具生命意義與價值。正因爲整個宇宙萬類形成眞力迸注的大生命體，相互可以平衡和諧並進，所以說「保合太和」。唯有如此，才算眞正「利貞」，透過廣大和諧，促進一切衆生都能創造並育。

因此，中庸第一章就說「天命之謂性」，[65]這個「天命」不是指宿命論的天命，「性」也不是指性情的性，「性」就是指生命，代表貫通天地之間一切萬類衆生最重要的本質。而其根源，則來自於天命，亦即上述「乾道」變化之意。

另外，「率性之謂道」，代表能夠把這種生命本質充份完成的正途，就叫做道。然後「修道之謂教」，則代表能把這種「道」充份修持力行的，才叫做「教」。

儒家這種精神，若應用在環境倫理學而言，則除了同樣肯定生命貫通天地人外，更強調凡能充份完成萬類衆生潛能者，才是眞正環境保護之「道」，至於如何才能修持此種環保之道，則是環保「教育」所應重視的重點。

凡此種種，正是當今環境倫理學中，針對萬類衆生如何「化育並進」，極值正視與參考的關鍵所在。

因此，深愛儒家精神的愛默生，曾經明白肯定自然萬類均充塞生命，而此種生命根源均來自創造者。他曾經清楚的指出，「自然即是宇宙生命精神的象徵」，[66]而且進一步強調：

「精神銳氣即創造者。精神銳氣本身即深具生命真力」[67]

愛默生此處所說的精神銳氣，即相當於儒家在易經中所說的「乾元」精神，代表至大至剛「純粹精也」的創造力。因爲這種精神深具眞力充沛的生命勁氣，因而足以彌綸天地，充塞萬物衆生。人類要能善體宇宙此種生機，進而充份完成衆生潛能，創造生機燦溢的美麗新世界，才是人生終極最高理想。

此所以愛默生也特別重視生命美感，並且肯定「盡美」與「盡善」完全可以相通。因爲，兩者均代表生生不息的原創力。

根據愛默生看法，「眞、善、美」，在宇宙最高價值統合處，完全渾然成爲一體，均爲宇宙生命的「終極目標」（Ultimate end）。[68]這與儒家同樣極能相通。應用在環保哲學的啟發，即是強調應以赤子之心親近自然（眞），以同情之心愛護萬物（善），並以優美之心欣賞衆生（美）。不論那一種途徑，均能殊途同歸，導向同樣的環保作用，由此也充份可見東西方會通之處，深值重視與弘揚。

另外，儒家在易經〈繫辭〉傳中強調「成性存存，道義之門」。也是同樣的道理。代表一定要能夠完成萬類生命的潛能與理想，才算把握了宇宙大「道」與公「義」之門。這一原則不但適用於人類，同樣適用於一切萬類衆生。

當今西方環境倫理學經常強調，「正義」原則應特別照顧弱小動物，如同特別照顧弱勢團體一樣，像愛略特（George Eliot, 1819–1880）便曾提出如此主張，很值得重視：

「婦女在不公正的強權下，必需受到保護…同樣情形，每一個生物均應如此受到保護。」69

另外，環保學者布羅斐（B. Brophy, 1929–）也曾經清楚強調：

「在我心目中，不論從邏輯或心理學看，動物權利均應建立在社會公義之上。」70

實際上，早在文學家雨果（Victor Hugo, 1802–1885），已經指出：

「弱者有權得到強者的仁慈與悲憫。動物爲弱者，因爲牠們智力比較不足。所以讓我們以仁慈與悲憫之心相待。」

由此來看，哈佛大學教授羅爾斯（John Rawls, 1921–）所著《正義論》（A Theory of Justice），雖係其省思多年的鉅著，頗受社會科學各界重視，然而綜觀全書，基本上仍只以分析人與人之間的「正義論」爲主，不論「正義原則」、「正義觀念」、甚至「正義環境」，均未能論及人與物的正義之道，形成極大缺憾。可見他在一九七一年出版該書時，仍很缺乏環保觀念，今後深值多多改進。72

除此之外，孟子曾經強調，「盡其心者，知其性也；知其性者，則知天矣。」，「存其心，養其性，所以事天也。」[73]其中精神，均對生態保育深具重要的啟發意義。因爲，這句話代表人類唯有眞正盡其心，充份盡其力，才算眞正知道生命的意義與價值。，也唯有如此，才能眞正知天。

爲什麼知其性就能知天呢？這就代表，「天」的本性，就是融貫萬物無所不在的生生之德。因而，只要能充份盡人之性，進而充份盡物之性，就能透過衆生蘊涵的生命而知天。所以孟子才強調，「存其心，養其性」，一定要能存此天心，善養萬物生命，才是眞正事天之道。

蘇俄文學家朵斯陀也夫斯基，因爲很受儒家影響，他曾經有一段名言，其精神便可說與儒家完全一致：

> 「愛護所有上帝所創造的動物、植物、以及萬物，愛護一切，以體認融貫萬物無所不在的神力。」[74]

朵氏在此所說的「上帝」，其功能及意義與孟子的「天」可說完全相通。如果換成「自然」，意義也同樣相通，甚至更爲生動—代表「存其心，盡其性，所以事『自然』也。」因爲代表蘊育萬物的大生命體，因此，只要永存仁心，處處均能保護衆生，就是眞正善待自然之道。這不但是眞正善待萬類衆生，也是眞正促進生態保育應有之道，的確深值重視與弘揚。

根據儒家，這種天道，也是公道。在孟子，即稱之爲「王道」。王道代表不是霸道，因爲「霸道」就是唯我獨尊，一切以自我爲中心，迫使他人將就自己。「王道」則代表以平等心尊重他人，共同和諧並進。人對人之間固然不能霸道，人對萬類衆生，同樣也不能霸道。這種王道精神，是以往很多人忽略的重點，以致在政治上常見強權霸道，在環保上也常見生態污染，今後應深值東西方共同警惕，並多多弘揚儒家的「王道」精神！

方東美先生曾經特別引用易經裏面四個卦，說明儒家此中精神特色，很值得進一步加以申論。[75]尤其易經各卦，不只講人與人之間的關係，重點更在講天、地、人三才之道，像這四卦便很可做爲環境倫理學的重要參考。

第一個是睽卦（䷥）

易經中的睽象曾經強調：

「天地睽而其事同也，男女睽而其志通也，萬物睽而其事類也，睽之時用大矣哉」！

本卦最重要的啟發，在從天地之間的宇宙論，談到男女之間的倫理學，然後再旁通到萬物之間的衆生觀。其中一貫之道—相對中的和諧統一，正是環境倫理學的重要原理。

換句話說，本卦中的每一部份，表面看來好像是相對—天地之間相對，男女之間也是相對。但是，卻很可以找到其間的共通點—那就是相反而相成，相互化育而共同創進。

所以，方東美先生曾經用一個哲學名詞，稱此爲「對立中的調和」，或者是「反對中的同意」很能發人深省。同樣情形，這也正可代表一切萬類衆生之間的關係—看似紛雜甚至對立，其實深具「機體的統一」，在「一」與「多」之間和諧並進。

這種對立中的和諧統一，對環境倫理學的啟發很大，代表應該把天、地、人、萬物都看成一整體，並且可以「異中求同」，而又「同中求異」。扼要而言，這也正是肯定宇宙衆生應有多樣性與多元性，但又不失和諧統一的道理，如此共同形成創進化育的大生命體，正是機體主義的另一特性。

第二個是兌卦（䷹）

「兌」，同悅，在兌的象卦中，曾經強調：

「剛中而柔外，説以利貞，是以順乎天而應乎人」。

本卦代表的重要精神，在於強調，要能剛柔並濟，才能化生萬物，也才符合順天應人之道。

事實上，這也正代表生態保育中的重要道理—應該剛柔並濟，平衡發展，對衆生態度，不能過剛或過柔；過剛變成剛愎自用，過柔成爲優柔寡斷，均非平衡發展之道。另外，也不能任意破壞，更不能任意剝奪衆生追求生命悅樂的天性。

除此之外，還有一個「咸」卦跟兌卦同樣重要。咸通「感」，代表萬物交感，衆生感通之道，同樣在強調剛柔並濟，相輔相成。此其所謂「柔上而剛下，二氣感應以相與」，以及「天地感而萬物化生，聖人感人心而天下和平，觀其所感，而天地萬物之情可見矣。」正因「感通」對萬物如此重要，所以本卦列爲易經下經的第一卦。

至於本卦所講的「天地萬物之情」，正是萬物感通之中的濃情生意。本卦提醒人們，只要能善體這份生生之情，切實加以保存與發揚，就能不斷的向前創生化育，進而促使「天下和平」，這正是當今生態保育至爲重要的另一信念！

第三個爲泰卦（☷☰）。

本卦爲什麼叫泰卦呢？泰卦的情形是，地（坤）在上，天（乾）在下。通常的自然現象都是天在上，地在下，何以顛倒過來反爲「泰」呢？此中深意，即代表上下要能夠充份交流，加強溝通，然後才能形成「天地相交，萬物相通」，也才能成爲「泰」。

這裏講的萬物「相通」，也就是今天講的「溝通」。「天」（乾）能夠下來，象徵在上位者不是高高在上，而是能夠深入基層，下來多了解民間疾苦。而在下位者，也能切實將下情上達，充份表達心聲。唯有如此上下相「交」，才能萬物相「通」。

事實上，不但人與人之間應如此相交互通，人與萬物衆生之間也應如此。只要能彼此充份感通，達到物我合一的境地，就能共同的和諧互助，化育並進，這也就是「泰」！

所以，通常我們講「國泰民安」也就是這道理。簡單的說，這個「泰」卦建築在彼此溝通上，建築在彼此的對話上，更建築在彼此的交流上，唯有如此才能眞正國泰民安。不但人與人之間的倫理學如此，在環境倫理學也同樣如此！

相反而論，像否卦（䷋），正因爲「天地不交，萬物不通」，所以才會變成「否」。也就是天（乾）在上，地（坤）在下，如此天是天，地是地，不能角色互換的交流溝通，自然會成爲僵硬的對立。不但人與人之間如此，人與物間也是如此，如果彼此缺乏感通，缺乏同情，缺乏尊重，便不能成受「物我合一」的心境，更容易以自我中心駕凌他物，形成破壞自然萬物的結果，所以深值警惕與改進！

第四個則是恒卦（䷟）。

恒卦代表永恒之道，其中對生態保育之道，尤具重要啟發性。此所以易經在恒卦中說：

「天地之道，恒久而不已也，利有攸往，終則有始也，日月得天而能久照，四時變化而能久成，聖人久於其道·而天下化成，觀其所恒，而天地萬物之情可見矣。」

換句話說，天地衆生運轉的重要原理，一言以蔽之，正是「恒久而不已」，也就是創生不息，化育不止之理。所以其中強調「觀其所恒，而天地萬物之情可見矣。」代表一定要能有恒心，瞭解天地之中不屈不撓的大生機，以及愈挫愈勇的生命力，然後才能充份把握「天地萬物之情」。

此中對環保哲學的最大啟示，就是肯定天地萬物保育之道，乃在促進一切萬類衆生均能生生不已，創進不息。因此人類絕不能任意橫加破壞，更不能肆意污染殘害，而要能眞正參贊大化生命之流，與萬物衆生和諧互助，共生共榮，這才是天地衆生眞正可大可久之道！

事實上，整個易經六十四卦，從乾元開始，到最後殿以「未濟」（䷿），並以一陰一陽爲「未濟」的各爻，都在充份說明宇宙恆久循環、運轉無窮的至理。鄭康成指易有三義，「變易」、「簡易」、與「不易」，其中「不易」即代表「生生之德」，本身乃宇宙恆久不變之理，對環保哲學尤其啟發深遠，值重視。

尤其，易經很多卦中，常共同贊嘆「時之義大矣哉！」代表儒家極爲重視「時間」的因素，此中同樣含有平衡生態的精義。此所以孟子曾經明白的指出：

> 「不違農時，穀不可勝食也。數罟不入洿池，魚鼈不可勝食也。斧斤以時入山林，林木不可勝用也。」[76]

這裡所說「數罟不入洿池」，猶如今天所說捕魚不用流刺網，代表儒家並非禁絕捕魚或伐木，但應把握時機，符合中道，絕不濫捕、濫砍，以免影響生態平衡，這也正是當今環保與生態保育中的重要原則。

所以綜合而言，以上各項例証，充份可以說明儒家「創生化育論」的特色，首先在肯定一切萬物衆生本質都在向前不斷創進，其次則在強調創生的過程中，一切萬衆生都是相互依存，彼此感通。再其次更肯定，一切萬類衆生均分別具有內在獨立的生命價值和意義，如何充份完成此等生命潛能，便是倫理學中「善」的重要課題。最後則在強調，一切萬類衆生，共同在和諧互助之下，均可一體邁向更高境界的生命理想。

凡此種種特性，共同形成了「機體主義」的重要精神。事實上，也正是當今西方環境倫理學的重要信念，所以深值東西方共同重視與弘揚！

從上述內容中，我們可以看出來，孔子、孟子、乃至於《易經》、《大學》、《中庸》，對環境保護都是一貫的思想與立場。

以下將分析荀子稍微不同之處，並說明雖然略有不同，但並非在根本上對立，很多本質仍然一致。

這就好像荀子所講的人性論，通常總被誤以爲是「性惡論」。其實荀子並不是性惡論，頂多是「情惡論」。

因爲，荀子所論的「性」，頂多是中性、無善無惡。此其所謂「性者成於天之自然」，「凡性者天之就也，不可學不可事，而在人者謂之性」。[77]但他所說的情，卻因爲有七情六欲，所以情是惡的。他只因爲情惡，再牽引認爲性也有可能惡。

所以，此中錯誤誠如方東美先生所說，荀子之所以謂性爲惡，「實由於他將『性』與『

情』混爲一說，『情』就邏輯上來講，本應比性低一層，只因他顚倒前後，牽性就情，所以從『情惡』中推出『性惡』，歸根究柢，荀子的主張原只是一種『情惡論』，而在此處犯了邏輯上混淆的錯誤。」78

不過，值得重視的是，荀子的人性論，表面看起來跟孔子、孟子好像不一樣，但他最後仍強調「其善者，僞也」79，並強調「性僞化成」，可見仍然強調「人爲」修養的重要，也就是仍然強調人文教育的重要，這就又與孔、孟殊途同歸了。所以他基本上仍被稱爲儒家，而與韓非等法家注重法術權謀不同。

同樣的情形，也發生在荀子對環境倫理的看法。

首先第一項，我們來分析他對自然的理念。

荀子對自然的理念，簡要而言，是強調「天行有常，不爲堯存，不爲桀亡」，80他認爲天地運行乃是一種自然現象，而自然界也只是一個有次序的運轉。他與孔孟不同的地方，是並沒有把這些自然界賦予生命，他認爲自然只是一個中性的存在，並無所謂生命不生命，正如同他認爲「性」是中性的一樣。

然而，重要的是，他仍然強調自然應是「和諧的」運作。所以在基本上，他的立場和儒家仍是一致的。雖然，他並沒有說自然界是一個充滿生命的有機體，但是他仍然強調人與自然應和諧相處的重要。

從那裏可以看出這一關鍵呢？此即其所謂「天行有常」，這個「常」字，就代表是一個常道，也就是不容任意破壞的平衡之道，而且很明顯代表他肯定生態平衡的重要。

另外，他在〈天論篇〉裏講的也很清楚：

「列星隨旋，日月遞　，四時代御、陰陽大化、風雨博施，萬物各得其和以生，各得其養以成，不見其事，而見其功，夫是之謂神，皆知其所以成，莫知其無形，夫是之謂天功。」

荀子在本段中，一方面認爲，天上日月星雲，以及四季變化，風雲博施，只是一種自然的現象，無所謂相互旁通，成爲大生命體。然而，另一方面，荀子同時強調，萬物各得其「和」以生，各得其「養」以成，可見他還是強調和諧，還是注重保護，這就很重要。正如同他在人性論裏面，雖然認爲「性」非善非惡，但結論仍強調人文教育非常重要。

因此，準此而論，荀子的自然觀，雖與孔、孟不完全一樣，但結論仍強調應注重自然的平衡和諧，也應注重自然的保護滋養，在這一根本處，三者均爲一致。因而就儒家的環境倫理學而言，這就形成了整體的共識，深值重視。

其次第二項，我們再看荀子對萬物的看法。

這在基本上也同樣情形。雖然，荀子對自然萬物強調要「勘天役物」。但是，他並沒有說要傷害它們的生命或破壞它們的生態，這一點很重要。

因爲，西方傳統中的很多看法，認爲役使萬物乃天經地義，因而在無形中就會任意破壞生態，污染環境，並認爲無所謂，反正人類本應駕凌萬物之上。但荀子並無此意。

荀子所講的「戡天役物」，頂多相當於尚書所謂「正德、利用、厚生」中的「利用」。他並非視萬物爲工具，而是把萬物做爲厚生的基本資源，但並非爲了炫耀、虛榮，或駕凌萬物，加以殘害，更不是心存輕蔑，任意破壞一切野生動物、植物等，否則將愧對「正德」的精神，形成自相矛盾。

這一段精神在荀子〈天論篇〉中清楚可以看到。此其所謂：

「財非其類以養其類，夫是之謂天養。順其類者謂之福，逆其類者謂之禍，夫是之謂天政。暗其天君，亂其天官，棄其天養，逆其天政，背其天情，以喪天功，夫是之謂大凶。聖人清其天君，正其天官，備其天養，順其天政，養其天情，以全其天功。如是，則知其所爲，知其所不爲矣；則天地官而萬物役矣。其行曲治，其養曲適，其生不傷，夫是之謂知天。」

扼要來講，這一段重點乃在「知其所爲，知其所不爲」，這種「有爲有守」的精神，正是荀子對整個萬物的基本看法，仍然深符當今環保哲學的中心信念。

換句話說，根據荀子看法，若用現代術語來說，經濟發展與環境保護應該平衡並重。否則，如果只知偏重環保而輕忽經建，對任何萬物都不能「利用」，則人類勢必仍將停在蠻荒原始社會。另外，如果對任何萬物都不能用來「厚生」，一切魚肉蛋類都不能吃，則所有人類均成爲只能吃素，那也是不可能的事。

所以根據荀子，只要不過分的傷害生態破壞、自然，也就是「其生不傷」，便是可以容許的程度。這代表荀子並非禁欲主義，而是合理的節欲態度，正如同孟子所說「可欲之謂善」，而並非「禁欲之謂善」，這仍然還算理性的態度，與當今環保基本原則並未衝突。

因此荀子在這裏所強調：「財非其類以養其類，是之謂天養」，「天養」這個觀念便很重要。這也就是說，人類如果爲了生存營養，不能不攝取「非人類」，這是無可厚非的事。例如人需要攝取蛋白質，便不能不吃蛋，但若所有人均吃純素，連蛋都不吃，就可能形成另一種極端。

另如人類對脂肪肉類也需要吸收，因而，可以從一般家禽攝取。根據荀子，這是可以容許的，但卻不能爲了只逞口腹之欲，或逞新奇之欲，專門挑稀有的珍異動物，特別捕捉來吃，也不能狠著良心，把珍奇的稀有動物殺來做虛榮裝飾。這些都是「暗其天君，亂其天官棄其天養，逆其天政，背其天情，以喪天功」的「大凶」，所以均爲荀子所反對。

換句話講，荀子是相當務實的，他相當能夠了解人性的基本需要，所以對人體基本營養所需，他並不反對去役物，因而才主張「知其所爲」。但是，他同時也強調要能「知其所不爲」，不能忽視。

所謂「知其所不為」，一言以蔽之，就是「其生不傷」，不能「逆其類」。根據荀子，凡是超過人類本身生存所需的範圍，就是傷害了天養，就不應去做。

荀子此處所謂「財」，代表「裁」的意思，裁非其類，就是裁「非人類」的動物或植物，做為養育人類所必需的養分，他認為這一部份還算合理。但若超過了這個範圍，不是為了基本營養需要，卻去殘害萬物，那就成了傷天害理，不但會傷害「天養」，成為「傷生」，而且會傷害大自然生命的平衡，這是他所堅決反對的。這種原則也很能符合當今環保的重要原則，並且切合中庸理性之道，也不致於走上極端。

要之，荀子對於萬物的看法，雖然提到勘天役物，但並不過分傷生。而且必定有所不為，因而其基本精神，並未違背儒家的仁道，對當今環境保護的大原則同樣並未相背，所以深值澄清，不能任意斷章取義。

再其次第三項，我們應分析荀子對衆生的態度。

倒底萬類衆生的存在，有沒有其內在價值？根據荀子的答覆，應當是「並沒有」。因為他認為一切萬類的存在，只是自然的客觀存在，因而並沒有內在的生命價值。

但是，值得重視的是，荀子仍然認為，人類應該要透過人文教化，讓自然世界變成一個人文世界。所以，雖然荀子認為，客觀的自然世界並沒有內在的生命價值，但是人之所以為人，絕不能變成只是「二足而無毛」。[81]更何況，人之所以有分辨能力，就在於他有這種追求內在價值的人文精神。

換句話說，荀子雖然在此出發點與孔孟不一樣，並不認爲萬類象生本有內在的生命意義和價值，但是，其結論最終點仍然一樣，同樣肯定人文生命的價值與重要。

尤其，荀子在此強調人文生命的價值，並不代表貶抑自然生命的價值。根據荀子，自然是一個中性的存在，雖然並無內在價值可言，但也並不代表它是價值低一等的存在。這中間便很不相同。正如同他認爲人性雖然並不是善，但也並沒有說就是惡，而認爲它是中性的無善無惡，只有「情」才是惡。

此所以荀子在〈王制篇〉裏，特別提到：

「天地者，生之始也，禮義者，治之始也；君子者，禮義之始也；爲之、貫之、積重之、致好之者、君子之始也。故天地生君子，君子理天地；君子者，天地之參也，萬物之總也，民之父母也。無君子，則天地不理，禮義無統，上無君師，下無父子，夫是之謂至亂。」

換句話講，雖然荀子對於自然萬物衆生，並不承認各有其先天性的內在價值，但是他也認爲，仍要透過後天的人爲努力，透過人的「禮義」，來點化先天的自然世界，促其成爲後天的人文世界。

此即荀子所謂：「君子者，天地之參也，萬物之總也，民之父母也。」而且「無君子，則天地不理，禮義無統，上無君師，下無父子，夫是之謂至亂。」這正如同他雖然認爲人的天性並不是善，但是，他仍然強調教育的重要，要讓中性的人性變成善的成果。

由此可見，荀子仍然被稱爲儒家，是很有道理的。代表他出發點雖然不同，但其結論，乃至教化方法，都仍然與孔孟的精神並行而不悖。

另外，荀子在〈天論篇〉也曾經有一段話，非常重要：

「大天而思之，孰與物畜而制之；從天而頌之，孰與制天命而用之；望時而待之，孰與應時而使之；因物而多之，孰與騁能而化之；思物而物之，孰與理物而勿失之也！願於物之所以生，孰與有物之所以成，故錯人而思天，則失萬物之情。」

所謂「大天而思之，孰與物畜而制之」，就是說，與其把天看得很大，然後當做一種思慕的對象，何不把它當做一般的物而牽制它?「從天而頌之，孰與制天命而用之」，就是說，如果完全順從天而歌頌它，不如加以宰制與運用，這些很明顯，都是從自然科學角度所講的論點，與西方傳統思想很接近。

然而，值得重視的是後面幾句：「望時而待之，孰與應時而使之」，代表與其被動的盼望好時機來播種，何不主動的因應時際而使用?另外，「因物而多之，孰與騁能而化之」，代表與其因爲萬物的豐饒而讚美其多，何不馳騁人的智能加以變化它?從這兩句已經可以看出，荀子重點並不在貶抑物的生命本性，而在提昇人的潛在能力，並同時促成萬物衆生能有更大的發展。

更重要的，乃是後面緊接的兩句：「思物而物之，孰與理物而勿失之」，代表若要爲一切萬物著想，則站在物的立場來看，何不把物的性質先整理出來充份瞭解，不要失去物的本性。從這句話更清楚可以看出，荀子並非要違反物性，而且剛好相反，是要進一步從萬物的立場瞭解物性，以充份加以尊重，並完成各物的本性及潛能，這就很符合當今生態保育與環境保護的基本原則。

尤其，荀子明白指出：「願於物之所以生，孰與有物之所以成」，代表與其思慕物的所以生，何不致力於物的所以成。更明顯表示，他很重視萬物能否盡性，完成潛能，這更是當今生態保育的根本精神。

所以，荀子最後結論很重要：「故錯人而思天，則失萬物之情」。換句話講，如果只措置人事而失天理，那麼就會失掉萬物之情。因此他的總結論仍然在強調：要順萬物之情，成萬物之命，而不要只以人爲中心，傷害萬物生命與本性。這就清清楚楚，正是當今環保哲學的中心信念！

由此充份可見，荀子所說的運用萬物，基本上仍然要順著萬物的本性，充份幫助其完成實現生命潛能，並非要逆其道而行，更不是要傷害萬物本身的性情，成爲人類盲目利用的奴隸。

綜合而言，荀子的思想，不但並沒有破壞生態保育，也沒有防礙環境保護，反而因其主動要瞭解萬物衆生的性情，幫助彼等完成實現生命潛能，所以很能與當今環保哲學相通吻合！

因此，總結上面所說的儒家思想，不論孔子、孟子、甚至荀子，他們對環保三項基本問題的看法，可說都相當的一致，而其中所代表的「機體主義」精神，尤其深值重視：

第一、關於人對自然的理想，孔孟均肯定「萬物含生論」，認爲宇宙大化流行，乃生生不息的大生命體；雖然荀子並沒有強調萬物含生，但是，他同樣重視人與自然應和諧相處的中道，同樣強調「萬物各得其和以生」，所以精神仍可相通。

第二、關於人對萬物的看法，孔孟均肯定萬物「旁通統貫」，因而物我可以合一，天人可以合德；荀子雖然主張要勘天役物，但是他仍然主張知所爲，知所不爲，並不是要傷生害物，而是要「養其天情，以全其天功」，所以基本精神仍然並未違背。

第三、關於人對衆生的態度，孔孟均肯定，所有萬類衆生都有其內在生命的意義和價值，因而都可以參贊化育，創生並進。荀子雖然並不認爲萬類有內在的生命意義和價值，但是，他也強調，不能失物之性，失物之情，而要能主動致力於「物之所以成」，此其所謂，「君子者，天地之參也」，其中精神同樣可以吻合。

所以，總結而論，儒家這種「機體主義」，不論其對自然的看法，對萬物的理念，或對生命的看法，不但與當今生態保育之道很能相通，而且對今天的環境倫理學深具重大的啟發。

尤其，今後不論東西方，當大家日益感受到嚴重的環保問題，而亟需尋找完整的環保哲學基礎時，儒家這種體大思精的機體主義，的確深值大家共同體認，全力弘揚。相信唯有如此，東西方共同合作，互通有無，全力以赴，才是整個人類共同之幸，也才是整個地球萬物眾生之福！

【附　註】

❶ 方東美，《生生之德》，台北黎明公司，民國七十六年四版，頁一四五。

❷ 有關論證細節，尚請參考熊十力先生著《讀經示要》、《十力語要》、《乾坤衍》，另外請參筆者拙著《易經之生命哲學》，台北天下圖書公司，民國六十六年印行，本文僅論其中重點。

❸ 詳見太史公《史記》，一七四六年，乾隆武英殿本，六十七卷〈仲尼弟子列傳〉，頁八，及一百卅卷〈太史公自序〉頁二。

❹ 項穆，《書法雅言》，古今章。

❺ 孔子，《論語》，述而篇，十六章。

❻ 方東美，《中國哲學之精神及其發展》(Chinse Philosophy: Its Spirit and Its Development) Linkin Press, Taipei,1980, Chap, 1.中譯請參考孫智燊所譯，台北成均出版社，民國七十三年出

版，頁四十四。

❼ 易經，《繫辭》上傳，第四章。

❽ 方東美，《中國人的人生觀》（The Chinese View of Life）,Union Press,H.K. 1958，中譯請參考筆者拙譯，台北幼獅書局，民國六十九年出版，頁九十一。

❾ 易經，乾〈文言〉傳。

❿ 易經，〈繫辭〉上傳，第四章。

⓫ 同上，第五章。

⓬ 同上，第七章。

⓭ 載震《原善》。

⓮ 《中庸》，第廿六章。

⓯ 同上。

⓰ A.N. Whithead,"Religion in The Making",N.Y. 1926, p.15

⓱ 《中庸》，廿四章。

⓲ T. De Bary" *An Essay on Confucianism and Human Rights* ", see I. Eber（ed.）"Confucanism: The Dynamics of Tradition", Macmillan Publishing Co.,N.Y.,1986, p.117

⓳ 例如Paul W. Taylor,"Respect for Nature", Princeton Uuiversity Press,1986, p.p119-129

⓴ 《中庸》，卅章。

㉑ 請參考方東美先生，《中國人的人生觀》，筆者拙譯中譯本，頁九十一——九十二。

㉒ 易經，乾元彖傳。

㉓ 易經，坤元彖傳。

㉔ 請參見方東美先生《中國人的人生觀》，筆者拙譯中譯本，頁九十二。

㉕ 請參見方東美先生，《中國哲學的精神及其發展》，中譯本，頁八十九。

㉖ 同上。

㉗ 以下四項的標題見上書，頁九十。除第二項以外，其他各項申論爲筆者拙見。

㉘ 同上，頁九〇。

㉙ John Muir,"Our National Park," Ca. 1898,4, also see:"John Muir in His Own Words",ed. by Peter Browning, Great West Books, Ca,1988, P.58

㉚ 莊子，〈知北遊〉。

㉛ 孟子，〈盡心篇〉，十三章。

㉜ 同上，〈公孫丑〉，第二章。

㉝ 孟子，〈盡心篇〉第三章。

㉞ 方東美先生，《生生之德》，頁一四五。

㉟ 同上。

㊱ 易經，乾〈文言〉傳。

37 易經，〈繫辭〉上傳，第八章。

38 見方東美先生，《生生之德》，頁二十三。

39 易經，謙象的卦位為「坤上艮下」，即山在地下。

40 易經，《繫辭》下傳，第四章。

41 本圖原見方東美先生《易之邏輯問題》，另見《生生之德》頁二十九。

42 孔子，《論語》，〈衛靈公〉，廿三章。

43 Aldous Huxley, *A le tter to Fair f ield Osbern*, 16,Jan.1948., Quoted from" The Extented Circle", ed. by J. Wynne-Tyson, Paragon House, N.Y. 1985, p.136

44 Ibid, p.55

45 方東美先生，《生生之德》，頁一五四。

46 F.M.A. Voltaire, "Elemens de la Philosophie de Newton," See also "The Extended Circle", p.388

47 Ibid, Preface

48 Ibid, p.38

49 F.M. Dostoevsky:"The Brothers Karamazov", see also Ibid, p.71

50 Albert Einstein, "New York Post", 28,Nov.1972, See also Ibid, p.76

51 Albert Schweitzer, "*Letter to Aida Flemming* ",1959, See also Ibid,p.315

52 孟子，〈梁惠王〉，第七章。

❺❸ 方東美先生，《生生之德》，頁一五四。

❺❹ Quoted from "The Extended Circle", p.136

❺❺ Ibid, p.136

❺❻ Ibid.

❺❼ M.K. Gandhi, "The Moral Basis of Vegetarianism",See also Ibid, p.92

❺❽ 易經，〈繫辭〉上傳，第五章。

❺❾ 方東美先生，《生生之德》，頁一五三。

❻⓿ 同上。

❻❶ R.W.Emerson,"Nature", Beacon Press, Boston, 1985, p.11

❻❷ Ibid, p.12

❻❸ Ibid, p.13

❻❹ 孟子，〈孟子〉上，十七章。

❻❺ 同上。

❻❻ R.W.Emerson,"Nature", p.32

❻❼ Ibid, p.35

❻❽ Ibid, p.30

❻❾ Quoted from "The Extended Circle". p.77

70 Ibid, p.27

71 Victor Hugo,"Alpes et Pyrenees",see also Ibid, p.131

72 J.Rawls,"A Theory of Justice", Harvard University Press,1971,本書共分九章，體系龐大，分論正義的原則、公平原則、平等狀態、合理性、正義感、正義的善等問題；但均未提到對自然萬物應有的「正義」、「公平」、「平等」、「合理」等觀念，殊爲一大缺憾。

73 孟子,〈盡心篇〉，第一章。

74 F.M. Dostoevsky,"The Brothers Karamazov", see also "The Exiended Cricle" p.71

75 見方東美先生，《生生之德》，頁一五二—一五三。

76 孟子，〈梁惠王〉，第三章。

77 《荀子》，卷十七，頁三。

78 方東美先生，《中國人的人生觀》，同上書，人性論。

79 荀子，〈性惡篇〉，《荀子》卷十七，頁一。

80 荀子，〈天論篇〉，《荀子》卷十一，頁十五。

81 荀子，〈非相篇〉，《荀子》卷三，頁五。

第四章　道家的環境倫理學

緒論

道家的中心思想，主要表現在其「道論」，而其道論，基本上可從四方面分析，亦即：

道體——道之本體。

道用——道之大用。

道相——道之顯相。

道徵——道之印證。

我們若從環境倫理學的三大主題來看，則「道論」正好可以相互呼應——其中對自然的理念，相當於道家的「道體」；對萬物的看法，則相當於「道用」；而對衆生的態度，即相當於「道相」乃至於「道徵」，尤其「道徵」（徵者證也），代表足以印證大道的精神人格，也正代表深具環境倫理素養的精神人格，很能做爲正確對待自然衆生的典範。

然而，在進入三個重點之前，本文應先說明道家和儒家、佛學有那些不同的特色，又有那些相通的共識。

首先，就三者不同的特色而言，儒家是在時間之流裏面，注重向前創造的精神，所以方東美先生稱之爲「時際人」（Time-man），代表其生命精神，主要是一種生生不息的「聖人」氣象。

道家不同之處，在於並非在時間之流中向前開創，而是在空間境界裏向上提昇。所以方東美先生稱之爲（Space-man），也就是彷彿「太空人」的生命精神，代表一種玄之又玄的博大「眞人」，兩者在生命風格上有所不同。

尤其，「眞人」兩字在儒家裏面，從頭到尾並沒有出現過。像「至人」、「神人」更是到莊子才出現。倒是「聖人」除了儒家使用，老莊都還同時用過。只不過道家所用「聖人」的字義，有的時候代表正面的意思——比如老子說「聖人無常心，以百姓之心爲心」，即爲正面肯定；但有的時候卻也代表反諷的意思——像莊子所講「聖人不死，大盜不止」，就是反諷「假聖人」的意思，因而需從上下文同時研讀才行。

値得強調的是，雖然儒道兩家風格不同，但卻並不相互排斥，反能相輔相成。此即船山所謂：「儒之弊在俗，道之弊在誕。」一旦儒家失去高尚理想，變成俗儒，便應以道家高妙的超越精神相濟；同樣情形，一旦道家過分超脫，形成荒誕，便應以儒家用世精神相濟。這兩者互動互濟，形成和諧中道，才是更完美的民族文化型態。

那麼，佛學在此架構裏，可以用什麼來代表其特色呢？

方東美先生曾用一句話簡要比喻佛家，即爲「兼時空而並遣」（Time-space man with the sense of forgetting），可說言簡而意賅。至於其生命精神的代表，即爲悲智雙運的「覺者」。

所以，方東美先生在《生生之德》中說得很中肯：

「綜上所言，我們現在可用另一種簡明扼要的說法，藉以烘托點出瀰貫在中國形上學慧觀之中的三大人格類型。在運思推理之活動中，儒家是以一種『時際人』（Time-man）之身份而出現者【故尚『時』】；道家卻是典型的『太空人』（Space-man）【故崇尚『虛』，『無』】；佛家則是兼時、空而並遣【故尚『不執』，與『無住』】。」[1]

因此，若從這種架構來看儒家、道家、佛學，就很清楚各有特性，值得深入體認。

然而，更值得重視的是，他們三者之中相通的共識又是什麼？這相通之處，對今天所說環境倫理學就極爲重要。扼要來說，其中相通共識，即在於都很肯定「機體主義」，也都很重視生態保育中最重要的三項原理——

第一：萬物含生之理（亦即人對自然的理念）。

第二：旁通統貫之理（亦即人對萬物的看法）。

第三：創進化育之理（亦即人對衆生的態度）。

就道家來講，「萬物含生論」也就是「萬物在道論」，肯定萬物通通存在於大道之中，而大道是一切的天地根。所以，這就和儒家的「萬物含生論」完全能夠相通。

另外，儒家所說的「旁通統貫」，在道家則稱之爲「彼是相因」❷，肯定萬物不但互爲因果，而且交融互攝。這也正是一種旁通統貫之理，只是各用不同的名詞，表示相同的意義與精神。

還有，在對衆生的態度上，儒家認爲宇宙一切衆生均在「創進化育」中，因此強調整個「天下之動」都「貞夫一」❸，所以對衆生應有雍容的和諧統一態度，並透過「物我合一」，到達「天人合德」的境地。到了道家，也同樣有此精神。

此所以老子認爲，聖人「抱一爲天下式」❹，莊子也認爲聖人「原天地之美而達萬物之理」❺，均在同樣肯定，衆生本質，乃在共同創造化育之理，大道看似無爲，其實無不爲，因而整個宇宙也都是充滿生意，形成甜美的甘露世界。因此老子強調「天地相合，以降甘露。」❻莊子也說，聖人「與物爲春」、「其於物也，與之爲春」❼，均代表應與萬物衆生溫馨打成一片，然後才能眞正達到「天地與我並生，萬物與我爲一」的境地❽。

至於眞正能夠尊重生命、同情體物的精神人格——亦即今日能夠深具環境倫理素養的人士——在儒家稱之爲「君子」，或「聖人」，或「大人」，在道家則稱之爲「眞人」、「聖人」，或「至人」，兩者雖然用詞不同，但精神胸襟則完全一致。尤其兩家均強調應身體力行，具體落實，這對今後環保工作與生態保育之道，均能深具重大啟發。

另外，我們也可從比較哲學眼光，扼要分析佛學的相關思想。

首先，就人對自然的理念而言，小乘佛學固然認爲萬法皆空，對此世採取出世與厭世的態度，但大乘佛學則強調，眞空之後仍應肯定「妙有」，因而對自然的看法，可以說仍然與儒家同樣，肯定「萬物含生」，如華嚴經強調「一一塵中佛皆入」，更可說是「萬物在佛論」，與道家的「萬物在道論」，精神完全相通。

另外，關於人對萬物的看法，大乘佛學更是強調萬物相待而有、融貫互攝，因而形成事事「無礙」的圓融觀，此即佛學所謂「一即一切，一切即一」，這也正相當於儒家的「旁通統貫」以及道家「彼是相因」之理。

還有，佛學對衆生的態度，更是強調一往平等，肯定佛性不僅僅與人性平等，而且與物性平等，因而強調要以悲智雙運之心，促使衆生同登佛境，證成「一眞法界」。此即儒家「創進化育」之理，亦即道家「與物成春」的同樣精神。

至於能夠尊生愛物的精神人格，在佛學中即明白以「菩薩」做爲代表。菩薩的字根（Buddhi—Satra）代表既具大智慧、也具大悲心，這也正是今天講環保最需要的精神素養。而且菩薩心不但重視「知」，同時重視「行」，均與儒道兩家相同，亦爲今後環保工作的成功關鍵。凡此種種，充份可見三家共通之處，即爲今後環保教育最應弘揚的共識。

以下即再分從三項環保主題，進一步說明道家的思想與精神。

第一節　對自然的理念

道家對自然的理念，主要表現在其道論的「道體」之中。根據道家看法，「道」代表融貫宇宙、無所不在的無窮生命本源。所以能視一切大自然均充滿無窮生命，因而基本精神和儒家非常接近。

像儒家強調「通天地人之謂儒」，肯定「大人者」乃是能「與天地合其德」、善體天地生生之德的人。明顯可知其重點在強調「三才」均大，亦即天大、地大、人也大！同樣情形，道家中老子也很清楚的肯定「域中有四大」——「道大、天大、地大、人亦大。」❾正因老子肯定宇宙之中，這四項都有平等的偉大性，因而強調彼此均應相互尊重，共同並進。

更重要的是，道家在此比儒家多談了一個「道」字，而這個「道」字，正是融貫天地人的本體。所以儒家稱「通天地人之謂儒」，在道家則可稱「通天地人之謂道」。此所以莊子特別強調「道通爲一」，可說與儒家視天地萬物爲一體之「仁心」完全相通。只不過在道家或可稱，合天地萬物爲一體乃「道心」。

換句話說，「道」在老子心目中，首先代表源源不盡的大生命體。所以老子說，道對一切自然而言，均爲「善貸且成」，❿而且此道「無所不在」，代表大道的生命勁氣貫注目然萬物之中，無所不在。這就之份的肯定萬物均含生機，也與前述儒家的「萬物含生論」完全相通，只不過在道家，則可稱爲「萬物在道論」。

此所以老子強調，人要法地，地要法天，天要法道，而「道法自然」。⓫他不但肯定這四者應緊密結合在一起，成爲一個大生命體，而且強調人生終極目標，除了效法大地、上天與大道，一貫而上，而且還止於「道法自然」，如此視「自然」爲最高效法對象，正是最爲尊重自然、愛護自然的環保典範！

當然，値得重視的是，此處「自然」有兩層意義，一爲外在自然環境的自然，即西方所稱的Nature，一爲內在萬物本性的自然，即西方所稱的Spontaneity，然而兩者卻在一個關鍵上完全相通——那就是同樣均指盎然的生機。前者指大自然中孕藏的無限生意，後者則指一切萬物本性孕含的創造潛能，綜合而言，均爲「萬物含生」的明顯例証。這也正是道家極能愛護自然的證明——正因爲「自然」在道家眼中，是一個充滿無限生意的大有機體，所以，道家極爲尊重生命，也極爲尊重自然，愛護自然。

因此老子曾經明確指出：

「道沖而用之或不盈，淵兮似爲萬物之宗，挫其銳，解其紛，和其光，同其塵，湛兮似若存，吾不知誰之子？象帝之先。」（第四章）

根據老子看法，道乃是一切自然萬物的生命根源，此其所謂道爲「萬物之宗」，「道」充滿無窮生命的本質，正彷佛生命能源的大寶庫，所以「用之或不盈」。因爲「道」這種充滿生命的本體，足以超越一切自然存在之先，所以又稱「象帝之先」。由此充份可見，道在老子心目中深具重要的超越性與根源性。

另外，老子也曾經特別指出，道爲「萬物之奧」⓬，並且明白強調：道爲「天地根」：

「谷神不死，是謂玄牝，玄牝之門，是謂天地根，緜緜若存，用之不勤。」（第六章）

老子在此處稱「道」爲「玄牝」很有深遠意義。因爲「玄」在此代表神奇奧妙，而「牝」代表母馬，象徵創造能力。因此，「玄牝」就代表「道」足以生發創造一切大自然的萬物。

老子稱此「玄牝之門」爲天地根，而且緜緜若存，永遠用不完，代表「道」的生命創造潛力，不但極爲神奇奧妙，而且緜緜不絕，用之不盡，取之不竭，因而可稱爲整個大自然的根源。一言以蔽之，就是「天地根」。這正如同一棵大樹，若要生命茂盛，必先樹根豐厚，根據老子，整個大自然的根即爲「道」，看似無形，卻爲一切有形生命的根源。

另外，老子也強調「天地之間，其猶橐籥乎，虛而不屈，動而愈出。」[13]這代表天地之間像風箱一樣，創造萬物，生生不息。凡此種種充份可見，老子把「道」看成是一切大自然的根源本體，「道」既是緜緜不盡的大生命體，其所生發創造的一切自然萬物，當然也充滿了生命與有機體，這正是當今生態保育的重要哲學基礎，也爲「尊重自然生命」提供了深厚的哲學根源，深值重視與弘揚。

尤其，根據老子，這個「道」不但貫注於萬物之中，而且很有以下特性：

「有物混成，先天地生，寂兮寥兮，獨立而不改，周行而不殆，可以爲天下母。吾不知其名，字之曰道。」（第二十五章）

這段話看起來很玄，其實正是當今哲學術語所講的「本體」定義。

什麼叫做本體？首先就是「先天地生」，在一切天地之先已經存在。此即相當於希臘亞里士多德所說的「不動的原動者」（The unmovable mover）——它是推動一切自然萬物的原動力，但本身卻獨立不動。

這在老子，即其所謂，「獨立而不改」，本身不受任何其他存在推動影響。正因其本身乃是最先驗、最本質的存在，並以此做爲最根本的生命原動力，貫注大自然，促使一切自然充滿生命，勁氣充周，所以才能「周行而不殆」，足以將生命力融貫天下萬物之中，成爲生發創造天下自然萬物之母，此即其所稱「爲天下母」。

老子在此用「天下母」，很生動的象徵：「道」乃是大自然一切萬物的母體，一切自然萬物也由它生產出來。美國環保著名學者繆爾曾經比喻「自然乃是一位好母親」（Nature is a good Mother），[14]在此精神便很能相通。

事實上，老子認爲這種無窮盡的宇宙生命本體，很難用人間有限的語言表達。所以老子才說「吾不知其名」，若勉強要形容，只能稱之爲「道」。

所以，根據老子，道是「天下母」，是「天地根」，是「萬物之宗」，是「萬物之奧」，[15]用現代語言講，一言以蔽之，「道」是大自然天地之間，一切萬物生命的根本來源。

這對當今生態保育便極具重大的啟發意義。因爲老子肯定，自然萬物通通分享了「道」的生命能源，所以自然萬物本身均充滿了生命，形成生機盎然的「甘露」世界。這不但正與儒家「萬物含生論」完全相通，而且也正符合當今生態保育的重要信念——「尊重自然」（respect for nature）。根據老子精神，既然自然界到處都充滿生命，不但一切動物、植物本質上都代表生命體，連一切山川、河流也都充滿生命，所以人類絕不能污染，更不能破壞！

因此，老子曾經明白強調：「道生一，一生二，二生三，三生萬物」。[16]代表所有大自然的一切萬物，均衍生於道所代表的大生命體。另外，老子在四十章中更指出：「反者道之動」，代表如果追溯大自然的根源母體，（反者，「返」也），便能體認：「道」乃是宇宙生命最後的終點。

換句話說，根據老子，對於自然界所有存在萬類，如果追溯其共同的生命來源，便是「道」，因此老子才說「玄之又玄，衆妙之門」，[17]這種追溯的功夫，代表一種超越、翻越，乃至超脫的功夫，就是「玄」的意思——此所以中國稱形上學爲「玄學」，在希臘亞里士多德，即爲「物理學背後」的學問（Meta-Physics）。

因此，「道」在老子哲學中，可說具有上下雙迴向的雙重意義，一方面它是追溯自然萬物生命的最終點，二方面則同時也是生發創造自然萬物的最起點。這正猶如聖經〈啟示錄〉中所說的「神」——神既是奧米茄點（Ω），也是阿法爾點（α），既是宇宙最終點，也是宇宙最起點。換句話說，若從宇宙論來講，則「道生一，一生二，二生三，三生萬物」，代表道是生發宇宙自然萬物的最起點；另外，若從本體論來講，則道爲「天地根」，代表是一切自然萬物的根源母體，也就是追溯自然萬物生命的最終點。

值得說明的是，所謂本體論（ontology），是要追溯一切萬有背後的本體，根據老子，這個本體，（或者玄之又玄的「超本體」），無以名之，就是「道」，所以道就是最終點。而宇宙論（cosmology），則代表研究宇宙自然一切萬物從何而來，根據老子，「道」也正是這最起點！

程子註解《中庸》，有句話很重要：「放之則彌於六合，卷之則退藏於密。」於此精神也很能相通。如果我們要追溯自然萬有存在背後的根源，這種「退藏於密」的大生命體就是「道」，然而另一方面，如果伸展開來，「放之則彌於六合」，這種充沛豐饒的生命力就足以彌漫整個世界，貫注一切萬物之中。

因此，老子曾經用最爲親切的母子關係，來此喻人和自然的關係：

「天下有始，以爲天下母，既得其母，以知其子，既知其子，復守其母，没身不殆。」（第五十二章）

老子在此所說的「天下有始，以爲天下母」，這個天下之「始」與「母」，就是「道」。他所謂「既得其母，以知其子」，代表人若能體認「道」乃係萬物根源的大生命體，便能領悟自然一切存在，均傳承與分受了這種生命體，正如同「知其母即知其子」一樣。另外，「既知其子」，代表若能從大自然中發現萬物均含生命之後，便能善守大道，如此「復守其母」，才能終身不殆！

所以，老子哲學在此的重要啟發，就相當於史賓諾莎（Spinoza）所提「能產」與「所產」的合一，「能產者」是"Naturans"，即相當於老子說的「道」或天下「母」，而「所產者」則是"Naturata"，亦即今天環保哲學所說的「自然」（Nature），代表「子」。

根據史賓諾莎「能」「所」是合一的，代表所有自然界都分受了「能產者」的生命力，因此「能」「所」融合而浹化爲一。此所以他強調「自然」（Nature）即「神」（God），即「實體」（Substance），代表神的生命力無所不在。在老子則可說，「道」的生命力無所不在，因而道即自然，即實體，兩者在此很能相通。

另外，老子在十七章，曾有一段特別強調「自然」之可貴，雖然本來用在對待百姓的政治哲學上，但若用在對待萬物的環境倫理上，精神同樣很能相通：

「太上，不知有之，其次，親之譽之，其次畏之，其次侮之。信不足焉，有不信焉。悠兮其貴言。功成事遂，百姓皆謂：『我自然』。」

此處的「百姓」若改為「萬物」，不知有「之」的之，由「君主」改為「人類」，可說完全相通。其中深意代表，若從萬物眼光來看，人類最好對萬物各順其性，各安其生。最上策是讓萬物根本不知道有人類的存在，其次則在使萬物願意親近人類，再其次，則在使萬物害怕人類，最下策，則是逼使萬物仇視人類，全面反擊。

換句話說，唯有人類與萬物以誠信和平相處，並促使萬物皆能充份發展生命潛力，而猶不知為人類之功，才是最高境界。此即老子所謂「我自然」——本來即是如此。所以老子在此中所分的四層境界，也可當作人與自然萬物關係的評量標準。

另外，老子在二十七章中強調：「善行無轍迹」，可說也正是「太上不知有之」的同樣精神。再如，老子在二十三章中也強調，「希言，自然」，代表不要自命聰明多言，才能真正符合自然。他並舉例說：「飄風不終朝，驟雨不終日」，[18]證明違反自然之道，終久不能長久，都是此中同樣精神。

這種精神，到了莊子就講得更爲清楚。

根據莊子，「道無所不在」，因此整個自然充滿生機。天地之中，一切萬類均充滿生命，即如殘障人士，從天道來看，也都充滿生意，應以同樣的平等心相待。此即〈德充符〉中，一位殘障的「無趾」所說：「天無不覆，地無不載」，所以人應以「天地之心」看待一切人類萬類，才是眞正聖人之心。另如〈人間世〉中的櫟樹，甚至〈至樂〉中的骷髏，都能托夢說話，均象徵各有存在的意義與價值，深值體認其中寓意。

此所以〈知北遊〉中，東郭子問莊子：「所謂道，惡乎在？」莊子明白答曰：「無所不在」，東郭子請莊子舉例明講，莊子先提「在螻蟻」，然後又說「在稊稗」，後來又說「在瓦甓」，最後甚至說：「在屎溺」！

東郭子後來不應了，只感到「何其愈下？」殊不知在莊子看來，不論任何大小萬物，均有大道在內，因而也都有其生命——包括小螞蟻或米粒，都自有其生命，甚至看來無生命的瓦甓，乃至惡臭的屎溺，其中都有大道，因而也都不能忽略！

凡此種種，對今天環保哲學，均有極大啟示。它代表人類除了對一切動物、植物應尊重生命外，對一切山川、河流、瓦礫也應充份尊重，甚至對尿溺、垃圾，乃至一切廢物，也應妥善處理，不能掉以輕心，這正是當今最重要的環保倫理之道！

另外，莊子在〈漁父篇〉裏也曾強調：

「真者，所以受於天也，自然不可易也。故聖人法天貴真，不拘於俗。」

這裏講的「眞」有二意，一指「眞力」，二指「眞誠」。根據莊子，眞力充沛，以及眞誠坦率，乃是一切自然所受於天的生命本質，也是一切自然不可變易的本性。因而莊子強調，眞正的聖人，便應「法天貴眞」：一方面效法天的無限生意，二方面珍視此等眞力眞誠，而不要受拘於現實俗界。這對生態保育與環境保護，同樣蘊含了極大的啟發。

所以，莊子在〈天道篇〉裏也明白指出：

「夫明白天地之德者，此之謂大本大宗，與天和者也。所以均調天下，與人和者也。」

換句話說，根據莊子，一定要能明白天地大德的人，才能體認一切自然生命的大本大宗，這不但完全發揮了老子所說「道爲萬物之宗」的精神，同時也融和了孔子所說「大人者與天地合其德」的精神。由此可見，莊子思想在相當程度，很能統合孔子與老子，確實深值重視。

尤其莊子強調，有這樣體認的人，乃是「與天和者」的人，這代表能與自然和諧相處的修養，也正是今天環境保護最需要的修養。而且根據莊子，能夠以此和諧精神均調天下的人，當然也能同樣以此精神調和人際關係，所以也是能「與人和者」。用現代術語來說，就是能與自然和諧相處的人，同樣也能與人和諧相處。如此能得「人和」，當然更加可能成功。此中和諧之道，的確深值共同弘揚。

尤其，若從反面立論，這正是當今西方環保學者共同強調應有的警惕——一個人如果不能以和諧善待自然，便很難奢望他能以和諧善待人類。

此所以英國哲人洛克（John Locke,1632-1704），很早就曾提醒世人：

「凡是慣於折磨或傷害小動物的人，對其同類也不會有任何悲憫之心。」⑲

事實上，不只對小動物虐待的人，才會失去悲憫之心，一個人如果對植物或自然萬物缺乏同情體貼的精神，對人類也同樣會缺乏同情體貼的精神。因此，眞正心智健全的人，也應有健全的同情心、和睦心與悲憫心，才算眞正的才能健全

此即莊子在〈德充符〉中所說的「才全」：

「使之和豫，通而不失於兑。使日夜無卻，而與物爲春，是接而生時於心者也。」

此中精神，代表一個人若能經常以純和之氣流眄自然，以同情之心體貼萬物，能不失天眞的喜悅，如同日夜交替一樣出乎自然，才能與萬物共享生意，並且能以無心之心順應自然萬物本性的生成變化。這種精神，正是當今生態保育極爲重要的精神修養。

另外，莊子在〈駢拇篇〉中也指出：

「彼正正者，不失其性命之情。故合者不爲駢，而枝者不爲跂，長者不爲有餘，短者不爲不足，是故鳧脛雖短，續之則憂，鶴脛雖長，斷之則悲，故性長非所斷，性短非所續，無所去壹也。」

這段話很能應用在環保之道；因爲其中強調，只要用自然的定律，去順應自然的性命，便是最好的保育之道，這樣才不失萬物性命的本然。唯有如此，長的才不覺有餘，短的也不覺不足，否則小鴨子的腳雖短，但若一定要接長，牠反而會憂愁。鶴的腳雖然長，但若砍斷一節，牠反而悲哀了。所以唯有順應它們本然的眞性，不要「失其常性」，才能無憂無慮，這也才是眞正生態保育之道。

尤其，值得強調的是，老子與莊子，通通強調「眞人」。眞人一方面代表眞誠坦率的人，二方面同時代表眞力充沛的人，兩者也均在回到「生命本性」上相通。所以眞人不是虛假造作的人，也不會是萎靡不振的人，他（她）一定能以眞誠尊重大自然的生命，並以眞力瀰漫的眼光看待大自然，這些正是當今環保工作極需要的精神風範，所以深具環境倫理學的啟發。

這種啟發，在環境美學上面，則可稱為自然之美，此即「返樸歸眞」。或莊子在〈胠篋篇〉中所說的「大巧若拙」。

所以，唐朝張璪論畫，特別強調「外師造化，中得心源」。⑳造化即「大自然」，心源，則代表眞力與眞誠之源。這句話代表，眞正偉大的國畫，必能師法自然造化中的充沛生意，宣洩天地無盡的神力，而且必能掌握心中內在眞力，做為學術創作的原動力。另外李白也曾強調：「挽彼造化力，持為我神通」，均為同樣精神，也正完全深符莊子所說「法天貴眞」的精神。

尤其，綜觀西方當代環境倫理的重要論證之一，即為「自然美學」，其中反對把「美學」只拘限在對博物館古物藝術品的研究，而強調要能迎向大自然，親近大自然，以充份欣賞大自然所蘊育的生命之美，進而由衷加以尊重。所以美學與倫理學在此可說完全相通，而其中最大的結合點，正是「自然」。

中國道家在此很早就提供了完整的哲學基礎。而中國的山水畫論尤其提供了深刻的環境倫理學啟發，我們甚至可以說，眞正能欣賞中國山水畫的人，也必定能眞正保護山水，乃至保護自然萬物。

此所以明代唐志契曾強調：「凡畫山水，最要得山水性情」[21]，一定要能體認「自然山性即我性，山情即我情」，才能充份將人與山水融爲一體。另外明末清初石濤也曾明白指出：「山川使予代山而言也，山川脫胎於予也，予脫胎於山川也」[22]。正因他能夠領悟「山川與予神遇而跡化也」，所以才能在畫中表現山川與我合一的境界。

這種精神胸襟，能將一切山川、河流、草木、鳥獸看成與人「神遇而跡化」，正是當今生態保育中最重要的信念——「物我合一」，唯有充份體認「物我合一」的境地，才能眞正尊重萬物，並且愛護大自然一切萬物的生命。

換句話說，莊子強調的「天地與我並生，萬物與我爲一」，不但對中國古代山水畫影響深遠，對今後環保哲學啟發也極爲重大，深值東西方共同體認與弘揚。

尤其，中國國畫因爲深受道家影響，所以不論山水畫、動物畫，或植物、人物畫，最重視的關鍵就在能夠「傳神」。所謂傳神，就在肯定所畫對象不但深具生命，而且深具神韻。此所以宋代藝評家鄧椿曾經強調：

「畫之爲用大矣哉！盈天地之間者萬物，悉皆含毫運息，曲盡其能，而所以能曲盡者，止一法耳。一者何也？曰傳神而已！故畫法以氣韻生動爲第一。」[23]

此中所謂「氣韻生動」，就代表能充份宣暢天地之間的盎然生意。眞正成功的國畫，一定能曲盡其能，以弘揚這萬物之中的燦溢生機，然後才能渾然天成，眞正達到生動傳神的境地。

此所以清代沈宗騫也曾說：

「凡物得天地之氣以成者，莫不各有其神，欲以筆墨肖之，當不惟其形，惟其神也。」㉔

這種精神，即肯定萬物莫不含神，也就是萬物莫不含生，可說與儒家便完全相通。另如明代董其昌在《畫旨》中也強調：

「讀萬卷書，行萬里路。胸中脫去塵濁，自然邱壑內營，成立鄞鄂，隨手寫出，皆爲山水傳神。」

這種胸襟與境界，同樣代表重視「傳神」的精神。尤其，要能做到「胸中脫去塵濁」，用現代語言來講，就是要能充份回歸自然、親近自然。一方面透過「行萬里路」，放眼看盡世間一切雄偉奇景，二方面也透過「讀萬卷書」，深切同情世間一切自然萬物，凡此種種，都正是環境倫理學最重要的精神修養！

因此，明代藝評家李日華就曾指出，作山水畫應注重：

「必需胸中廓然無一物，然後煙靈秀色，與天地生生之氣，自然湊拍，筆下幻生詭奇。」㉕

這種善體整個天地「生生之氣」的精神，不只是畫山水的要領，也是畫動物、植物、甚至石頭的要領。此所以杜甫推崇韓幹畫馬，乃因其能「筆端有神」，最能傳達駿馬活潑昂揚的生命神氣。另外明代宋濂〈論畫梅〉中，也明白以「精神雅逸」爲重點。清代沈宗騫，甚至對石頭都認爲應該畫出神韻。此其所謂「作石全在行筆有神，用墨有度。」㉖因爲「用筆之法，莫難於石，亦莫備於石。」一位畫家如果連頑石都能畫出生命神韻，便充份可證明其已到達「物我合一」的境界。

凡此種種，充份可以看出，中國國畫藝術的根本精神，乃在能「與天地並生，與萬物合一」，進而充份表達天地萬物之中的生動氣韻，這在全世界都是很獨特的優良傳統。事實上，這種精神也正是環境保護所應有的精神修養，歸根結柢，其中哲學根源均來自道家。這也是西方無論哲學家、美學家、或環保學家，均未曾完整闡論的思想特性，所以今後尤其深值重視與弘揚。

元代趙孟頫曾經指出：「作畫貴有古意，若無古意，雖工無益。」㉗，他所謂「古意」

便是生意。另外石濤也特別強調：

「以我襟含氣度，不在山川林木之內，其精神駕御於山川林木之外……處處通情，處處醒透，處處脫塵而生活，自脫天地牢籠之手，歸於自然矣。」㉘

我們由此也均可看出，此中精神，同樣在提醒世人，必需先能善體自然的生意，才能眞正回歸自然生命。

事實上，這種回歸自然、尊重自然的精神，不只是作畫的必要條件，也是環保的必要條件，同時也是養生的重要條件。此所以清代王昱曾說：

「昔人謂山水家多壽，蓋煙雲供養，眼前無非生機。」㉙

這句話對於現代人保護環境以及保養身體，同樣深具啟發意義。因爲，只要能常常親近自然，徜徉山水之中，則「煙雲供養，眼前無非生機」，自然能夠心曠神怡，養生延壽，這也再次肯定回歸自然對現代人生的重要性。

美國當代著名環保學家繆爾就曾一再呼籲，現代人們應該多多「走向高山」（Going to the mountains），因爲：

「當我們回歸山中，就如同回到家中，一切煩惱得失均可忘懷。」[30]

另外，他也特別強調：

「人人需要麵包，也需要美景，需要地方玩耍，也需要地方祈禱，因此大自然對人類身心，不但可以治癒，也有鼓舞與激勵的功能。」[31]

此中精神，均與道家極爲相通，充份可見東西方哲人不謀而合之處，深值現代人深思與力行。

另外莊子也明白肯定，自然萬物的根源就是大道，所以他一再強調人心也應返樸歸眞，特別應該重視自然樸拙之美。

根據莊子，「巧」到了極點就反而是拙，絢爛到了極致也反成平淡，此其所謂「純素」，「能體純素謂之眞人」（刻意），在美學上就成爲樸素之美。所以莊子在〈天道篇〉中曾說：「樸素而天下莫能與之爭美」，在〈刻意篇〉中也說：「澹然無極而衆美從之，此天地之道，聖人之德也。」這種精神應用在環境倫理學上，就是尊重自然萬物的本性——不但尊重原始景觀的風貌，絕不破壞，也尊重野生動物、植物的生存環境，絕不自認聰明，加以干擾。這些精神，也正是當今環保與生態保育極重要的觀念。

換句話說，莊子所說的「天地之道」與「聖人之德」，一言以蔽之，就是「自然」，不做作，不造假，也不取巧。在他來看，天地刻雕萬物，正是本此精神。此其所謂，「刻雕衆形而不爲巧」，㉜所以人心也應效法此中精誠之德，那才能稱爲「聖人之德」。因而他又強調：

「真者，精誠之至也，不精不誠，不能動人。」㉝

莊子在此強調的重要觀念——對大自然不要有任何人爲雕琢，也不要有任何自以爲是的經營造作，不但形成中國美學的重要傳統，同時也正是今天環境倫理學的根本主張，所以深值重視。

另外，莊子也曾經強調，天籟、地籟以及人籟之不同，同樣深具啟發意義。

在〈齊物論〉中，莊子曾藉子綦之口，提醒子游，說你只聽說過「人籟」，沒有聽說過「地籟」吧，即使聽說過地籟，恐怕絕沒有聽過「天籟」吧！

那麼，到底什麼是人籟、地籟、天籟呢？根據莊子看法，「地籟衆竅是已，人籟則比竹是已」，而天籟則是「夫吹萬不同，而使其自己也，咸其自取，怒者其誰邪！」

換句話講，所謂「人籟」，好像竹管所發的聲音，雖然也有人爲的聰明在內，但卻是經過雕琢的。而「地籟」，則是由大地萬竅所發出來的聲音，雖然也不錯，然而基本上還需透過客觀萬物才能產生。至於「天籟」，則不但能夠促使萬物發出各種不同聲音，而且又能夠促使它們自行停止，另外不需要任何力量主使它發出聲音。

這段話充份說明，「天籟」才是一切自然萬籟的根源「本體」——也就是促使一切自然萬籟「原動的不動者」——所以才能促使萬籟發聲，而不再另有力量促使它發聲。

這種最後的根源，正是老子所說的「道」，代表最爲自然、而且自然於無形的本體。相形之下，地籟還是有形的，看得出來大地的萬竅，至於人籟則是最經雕琢，因而最有斧鑿痕跡。

扼要來說，莊子在此寓言中所強調的重點，是在強調：人對自然的態度中，最爲高明的態度，就在能夠返歸自然本體。因爲根據莊子，最正確的「人與自然」關係，乃在眞正能夠和大自然打成一片，「與天地並生，與萬物爲一」，因而能夠完全尊重大自然的本來原始風貌，而千萬不能任意雕鑿，自認爲愛之，結果卻足以害之。這正是當今生態保育中，保護「原始森林」、「原始山野」乃至「野生」動物、「野生」植物等等，最重要的理念所在。

莊子在〈應帝王〉中同樣有則寓言，很能中論此中道理。他指出南海之帝爲「儵」，北海之帝爲「忽」，中央之帝爲「渾沌」。因爲渾沌待南北二帝很好，二帝想要報答，結果便自認爲聰明的覺得，人都有七竅，用來看東西、聽東西、吃東西與呼吸生息，「渾沌」卻沒有，不妨幫它雕鑿。因而每天代鑿一竅，結果呢？「七日而渾沌死！」

這段寓言充份提醒人類，不要只用自己眼光，自以爲是的想去改造大自然，那樣反而只會傷害大自然。

因此，今天如果莊子重新再世，他會如何看待一切野生動物、植物、與山林呢？簡單的說，他不會只從本位主義去看，更不會只以自我爲中心，把動物、植物及山林都看成被人類役使的次等存在，而能經由所有自然萬物的內在生命，肯定一切萬有背後整體的大道。

此所以在〈天下篇〉中，有很多充滿睿智的名言，也很可以應用在生態保育上，做爲今後重要的警惕：

「天下大亂，聖賢不明，道德不一。天下多得一察焉以自好，譬如耳目鼻口，皆有所明，不能相通，猶百家衆技也，皆有所長，時有所用。雖然，不該不徧，一曲之士也。」

莊學在此所特別批評的「一曲之士」，代表一個人雖然也有一技之長，但卻自限於本位主義，因而只能得到片面之見；這就如同耳目口鼻，雖然各有所明，却不能相通，如此就變成只見小而不見大，只見樹而不見林，或者只見林的表象，而未見林的生命。這就很難眞正體會天地之美，更難體認宇宙神力無所不在的精神風貌。此即莊子所說：「寡能備於天地之美，稱神明之容。」（天下篇）

所以莊子才會感嘆：

「是故內聖外王之道，闇而不明，鬱而不發，天下之人各爲其所欲焉，以自爲方。悲夫！百家往而不反，必不合矣。後世之學者，不幸不見天地之純，古人之大體，道術將爲天下裂。」（天下篇）

同樣這段話，我們若應用在環境倫理而言，也可略加更動如下，以說明當今生態保育的問題所在：

「『生態保育』之道，闇而不明，鬱而不發，天下之人各爲其所欲焉，以自爲方。悲夫！百家往而不返，必不合矣！後世之學者，不幸不見天地之純，『自然之大體』，『地球』將爲天下裂！」

根據莊子所說，人類因爲心靈偏狹，自我中心，形成往而不返，執而不化，往往只用割裂的眼光看自然，所以完全看不出天地之純厚，也無法體認古人智慧之大體，因而整個大道將爲天下所割裂。

同樣情形，從生態保育而言，人類如果以自爲方，各爲其所欲——例如工廠任意生產廢物，不顧環境污染，工人任意砍伐山林，不顧水土保持，汽機車任意排煙，不顧空氣品質，或居民任意倒垃圾，不顧造成公害等等，這些都是人心本位主義的自私毛病，那就會變成「往而不返」，完全未能領悟原先自然的純美。如此不見天地之美，以及自然大體，整個地球就會蒙受各種傷害——諸如臭氧洞的出現，「温室效應」，乃至全面氣候受到影響，以及各種原野景觀被破壞、野生動植物廣受摧殘等等，那眞正成了「地球將爲天下裂！」

那麼，應該如何才算正確的環保態度呢？莊子有一段托古的理想人格，講的非常中肯：

「古之人其備乎！配神明，醇天地，育萬物，和天下，澤及百姓，明於本數，係於末度，六通四辟，小大精粗，其運無乎不在。」（天下篇）

此中關鍵有四句話，非常重要，那就是「配神明，醇天地，育萬物，和天下」，根據莊子，能有這樣胸襟素養的人才能夠配合神明（相當於儒家所講的「參贊天地」），以廣大悉備的生命精神準則天地（相當於儒家所說「易與天地準」），並且還透過化育萬物，進一步調和天下，能以盎然的生命眼光來看人與自然，因此才能眞正做到「其運無所不在」！

所以，莊子在〈知北遊〉中，就曾明白答覆東郭子：「道無乎不在」，莊子原來講，道在小生物（「螻蟻」），後來講道也在小植物（「稊稗」），到最後甚至講道在廢物（「屎溺」）。看起來連最卑微的存在都有「道」，可以說更進了一步，用生動的寓言和比喻，引申了老子所講的道爲「天地根」。

我們若從環境倫理學的意義來講，這代表一切自然萬物，都分受道的生命，因而也都成爲道的一部份。所以我們不能只從孤立、表面的眼光去看自然某一物體，否則就成了「一曲之士」，而要能從整體大道的眼光去看，然後才能體會莊子所謂「與天地並生，與萬物爲一」。這也正是老子所叮嚀的道理，要能夠「歸根復命」，才能回到大道。如果我們對自然都能用大「道」的眼光去看，那麼整體自然界就立刻呈現出充滿生香活意的甘露世界。此即老子所謂「天地相合，以降甘露」。另外，莊子所謂「與物爲春」、「與物相嬉」，也都是表達同樣的精神。

根據道家，唯有如此，順應萬物自然本性，才能親近自然，進而尊重萬物，這也正是今天生態保育很重要的中心理念！

一生熱愛大自然的艾默生（R.W. Emerson）就曾強調，當他經過原野，一望無際，頭頂著黃昏雲彩，眼望著晚彩輝映，心中就極感欣悅與充實。如果在森林中，就更會感到一股青春的氣息。[34]因此他自稱，是對大自然「永恆無垠之美的熱愛者」，[35]因爲他得以在大自然中，充份吸吮天地無窮之美感，此中精神與道家可說完全相通。

莊子在〈在宥〉篇中，也曾經指出，何謂道？有天道，有人道，「無爲而尊者，天道也，有爲而累者，人道也。」而且，「天道之與人道也，相去遠矣，不可不察也。」這句話代表，眞正的天道，就是順應自然，尊重自然，「無爲而尊」，不要對自然強加任何人爲干擾。所謂「人道」則正好相反，自命聰明而有作爲，其實反而形成拖累，此中哲理，對於生態保育之道，同樣深具啟發意義。

另外在〈秋水篇〉中，莊子也曾經透過北海若的語氣強調：

「牛馬四足是謂天，落馬首，穿牛鼻，是謂人。故曰：無以人滅天，無以故滅命，無以得徇名，謹守而勿失，是謂反其真。」（秋水）

這段話強調，人應順乎牛馬的自然天性，讓牠們的天足與本性不要受任何拖累，這才是「天」，也才是自然之道。反之，如果把馬頭用各種器具拴住，或者去穿牛鼻，以便爲人所用，那就成了人的干擾。

所以根據莊子，不要以人爲自我中心，去破壞自然本性，也不要以人爲本位主義，去破壞自然生命，能夠謹守勿失這種道理，才是「返眞」之道。這正是〈刻意篇〉中所說「守而勿失，與神爲一」之道，也才是眞正生態保育之道！

另外，莊子在〈天地篇〉中，也同樣表達了這種精神——不用機心，順應自然。他假托一位爲圃者，回答子貢說道：

「……有機械者必有機事，有機事者必有機心，機心存於胸中，則純白不備，純白不備，則神生不定；神生不定者，道之所不載也。」

這一段話，由反對「機械」而反對「機心」，可說深具現代啟發意義，本質上尤可視爲對近代「機械唯物論」的反對，而其強調回歸自然、回歸大道，返樸歸眞，更與現代環保學家強調的生命「直覺」深切相通。

加州柏克萊大學教授德瑞福（H.L. Dreyfus）兄弟曾出版一本名著《心靈超越機械》（Mind over Machine），其宗旨就在強調，即使在電腦化的機械時代中，也不能忽略人類生命直覺的力量；而且，「心靈具有理性所不及的認知能力。」[36]因此，值今快速發展的時代，我們固然一方面仍應精通高度科技，但另一方面至少也應在心靈上同時保持渾然天機，而不要自認聰明，誤以爲機械可以控制一切心靈，導致誤用科技，企圖控制一切自然，那就會形成對大自然的嚴重破壞，深值警惕與重視。

此所以美國國家科學研究院曾在一九八九年出版一本《科技與環境》（Technology and Environment），文中特別反省科技時代中的環境問題，並明白主張應以「非物質化」（De-materialization）[37]爲努力目標，深具啟發意義，其宗旨與莊子亦頗能相通。

另外，在〈大宗師〉中，莊子也曾指出：

「夫大塊假我以形，勞我以生，佚我以老，息我以死，故善吾生者，乃所以善吾死也。」

本文所說的「大塊」，可以說大自然，也可以說地球，同樣深具環保意義。正因大自然（與地球）對人類提供了一切生命資源，從生到死，人類均有賴於大自然（與地球）的善養，因而人類應以同樣善意回饋大自然（與地球）。這正是當今西方環保運動大聲疾呼「拯救地球」（Save the Earth）的重要精神，也是宋代新儒家張載待地球（乾坤）如父母的精神，眞可說不但中西相通，儒道也很相通。凡此相通共識，正是今後最需加強環保教育的重點！

所以，莊子在〈天運篇〉中，曾經藉孔子拜見老子的寓言，說明自然萬物各有其性，「性不可易」的道理。老子對孔子說：

「白　之相視，眸子不運而風化，蟲，雄鳴於上風，雌應於下風而化，類自爲雌雄，故風化。性不可易，命不可變，時不可止，道不可壅。苟得於道，無目而不可，失焉者，無目而可。」

事實上，莊子在此所舉的例證，全是自然界的萬物本性，充份顯示莊子對自然界觀察之精細入微，尤其他所強調，對待萬物應得乎其道，對於當今保護鳥蟲生態的新趨勢，也很有重大啟發意義。

至於孔子的答覆，同樣也以自然界的生態爲例，他強調：

「烏鵲孺，魚傅沫，細要者化，有弟而兄啼，久矣夫丘不與化爲人！不與化爲人，安能化人！」。

換句話說，孔子也指出，鵲鳥是孵卵而化育，魚類則是傳沫而生子，蜂類昆蟲爲化生，生了弟弟，哥哥就會啼，凡此種種，均爲萬物各類的本性，不可勉強。最後孔子感嘆，太久未親近自然、冥同大化了，如果不能冥同大化，又如何對人教化呢？莊子此中寓言在今天仍然警惕作用。其主要精神在強調，一定要能先與自然萬物各類化爲一體，才能設身處地，瞭解其本性，眞正得其情。這種「同情的瞭解」，正是當今生態保育中極重要的精神，深值重視弘揚！

另外，莊子在〈齊物論〉還有段內容，也很能發人省思：

「今且有言於此，不知其與是類乎？其與是不類乎？類與不類，相與爲類，則與彼無以異矣。」

雖然本段原先傳以「言論」歸類爲比喻，但同樣可以「人類」與「非人類」爲比喻，代表不論人類或非人類，均爲生命類，所以根本無需再分彼此。這才算眞正達到了同情體物的精神，深值重視。

事實上，史懷哲（Albert Schweitzer）也曾有類似的省思與呼籲。當他在非洲看到沼澤中的河馬，成群戲水，親切而率眞地群居時，他深深覺得，人類爲什麼要去刻意破壞這天倫之樂呢？人類爲什麼要爲了本身的私利去捕殺無辜呢？經過深刻省思之後，史懷哲提出了著名的呼籲：「尊重生命」（Reverence for life），以及「悲憫爲懷」（Compassion for pain）。這裡所說的「生命」以及「悲憫」都並不只以人類爲對象，而是將萬物各類都列爲關心對象，此中精神便是一種「將心比心」的重要例證。

所以，雖然莊子上述所講的不是河馬，〈馬蹄篇〉所講也是陸上的馬，但其中精神胸襟卻完全是相通的。

史懷哲透過對河馬的觀察，而呼籲人類，要有一種「以倫理爲中心的世界觀」，㊳能夠擴大心胸，不要只以人爲中心，而能把整個自然一起納入關心，做爲倫理的對象，這不但與中國哲學完全一致，也正是當今環境倫理學的中心理念，深值東西方共同重視與弘揚！

綜合而論，本段所談人對自然的理念，不論老子或莊子，都在強調人要能與「大道」融合爲一，才能眞正認清自然。而「大道」，一言以蔽之，就是生成整個大自然最根源的生命體。根據道家，這一個大生命體生發創造萬物，促使一切自然萬物都充滿生意，因此可說是一種「萬物在道論」，這也正相當於儒家所講的「萬物含生論」。

尤其，這種精神肯定：人對自然不能只從物質表象去看，而要體認一切自然萬物背後，都通到共同的生命根源——那就是「大道」。在此大道之中，不但物物含生，而且物物相關，共同以生命相連貫。這也正是當代西方環境倫理學中很重要的中心信念。

這種信念，如果用萊布尼茲（Leibniz）的比喻來講，就好比單子論（Theory of Monads）——從一切個別單子（猶如自然一切萬物）背後，通通可以追溯到一個「中心單子」（Central Monad），彼此間並共同形成「預定的和諧」（Pre-established Harmony）[39]。這個「中心單子」，即萊氏所說的「神」，也相當於老子所說的「道」，或莊子所說的「道樞」。而「預定和諧」更如同老子所強調的「沖之以爲和」，[40]或莊子強調的「和之以天倪」。[41]凡此相通之處，都共同肯定人和自然應和諧共處，絕不能任意破壞平衡，也正是當今環保哲學中極重要的共識，深值重視。

此中道家與萊氏最大不同之處，在於萊布尼茲仍然認爲，單子之間「沒有窗戶」（no window）——亦即代表物與物之間無法直接溝通。但根據道家精神卻更進一步，認爲單子與單子中間可以有窗戶，也就是相互能夠旁通，並且「彼是相因」，融貫互攝，這對當今環保哲學尤具重大啟發意義。

第二節　對萬物的看法

本節所論道家對萬物的看法，可說道論中「道用」的部份。若用莊子的話，一言以蔽之，即「齊物論」中的論點，視一切萬物旁通而又平等。

方東美先生曾用兩句英文術語，說明「道體」與「道用」的不同，很有啟發意義。一方面，就「道體」而言，「道」是一切自然萬物的根源本體，因而它是一種："really real reality"，可稱為「眞而又眞之眞實」。另一方面，就「道用」而言，因為追溯萬物根源的過程玄之又玄，形成「衆妙之門」，其中需要不斷的往上超越提昇，因而又可稱為"mysteriously mysterious mystery"，此中歷程就是「神而又神之神奇」。

所以扼要而言，我們可以稱呼老子是一種「超越哲學」，不斷向上超越。而莊子則可稱為一種「無限哲學」，無限向上提昇。這兩者的共同宗旨，都在提醒人類——要不斷擴大心胸，提昇靈性。

那麼要大到什麼樣的程度呢？根據道家，就是要跟「道」一樣的大！這也正是莊子精神特色，必須要能「大其心」——以天為師、以道為師、以自然為師！這與新儒家張載所說：「大其心」以體天下之物，可說完全相通，也正是當今生態保育最需培養的胸襟與修養。

因此，莊子在〈天地篇〉中，就形容此等胸襟爲「至德之人」，其精神特色乃是：

「深之又深而能物焉，神之又神而能精焉，故其與萬物接也，至無而供其求，時騁而要其宿，大小、長短、修遠。」

換句話說，這種精神胸襟恢宏無比，不但能夠保生萬物，深之又深，並且能夠精力融貫，神之又神，所以其對萬物，能夠虛靜爲懷，不加干擾，可以供應萬物需求，順暢無礙，因而不論大小、長短、近遠的萬物，都能充份適應。

根據道家，唯有深具此種胸襟，才能產生對萬物的正確看法。此即莊子在〈天地〉篇中所說「夫道，覆載萬物者也，洋洋乎大哉，君子不可以不刳心焉」。而且，「道未始有封」，整個大自然萬物之間，絕不是一個封閉系統，在物與物之間，都能旁通而統貫。所以莊子才說：「唯達者知道通爲一」。這種達者，也正是今天環保人士最應有的心靈與胸襟！

另外，老子也曾強調：

「大道汎兮，其可左右，萬物恃之以生而不辭，功成而不有，衣養萬物而不爲主。」（三十四章）

換句話講，根據道家思想，大道流行，浹化萬物，融貫一切萬物之中，上下左右，也無所不在，所有萬物通通靠它才生長出來。但這個「生而不辭」的「辭」，並不是「推辭」的意思，在王弼注中本作「始」，代表道對萬物，生而不自以爲始，生而不佔爲已有。也就是說，大道生命融貫萬物，但並不爲天下先，大道生命衣養萬物，但也從不自以爲主。大道況且如此，更何況人？這種大道精神提醒人類，對萬物千萬不能心存佔有或企圖主宰，這在生態保育上，就尤具啟發意義。

另外莊子在〈天地篇〉中，也曾經有段寓言，深具同樣的環保意義。其中強調，黃帝遊乎泰水之北，在登上崑山之後，歸途中遺失了「玄珠」（象徵「大道」），他請「知」（象徵「知識」）去找，沒找到，請「離朱」（代表眼睛）、「喫詬」（代表言辯）去找，也都找不到，最後請「象罔」——象徵「無心」——去找，却找到了！

這段寓言，說明「唯有無心」才能順應萬物自然，符合眞正大道。所以唯有尊重萬物本性，才是大道所在。此中精神提醒人類，不要自以爲是，想征服自然，或自我中心，想役使萬物。唯有以無心的無爲眞正尊重自然，才能促進萬物生命蓬勃發展——此即「無不爲」，這也正是生命保育極爲重要的哲學基礎。

換句話說，老子所說的道「無爲而無不爲」，在此極具深意，也代表「道用」的功能無窮與偉大，莊子在〈至樂〉篇中也曾經說：「萬物職職，皆從無爲殖。故曰天地無爲也而無不爲也。」代表萬物能紛紛生長，均從天地的「無爲」、不干擾、不破壞而來。因此，天地大道的作用，看似無爲，其實仍無不爲，這種境界，深值重視。

要之，根據道家，大道之爲用，在於能將無窮生命普遍滲透到一切萬物，因而一切萬物都可以從大道中對生命力取之不盡，用之不竭。此即老子所謂「夫唯道，善貸且成」，（四十一章），這象徵大道如同一個廣大的生命能源寶庫，任何萬物如果感到生命疲乏、非常勞累，就應回歸到大道這個生命能源寶庫，重新恢復生命動力。

這就好比當今人們在現代快速社會中，長期感受工業化與都市化的壓力，便應經常回歸大自然，回到山林野外，以重新恢復新生命。這也正是今天先進國家重視山林保護區的宗旨與精神！

根據老子，這種精神就好像遊子回到慈母懷抱中一樣，重新得到慈母的溫暖。因此老子才強調「歸根復命」的重要：

「萬物作焉，吾以觀其復，夫物芸芸，各復歸其根，歸根曰靜，靜曰復命。」（第十六章）

換句話說，老子強調，一定要能認清，必需回歸天地之根——也就是自然大道，才能夠恢復萬物的生命活力。美國「國家公園」之父約翰·繆爾一生呼籲「回到山林」、「回到自然」，在此精神可說完全相通。他曾經強調：

「在深山的空氣中沉睡，是如何寧靜安詳，如同安息一般，然而一旦睡醒過來，又是如何快速復甦，如同新生一般。」㊷

這種體驗，只有親臨深山自然之中，才能瞭解，其中深意對於久居都市的人們，尤具重大啟發意義。

根據老子，瞭解這種常道的才算「明」智，不知而妄動，就會成凶。唯有知此常道，才能無所不包，形成公道，符合自然，並且足以永固不殆。此即其所謂「知常容，容乃公，公乃全，全乃天，天乃道，道乃久。没身不殆」。㊽此中深義對於當今生態保育，甚具重大啟示。

値得重視的是，老子強調，整個天地萬物不但是一種開放的生命系統，同時也是一種旁通的機體系統。此所以老子特別強調：「曲則全」。這句話看似講人與人的關係，其實同樣可應用在人與物的關係。也就是說人類如果能自我節制，不自大，不自傲，不以自我爲中心，也不駕淩於萬物之上，那麼看似委曲自己，其實反而可以保全萬物，進而透過生態保護而保全自己。根據老子，唯有如此，才能深入體認大道精神，也才可以周全的保存萬物生命，因此老子明白指出：「成全而歸之」，正是這種深義！

另外，老子所講福禍，也是同樣的道理：

「禍兮福之所倚，福兮禍之所伏。孰知其極？其無正。」（第五十八章）

換句話說，若從整體或長遠眼光而看，則天下沒有那一件事情是絕對的，其中的得失禍福往往都是相對的，有得必有失，有福也必有禍。在生態保育中，有句重要名言，即是「天下沒有白吃的午餐」，代表一個人看似白吃了午餐，其實以後必會付出重大代價。同樣情形，人類表面看似征服自然，可以任意利用萬物，甚至役使自然，但長期破壞的結果，必定會帶來無數的副作用與後遺症，形成自然的全面大反擊，以致原先看似爲「福」的，其實隱含了不少「禍」！

因此，根據老子，「正」與「奇」，「福」與「禍」，「善」與「妖」，都是彼此相生，互爲因果。此其所謂「正復爲奇，善復爲妖」。這種相待而存的理論，也正是儒家所講的「旁通」道理。

易經的六十四卦中，凶裏面會含吉，吉裏面也有凶，陰中有陽、陽中也有陰。樂到了極點就會樂極生悲，但是否到了極點也會否極泰來。道家裏面，也肯定同樣的道理，強調陰陽互盪之理。此即老子所稱「萬物負陰而抱陽，沖氣以爲和」（第四十二章），莊子則稱爲彼是相因，所以強調：「彼生於是，是亦生彼。」（齊物論）。

這種萬物「彼是相因」之理，如果只從個別、孤立的眼光來看，不一定看得清楚，甚至會以爲各個物體零散存在，好像是一盤散沙。但是如果從大道的整體眼光來看，就可以看出來彼是相因，彼此都有關連，形成和諧的機體統一。此所以莊子強調「彼是莫得其偶，謂之道樞」，只有把握這一道樞爲中心，才能領悟宇宙中物物相關等無窮奧妙，此其所謂「樞始得其環中，以應無窮。」[44]

因此，莊子在〈齊物論〉中特別強調：「非彼無我，非我無所取」。這不但代表人與自然之間相互依存的關係，也代表物與物之間旁通互攝，息息相關，正是今天最需要弘揚的環保哲學。

所以老子在五十四章中也特別指出，設身處地，同情體物的重要性。此其所謂，應該「以身觀身，以家觀家，以鄉觀鄉，以天下觀天下」，他並指出，「吾何以知天下然哉？以此。」他認爲，必需以天下整體眼光曠觀天下，才能眞正掌握其中旁通融貫之道，這在環保哲學中同樣深具啟發。

另外，莊子也強調，「自其異者觀之，肝膽楚越也」。然而，如果「自其同者視之，萬物皆一也。」（德充符）如果更擴大心胸而言，那不但整個中國好像一家人，整個地球也好像是一家——這正是今天環境倫理中很重要的「地球村」觀念。

換句話說，如果亞洲的海洋生態被破壞，同樣會影響到大西洋，而大西洋的污染也會影響到美洲。如果歐洲或者蘇聯有過多的核子試爆，久而久之，也會影響到其他各洲空氣與生物。如果全球各地都輕忽了廢棄物燃燒，不斷污染結果，更會造成整個臭氧層破壞，以至全球氣候變化都會形成「溫室效應」。所以整個地球，就好像是一個完整的生命體，牽一髮而動全身，不能只從個別孤立或割裂角度來看。

因此，莊子非常強調，不能拘限於零碎的知識，也不能自囿於片面的觀念，因爲這些都會對整個大道視而不見。此所以莊子在〈秋水篇〉中特別指出，

「以道觀之，物無貴賤，以物觀之，自貴而相賤。」

換句話說，如果能從整個大道流眄統觀，便知萬物都是彼此相關，形成一體，因而萬物都是平等的，也都是相通的，沒有什麼貴賤之分。然而如果只從個別「物」的本位立場去看，那就會「自貴而相賤」，彼此相排斥。

因此，莊子特別強調，人們對萬物，應提神太虛，從整體的大道統合宏觀，然後便知人的生命固然可貴，但是對貓狗等動物的生命也不能忽視，另外對一切樹木植物的生命也不能夠輕視，甚至對一切花草瓦石的生命也不能夠忽視。唯有以這種「大道」的心靈，壁立萬仞，放曠慧眼，才能領悟萬物沒有貴賤之分。因爲道是無所不在的，而且一切萬物都是互通爲一，此即莊子所說的重要名言：「道通爲一」。

所以莊子曾經明白指出：「無爲而尊者，天道也」，㊺能夠不干擾萬物而且尊重萬物生命，才是眞正天道，這對生態保育尤其深具啟發意義。

根據莊子，一切萬物，不論表面如何貴賤不同，其實本質均能平等相通。所以他曾在〈至樂篇〉舉出各種形形色色的大小動植物，強調物物均能相通，可說在幾千年前，即已肯定了生態保育中極爲重要的原則：

「種有几：得水則爲㡭，得水土之際則爲鼃蠙之衣，生於陵屯則爲陵舄，陵舄得鬱棲則爲烏足，烏足之根爲蠐螬，其葉爲蝴蝶。蝴蝶胥也化而爲蟲，生於竈下，其狀若脫，其名爲鴝掇。鴝掇千日爲鳥，其名爲乾餘骨。乾餘骨之沫爲斯彌，斯彌爲食醯。頤輅生於食醯，黃軦生乎九猷，瞀芮生乎腐蠸，羊奚比乎不箰，久竹生青寧，青寧生程，程生馬，馬生人，人又反入於機。萬物皆出於機，皆入於機。」

換句話說，莊子用了很多空中、地面與水底的例子，說明一切萬物均能循環相通。其中所提很多動植物的名字，從今天用語來看，似乎陌生，但在最新生態學中，却已經有很多實例證明，的確很多動植物皆物物相關，環環相扣，並且互爲循環，成爲機體統一的「生命圈」（life cycle）。另外很重要的一點，就是一切萬物皆含生機，正如莊子所說，「萬物皆出於機，皆入於機」！這種生命循環互通、萬物出入生機而無礙的道理，正是當今生態保育極重要的中心思想！

另外，莊子在〈寓言篇〉中更明白指出：「萬物皆種也，以不同形相禪，始卒若環，莫得其倫，是謂天均。天均者天倪也。」

換句話說，莊子很早就指出，萬物雖然均屬各個不同種類，然而只是以不同的形態傳流後世，其中的生命本質如同「環」一樣，始終未變，而且其中物物相通，就如同「環」一樣沒有端倪。如此天然循環的道理，就叫「天均」，又叫「天倪」，這也正是一種天然平衡的道理，與當今生態保育中所說「生命圈」的特性，可說完全不謀而合。

扼要而論，莊子對環保哲學的重要貢獻，在於他不但肯定「萬物相關」，而且強調「萬物含機」，尤其明白指出「萬物相因」，互爲循環。所以他對老子「有無」相反的部份，進一步強調要「和之以天倪」，如此把「有」跟「無」的辯證兩極，從整體大道加以調和，並肯定彼此相互依存，這不但形成了交融互攝的有機系統，也形成了平等互重的同情系統，對環保哲學而言，尤其深具重大的啟發。

另外，莊子在〈應帝王〉中，也曾經強調：

「至人之用心若鏡，不將不迎，應而不藏，故能勝物而不傷。」

換句話說，根據莊子思想，眞正的至人或聖人，能夠以大道統攝萬物，認清萬物之間彼此相通，彼是相因，因而絕不會去傷害萬物，殘害生機。此所以在〈齊物論〉中，莊子曾說：「彼是方生之說也，聖人不由，而照之於天」。正因聖人能用整體的最高眼光曠觀一切萬物，因而最能夠以同情瞭解的精神，超脫一切是非邊見，而達到周全的和諧。

這也正是莊子所謂：「聖人和之以是非，而休乎天均」。㊻此地所說的聖人修養，正可說是現代環保人士所需要的精神修養，能夠用最高度的慧眼提神太虛，然後再俯覽萬物，因而足以體貼萬物，並調和萬物。

這種精神，若用莊子在〈逍遙遊〉中的比喻，就如同大鵬鳥扶搖而直上九萬里，在高空之上俯視一切萬物，玄覽一切衆生，因而才能深深體悟，一切萬物衆生均爲平等。此即其「齊物論」的重要根據，亦即其所強調「獨與天地精神往來，而不傲倪於萬物，不遣是非而與世俗處」。這種肯定萬物平等的精神，對於生態保護而言，正是極爲重要的一項中心信念！

因此總括而言，莊子對萬物的看法，一言以蔽之，就是「齊物」論。這代表他充份瞭解，萬物不但相通，而且萬物彼此平等，有了這種體認之後，才能化除相互傷害、排斥與敵意，而眞正做到「與萬物爲春」，體認整個自然萬物充滿春意，也充滿生機。

根據方東美先生的申論，「齊物論」代表一種「相對論的系統」，是一種"The system of Essential relativity"。他曾經分述其中四種精神特性。若從環保眼光來看，這每項均對生態保育深具啟發意義，並且與環境倫理學四項原則——「尊重生命」、「物物相關」、「機體主義」、「物有所歸」均能一一相符，深值扼要闡論：㊼

第一，齊物論代表一種「包舉萬有、涵蓋一切之廣大悉備系統」，在這個廣大的萬物系統裏面，所有的萬物「各適其性，各得其所」。

換句話說，根據莊子，「天道運而無所積，故萬物成」，[48]一切萬物——不論大的生物，或小的生物，都分受了天道運行的生命，因而都有其平等的生命尊嚴，沒有任何一個生物可以凌越其他生物而存在，這就叫做「齊物論」。代表所有萬物在生命尊嚴上，都是同樣重要，同樣平等。這正是今天環境倫理學中最重要的「尊重生命」原則。

另外，莊子在〈天道篇〉中，也明白強調：「夫道，於大不終，於小不遺，故萬物備，廣廣乎其無不容也，淵乎其不可測也。」這段充份強調，大道的生命力賅備萬物，融貫萬類，不分大小，鉅細靡遺。正因一切萬類大小存在，均來自此大道，所以在生命意義上也均爲平等。能夠追溯這種本源，做到「極物之眞，能守其本」的人，就可稱爲「至人」，這種「至人」，同樣也是現代環保人士很應效法的精神典範。

在莊子心目中，大鵬鳥固然有其非常雄偉的生命價值，但小麻雀、斑鳩，也各有其不容貶抑的生命價值。這正如同民主政治中，肯定人人生而平等，大英雄固然有其顯赫的歷史地位，但小市民同樣有其不能抹煞的生命尊嚴。尤其根據莊子，一切萬物各適其性，各得其所，不能說大英雄的生命意義一定就高過小平民。這種精神在政治哲學上，就形成了民主政治的最勝義，在環保哲學上，則形成了「尊重生命」並且肯定一律平等的重要原則。

第二，方先生又強調，這一種相對性的系統又是一種「交攝互融」的系統，其中一切存在和性相皆彼是相需，互攝交融，絕無孤零零、赤裸裸、而可以完全單獨存在者。

此所以莊子在〈齊物論〉中曾說：「類與不類，相與爲類，則與彼無以異矣。」這代表萬物不論同類或不同類，若從更高的生命宏觀來看——莊子稱爲「眞君」或「眞宰」，都是屬於同一大類，因而彼此也就沒有什麼差異。

換句話說，放眼萬物，除了人「類」之外，其他動物「類」、植物「類」、或草生「類」、木生「類」，卵生「類」、胎生「類」，乃至岩石「類」……等等，看似不同，但若從更高的「眞君」或「眞宰」眼光來看，則均爲自然中的生命類，也均爲「地球村」中的成員。因而就此而言，其間各類並無不同，均應肯定其有平等的尊嚴與權益，這對生態保育而言，就特別深具重大的啟發意義。

另外，莊子也曾強調：「物無非彼，物無非是，自彼則不見，自知則知之。故曰彼出於是，是亦因彼。」〈齊物論〉這代表任何萬物的存在，都是彼是相需，絶不會孤立片面的存在。這就好像魚跟大海，完全是彼此相需的互融關係。魚類若脫離大海，只能用口水相濡以苟生，那就變成孤零零、慘兮兮的存在，必不能長久生存。同樣情形，海水中若毫無生物，或海中生態受到破壞，同樣嚴重影響海洋生命。這種互爲因果的交攝互融關係，在〈齊物論〉中更明白稱爲：「是亦彼也，彼亦是也。」

因此，根據莊子，萬物之間關係，就好像雨滴融入大海一樣，「個體」與「整體」相互旁通，彼此相需。這也正是生態保育中，「物物相關」、「萬物相環」的重要原則，深值體認並弘揚光大。

第三，根據方東美先生所說，莊子這種實質的相對性系統，又可形成一種「相依互涵系統」，「其間萬物存在，都各有其內在的涵德，足以產生相當重要的效果而影響及於他物，對其性相之形成也有獨特的貢獻」。

換句話說，莊子肯定一切萬物均有其內在的生命意義與價值，不需附屬人類才能存在，它們一方面絕不是人類的工具，更不是人類的奴隸。二方面在大宇長宙中各有其貢獻——不論貢獻多少，但均有其不可抹煞的貢獻。

這種精神正如同西方「生態保育之父」李奧波（A. Leopold）名言，雖然只是一朵小草花，但也「很努力的完成了它的生命貢獻」。[49]這種萬物觀，不但極爲生動，也重視互動，正與當今環保哲學中的「機體主義」精神，極爲相通。其中肯定萬物相互依存，因而任何一處破壞均足以牽一髮而動全身，造成整體的深遠影響，對今天的環保工作就尤具深遠啓發。

此所以莊子在〈大宗師〉中，曾經借孔子之口而強調：「魚相忘於江湖，人相忘於道術」，這代表人類與魚類各有其本身活動空間，因而各有其獨立的生命內在意義與價值。不能任意輕忽。唯有「奇人」（古作畸人），能夠超越一般俗人自我中心的毛病，並能上與天同，效法天心，所以才能體認此中至理，此即莊子所謂「畸人者，畸於人而侔於天。」[50]今天有些生態保育者的觀念，在一般俗人看來，可能覺得奇怪，甚至認爲迂腐，但若大家眞能共同擴大心胸，提昇靈性，效法天心，便知「奇人」此中精神確實極具恢宏胸襟。

第四，方先生更進一步提到，在這個系統裏面「達道無限，即體顯用」，而其作用之本身——也就是講這個大道的道用本身「絕一切對待、與條件限制，盡攝一切因緣條件至於纖微而無憾，然卻又非此系統之外任何個體所能操縱左右。」

換句話說，這個大自然萬物所形成的機體系統，不但有無限的開放性，足以完成一切萬物生命潛能，也有無限的可能性，足以邁向更高的價值理想。

我們在此，可用現代學術用語，稱莊子的道「體」爲「substance」，但是這個「體」乃蘊涵在一切個別存在中，以顯現其大用，所以可以稱之爲「即體顯用」，即現象即本體，而且體用不二。這種精神應用在生態保育的意義，就代表不論從任何一個渺小物體中，都可以肯定其代表萬物大道，從任何一個存在的「小用」，都可以顯示出「大體」。

因此，莊子曾經明白強調：「天地一指也，萬物一馬也。」[51]整個天地大化流行的生命，可用「一指」的象徵手法表現，整個萬物的機體存在，也可用「一馬」的機體象徵。所以自然萬物看似紛然雜陳，其實均與大道生命融貫爲一，此即莊子所稱「詼譎詭怪，道通爲一！」[52]

這種精神，相當於西方所講的「一花一生命，一沙一世界」。華嚴宗所說，「一即一切，一切即一」，「青青翠竹，盡是法身，鬱鬱黃花，無非般若」，「處處都是華嚴界，個中那個不毘盧」，都是同樣道理。能夠如此從小看大，由小生命看出大道理，與現代環境倫理學中「物有所歸」的原則也很能相通。

這項原則代表，若對一切萬物歸根溯命，歸納一切萬物生命的背後根源，則知其最終匯通處均爲「大道」的生命，從而可以肯定一切萬物均來自同一母體，因此，不能任意抹煞或否定。這也正是當今生態保育中極重要的中心信念。

總之，根據莊子精神，他對一切萬物，均能以和諧統一的整體眼光來看，此所以他在〈在宥篇〉中明白強調：「我守其一，以處其和。」因此整體而論，莊子對萬物的看法，若用一言以蔽之，就是「唯達者知道通爲一」。[53]一切萬物看起來林林總總，形形色色，有很多存在形態，但若用整體大道的觀點來看，則在最終點，仍然「道通爲一」——均由大道的生命發而爲用，因此可以明確肯定萬物的平等性、互通性、價值性，以及和諧的統一性。這種精神不但深符環境倫理學的四項原則，而且更爲深刻與完備。

尤其，莊子常以「聖人」代表通達大道的精神人格，其胸襟與慧心，同樣很能做爲當今環保人士的重要典範。

例如莊子曾經強調：「聖人者，原天地之美而達萬物之理」。眞正的聖人（亦即當今環保的理想人格），能夠追溯天地大美的根源，體認一切萬物之中都充滿盎然生意與悠然情趣，所以絕不會任意破壞自然生態。此即莊子所謂「是故至人無爲，大聖不作，觀於天地之謂也。」唯有如此，才能體會萬物之中相互依存、彼此旁通、交融互攝，而又各有生命內在價值與尊嚴。也唯有如此，才能做到「聖人處物而不傷物」（知北遊），凡此種種道理，均爲當今環保哲學中極爲重要的觀念。

另外，在〈齊物論〉裏面，莊子也曾特別強調：

「聖人和之以是非，而休乎天鈞，是之謂兩行。」這裡所說的「天鈞」、猶如「天均」，代表聖人能從精神高空流眄萬物，因而得以肯定萬物均爲平等，無分彼此，從而可以體認出整體宇宙和諧的統一性。

換句話說，莊子心目中的「聖人」，就是能用機體主義「和諧統一」的精神，曠觀一切萬有生命。此其所以在〈天地篇〉中說：「通於一而萬事畢。」另外在〈知北遊〉中又說：「通天下一氣耳」、「聖人故貴一」。根據莊子，只要對大道「守而勿失」，即可「與神合一」（刻意），而且，「聖人達綢繆周盡一體矣。」（則陽）因此足以通達萬物，渾然同爲一體，凡此種種，均可證明莊子非常重視「和諧統一」的萬物觀。能有這種體悟的人，在莊子即稱爲「聖人」，在現代，即爲理想的環保人士。

除此之外，莊子在〈大宗師〉內，也曾經強調：「聖人將遊於物之所不得遯而皆存」，代表聖人深具「藏天下於天下」的胸襟，所以深知「道」無所不在。正因他能與道同心，因而最能把握和諧統一的精神，以此貞觀萬物。

另外，莊子也曾指出，「眞人」係「天與人不相勝也」，[54]而且肯定天與人能夠和諧並進，也是同樣道理。此所以在〈天道篇〉中，他同樣強調：「天樂者，聖人之心，以畜天下也」，代表聖人之心乃在順應天然，然後才能保育天下。

事實上，這種肯定和諧統一的機體觀，在老子就曾經特別強調。此其所謂：

「昔之得一者，天得一以清，地得一以寧，神得一以靈，谷得一以盈，萬物得一以

生，侯王得一以爲天下貞，其致之一也。」（三十九章）

本段所強調的「一」，即「大道」，同樣代表一種「和諧的統一」。「和諧」代表不要被破壞，「統一」代表不要被割裂。兩者合而言之，正是今天保護生態不被割裂，並且維護環境不被破壞的重要哲學基礎。

所以根據老子，天若「得一」，則可清明，不致污染，地若「得一」，則可安靜，不受破壞，神若「得一」，則可充靈，不致消歇，山谷若「得一」，則可充盈，不會枯竭。擴而充之，對大自然生命來講，萬物都要能有和諧的統一，才能生生不息，如同政治也要有和諧的統一，才能安定天下。凡此種種，都肯定同樣的重要道理——那就是「和諧的統一」！

因而，老子還曾經從反面警告：

「天無以清將恐裂，地無以寧將恐廢，神無以靈將恐歇，谷無以盈將恐竭，萬物無以生將恐滅。」

這一段內容，同樣也可看成對今天環境危機的深沉警告——天若無法清明，則必定會破裂（如同「臭氧洞」的產生），地若無法寧靜，則必定會傾裂（如同各處大地的傾裂），山谷若無法充盈，則必定會枯竭（如同湖泊、水庫等在污染下逐漸喪失生命），而萬物若無法維持生態平衡，更必定會絶滅。這也正是對一切野生動物瀕臨滅絶的極大警惕！

所以莊子在〈在宥篇〉中，曾經藉黄帝問廣成子的對話，指出人們應該順應萬物本性，否則自認愛之，結果是反而害之。

黄帝問：敢問「至道之精」。並強調「吾欲取天下之精，以佐五穀，以養民人，吾又欲官陰陽，以遂群生，爲之奈何？」其動機雖然很好，很想有所作爲，但廣成子卻答以，「而所欲問者，物之質也，而所欲官者，物之殘也。」代表黄帝所問的內容，雖然是萬物的本質，但其作爲，却在摧殘萬物。

因此，莊子透過廣成子指出，一定要能「守其一，以處其和」，謹守萬物本性，眞正把握萬物和諧的統一，與萬物和睦相處，才是眞正愛護萬物之道！

另外，莊子〈在宥篇〉中也強調：

「夫有土者，有大物也，有大物者，不可以物，物而不物，故能物物。」

這代表擁有國家者，擁有土地很大，影響萬物也大，但這種擁有萬物的人，應該使萬物均能自得，不能心存征服萬物。唯有如此，才能促使萬物各自完成生命潛能，也才可以治理百姓，並且足以「出入六合，遊乎九州」。如此精神上能與天地獨往來，才能稱爲「至貴」。這種胸襟與氣魄，也正是今天環保人士與環保政策極重要的精神格局。

因此，莊子在〈養生主〉中，也曾提到一個生動的例子，強調人們應順應萬物本性的至理：

「澤雉十步一啄，百步一飲。不蘄乎樊中，神雖王，不善也。」（養生主篇）

這段強調，在沼澤旁邊的公雞，每十步就低下頭吃東西，每百步就喝一口水；如此的悠然自在，仰俯自得，是何等恬淡的自然之美！所以牠們並不願意被人們養在在籠子中，那樣看起來好像很舒服，不需要辛苦覓食，其實卻是很受束縛，違背自然。

從這一例證中，我們充份可以看出，莊子的確深具生態保育的精神。他強調一切作爲應以順應自然本性，才是眞正的「善」，也正是當今環境倫理學中極重要的觀念。

另外，在〈至樂篇〉中，莊子同樣有一段寓言，深具生態保育的意義：

「昔者海鳥止於魯郊，魯侯御而觴之於廟，奏九韶以爲樂，具太牢以爲膳。鳥乃眩視憂悲，不敢食一臠，不敢飲一杯。三日而死，此以己養養鳥也，非以鳥養養鳥也。」

在這段中，莊子特別強調，眞正養鳥的正確之道，應順應鳥的自然本性，將其放歸山林，這才是「以鳥養養鳥」；而絕不能自以爲是，只從人類的本身習慣出發，如此一廂情願，「以己養養鳥」，不論如何對鳥待以大禮、奏以國樂、饗以大餐，鳥類仍會悲戚不已，三日而死。這樣一來，人類自以爲愛之，其實只有害之！

事實上，這種精神，也正是當今保護自然萬物應有的正確態度。此所以莊子曾經明白提醒人們：「魚處水而生，人處水而死，彼必相與異，故好惡故異也。」

莊子在本段中指出，魚必需在水中才能生長，人若在水中則會死亡。正因一切萬物自然本性不同，所以人類也應尊重大自然萬物各別的差異性，不要強求其同。此其所謂「故先聖不一其能，不同其事」。55唯有如此，尊重自然萬物的不同本性，才是眞正「修達而靜持」之道，這也才是眞正生態保育之道！

另外，莊子在〈馬蹄〉篇中，也同樣再以馬爲例，說明人們應順其「眞性」，才合乎保護自然之道：

「馬，蹄可以踐霜雪，毛可以禦風寒，　草飲水，翹足而陸，此馬之真性也。雖有義臺路寢，無所用之。及至伯樂，曰：我善治馬。燒之、剔之、刻之、雒之，連之以羈馽，編之以皁棧，馬之死者十二三矣。饑之、渴之，馳之、驟之、整之、齊之。前有橛飾之患，而後有鞭　之威，而馬之死者已過半矣。」

換句話說，根據莊子，馬蹄可以踐履霜雪，它的毛可以抵禦風寒，餓了就吃草，渴了就飲水，高興了就翹足而跳，這些都是馬的眞性，也是馬的天性。雖有高台大殿，都没用處。但是伯樂卻自命不凡，自認爲「善治馬」，結果用鐵燒它，用刀剪毛，削馬的蹄，又烙印作記號，並用勒絆加以約束，還用木編爲棚欄來強留它。如此一來，無形中就已經折騰死了二三成的馬匹。

然而，不只如此，伯樂了爲了要訓練馬，有時候還讓馬飢餓、乾渴、奔馳、快跑，前面用東西引誘它，後面又用鞭子來抽打它，結果馬又死了一大半。即使眞正剩下的馬，也完全是在人們控制下的奴隸，再也不是順應馬本身天性而獨立存在了。

因此，我們從這文字，可以清楚看出，莊子的確堪稱高明的生態保護家。因爲他一再呼籲人們，要能對大自然所有萬物，都用尊重其本性的態度相待，而千萬不能只用人類本身的功利角度去看，更不能只把自然萬物看成是人類的奴役對象。莊子強調，唯有眞正順應天然萬物本性，放任無爲，才能眞正形成「天放」。這也正是當今生態環保中極重要的觀念。

另外，莊子在〈馬蹄〉篇中，也有一段深值注意的內容：

「同乎無欲，是謂素樸。素樸而民性得矣。及至聖人，蹩　爲仁、踶跂爲義，而天下始疑矣。澶漫爲樂，摘辟爲禮，而天下始分矣。故純樸不殘，孰爲犧尊！白玉不毀，孰爲珪璋！道德不廢，安取仁義！性情不離，安用禮樂！五色不亂，孰爲文采！五聲不亂，孰應六律！夫殘樸以爲器，工匠之罪也。毀道德以爲仁義，聖人之過也。」

換句話說，莊子在此，同樣再次強調自然之美，強調「性情不離」。他並明白指出，人們千萬不要「殘樸以爲器」，否則玉器的雕刻，看起來好像配合人的欣賞，其實卻正是工匠之罪。

總而言之，根據莊子精神，人們對大自然萬物，千萬不能心存役使，一定要能充份尊重萬物本性，促使和諧並進，不能自己任性妄爲。此中精神，正與老子所說完全吻合：「復衆人之所過，以輔萬物之自然，而不敢爲。」56，今天我們深思這種精神，肯定人們應以順應萬物本性爲準，然後才能拯救以往人爲的過失，此中精義對生態保育的確深具啟發，非常值得體認與弘揚！

第三節　對衆生的態度

道家對衆生的態度，可以從其「道相」乃至「道徵」的內容中歸納而知。

有關道相，老子在《道德經》十四章說得很清楚：

「視之不見名曰夷，聽之不聞名曰希，搏之不得名曰微，此三者不可致詰，故混而爲一。其上不皦，其下不昧，繩繩不可名，復歸於無物。是謂無狀之狀，無物之象。是謂惚恍。迎之不見其首，隨之不見其後。執古之道，以御今之有，能知古始，是謂道紀。」

換句話說，道的表相，看不見、聽不到、也摸不著，其形象看似無從探究，其實乃因與整個天地萬物混而爲一。根據老子，大道因爲不受任何形體限隔，所以沒有形狀，也沒有物象，看似惚恍，其實中間正有緜緜無盡的生機。這種無窮的生機既能貫串古今，也能浹化衆生，這就是「大道」的重要特性。對於當今生態保護極具啟發作用。

另外，老子在廿一章中也說：

「道之爲物，惟恍惟惚，惚兮恍兮，其中有象，恍兮惚兮，其中有物。窈兮冥兮，其中有精。其精甚眞，其中有信。」

這代表對於「道」，不能只從表面形象去捉摸，因爲其中自有生命精氣融貫萬物。而且這種道「自古及今，其名不去，以閱衆甫」。衆甫代表衆生萬物，根據老子，一切衆生均由大道所生產創造，所以老子最後問道：「吾何以知衆甫之狀哉？以此。」他何以知道衆生充滿生命精氣呢？即因他對大道的體認，深知大道代表眞力彌漫的生命根源，所以大道所融貫的衆生也充滿生命精氣，應該加以尊重與珍惜，這對當今生態保育便成爲很重要的啟發。

那麼，面對勁氣充周的衆生，人們應該以何種態度相待呢？

根據老子，人對萬類衆生的態度，應充滿慈惠之心。有的時候他也用「孝慈」二字，代表不只對自己的父母「孝」，也應對整個大道要「孝」。此即老子所謂：「絶聖棄智，民復孝慈。」57

這段話前半句看起來好像要去絶聖棄智，其實此處的「聖」與「智」，乃是自以爲是的「僞聖」與「假智」，並不是眞正的聖與智。所以老子強調，要去除這種虛矯的假聖與虛妄的假智，而眞正復歸純樸的孝慈之心。

「孝」通常是指對父母親孝，父母親在此象徵什麼呢？就是象徵天地。老子在此處，尤其是指身爲「天下母」的大道。代表人們應以孝敬之心對待大道，善加照顧，並且應用慈惠之心對待衆生，把一切萬物都看成同根生一般的兄弟，善加愛護。這正是今天極重要的生態保護之道。

另外，老子在第八章中也曾強調：「上善若水，水善利萬物而不爭」。換句話說，眞正瞭解生態保育的人士，就應像水一樣，善於滋養保護萬物衆生，而絶不和萬物相爭。這種態度能對治當今環保的危機。因爲當今太多人想與萬物相爭，結果便造成大量破壞與污染，以致看似暫時得逞，其實，從整體與長遠來看，對人類與地球均爲害極爲深遠。

所以老子曾經明白指出：「居善地，心善淵，與善仁，言善位，正善治，事善能，動善時」，這些充滿「善」的善心與善法，正是當今環境倫理深值效法之處！

除此之外，老子在廿七章中，還曾進一步強調：

「是以聖人常善救人，故無棄人，常善救物，故無棄物，是謂襲明。」。

換句話說，老子對於任何個人或任何萬物衆生，都常懷「救人救物」的心情。以往常有人誤以爲老子是「出世」、「悲觀」、「消極」，由此可見完全錯誤。事實上老子是一位深具慈悲胸懷的哲人，他不但對每一個人都要救，對一個物也都要救，充份代表他對所有衆生通通一視同仁，都期盼大家能共同得救，並盼世間不再有任何「棄人」，也不再有任何「棄物」。

這種精神正如同佛學中的地藏王菩薩。地藏王菩薩專門掌管地獄，他本身身爲菩薩，爲什麼還要停在地獄呢？因爲他曾發過宏願，如果地獄中還有任何一個靈魂，沒有得到超脫拯救，他就絕不離開地獄！

我們由此可以看出，道家與佛學精神相通之處，這種胸襟與情懷，期盼大自然中一切萬有衆生，都能一一得救，而絕無任何遺漏，也正是當今環保工作極重要的精神動力。

尤其老子所說「常善救物」這個「物」，代表所有動物，也代表所有植物，同時代表一切看似無生命的物體，如山川、河流、巖石、荒地等等。根據老子，對所有這一切的「物」，都應盡心拯救，唯恐不及，當然更不會想到去傷害！這種常善「救」物的態度，正是當今愛護衆生、保護環境的最積極典範!

另外莊子在〈知北遊〉也提到:

「有先天地生者物邪?物物者非物。物出不得先物也,猶其有物也。猶其有物也,無已。聖人之愛人也終無已者,亦乃取於是者也。」

這句話代表,莊子體認到,主宰萬物者,本身並非物(而是「道」),而且物的出生並不能先於物,因爲這個出生前還有其他物的存在,如此不斷向前推衍,將沒有終止。因此,聖人仁民愛物也始終沒有止境,正是效法此等天長地久的自然道理。此中精神與老子「常善救物」的聖人風範,可說完全相通,也都是當今環保工作極重要的精神榜樣。

另外,在五十一章中,老子也講得很清楚:

「道生之、德畜之、長之、育之、亭之、毒之、養之、覆之。」

根據老子,大道創造一切衆生,並涵容衆生,培育衆生,長成衆生。「亭之,毒之」即代表「成之,熟之」,而「養之、覆之」則代表「保其和謂之養,護其傷謂之覆」。這種保和、護傷的態度,也正是今天生態保育應有的精神。

因此，不論對野生動物、植物或山川、河流，如果人類均能善體這種大道精神，對待萬物衆生均出之以保和、護傷的胸襟，不要據爲己有，更不要自命主宰，那才算眞正的「崇德」。唯有如此，才能眞正破除現代人對萬物衆生心存征服的病根。

另外在同章中，老子也強調，何以萬物衆生都「尊道而崇德」呢？因爲「莫之命而常自然」，其中原因即在大道並不支配與干涉萬物（莫之命），而能因任萬物衆生的自然本性，這種態度也正是當今生態保育極重要的參考。

除此之外，在第七章裏面，老子也講得很清楚：

> 「天長地久，天地所以能長久者，以其不自生，故能長生。是以聖人後其身而身先，外其身而身存，非其無私耶？故能成其私。」

換句話說，老子強調，大道最重要的精神特性，就是完全沒有私心，因而絕不會以自我爲中心，想要駕淩衆生之上。所以我們人類對萬物衆生的態度也應如此，絕不能自私，自認爲其他萬物衆生都只是爲了人類而存在。唯有如此，不自私，不自大，不要先想到自己，才能「天長地久」。

事實上，這種「天長地久」的原因，也對當今生態保育與環境保護極具重要的啟發。放眼今天世界很多地方，生態景觀均被破壞，地球生命也飽受污染，眼看著很難再「天長地久」下去，以致很多有識之士都大聲呼籲「拯救地球」，老子本段可說正是最好的警惕與借鏡。

根據老子，他把這種「後其身」的精神，稱爲「聖人」，代表應超越人類的本位主義，跳脫自我中心，渾然與萬物合一，這也正可象徵今後環保人士所應有的胸襟。

事實上，對這種「天長地久」的體認，莊子在〈齊物論〉中申論得也很清楚：

「有始也者，有未始有始也者，有未始有夫未始有始也者。有有也者，有無也者，有未始有無也者，有未始有夫未始有無也者。」

從這段文字，充份可以看出，莊子肯定宇宙的生命無限，自然的緜延也無窮，不但往前追溯，沒有盡頭，往後追溯，同樣没有盡頭。因而這就提醒了人類，在地球上只不過幾千年歷史，比起大宇長宙中其他萬物衆生，只能算是短期住客，所以更加不能任意破壞自然，尤其不能成爲「惡客」，這也正是當今西方環境倫理學中，極爲重要的最新環保觀念！

事實上，正因莊子深具這種與宇宙一般遠大的眼光與胸襟，所以他才能體認「天地與我並生，萬物與我爲一」。這種胸襟，莊子稱爲「眞君」、「眞宰」。在老子，即稱之爲「聖人」：

「聖人在天下，歙歙焉，爲天下，渾其心，百姓皆注其耳目，聖人皆孩之。」（四十九章）

老子在此所說的「歙歙焉」，是指「收斂」的意思，也就是自我節制，沒有私心，這是聖人看待天下的應有態度。而其治理天下，同樣應「渾其心」，也就是質樸其心，以最純樸自然的心態看待天下，所以百姓都對其凝視傾聽，萬衆矚目，但他只以看待嬰兒一般的愛心，對百姓加以愛護。

老子這一段，雖然是在申論爲政之道，但同樣可以代表環保之道。其精神在強調，人類應該自我節制，不能自我膨脹，自以爲可以控制萬物，尤其對待一切衆生，不論大小萬物，或草木鳥獸岩石，均應像對嬰兒一般的心情，加以呵護憐愛，這正是當今環保工作最重要的態度與精神修養。

由此可見，「聖人」一詞，不但是老子心目中的理想政治家，因其精神胸懷足以涵容愛護一切萬物，所以同樣也可看成是環保學家應有的精神風範。

因此，老子在二十二章講得也很清楚：

「曲則全，枉則直，窪則盈，敝則新，少則得，多則惑。是以聖人抱一爲天下式。不自見故明，不自是故彰，不自伐故有功，不自矜故長，夫唯不爭，故天下莫能與之

爭，古之所謂曲則全者，豈虛言哉？誠全而歸之。」（第二十二章）

本段看似在說人生哲理，其實也可說是對萬物衆生的應有態度——不要自以爲是，不要自伐自矜，不要心存爭奪，而要常能以謙下態度對待萬物衆生。尤其根據老子，「聖人抱一爲天下式」，這個「一」就是大道。這句話提醒人們，要能夠胸懷大道的精神，以此爲榜樣，再曠觀天下所有的衆生，然後才能瞭解整個萬物衆生乃是和諧的統一，這也正是當今環保工作應有的重要觀念。

所以，綜合而言，道家對衆生的態度，不論老子或莊子，均同樣肯定一種理想的精神風範，那就是「聖人」。

例如在十九章中，老子曾經強調：「聖人去甚，去奢、去泰」，這就是明指，聖人之道乃在順乎自然，依乎物勢，凡事絕不過份，也不強求。在六十三章中，老子又謂：「聖人終不爲大，故能成其大」，同樣在強調人們絕對不能自大，也絕不要以自我爲中心。這對當今環境倫理便深具啟發。它提醒人類，不要自私自大或自我中心，而應確實效法大道精神。

另外老子也曾指出：「道之在天下，猶川谷之與江海」，[58]重點在於「以其善下之」，人們若能以謙下態度面對衆生，才是眞正聖人之道。此亦老子所謂：「聖人之道，爲而不爭」，此中精神在強調：絕不要與萬物衆生爭奪，而應共同和睦並進，唯有如此，才能眞正愛護萬物，也才能眞正普育衆生！

因此，老子在五十八中曾強調：「聖人方而不割，廉而不劌，眞而不肆，光而不耀」，聖人之道，在既不傷人，也不害物，更不會以盛氣駕凌衆生，凡此種種，都深符當今生態保育之道，所以深值弘揚光大。

另外，莊子在〈天地〉篇中也強調：「天地雖大，其化均也，萬物雖多，其治一也。」他並肯定萬物通於一而萬事畢，這也都在說明和諧統一的重要性。尤其莊子的重要名言：「天地與我並生，萬物與我爲一」，更是總結了道家環保哲學的基本理念。

因爲，「天地與我並生」，肯定了人與天地應共生共榮，和諧並進，這正是一種機體主義的特性。另外，「萬物與我爲一」，則更肯定一切萬物衆生與人類生命都同樣重要，同樣深具意義與價值，因而絕不能加以藐視，更不能任意破壞。這兩句話對當今環境倫理學來說，的確深具重大的啟發意義。

尤其，莊子在這兩句話中肯定的精神與儒家「天人合德」、「物我合一」，可說完全相通，由此也充份可見道家與儒家相互輝映之處。莊子曾謂「相視而笑，莫逆於心」，[59]以此象徵知己的心靈，可以心心相印，莊子與孔子在此便可說心靈完全相通，「莫逆於心。」而此相通的「心」，正是最能保護萬物衆生之心、同時也是最能保育生態之心，所以深值重視與弘揚！

事實上，莊子此「心」不但與孔子很能相通，而且更是直承老子之心而來。所以莊子曾經很中肯的說明老子哲學重點：

「建之以常無有，主之以太一，以濡弱謙下爲表，以空虛不毀萬物爲實。」（天下篇）

換句話說，根據莊子的體認，整個老子的哲學體系，乃是建築在「常無」和「常有」的辯證進展之上，而「主之以太一」，則是以整體大道「和諧的統一」來加以統攝。所以老子強調虛靈，乃是先自提其神於太虛，再以一種空靈精神俯視萬物，因此反而能夠虛以待物，不但不會否定萬物，反而更能肯定萬物衆生盎然充滿生意，陶然充滿機趣。這種精神境界，同樣正是當今生態保育極需要的修養與觀念。

事實上，老子在第一章就強調：「無，名天地之始，有，名萬物之母，故常無，欲以觀其妙，常有，欲以觀其徼。」所以只要能透過「常無」與「常有」，就能追溯到「天地之始」與「萬物之母」，然後才能眞正曠觀天地之妙，也才能眞正玄覽萬物之徼。這兩者「同出而異名」，都代表彌漫萬物、無所不在的大道生命，因此才能形成和諧統一的機體主義宇宙觀。

道家這種和諧統一的機體主義，在儒家也同樣一再的肯定。此所以儒家在周易中明白指出「天下之動貞夫一」。在老子則強調聖人「抱一」爲天下式，莊子則稱「道通爲一」，「通於一而萬事畢」（天地篇），而且「萬物一府」（天地篇）、「天地與我並生，萬物與我爲一」、「聖人達綢繆周盡一體」（則陽篇）、「天地雖大，其化鈞也，萬物雖多，其治一也。」（天地篇）。凡此種種，均可看出，儒道兩家在此極能相通，不約而同的都在強調「和諧統一」的自然觀。

我們若問其中何以能夠相通？簡單的說，就是因爲他們都能夠用統合性、整體性、融貫性、以及機體性的心靈，來看待一切萬有衆生，這種觀點對現代環境倫理學便很有啟發作用。

道家這種對衆生的態度，筆者認爲，可以分成六項特性原則，其中前三項，爲方東美先生所提[60]，另外三項則爲筆者引申所得，今特一一要述如下：

第一個原則，就是「個體化與價值原則」，用英文來講，就是"The Principle of Individuality and value"。

這個原則強調，「在這個世界上，每一種存在都不是泛泛的存在，都是一個存在的中心，這個中心都是從他內在生命的活力上，表現了一種生命的情操；而在那個內在的生命情操裏面，均貫注著一個內在的價值。這個內在價值若是不超出他的有效範圍，則任何別的立場都不能夠否定他的價值。」[61]

換句話說，這個原則肯定，大自然內每個存在的個體生命，都有其不容忽視的內在價值。它們雖然各有不同的個別差異，或大或小，或長或短，或壽或夭，但每個物體均有其同等的生命尊嚴，所以都應得到同樣的尊重。人類對它們不同的個別差異，也應加以尊重。唯有如此，才能使大自然充滿多元性與多樣性，形成「萬紫千紅始成春」的燦爛景象，也唯有如此，才能充份展現大自然的滐溢生機。

我們若根據這一原則來看，則其對環境倫理學的啟發便極爲重要。因爲，它對大自然一切衆生，不論天上飛的大小鳥類、地上跑的大小獸類、海中游的大小魚類，甚至一切看來不會動的大小植物類，乃至看似無生命的岩石、土壤、大地等等，均肯定各有其平等的生命意義，不但各自都有獨立存在的生命意義，而且均各有其獨立價值，不容任何外力抹煞。

這種精神明白肯定：自然萬物無分貴賤，一律平等；其各自獨立的存在價值，不必仰仗他人的評估才有價值。這正猶如民主政治中，明白肯定人無貴賤，一律平等，不必仰仗他人的肯定才有價值。而且各人頭上一片天，各種領域也一律平等，不必仰人鼻息，另假外求才算有價值。

在環境倫理中，這種原則乃在肯定：「萬物頭上一片天」，各種有生命或無生命的萬物，其存在意義與價值也均一律平等。有了這種體認，人類才不會以自我爲中心，自認爲駕凌于其他萬物衆生之上，而能眞正尊重一切萬物衆生的內在價值與個體差異。這種精神，正是當今生態保育極重要的中心觀念。

所以，莊子在〈至樂〉篇中曾經明白強調：先聖「不一其能，不一其事」，代表眞正賢明之士，不會只用單一標準，去衡量所有萬物衆生，而能充份尊重各物的差別性。否則「魚處水而生，人處水而死」，若要勉強以同一模式硬套，只會嚴重破壞萬物的自然本性。這種開闊恢宏的胸襟，也正是當今環保工作極重要的原則。

另外，莊子在〈天地〉篇中也曾指出，百年的樹木若被砍下，做爲祭祀用的酒杯，與不要的斷木，丟在水溝中，看似命運好壞明顯不同，其實喪失內在本性卻都是一樣的。因爲就各自的獨立性與內在價值而言，兩者並無貴賤之分，所以均應用平等心視之。此即莊子所謂：「百年之木，破爲犧尊，青黃而文之。其斷在溝中。比犧尊於溝中之斷，則美惡有間矣，其於失性一也。」

莊子此處所謂「失性一也」，即在提醒人們：所有萬物衆生的本性，均爲一樣的平等，也均具一樣的生命意義與價值，所以不能任意抹煞。這也正是今天環境倫理學的重要原則——尊重每一個體及其內在的價值。

第二個原則，即「眞切體驗」的原則（The principle of authentic experience）。這個「眞切體驗的原則」，強調要用最眞實、最切身的感受，去體貼同情其他萬物衆生的痛苦。這不但是人道主義的重要精神，也是環境倫理學的重要原則。

像豐子愷在《護生畫集》中，就很清楚的一再表達這種看法。

人們如果要殺一頭母羊，當他把母羊從羊欄中押出來的時候，不妨想想其身後的小羊群們，是用怎樣哀憐的眼光，在看牠們的母親正要送往屠宰場。而當這隻母羊頻頻回頭，再看自己孩兒們時，其眼中又充滿了怎樣深沉的痛苦與無奈。豐子愷還曾經特別化成母羊的口吻，配詩一首：

「生離嘗惻惻，臨行復回首，此去不再還，念兒兒知否？」62

凡是稍有同情心的人相信只要「將心比心」，設身處地爲這隻母羊著想，便能產生眞切的感應。只有加強這種感同身受的眞切感應，才能將人類的心設身處地，化成動物、植物的心。唯有如此，才能眞正誠心保護萬物衆生。

同樣情形，豐子愷也曾經引述唐代白居易一首詩，諄諄「勸君莫打枝頭鳥」。因爲，「子在巢中望母歸」，非常生動感人。其中精神也在提醒人們，「誰道群生性命微，一般骨肉一般皮」，深值引述如下：63

「誰道群生性命微，一般骨肉一般皮，勸君莫打枝頭鳥，子在巢中望母歸！」

另外，豐子愷在一幅煮蟹的漫畫中，也曾簡短的提字一句：「倘使我是蟹」！非常令人觸目驚心。在旁頁中，他更舉白居易戒殺詩強調：

「此間水陸與靈空，總屬皇天懷抱中，試令設身游釜甑，方知弱骨受驚忡。」64

其中精神，特別強調應設身處地爲一切萬物著想，體認彼等生命也均來自上天的好生之德，深沉的悲憫心躍然紙上，的確深值人們深思。

除此之外，豐子愷對蝴蝶標本，也曾經連想成兩針釘在女嬰胸腹，「號哭呼父母，其聲不忍聞」[65]。對於盆栽聯想，也特別比喻爲小兒手足被綑，「矯揉又造作，屈曲復摧殘」[66]。因此他極力主張，對一切衆生均應順其本性，放歸自然，即使對空中鳥類，也應知「天地爲空廣，圓林是鳥籠。」[67]凡此種種胸襟，眞可說深得道家精神，更深符環保原則。

所以，當豐子愷爲其《子愷漫畫選》自序時，曾經特別指出，他常「設身處地」體驗孩子們的生活，常常自己變成兒童而觀察兒童。這種童心，也正是最近大自然的天心。因而他在結論中強調，他對其所描畫的對象是「熱愛」的，是「親近」的，是深入「理解」的，更是「設身處地」地體驗的。[68]

事實上，這種精神也正是今後生態保護者最需要的心態——只要一個人能如此熱愛自然，他便能眞正保護衆生，只要一個人能眞正親近自然，他便能與衆生打成一片。同樣情形，只要一個人能深入理解自然，便能同情體貼萬物衆生。最重要的，只要一個人能設身處地，替萬物衆生著想，便能眞正以衆生之痛爲痛，以衆生之苦爲苦，那才能眞正進入「與萬物合一」的境界，而眞正以保護自己家人生命的同樣熱誠，來保護一切萬物衆生的生命與家庭。

因此根據老子，他呼籲人類應多效法赤子的童心，然後才能親近自然，並且發現自然中無所不在的生命，進而以此厚德體貼萬物，愛護自然。此即其所謂「含德之厚，比於赤子」

（五十五章）

另外，莊子在〈齊物論〉中，也曾以夢爲蝴蝶爲例，說明在夢中，眞的飄飄然像一隻蝴蝶，自認爲很高興的飛舞，而不再知有莊周，但忽然夢醒了，又實實在在知道自己就是莊周，因此不知「周之夢爲蝴蝶與，蝴蝶之夢爲周與」？他稱此爲人的「物化」，很生動的說明了「物我合一」的情境。

事實上，這種經驗也很能說明「人化爲物」的重要，代表人應常常轉化爲萬物立場，設身處地去爲萬物衆生著想，這種「眞切的體驗」，正是體貼萬物衆生的最佳精神，也是今後生態保育極重要的原則。

所以莊子在〈列禦寇〉中就曾經指出：「以不平平，其平也不平。」如果人類以自認優越的態度凌駕萬物，正是以「不平」的態度想去「平」，結果當然是其「平」也不平。唯有以眞切的平等心去齊萬物，才是眞正普遍的平等！此即〈天下篇〉所說：「獨與天地精神往來而不傲倪於萬物」，這種「獨與天地精神往來」代表眞切的獨立體驗，而「不傲倪於萬物」，則更是同情體物的平等精神。凡此種種，均深值今後生態保育做爲重要參考。

另外，第三個原則，是「超越」的原則（The principle of transcendence）。

這一項原則代表，能從精神上無限廣闊的生命眼光，來放曠慧眼，俯覽自然的一切衆生。

基本上，道家的哲學體系，正是一種超越的體系，所以老子強調「玄之又玄」，正是要不斷的超越提昇，進入宇宙最高的終點，對此終點他無以名之，即稱爲「道」。莊子強調要像大鵬鳥一樣直上九萬里，甚至入於「寥天一」處，也是同樣的精神。

這種超越精神有什麼啟發性？簡單的說，就是提醒人們要把自己的心胸與眼光不斷向上提昇，放大眼光。因爲，人一定要站在高處才能看得遠，一定要站在整體才能夠看得大，一定要眼光遠大，才能心胸恢宏。也只有心胸恢宏，才能大其心以同情萬物，將一切萬有衆生都納入其關心愛護的對象，這種大愛，可以直上雲霄再俯視大地，成爲人類對自然萬物的大愛，也成爲人類對萬物衆生的大愛。這種大愛，超越性別、種族、國界，甚至超越人與物之分際，眞正能夠「爲天下渾其心」，形成與天一般大的心。因而對今後全球的生態保育與環保工作，都深具重大的啟發性。

這種超越性的宗教精神，在當代西方環保學者即稱爲「自然世界的神學」（A Theology of the Natural World），根據著名環保學者布勞克威（Allan R. Brockway）在一九七三年所呼籲，此種神學的主要精神在於：

> 「肯定非人類的世界，同樣具有內在價值，而且與人類一樣具有平等尊嚴，任何人若想逾越聖律，去破壞動物、植物、空氣、土壤、水、甚至巖石，將如同謀害人類一樣嚴重。」[69]

此中胸襟，可說完全出自一種超越性的宗教情懷，因而與道家精神基本上完全相通。另外，莊子在〈天道篇〉中有段話也很重要：

「夫道，於大不終，於小不遺，故萬物備。廣廣乎其無不容也，淵乎其不可測也。」

這代表大道的生命足以融貫一切萬物，不分大小，固然對至大能夠包容，對至小也不遺漏，纖微無憾，因而才能兼備萬物，以無窮的生機廣被萬類，這也可以再度印證「大道」的超越性。

大道的這種超越性，同時也代表整體性（Integrity），這對環境保護尤具深刻的啟發性。因爲環保的重要性，不能只從眼前一時利益或片面的利害來看，而要從整體共同的利害來看。例如少數人或認爲，今天稍微砍幾棵樹有什麼關係，但今天一批人砍幾棵樹、明天另外一批人再砍幾棵樹，常年累月下來，整座山就枯掉了。其影響可能暫時還不覺得，但一旦到冬天，就會完全失去防風作用，到了夏天，也就完全失去防洪的作用，立刻會造成風沙洪水爲患。所以其中物物相關，環環相扣，必需從整體性來看，才能瞭解眞正利害。這也正是「大道」的特性所在，深值重視。

美國著名生態保育學家諾曼（Jim Nollman），生平提倡人應與自然對話。他在一九九〇年曾經出版《精神生態學》（Spiritual Ecology）一書，重點即在強調：人應重新與自然結合（reconnecting with Nature），以恢復人與自然的整體性。他並認爲：

「環境的危機始於我們各人心中，也終於我們心中。只要我們能調整內心與自然的關係，即可改進此種危機。」[70]

這一段話明白指出，不但人與自然應重新整合，內心世界與外在世界也應重新整合，然後才能重新恢復物物相關的自然次序，順應自然世界和諧統一的大道。此中精神，也可說與道家完全一致。

尤其，諾曼在第七章卷首曾經特別引述老子名言：「水善利萬物而不爭」，[71]說明大自然孕育萬物而不爭的哲理。深值人們效法，的確發人深省，別具慧心。

另外，諾曼在第八章卷首，再度引述老子名言：「蓋聞善攝生者，陸行不遇兕虎，入軍不被兵甲，兕無所投其角，虎無所措其爪，兵無所容其刃，夫何故？以其無死地。」[72]他並特別以捕鯨的故事爲例說明，我們若能盡心救鯨魚，鯨魚也能救我們。唯有如此，體認物物相關的大道，才能眞正的做到「動無死地」，這才是所謂「善攝生者」，也才是眞正善於生態保護者。其中深意，的確深值體認與重視。尤其以一位外國學者，而能兩度引述老子作爲卷首發語辭，並且很能申論其對現代人心的啟發，其中精神更值我們深思與反省，馬一浮先生爲豐子愷《護生畫集》第一集寫序時，也曾特別引述老子「善攝生者」的內容，此中精神完全相通，充份可見東西哲人不謀而合的深意。

第四個原則，是「內在性」的原則（The principle of immanence）。

這一般特性爲筆者所加，因爲道家精神，不只有超越性，同時也深具內在性。這一種特性與孟子也很能相通。像孟子一方面肯定「上下與天地同其流」，這是其超越性，二方面他也強調「萬物皆備於我」，同時肯定了其內在性。道家也是如此，尤其道家肯定所有萬物都有它的內在價值，因而本質上都是平等的，這種原則極能符合當今環境倫理學的中心觀念。也深值大家特別重視。

事實上，這種精神也正如同民主的基本信念——不論總統或小民，其生命均有內在的平等性與尊嚴性，不容歧視，這在萬物衆生亦然。尤其，以往人們講民主還只限於對人類而言，今後更應擴大胸襟，將一切萬物衆生——包括一切動物、植物、山川、河流、岩石、土壤等等——均能入民主的對象，以同樣肯定其生命的平等性與內在價值的獨立性，而不再視爲人類役使利用的工具。如此確實尊重一切自然萬物的權利，才能稱爲最高級的民主，這不但是中國最高的「仁心」與「道心」，也正是當今西方最新的環境倫理觀念！

此所以近代西方環保專家辛格（Gary Snyder）在一九七二年曾經明確倡言：「植物與動物也都是人民……賦與人民權力不能只是口號」，他稱此爲「最高級的民主」，[73]並認爲這種時代已經來臨。充份可見其與道家精神相通之處。

換句話說，根據道家看法，萬物衆生與人類一樣，均有其不可輕忽的內在價值。因此，不但人類有天賦人權，一切萬物也都有其天賦「物權」。這正是當今環境倫理學中，極爲重要的一項課題——尊重「自然的權利」（The Rights of Nature）。

以往如果有人說，岩石也有其天賦權利，會被認爲無稽之談——正如兩百年前，如果有人說黑人也有權利，會被嘲笑一樣。但如今隨著時代進步，黑人早已被肯定應有其平等的生命尊嚴與權利。根據道家精神，今後人們對一切動物、植物、山川、河流，甚至岩石，均應同樣肯定其平等的內在價值。這種胸襟與現代環境倫理學，可說完全不謀而合。

所以莊子在〈齊物論〉中，曾經明白強調：「彼是莫得其偶，樞始得其環中，以應無窮。」

根據莊子，人們要能掌握這種道樞，才能認清「道通爲一」，一切衆生都相互旁通，彼是相因，也互通爲一，因而均各有其「內在的平等價值」。不論是大猩猩或小蚱蜢，雖屬不同類別，却有同樣的內在價值，不容輕忽。不論大河川或小溪流，也都有同樣的內在價值，不容污染。不論紅檜木或小草花，也都有同樣的內在價值，不容摧殘。

換句話說，道家明白肯定，一切萬物衆生均有其獨立的生命意義與內在價值，絕不因爲人類好惡或利益高低而有影響，這種見解是道家肯定「內在性」的原則，也是當今環境倫理學的重要原則，所以深值重視。

另外莊子在〈人間世〉中，也曾特別強調「無用之用」做爲標準。有很多大木看似「不材」、「散木」、看似「無用」，甚實反有大用，得以保生。莊子在此寓言所要肯定的精義，即在強調大自然衆生各自有其內在的獨立價值，而且相互平等，不分上下，並不因其對人類有用與否而見高低，這也正是當今環境倫理學中「尊重自然」的重要新論點，深值弘揚光大。

例如西方環保專家弗爾曼（Dave Foreman）在一九八七年就曾明白主張：

「一切萬物衆生——如四足者、有翼者、六腳者、有根者、流動者等等，均與人類一樣，有同等的權利居住其所，而且它們本身就是其生存的評估者，它們有其內在價值，完全不必依附人類的評價而定高低。」[73]

這種精神，與道家上述觀念可說完全能夠相通，充份也可見東西方哲學殊途同歸之奧妙。

第五個原則是「自發性自由」的原則（The principle of spontaneous freedom），這也代表一種開放性的自由。

什麼叫做開放性自由呢？我們通常可以將「自由」分成兩種意義：一種是封閉性的自由，一種是開放性的自由。所謂封閉性的自由，用英文來講就是「免於什麼的自由」（free from something），例如「免於恐懼的自由」，「免於匱乏的自由」等等，它是一種基本權利。只求免於外力所加的傷害，但本身並沒有積極完成生命理想的意義，因而還只能稱爲封閉性。郝柏村院長在立法院答詢時，曾經再爲民衆增加一項自由——「免於污染的自由」，可說爲環保工作加入了新詮釋，也同樣屬於現代新社會的重要人權之一，深具新的時代意義與啟發。

另外，所謂「開放性的自由」，就是「擁有什麼的自由」(freedom of something)，比如說"freedom of speech"就是「言論自由」，"freedom of thought"則爲「思想自由。」

道家所講的自由，可說兩者兼備。前一項「內在性原則」相當於封閉性的自由，因爲要尊重個體的價值，尊重內在的價值，所以代表他肯定「免於傷害的自由」。而本段所說的「自發性自由」，則爲積極開放的自由。尤其莊子特別強調，「道未始有封」[75]，明顯肯定開放性的自由創造，也清楚肯定無限性的自由創造，所以深值大家重視。

換句話說，道家肯定，一切萬物均有自發性自由，以充份自我實現內在潛能。這種精神落實在生態保育上，就更具啟發意義。比如說一朵花，它應該充分飽滿盛開，才算百分之百的實現了自我潛能，但若只開了百分之五十，就被人類摘掉，就代表人類同時破壞了它上述兩項自由——一方面摘掉小花，本身就是傷害它的生命。二方面小花還沒有完成百分之百的潛能即被摘掉，就代表沒有充分尊重它的自發性創造自由。

此所以莊子在〈大宗師〉特別指出「坐忘」的重要，強調要能「離形去知，同於大道」。其眞義即在超脫表面的束縛，冥同大道生命，這就是一種高度自發的自由。如此馳騁自由意思，能安於造物的安排而又順應自然，就能進入宇宙最高點，與整個大道成爲一體，此即莊子所謂「安排而去化，乃入於寥天一」。[76]

事實上前文這種「與造物者同遊」的奔放精神，正是最爲高妙超脫的精神自由。事實上，也正是最積極完滿的自由。莊子肯定一切萬物衆生皆有此種潛能，因而均應加以尊重。可說爲環境倫理學更拓深了哲理基礎。

除此之外，我們通常講「人類的權利」（human rights），包括有居住的自由、遷徙的自由、通訊的自由等等。但若論及自然萬類的權利，如動物、植物、岩石等，就不一定代表相同的意義。不過至少也應該包括什麼基本的權利呢？筆者認爲，最重要的就是這項：「自發性創造的自由」。這是「自然權利」（Right of Nature）最基本的一項，也就是肯定一切萬物衆生均應擁有自發性創造生命價值的自由。

比如說蝴蝶。若在某一個深山之中，有一個天然的蝴蝶谷，根據道家精神，那就不應把它開發成觀光區；否則就會變成外在人爲意志所強加的蝴蝶觀光區。如此就破壞了原先野生的蝴蝶意志，也破壞了它本身的自發性原則，結果反而可能會使蝶群們凋零！

另外比如說熊貓，也是同樣情形。現在很多有識之士已經能體認到，對於熊貓，不能把牠們抓到動物園，當作供人觀賞的動物。因爲那樣就會破壞其本性的自發性自由。根據道家精神，熊貓應該在自由野生的環境中生長，以充分展現其自主的成長風貌，而不能被人類豢養，只成爲人類的觀賞工具。否則就意味著熊貓只是低一等動物，那就破壞了「尊重生命」的環保原則。

綜合而言，道家這種精神，代表充分尊重萬物的生命，也充分尊重萬物衆生內在的自主性與自由性。此亦莊子在〈天地篇〉中所說：「致命盡情，天地樂而萬事銷亡，萬物復情，此之謂混冥」。

莊子認爲，只有將萬物生命潛能發展得淋漓盡致、以充份實現其內在性情，才能與天地同樂，並且促使萬物恢復生命本性，此即所謂「混冥」。這在生態保育上代表最能尊重萬物原始的性情與生態，所以非常值得提倡與弘揚。

像美國加州柏克來大學、在一九八三年便出版了一本生態保育的經典之作《動物權利研究》（The Case For Animal Rights）。作者黎根（Tom Regan）特別列舉各種論證，明白指出：人類所吃的動物、打獵的對象、以及實驗室用的生物，都與人類一樣，有感情、有知覺、有記性。它們不但有獨立的生命價值，而且有同樣的生命尊嚴，因而應得到充份的尊重。所以黎根明白呼籲人們體認：「所有動物都是平等的。」（all animals are equal）[77]，因此對所有動物，均應尊重其本有的自主性與自由性，不能有任何岐視或剝削。此中精神同樣可說與道家完全相通，深值大家重視與力行。

最後，第六項原則，筆者認爲，或可引用黑格爾的用語：「彼此互融性」原則（The principle of mutual coherence）。代表每一物的自主性與其他物的自主性，中間可以交融互動，形成廣大悉備的機體哲學。

當今生物學已經證明，在三度空間中，很多生物都有相互依存的關係，若從更高層次的總體宏觀來講，則整個宇宙更是共生共榮的大生命體；另外若從個別個體而言，則萬物衆生之間，也有彼此旁通互攝的關係，借用法國哲人馬丁・布伯（Martin Buber,1989-1973）的話來講，即在衆生之間形成一種「互爲主體性」（Inter-subjectivity）[78]

布伯曾以「我與　」（I and Thou）的關係，象徵人與神的關係；其中圓融而又超越的精神特性，也很可應用在人與自然的關係上。此時「我與你」的「你」，可視爲自然界中的任一體存在，如果大家都能用同樣親切圓融的態度相互尊重，正是當今環境倫理學中機體主義的最重要精神，深值大家重視。

扼要而言，道家哲學最重視順應自然，並強調大道生命能融貫萬物，無所不在。所以肯定物物相通、彼是相因，進而強調人們應擴大心胸，以冥同大道，與萬物渾然合一。這些均充滿了極爲豐富的環保思想，堪稱中國哲學內極爲明確而完備的環保哲學。

史丹佛大學生物教授艾里（Paul Ehrilich）在一九八六年曾經出版一本名著《自然的組織》（The Machinery of Nature），說明人類周遭的生命世界如何運作，其中第六章特別申論「社區生態學」的觀念，即在說明「那些生物共同生活，如何生活」[38]，在第七章更舉出各種例證，說明萬物衆生如何互相依存，共同形成「和諧統一的生命體系」[79]。凡此種種，均可說是以現代科學印證了道家上述的重要觀點，深值大家體認。

尤其，道家在中國文化的歷代發展中，對於中國藝術美學的影響甚鉅，已經衆所皆知；但對現代生態保育的影響，尚未看到明顯功效。這是因爲古代社會尚未出現環境問題，所以道家的環保思想隱而未顯，但今後人類面臨日益增加的環境問題，道家傳統思想便極能爲環保工作，提供精闢而完備的哲學基礎，所以的確深值我們多多申論其中現代意義。

例如老子有句名言，「治大國，如烹小鮮」（六十章）。這句話不但適用於政治哲學，同樣也適用於環保哲學。我們甚至可以說，「治環保，如烹小鮮」——代表對自然衆生應該愈少干擾愈好，否則小魚一旦被翻來覆去，便會面目全非。所以應以清燉原味爲貴，引申其義，即代表應順應萬物本性才爲上策。雷根總統在卸任前的國情咨文，就曾引述本句，以表達其治國哲學崇尚自由民主的理念。本句應用在環保上，則更代表尊重一切萬物本性，不要任意妄加干擾或破壞，然後才知「兩不相傷，故德交歸焉」。[80]唯有如此，人與自然兩不相傷，才能充份申張環境倫理的美德！

所以，老子在六十七章說得很清楚：

「我有三寶，持而保之，一曰慈、二曰儉，三曰不敢爲天下先。」

事實上，這三寶，同樣也可說是環境倫理的三大寶——一曰慈，代表關愛萬物生命，二曰儉，代表節約各種能源——三曰不敢爲天下先，更代表不敢凌駕萬物衆生，而能以謙下精神與自然萬物打成一片。由此充份可見，這段話與當今環保的中心觀念，可以說完全不謀而合！

特別值得注意的是，不論老子莊子，均共同強調「力行」的重要，而這也正是當今環保工作極需人人身體力行的重大關鍵。

此所以老子在七十章曾經明白說：「吾言甚易知，甚易行」。若從環保來講，這也可以代表環保工作的特性，乃是人人可以行、處處可以行的工作。不但「舉手之勞可以作環保」，而且「俯拾皆是均可作護生。」

另外，老子曾經強調：「天下難事，必作於易，天下大事，必作於細」，[81]同樣情形，環保問題看似嚴重，但根本解決之道，仍需要人人從切身的小處與細處，一一做起。所以我們同樣可以說：「環保大事，必成於細，環保難事，必成於易。」此中哲理，對環保工作的確深具重大啟發性！

除此之外，老子還曾經說過一句名言，深值重視：

「上士聞道，勤而行之，中士聞道，若存若亡，下士聞道，大而笑之。」[82]

今天社會對環保的態度，或也可用這句話說明——眞正上士聽到環保的道理，立刻「勤而行之」，中士聽了，偶而想到才做，「若存若亡」，等而下之的下士，則認爲環保道理太迂腐，索性「大而笑之」。

所以，老子也曾明確提醒人們：

「知不知，上，不知知，病。聖人不病，以其病病。夫唯病病，是以不病。」[83]

換句話說，今後人們若能儘早覺醒，知道本身對環保的無知，這還算高明的，如果強不知以爲知，就是大毛病了。根據老子，眞正的聖人——或者眞正高明的環保人士——因其能看出此中毛病，所以還並不算眞病，但若本身一再破壞環境，猶不自認毛病，那才是病中之尤了。這對當今仍然執迷不悟，一再破壞環境的部份人士來說，眞是極爲中肯的警語與忠告！

因此，莊子曾經特別提醒世人，「大惑者終身不解」。今天部份人士眼中只知近利，心中也只知自我中心，因而終身都未能領悟環保與生態保育的重要性，那更可說是大惑之尤了。

所以，老子很早就曾指出，「天之道，損有餘而補不足。」[84]放眼人類從工業化以來，已經殘害自然過甚，今後實在需要及早贖罪，「以補不足」，這也正是當今環境倫理學中極重要的「補償原理」。

另外，老子在《道德經》中最後一章說得很好：「天之道，利而不害，聖人之道，爲而不爭。」[85]這句話對環保尤其深具意義，正如同儒家所說「萬物並育而不相害」，兩者不謀而合，均明確肯定：眞正長久的天道，乃在萬物互利而不相害，因此聖人之道——或者環保之道——也應全力維護自然衆生，而絕不與萬物相爭。

根據道家，唯有如此，人類常抱尊生之心，常有護生之行，才能如同莊子所說，「配神明，醇天地，育萬物，和天下」[86]，這也能眞正體認天地之純，與宇宙之美。這種充份尊生的機體主義，正是當今環境倫理學最新的中心信念，所以深值今後東西共同弘揚，那才是調和整個天下生態保育之道，也才是整個人類共同之幸！

【附註】

❶ 方東美先生，《生生之德》，台北黎明公司，民國七十六年四月，頁二八七。
❷ 引自莊子，〈齊物論〉：「彼出於是，是亦因彼」。
❸ 引自易經，〈繫辭〉下傳，第一章。
❹ 引自老子《道德經》，廿二章。
❺ 莊子，〈知北遊〉。
❻ 老子，《道德經》，卅二章。
❼ 莊子，〈德充符〉。
❽ 莊子，〈齊物論〉。
❾ 老子，《道德經》，廿五章。

❿ 同上，四十一章。

⓫ 同上，廿五章。

⓬ 同上，六十二章。

⓭ 同上，第五章。

⓮ John Muir, "Wild Wool", Overland Monthly, April, 1875, 361-62, also see "Steep Trails" 1918, 5. or "John Muir in His Own Words", ed. by P. Browning, p.31

⓯ 老子，《道德經》，六十二章。

⓰ 同上，四十二章。

⓱ 同上，第一章。

⓲ 同上，廿三章。

⓳ John Locke, "Thoughts on Education", Quoted from "The Extented Circle", ed. by J.Wynne-Tyson, Paragon House, 1989, p.184

⓴ 唐代，張璪，《文通論畫》。

㉑ 明代，唐志契，《繪事微言》。

㉒ 明末，石濤，《苦瓜和尚畫語錄》，山川章。

㉓ 宋代，鄧椿，《畫繼學津討原本》。

㉔ 清代，沈宗騫，《芥舟學畫編》，卷一，作法章。

㉕ 明代，李日華，《紫桃軒雜綴》。

㉖ 清代，沈宗騫，《芥舟學畫編》，卷一，作法章。

㉗ 元代，趙孟頫，《松雪論畫》。

㉘ 明末，石濤論畫，《虛齋名畫錄》。

㉙ 清代，王昱，《東莊論畫》。

㉚ John Muir,"My First Summer in The Sierra",July,27,1869;209. also see "John Muir in His Own Words", p.12

㉛ Ibid, p.64

㉜ 莊子，〈大宗師〉。

㉝ 同上，〈漁父篇〉。

㉞ R.W. Emerson,"Nature", Beacon Press, Boston,1985, p.12

㉟ Ibid, p.13

㊱ H.L. & S.E. Dreyfus,"Mind Over Machine", Free Press,1986, pp.1-15

㊲ J.H. Ausubel & H.E. Sladovich,（ed.）"Technology and Environment", National Academy Press, Washing D.C,1989, p.50

㊳ Albert Schweitzer,"The Philosophy of Civilization,"N.Y.,1915, Chap.4.

㊴ C.W.Leibniz,"Monadologie",1714

40 老子，《道德經》，四十二章。

41 莊子，〈齊物論〉。

42 John Muir, "My First Summer in The Sierra", 1911, also See "John Muir in His Own Words", p.11

43 老子，《道德經》，十六章。

44 莊子，〈齊物論〉。

45 莊子，〈齊物論〉。

46 莊子，〈齊物論〉。

47 方東美先生，《原始儒家道家哲學》，台北黎明公司，民國七十四年再版，頁二四四。

48 莊子，〈天道篇〉。

49 請見李奧波（Aldo Leopold）所作小詩，見本書第一章。

50 莊子，〈大宗師〉。

51 同上，〈齊物論〉。

52 同上，〈齊物論〉。

53 同上，〈齊物論〉。

54 同上，〈大宗師〉。

55 同上，〈至樂篇〉。

56 老子，《道德經》，六十四章。

57 同上，十九章。

58 同上，卅二章。

59 莊子，〈大宗師〉。

60 方東美先生，《原始儒家與道家哲學》，頁二五四—二六〇。

61 同上，頁二五五。

62 豐子愷，《護生畫集》，弘一大師作詩並題字，純文學出版社，民國七十年台北出版，第一集，頁廿九。

63 同上，第一集，頁廿五。

63 同上，頁八十七。

64 同上，第三集，頁一〇一。

65 同上，第三集，頁一〇八。

66 同上，頁一二八。

67 同上，頁八十六。

68 《豐子愷論藝術》，台北丹青公司，民國七十七年再版，頁二七六。

69 R. F. Nash, "The Rights of Natrue," The University of Wisconsin Press, 1989., p.87.

70 Jim Norman, "Spiritual Ecology," Bentam Books, N. Y., 1990; especially Chap.8.

71 老子，《道德經》，第八章。

72 同上，五十章。

73 Quoted from R.F. Nash, "The Rights of Nature," The University of Wisconsin Press, 1989, P.3

74 Ibid, p.4

75 莊子，〈齊物論〉。

76 同上，〈大宗師〉。

77 Tom Regan, "The Case for Animal Rights", University of California Press, Berkeley, 1983, p.239

78 Martin Buber, "I and Thou," N. Y., 1976, especially chap.2.

79 Paul R. Ehrilich "The Machinery of Nature," A Touchstone Book, N.Y. 1986, p.239

80 老子，《道德經》，六十章。

81 同上，六十三章。

82 同上，四十一章。

83 同上，七十一章。

84 同上，七十七章。

85 同上，八十一章。

86 莊子，〈天下篇〉。

第五章　中國大乘佛學的環境倫理學

第一節　緒論——大乘佛學的環保通性

本章將分四個部份，說明中國大乘佛學有關環境倫理的中心思想。

首先，第一部份爲緒論，本節將從大乘佛學各宗談起，扼要說明彼等有關環保的基本通性，最後歸結到華嚴宗，並以華嚴宗的環保思想爲本章主體。

其次，第二部份，本節將專門分析華嚴宗對自然的理念。

再其次，第三部份，將進一步申論，華嚴宗對萬物的看法。

最後，第四部份，則要討論華嚴宗對衆生的態度。

本文爲什麼特別注重華嚴呢？因爲，華嚴經通稱爲「經中之王」，不但在佛學上有崇高地位，在整體中國哲學也有重要的代表性，尤其就環境倫理學有關問題而言，華嚴宗哲學堪稱典型的「機體主義」，不但體系極爲完備，內容也堪稱最爲豐富，所以特別深值闡述與弘揚。

扼要而論，有關華嚴宗哲學，開山祖師杜順可說中論極爲深刻。其中杜順大師的三大中心思想——「眞空觀」、「圓融觀」、「周徧觀」，正好可以分別代表其對自然、萬物、與衆生的看法，這些對當今環保哲學問題，都深具重大的啟發意義。因此本文也將以這三項重點爲基本架構，進一步闡論大乘佛學對環境倫理學的基本思想。

說到對自然的理念，儒家可說持「萬有含生論」，道家可說係「萬有在道論」，而佛學則可稱爲「萬有在佛論」，亦即將整個自然均視同佛法瀰滿的「法滿世界」。事實上，這三者精神均可相通。

另外，儒家對萬物的看法，係認爲一切萬類「旁通統貫」，道家則認爲「彼是相因」，在佛學則認爲「圓融無礙」，基本精神同樣完全相符。

至於對衆生的態度，儒家強調「化育並進」，道家強調「孝慈」爲懷，在佛家更明白主張「悲智雙運」，宗旨可說仍然相通無礙。

由此充份可見，中國儒、道、釋三家，固然各有特性，但在環境倫理學上，主要見解均能不謀而合，因而足以形成中國哲學有關環保的整體通性。以往因爲時代關係，隱而未顯，今後深值特別申論並發揚光大。

以下即先論述大乘佛學主要宗派有關環保的基本通性，並兼述主要經典的相關精神。

本文爲什麼要先分述各宗有關環保的基本思想呢？簡單的說，中國大乘佛學是印度佛教入傳後，經過一步一步中國化所發展出來的成果，其間歷經「六家七宗」的格義期，再經僧肇與道生的轉化，才逐漸形成中國式的佛學架構。而在此架構中，每一宗都有重要的特色；就哲學思想而言，尤其以三論宗、法相唯識宗、天台宗、與華嚴宗最具代表性，所以先需分論其對環境倫理的看法。（禪宗雖然也極具特色，然因其主張「不立文字」，注重機鋒馳騁，並以公案傳授，所以在本章中存而不論）。

上述主要宗派所代表的不同特色，在三論宗是強調「破邪顯正」，特色在「批判性的方法論」；法相唯識宗則強調「轉識成智」，特色在「超越性的知識論」；天台宗哲學則強調「一心三觀」，特色在「機體統一的形上學」，到華嚴宗強調「圓融無礙」，特色更在「廣大和諧的生命哲學」❶。

然而，如果我們綜觀所有各宗的共通性，即可發現，它們都共同肯定「圓融」精神與「中道」哲學，而這兩項，正是當今環境倫理與生態保育的極重要基礎。

換句話說，上述各主要宗派對自然萬物的理念，基本上均肯定自然充滿佛性，而且物物相關，圓融無礙，這些均形成機體主義的環保思想。另外，所有這些宗派也均肯定中道哲學——既不偏於「頑空」，否定現實，也不囿於「小有」，只從唯物表象去看萬有，而能眞正放曠慧眼，啟迪悲願，透過「眞空」「妙有」，肯定萬物衆生均充滿生命尊嚴與價值。凡此種種，也正是當今環保工作極重要的中心觀念，所以深值分別闡述與申論。

（一）

首先，本節將分析三論宗思想，看它如何表現中道和圓融的精神。

扼要而論，三論宗以隋唐之際吉藏（548–623）爲最高峰，它在中國佛學架構中的角色，可稱爲「批判性的方法論」。其中最重要思想就是要以中道哲學，解決「眞諦」和「俗諦」的二元對立問題。

「眞諦」和「俗諦」的對立，如果借用柏拉圖哲學的話來講，即相當於上界（理型界）與下界（現實界）的對立，也就是形上界與形下界如何融貫的問題。這在柏拉圖並未得到圓滿解決，因而一直留下二元對立的困境，影響所及，更形成今天環境倫理學中，表象的自然界與深層的生命界，兩者如何融貫的問題。

這在西方一直是種兩難困境，但在大乘佛學的三論宗中，卻透過「中道哲學」而能圓融的解決。

事實上，西方傳統哲學思想，從希臘以降到近代，多半受二元論籠罩，因此重上界，而輕下界，如此就很影響對現世自然界的尊重。例如在柏拉圖，是上界與下界的二分法；到了中世紀，則形成神與人的二分法；到近代笛卡兒哲學，則形成平面「心」與「物」的二分法，同樣造成對立。一直到當代，知識論中，仍有「主體」與「客體」的二分法。此所以英美大哲懷海德（A.N. Whitehead）曾經稱此爲「惡性二分法」（Vicious bifurcation）確爲一針見血之論。❷這也可稱爲「泛二元論的毛病」。

相形之下，中國哲學的通性，若用熊十力先生的話來說，則可以稱爲「泛不二論」❸。因爲不論儒、道、釋，他們對天人的看法，或對形上、形下的看法，或對心、物的看法，基本上均肯定「和諧的統一」，這就是一種中道哲學。相形之下，「泛不二論」還仍然是比較消極的講法。若稱之爲「中道哲學」，或「和諧的統一」，則更爲積極，其本質一言以蔽之，就是「機體主義」。所以在環境倫理學上深具現代啟發的意義。

三論宗基本上強調「以般若爲佛母」，也就是根據般若而消除眞俗二諦的對立，將眞俗二諦的二元論化爲即用顯體的體用合一論。此即龍樹所謂「不生亦不滅，不常亦不斷，不一亦不異，不來亦不去」。三論宗基本上在兩種不同的邊見中，作動態辯證的上升，這種兩邊皆住的哲學，即屬一種「中道哲學」。❹

換句話說，三論宗既不落入「有」與「無」的對立二分，也不落入「非有」、「非無」的對立二分，而是以「中道」不斷的超越前進，此即所謂「離四句，遣百非」。以此化除一切表象的偏執，才能如同西方現代胡塞爾（E. Husserl,1859-1938）的超越現象學（Transrendental Phenomenology），將一切表象「納入括弧」（epoche），先存而不論，再進一步深入萬物本質❺，並且以此「超越智慧」印證光明的生命世界，形成以般若與菩提相映，展現出充滿聖潔的「法滿」世界。

三論宗經此歷程，然後才能領悟自然一切萬物均有聖潔的生命尊嚴，也均共同分享佛性，因而不論大小萬物，均凜然不容侵犯，也協然相互融貫，這正與當今環境倫理學完全不謀而合，深值重視。

（二）

三論宗之後，本文第二部份將再分析法相唯識宗。

方東美先生曾指出，以往部份人士講佛學，往往只就唯識講唯識，這是不夠的。因爲如果純粹講唯識，容易變成唯心論，形成邊見，並且斷源截流，所以講唯識一定要翻越上去，結合法相宗講「轉識成智」，才能眞正從源溯流，返本開智。

換句話講，「唯識論」相當於近代所講的心理學，它是一種佛學的心理學；但是，這種「心理學」一定要結合到更爲高尚的人性論才能有出路。也就是一定要將平面、零碎的知識「轉識成智」，才能成爲整體圓融的智慧。

所以，方東美先生曾經把心理學分成三種：第一種是以佛洛依德（Freud）爲代表，往人類黑暗面去挖，即所謂「深度心理學」；另外第二種是行爲主義，像史金納（Skinner）等人。所代表的「平面心理學」，就是將人性拉下來成爲扁平，只從動物面看人性。但是，還有第三種，那就是中國哲學所強調，人可以同天一般大，這種「天人合德」的精神，強調人性的高尚面，可稱爲一種「高度心理學」❻。

所以，由此來看，唯識宗除了往內心深處去挖的層次外，還需結合高尚的人性，然後，人性跟佛性才能結合起來。這就是將「唯識」結合「法相」，然後才能達到圓融、中道的認識論。

換句話說，印度世親的「唯識」傳統進入中國後，以玄奘（603-664）爲代表，除了論著「唯識論」外，更斟酌各家，證以彌勒等教義，上溯「解深密經」等，形成「轉識成智」的重要卓見。[7]其對環境倫理的啟發，即在並不只從片面零碎的知識看環保，而能從整體全面的智慧曠觀自然萬物。

因此，法相唯識宗一方面強調「八識四分」，分析各種認識的來源，二方面更進一步強調「心王爲主」，追溯根本心靈，以化除一切偏見與邊見，形成總持靈性的愛心、悲心與慧心。這對當今生態保育便深具啟發。

因爲，這代表要能在根本的「心王」中加強「如來藏」，促使此等「無漏種子」能夠周全完備的曠觀萬物。唯有如此「熏習轉依」，[8]才能轉滅私人物欲，趨向高貴的佛性如來轉依，進而眞正養成同情萬物的智慧，這也正是培養環保心靈的重要歷程，深值大家重視與弘揚！

（三）

緊接著，第三部份更加成熟的，就是天台宗。

天台宗本身的思想體系，可以說就是一種「機體主義」的形上學。其中大師由慧文、慧思、智顗、灌頂、湛然、梁肅，共兩百餘年而完成體系。主要經典如《法華經》已不再強調空宗，而進入肯定「無情有性」。認為一切看似無情的萬物均係含生命，這不但極為接近華嚴宗，而且本身已深具尊重自然、悲憫衆生的精神，對生態保育及環保工作均已極具啟發意義。

天台宗主要思想在強調「一心三觀」，一為「從假入空觀」，將一切表面假相空之，是為上迴向，二為「從空入假觀」，從空宗再轉為肯定有宗，是為下迴向。然後在上下雙迴向之中，肯定中道平等的心靈，形成「三諦圓融」的中道精神。以此精神同情萬物，成就三德——「法身德」、「般若德」，以及「性淨解脫德」，才能眞正做到「開佛知見」，其中歷程的確發人深省，啟迪深遠。

尤其，所謂「開佛知見」，就是人性中本有的佛性，使人性與佛性合一，這正如同儒家所說「天人合一」。在天台宗則強調，用佛性來看一切自然萬物衆生，因而肯定「無情有性」，⑨認為萬物皆有佛性，即使像草木頑石等無情之物，也都含有佛性。這就足以肯定一切萬物都是同樣平等，並且同樣充滿生命尊嚴與內在精神價值。凡此種種，正是環境倫理中極重要的信念。

因此，法華經曾經強調，不要用「牛羊眼」看人，而要用佛眼去看人，如此才能看出一切人的生命尊嚴均同樣平等。不但如此，人還應進一步用佛眼看牛羊，乃至於一切卑微的存在。唯有如此，才能看出，除了對人類應有平等心之外，對一切非人類（包括動物類、植物類、甚至礦物類如頑石……等等），也均應以佛性佛眼加以同情與尊重。

正因法華經尊重生命的範圍，涵蓋了一切生物與無生物，甚至視頑石都有靈性，都會聞經點頭，代表肯定一切萬物均有佛性，均具有生命存在的意義與價值，所以非常符合當今生態保育的中心思想，非常值得弘揚與推廣！

（四）

再其次，第四部份，大乘佛學在中國發展到華嚴宗，可說到達了一大高峰，很能代表中國哲學的典型智慧。

整個華嚴宗的中心思想，方東美先生認爲，若用一句話講，就是「無礙」⓾。這個「無礙」在梵文爲aparatihata，代表「圓融」的觀念，也就是一種廣大和諧的機體哲學。應用在環保問題，即代表人與自然無礙、人與萬物無礙，乃至人與一切萬類生命都無礙，所以深具啟發意義。尤其華嚴宗哲學特別強調「理事無礙」、「事事無礙」的特色，正好可以對治現代社會的最大毛病——疏離（alienation）或心靈分裂症，的確深值重視。

因此，方先生在《華嚴宗哲學》中，曾經特別強調其中機體統一的精神特性：⓫

「……佛學發展到唐代的華嚴宗哲學，才是真正機體統一哲學思想體系的成立，……我們便會發現在華嚴宗思想的籠罩下，宇宙它才徹始徹終、徹頭徹尾是一個統一的整體，上下可以統一，內外可以一致，甚至於任何部分同任何部分都可以互相貫注，而任何部分同全體，也可以組合起來，成為一個不可分割的整體。」

換句話說，我們若用現代的哲學術語來講，華嚴宗的精神代表「一」與「多」的和諧統一，也代表「一切即一，一即一切」，⑫每個個體存在之間均能圓融無礙，而「多」又跟大「一」統合互攝，相融互涵，形成統一的和諧機體，這對當今環境哲學極具重要的啟發意義。

基本上，華嚴宗這種特色相當於萊布尼茲（Leibniz）的單子論（Theory of Monads），⑬然而更為深刻。其中比萊布尼茲更為進步的地方，乃是萊布尼茲仍認為單子與單子之間「沒有窗戶」，這代表個體跟個體中間還是「有礙」。但是，華嚴宗卻肯定，個體與個體之間，彼此都是生命發光體，可以交相輝映，形成你光中有我，我光中有你，彼此不但可以無礙，而且可以互通相映，彼此增進生命之光與熱。最後，所有一切生命之光，共同形成一個金色的莊嚴世界，即為「華藏世界」。

根據華嚴宗，這個莊嚴的「華藏世界」，就是把整個自然界都點化成為生意盎然的統一有機體，本身不但物物相關，而且彼此互涵，充滿高尚價值，並形成廣大和諧的統一生命體。這從當今生態保育觀點來看，尤其深具重大的意義。

所以方先生曾經很中肯的講過：

「……從這麼一個立場看來，華嚴宗的這一套佛學思想體系，在中國哲學發展上是真正具有獨特的見地與嶄新的貢獻。對於這一個嶄新的貢獻，這一個具足整體的智慧，從我的觀點上看來，是可以醫治希臘人的心靈分裂症，也可以醫治近代西洋心物能所對立的分裂症，甚至還可以醫治佛學在印度方面所產生的心靈分裂症。」[14]

另外，我們若從當代環境問題來看，歸根結柢，其中更隱含了人與自然的分裂，人與萬物的分裂，乃至於人與宇宙衆生的分裂。因此，華嚴宗也可說最能對治今天環境倫理學的分裂問題。以往因爲環境問題隱而未顯，因而未受重視，今後我們若能深入研究，即知華嚴宗比起任何一派西方環保思想，均要更爲周全完備，的確深值共同發揚光大！

接下來，本文將根據佛學各主要經典，針對其中有關環保的思想，申論重要的現代意義。

（五）

首先，本文將扼要申論《金剛經》的環保思想。

《金剛經》裡面有很重要的一句話：

「應無所住而生其心。」

這句話在強調，我們的心靈，不要沾滯在物質世界，不能只從表象來看物質世界（「無所住」），而要能從一種更高層次的生命眼光，甚至於精神靈性的眼光，來看世界。所以緊接著強調「生其心」，這個心不是一般的心，而是「一心三觀」的中道心、平等心、與圓融心。唯有如此，才能超乎唯物論之上，透過和諧統一的生命精神曠觀萬物，從而眞正尊重大自然的萬類生命。

換句話講，〈金剛經〉提醒世人，對自然的看法，以及對萬物衆生的看法，不能只從膚淺的表面去看，而要能先透過不斷超脫的「眞空」。因此，金剛經另外有句名言，特別值得重視：

「一切有爲法，如夢幻泡影；

如露亦如電，應作如是觀。」

這句話明白提示，表面的現實世界若與無窮的宇宙生命——在華嚴宗即稱爲「世界海」——相形比較，便知只像露珠、閃電一樣，很快就會成爲泡影與夢幻。

因而，這段名言提醒世人，不能夠只從表面現象去看自然萬物，而要不斷提昇自己的心靈精神，並與無窮恢宏的佛眼相結合，然後再流眄萬物，方知一切自然萬物均爲渾然一體，而且均同具佛性光輝——這正如同道家所說「道通爲一」，而且「道無所不在」。根據佛學講法，同樣可說「佛通爲一」，而且「佛光」也無所不在，因而人們對一切同具佛性的自然萬物均應尊重愛護，不能任意破壞殺生。這對今天生態保育與環境倫理明顯極具正面貢獻。

事實上〈心經〉中也曾強調：「色即是空，空即是色」。此色並非女色之色，而指物質世界，上句話代表一切物質世界只是表象，人們應以超脫的心靈，上迴向加以轉化；然而這並不代表對現世鄙視或放棄，所以後一句又說「空即是色」，即代表應以下迴向精神予以同情肯定。如此一方面看似「無智亦無得，以無所得故」。但另一方面又可以作到「心無罣礙」，形成「大神」「大明」的眞實不虛。此即「眞空」與「妙有」的雙迴向運用之理。對於環境哲學同樣極具重大啟發。

所以，另外禪宗也有句名言，第一階段強調「見山是山，見水是水」，這代表最先只是從物質表象觀察所得，因而需要加以「空之」，形成第二階段「見山不是山，見水不是水」，然而這仍然並非究竟義，所以還需要再下迴向，賦予生命精神，進入第三階段，此時「見山又是山，見水又是水」，但已不再是原先唯物層次的山水，而是深具生命靈性的山水，因而更應加以保護與尊重。此中對心靈提昇修養的歷程，正可做環保工作者心靈修養的榜樣，同樣深值重視。

（六）

這種精神修養，到了天台宗法華經，說的更清楚：

「一切衆生皆成佛道，若有聞法者，無一不成佛。」

值得強調的是，佛經所說的一切「衆生」，相當於現代哲學所講的一切存有（all beings），並不只代表人類（human species），同時也包括環境倫理學中所說的一切非人「類」（non-human species），舉凡一切動物、植物、礦物，天上鳥類、海中魚類，地下草木等等，所有一切萬「類」（species）均在其中。因此其所謂「一切衆生皆成佛道」，就代表一切萬類均有生命，而且均含佛性，都能在佛光的觀照範圍之中，所以，眞正有聞此法者，當然「無一不成佛」。

換句話說，這句話代表，一切衆生萬類，均有成佛的潛能，因而均有獨立的生命意義與內在的生命價值。前者所謂獨立的生命意義，代表不用依存於人類的需要才有生命意義，不必因爲人要吃魚，魚存在才有意義，或人要獵獸作樂，獸類才有生命意義。另外，所謂內在的生命價值，更代表任何一個生命主體，不待外求，即有其獨立的內在價值。

事實上，很多非人類的萬類，早在億萬年前即存在於地球，它們各有其族群生存的本有空間與內在價值，不必等待人類肯定才有價值，因而更不容人類這後來的地球居民任意干涉破壞，否則人類形同「地球村」中的惡客，遠離了佛光、佛性、與佛道。凡此種種信念，均與當今環保精神完全不謀而合，深值大家重視！

所以，在法華經中，最重要的一品便是〈觀世音普門品〉，它與華嚴經的〈普賢行願品〉並稱爲佛學兩大精品，最能表現此等慈悲精神。

「觀世音」代表「觀」察「世」間各界的聲「音」，因而象徵對一切萬類均能救苦救難的慈悲精神。正因其足以深入一切萬類，撫慰苦難，所以其本身可以化成各種形貌——不但可以有千手千眼，還能化爲千等形象、與千等體貌，以充分同情大千世界中各種形態的苦難。此等精神無限慈悲，無限深厚，也無限廣闊，因而特別深值東西方共同重視與體認。

此所以〈觀世音普門品〉中曾經指出：若衆生中，應以佛身得度者，觀世音即「現佛身」爲之說法；應以梵王身得度者，即「現梵王身」爲之說法；應以天大將軍身得度者，即「現天大將軍身」爲之說法；應以比丘、比丘尼身得度者，即「現比丘、比丘尼身」爲之說法。應以婦女、童男、童女身得度者，即「現婦女、童男、童女身」爲之說法，另外，甚至應以「夜叉、人、非人等身得度者」，「即皆現之而爲說法」。[15]

這充份說明，觀音菩薩可以超乎一切現世表象的限制，既可以化成佛身、帝王、將軍，也可以化成和尚、尼姑，既可以化成男性，也可以化成女性，既可以化成老人，也可以化成幼童，可以化成天，也可以化成人，甚至可以化成一切「非人」的萬物，「成就如是功德，以種種形，遊諸國土，度脫衆生」！⑯

此中深意，首先即在肯定，對衆生應有「平等」精神！因爲在觀音心目中，一切世間萬類均在其悲憫範圍之內，一切自然萬物也均爲其拯救對象，所以一切萬類，不分貴賤大小，均應受到「平等」的關懷與愛護。

此中精神另一方面，則在肯定眞正「博愛」的精神，所以觀音面對不同型態的萬類，均能一一化爲不同的形貌，眞正將心比心，設身處地的同情瞭解。此一「同情」並非憐憫，而是在尊重萬類尊嚴的前提之下，與其心靈平等的感應相通。事實上，這也才是正確對待殘障者與弱勢團體的應有態度，同時也是正確對待一切萬物生態保育的態度。

另外，第三方面，〈觀音普門品〉可說同時肯定了「自由」精神。亦即先充份尊重各種萬類的個別差異，然後再充份幫助各類完成不同的生命潛能，此即完成「自由」的最上義，得以讓萬類充份自我實現其潛能與心願。因而，這除了具備消極的救難保護意義外，更貫注了積極完成自我的意義，這對當今促進生態保育，尤具很新的啟發與提示。

我們由此可見，觀世音菩薩不但堪稱人們立身處世的最佳榜樣，同時也是環保工作的最佳模範。如果人人均能以觀世音之心爲心，以觀世音之志爲志，那就一定能勇於救人濟世，並且能勇於拯救一切生物、保護一切萬類、進而促使一切萬物完成生命潛能，那才是最高貴的宗教心靈與環保情操！

《法華經》中曾經強調：

「願以此功德，普及於一切，我等與衆生，皆共成佛道。」⑰

這段內容可說充份表達了觀音的悲憫心志，這種精神心繫衆生，無所不包，護持萬類，無處不在，也正是今後環保工作者，最好的精神榜樣！

（七）

另外，在《大般涅槃經》中，也值得引申其中一句名言：

「一切衆生悉有佛性，一切衆生悉皆有心，凡有心者，皆當得菩提。」

這句「有心」太重要了。因爲眞正有心，才能對許多大自然的小昆蟲、小植物、小草、花朵等等，都會覺得應該憐愛、應該呵護。如果沒有心，麻木不仁，那即使對活生生的一個人遭受痛苦，也會視而不見。

所以，本經所說「一切衆生悉有佛性」，深具警惕作用。這就好比孟子所說，人人皆有的「不忍人之心」，或者陽明先生所說「合天地萬物爲一體」的仁心。這種仁心，在佛學即稱爲悲心，「凡有心者，皆當得菩提」。代表眞正有悲心的人，便一定可以證成菩提。這菩提代表「光明」，如果能激發大家共同的內在佛性，弘揚不忍人與不忍物之心，就能開創充滿生機的光明世界！

尤其，這種佛心對一切衆生，均以平等心相待。此所以大般涅槃經中曾經明白強調：

「如來不但獨爲豪貴之人跋提迦王，而演説法，亦爲下賤優波離等……不但獨爲舍利弗利根説法，亦爲鈍根周梨槃特…不但獨聽煩惱薄者…亦聽煩惱深厚造重罪者，不但獨爲盛壯之年二十五者，亦爲衰老八十者説……」⑱

從這一段內容，充份可以顯示佛心一往平等的精神，所以才能感通萬物，感動衆生。此中足以感通萬物的「有心」，既可說是悲憫無邊的聖者佛心，也可說是純樸天眞的赤子童心，事實上兩者本爲相通，此亦孟子所謂「大人者不失其赤子之心」。筆者願舉親身所知二則故事，做爲引證。

筆者有一個小女兒，有一次看到一支簽字筆的筆套掉了，只剩下筆尖，本能的就說：「

這支筆好可憐喲」！我問她爲什麼可憐？她說：「找不到筆套，這支筆心馬上就會乾掉，乾掉就死掉了，當然好可憐呀」！此中雖是童心童語，卻也代表「有心」，可以設身處地的爲筆心著想。雖然從表面看，一枝簽字筆是沒有生命的，但是，若能用有生命的心靈去爲它著想，同樣可以發現其中充滿感情。由此產生的「惜物」精神，對於環保教育便很重要。

另一個眞實故事，根據方師母口述，便是方東美先生一位公子，在小的時候，曾經把一本書，斜斜的放在桌角上，快掉而尚未掉。方先生看到後，首先將書收好，然後將其孩子也抱起來，斜斜的放在同樣桌角上。當然，小孩子不舒服，便開始哭，因此，方先生就告訴小孩，你覺得不舒服，書也同樣不舒服呀！

此中故事所透露的啟發，同樣代表，對一本書也應該設身處地，爲其著想。如果人被斜放不舒服，書也會同樣不舒服，這就是一種將書也視同有生命的心靈，並且眞正感同身受，此中代表一種「大其心」、與「同其情」的精神，足以提昇人性，也足以發揮佛性。擴充而言，這不但是中國哲學的共同通性，也正是今後促進環保成功的重要動力，深值大家共同弘揚！。

（八）

在中國大乘佛經中，《大般若經》特別強調大智慧的重要，因爲，「般若」就是「智慧」，而般若一共有三種，一爲實相般若，二爲觀照般若，三爲文字般若，根據大乘佛學，最重要的境界，乃在以「般若與菩提相映」，也就是絕不只從物質眼光看大自然，而能以充滿智慧的心靈，將自然萬物均視爲精神貫注的實體，進而拓展現生命世界的光明性。此即當今西方環保學者所說「心理—物理合一的世界」（Psycho-physical world）。這種「心物合一」的自然觀，正是大般若經所展現的特性，也是當今生態保育極重要的新趨勢，所以深值體認與弘揚。

根據大般若經，客觀的物理世界應先化爲「五塵」的境界——亦即聲、色、香、味、觸所構成的感性世界。例如，客觀的山，先要去碰它，才曉得是山，這就是「觸」；要能看到，才曉得山的顏色，要能聞到，才曉得山的清新，這就是「色」、「味」等。

所以，《大般若經》面對大自然，是先把客觀的自然世界化成主觀的感性世界。然後，再把這個感性世界建立起「五蘊」認的認知範疇，形成「色、受、想、行、識」的理性世界，然後再更進一步，將之提昇爲靈性的精神世界，到最後，再體認萬法平等的光明世界。此中的心路歷程，循序漸進，而又層層提昇，也正是生態保育者很重要的精神修養，同樣深值重視。

（九）

在佛學各宗中，仍應首推華嚴宗哲學，最能完整表達廣大和諧的生命精神體系。此所以在華嚴經中明白強調：「法界爲衆生心」，指出法界無所不在，佛光也普照衆生，其中特別強調慧心與悲心，對環保教育來講，尤具重大啟發。

尤其，在所有佛經裡面，《華嚴經》被稱爲「經中之王」，其中很有道理，也很有歷史淵源。例如在《高僧傳》裡面，便有一段記載：[19]

> 唐太宗問隱士孫思邈：「佛經以何經爲大」？孫曰：「華嚴經爲諸佛所尊大」。帝曰：「近玄奘三藏，譯大般若經六百卷，何不爲大，而六十卷華嚴經獨得大乎」？孫曰：「華嚴法界具一切門，於一門中，可演出大千經卷，般若經乃華嚴經中一門耳。」太宗乃悟，乃受持華嚴。

孫思邈說得很中肯，華嚴經看起來雖然只有六十卷，但六十卷包括了一切門，而每一門裡面，又可以有很多大千經卷，所以他認爲華嚴經最大，的確其來有自。

然而上述故事，還只是從內容「廣度」來看，若從精神「高度」與智慧「深度」來看，也都很有根據。因爲華嚴經是佛陀悟道之後，首先所講的第一部經，若用判教比喻來說，這猶如太陽先照高山群峰，象徵其中精神最爲高妙，堪稱「高度」第一；另外，其講經對象全爲衆菩薩，層次屬於利根中的利根，象徵其中智慧最爲深奧，所以堪稱「深度」第一。因而中國歷來公認《華嚴經》爲「經王」，確有重要原因在內。

在《華嚴經》中，常常可以看到「十」，如十信品、十地品、十行品……等等。事實上，這個「十」，並不只指「十」，而是象徵無限，不但在廣度上無限，也在高度與深度均象徵無限，形成無限廣大、高明、而博厚的機體主義，充份表現出無限圓融與融貫無礙的哲學精神，這對環境倫理的啟發就非常深遠。

例如華嚴宗的世界觀，就非常的磅礡壯闊，它肯定整個宇宙無窮無盡，猶如「世界海」一般，而人類所居住的自然世界，只如滄海中之一粟，稱爲「娑婆世界」，所以需要不斷提昇其精神境界與生存價值，然後才能邁向更高的宇宙生命理想。根據華嚴宗，整個大自然均在佛光調伏點化之下，成爲充滿生命意義與莊嚴價值的「華藏世界」，其中一切萬物衆生不但圓融互攝，物物相關，而且互相倚存，共同創進，形成和諧統一的大生命體，這對當今環保哲學，實在深具重大的啟發意義。

尤其，華嚴宗不但注重文殊菩薩所代表的「善知識」，同時也注重普賢菩薩所代表的「菩薩行」，合而言之，就是深具「知行合一」的特性。落實在環境倫理而言，即在提醒人們不僅應具備環保知識，加強瞭解，同時更應具備環保行動，身體力行。這種同時結合知行的環境倫理，在全世界均屬極完備的思想體系，深值大家共同弘揚。

（十）

總而言之，《華嚴經》是釋迦牟尼悟道之後，首先講的經典，所以也是最爲深奧的經典。其中參加的會衆，通通都是大菩薩們，否則如果智慧不夠，便不能聽得懂。

這也正是華嚴判教所說「三時」的意義。

所謂「三時」，代表日出、日昇、日没，象徵佛陀說法的順序。

首先，「日出光照時」，代表太陽一出，先照高山，這象徵佛陀成道後，先對程度高的衆菩薩說法，此即《華嚴經》。其次「日昇轉照時」，遍照幽谷，代表爲了講給程度不好的鈍根聽，改用不同的淺顯說法，此即《阿含經》等。再其次「日没還照時」，代表再照高山，象徵迴光反照，再度往高處講，此即《法華經》。

我們若從人性心理或教育心理學來看，此中轉折的確很有道理。例如，一位學者在剛得到博士學位之後，第一門所教的課程內容，往往最爲深奧，這因爲他剛從專精的學術氣氛出來，所以很自然便會把他最拿手的部份，以及體認最深的心得，通通先講出來。這就相當於佛陀的《華嚴經》。然而等通盤講出之後，往往會發現班上很多人聽不懂，因此便會開始從淺顯地方講，並用比較通俗的方式去講，這就相當於佛陀後來陸續所講的小乘各經。等到最後，循序漸深仍然會往高處講，這就形成《法華經》。

因此，佛經之中，各經典均有其不同的程度與啟發，這是因爲芸芸衆生，利鈍不一，所以都很重要，但對利根上智而言，佛陀最早講的《華嚴經》，以及最後講的《法華經》，可說最爲重要。

尤其，《法華經》中特別重視慈悲精神，救護衆生，所以中心思想表現在觀世音菩薩的〈普門品〉，而《華嚴經》特別注重圓融無礙，廣大和諧，所以中心思想可用最後的〈入法界品〉爲代表。這兩部經典對於環境倫理學的啟發，既深遠且重大，深值大家共同重視。

第二節　華嚴宗對自然的看法

本文在說明華嚴宗的自然觀以前，應先就其基本架構與精神特色，作一總體說明，俾能進一步闡述其應用在環境倫理學的啟發。

《華嚴經》共有三種版本，最早在東晉所譯，爲六十華嚴；然後到了唐初，翻譯爲八十華嚴；最後在唐朝末年，則譯爲四十華嚴。雖然看起來四十華嚴卷數最少，然而卻因爲是最後所譯，所以，內容反而最爲周全深刻。

實際上，四十華嚴中最重要即〈入法界品〉，全書以善財童子爲中心人物，說明一位很肯上進求道的年輕人，如何一步一步充實自己，透過五十三門課，拜五十三位老師，分別請教，以修習「入法界」的哲學課程。這五十三位老師，除了菩薩之外，還包括神之子、比丘、比丘尼、國王、高人、少年、少女、擺渡人、富商、隸民等等。正如孔子所說：「三人行，必有我師」。⑳善財童子透過不斷追求眞理的過程，做爲「入法界」的歷練，也正如同在廣闊的「社會大學」乃至「宇宙大學」內修道。

在入法界的過程中，文殊菩薩代表最高智慧，對善財童子啟發完「善知識」後，再提醒他請教普賢菩薩，以閱歷人間各種現實世界的經驗，並眞正體會「菩薩行」。這代表要把「善知識」和「菩薩行」結合起來，充份做到知行合一。最後再由普賢伸右手摩善財童子頭頂，此時立刻顯出各種神通情境，經中並特別用「海印三昧，一時湧現」作爲象徵。

方東美先生曾經比喻，這種情境就好像在飛機上俯視大海，整個大海彷彿一面廣大平靜的鏡子，若能適逢日出或晚霞，此時所有天上各種金光四射的雲彩，以及各種自然景觀與天上萬象，全部都一起照射在大海這面鏡子中，而這面鏡子又一起回射出來，共同形成金碧輝煌的「華藏世界」，這就是華嚴宗極大的氣魄，稱爲「華嚴大定」。[21]在經中叫做「海印三昧」——將無窮的法印，一時頓現，相互輝映，形成光輝燦爛的金色世界，此時完全點化了乾枯的唯物世界，所以深具高妙的智慧與境界。

因此，方東美先生曾稱頌華嚴四十卷，堪稱「全世界最好的哲學概論」。[22]這個比喻非常中肯生動，代表它既能在學理上深具精奧智慧，也能在行動上融入生活，形成生命的學問，的確寓意非常深遠。

尤其，華嚴宗四十卷不但是很好的哲學概論，整部《華嚴經》更可稱爲世界上非常完備的環保哲學。因爲華嚴宗誠如方先生所說，基本上乃是一種「融貫主義」[23]。這種廣大悉備、圓融無礙的機體哲學，肯定自然一切萬物均在佛法內含生互攝，正是當今環境倫理學極爲重要的中心信念，而華嚴宗氣魄之恢宏、理論之完備，以及論述之嚴謹，均爲當今西方環保哲學所罕見。所以深值東西方學界共同闡揚與研究。

另外，方先生曾用一個現代西方哲學名詞，來說明華嚴宗特色，叫做「Ideal realism」㉔。這種「理想的實在論」也可說正是「理事無礙論」的特色，代表即理即事，理事圓融。它一方面肯定這個世界的個別存在（events）均各有其實在意義，另一方面則又分別賦予生命意義，提昇精神價值，因而每一個別存在都能形成發光的生命體。

所以，整部華嚴經很多段落，都在講如何從佛陀或菩薩全身各部位發光。其基本精神就在象徵同時結合現實與理想，促使每個現實存在都具有理想的光輝，這就叫做即事即理，「理事無礙」。到最後更形成「事事無礙」，㉕整個現實萬物各類存在，都能發出生命光輝，並且交織成網，相互輝映，成爲整體大放光明的「華藏世界」！

若就結構而言，整個華嚴經四十卷裡面，一共涵蓋七層會議。這七層會議就相當於七項宇宙的宗教會議，很能生動表達其中圓融廣大的自然觀。若編成戲劇，就是七幕的「宇宙性劇場」——以天地爲帳幕，以自然爲背景，並以入法界爲主題，然後再以各種型態的大菩薩爲人物，共同編織成探討宇宙深奧眞理的劇本。

例如在此七會中，第一會跟第二會是在地面上開的，第三、四、五、六會則是在天上開的，最後一會又落實到人間。所以，眞正可說是上天下地，馳神無礙，不但可以陶然出入六合，而且可以怡然與天地精神相往來，其中胸襟器識均非常恢宏雄偉，此中劇場殿堂若名稱定爲「大雄寶殿」，以彰顯其偉大雄渾的氣宇，正是最眞切的寫照！

另外，若從內容而言，則華嚴經的論道氣魄，比起柏拉圖的《對話錄》更加開闊，因爲其中不只是兩人或少數人對話，而是衆菩薩群集的論道。尤其，這些會衆並不是泛泛之輩，通通都是頂尖高明的大菩薩，大家一起發表對宇宙人生的讜論，「說種種法，無有盡極」，所以能形成精彩絕倫的宇宙生命大讚頌，此即所謂：「演說如來廣大境界，妙音遐暢無處不及」，[26]這種精神氣魄，對於環保哲學應有的自然觀，尤具深遠的啟發意義。

所以，日本著名學者川田雄太郎曾經指出，他認爲《華嚴經》比起哥德的《浮士德》，可說「有過之而無不及」[27]，可說頗具慧眼。

因爲，《浮士德》是世界上有名的劇本，而整部《華嚴經》的結構與表達方式，也很像是高雅莊嚴的劇本。只不過，《浮士德》主要內容，在描述浮士德一人，因其精神空洞，所以寧可把靈魂出賣給魔鬼，以企圖嘗盡七情六欲，因此引起上帝和魔鬼之間的較勁。最後仍然由天使把浮士德接引上天。

相形之下，《華嚴經》的架構與內容，便比《浮士德》要更爲磅礴精緻，與細密周全。因爲，它是將整個三十三界天，通通涵蓋在內，而且對整個人生各種境界與經歷，通通充份遍閱，最後再形成一個圓融無邊的廣大境界。

所以，日本另一位研究中國思想史的名教授中村元就曾說：

「象徵日本的文化，這個都市是奈良；而象徵奈良的是大佛，這個大佛是華嚴經裡的大佛。」[28]

事實上，這個大佛就是《華嚴經》第一會中的昆盧遮那佛（Vairocana），也代表佛祖的化身。因此，中村元認爲影響日本人心靈以及文化最深的，乃是《華嚴經》，可說相當中肯。

不過，我們在這裡也應指出，日本學者對中國思想的研究，擅長於考證人名、名相、版本、以及譯文的精確性，但對思想義理的把握以及生命精神的發揮，卻仍不夠恢宏圓融，尤其對於《華嚴經》廣大和諧的思想精神，日本學者在著作中體認並不深，因而闡論也並不多。

就此而論，反倒是英美世界大哲學家懷海德（A. N. Whitehead），對圓融和諧的精神，表現得極爲深刻，懷氏本身並沒有看過華嚴經，但是，他所表達的「歷程哲學」（Process philosophy），基本上就是一種機體主義，㉙與華嚴宗卻很能相通。因此，方先生曾經特別呼籲，希望今後有人能夠把懷海德和華嚴做一個充份比較研究，並認爲這是一個非常好的哲學論文，確實深值重視。

事實上，懷海德的傳人，有一位哈桑教授（Hartshorne），除了傳承發揚「歷程神學」外，就曾經強調，懷海德哲學和中國哲學的兩種傳統都很能不謀而合：一種是易經的生生哲學，另外一種是華嚴宗的圓融哲學。因爲這三者均代表旁通統貫的機體主義，所以很能相通，這在環境倫理上，尤其深具啟發意義。

值得注意的是，懷海德本身原來是位物理學家與數學家，對於自然科學很有研究，而且並不僅限於科學唯物論的膚淺層次，而能結合科學與哲學的特性。此所以他除了在一九二〇年與羅素合寫《數學原理》(Principle of Mathematics)外，後來還陸續完成《自然概念》、《相對論原理》，到一九二五年，並寫出《科學與現代世界》，很能瞭解現代科學的長處與短處。

因此，懷海德透過最新科學發展，肯定了歷程哲學的重要，展現在宇宙觀與自然觀上，便是強調交融互攝的機體主義。所以他的思想堪稱融合了科學、哲學、與宗教。此所以他在一九二六年完成了《演進中的宗教》(Religion in the Making)，到了一九二九年則完成鉅作《歷程與實在》(Process and Reality)，一九三三年再出版《觀念之冒險》(Adventure of Ideas)，一九三八年出版《思想模式》(The Modes of Thought)，均爲極值重視的融貫主義。

例如，懷氏一再呼籲西方人士切忌「割裂自然」，並強調人類應以無比的關心，重視人類與宇宙的生命關係，以及自然萬類之間的「息息相關」(Relevence)。[30]他並強調，整個宇宙的「創造性」(creativity)，並不只是靜態的實體，而是「普遍流行的宇宙生命活力」[31]，此種創造動態的歷程，正是生生不息的實體所在。凡此種種，均可說與中國哲學「萬物含生」不謀而合，也與環境倫理「物物相關」完全相通！

尤其，懷海德呼籲世人，要以廣大的同情，把心靈打開來，體認「吾人在宇宙中，宇宙在吾人中」㉜，以充份把自己從割裂疏離中重新「凝聚」，進而體認物我渾然一體的融貫精神，這不但正是當今生態保育極重要的信念，也正是華嚴宗圓融無礙的重要精神。由此很可看出東西大哲互通之處，更可看出對環保哲學啟發之處！

事實上正因懷海德對中國文化能夠深切體認眞諦，所以對其本身哲學甚多啟發。他對中國文化極爲崇拜，並且稱頌爲「世界所僅見的最偉大文明。」以下這段內容便深值中華兒女深思：

「當我們愈瞭解中國的文藝與人生哲學，就愈崇拜中國的高度文明。尤其，數千年來，中國歷經各代飽學之士畢生致力學問，加上長久時間與廣大人口，已使中國文化成爲世界所僅見的最偉大文明。」㉝

懷海德在本段所說，「中國文化歷經各代飽學之士畢生致力學問」，可說極爲中肯。像中國大乘佛學歷經各代大師的沉潛治學，便爲明顯例証。其中最高峰的華嚴宗，尤能展現中國人廣大和諧的生命精神，更爲極佳說明，深值東西方共同重視！

經過上述扼要比較之後，本文將進一步分析華嚴宗對自然的看法。

事實上，華嚴宗的自然觀在第一品——〈世主妙嚴品〉中，就已經表現得很清楚；其中先把物質世界（稱爲「色界」）提昇爲生命界，稱爲「有情世間」，然後再把生命世界提昇爲心靈世界，進而再把心靈世界提昇爲「正覺世界」。因此，整個大自然界，在俗人看來或只是物質性的龐然大物，但在華嚴宗看來，卻是一個充滿生命、充滿情感、更充滿靈性光輝的正覺世界，這在環保上便深具意義。

《華嚴經》第一會中有六品，很多都在談論對自然界的看法。究其共同宗旨，絕不是只從唯物眼光或功利眼光來看，而是透過深具智慧與慈悲的菩薩來看，此其所謂「其衆如雲，俱時出現」，他們把對宇宙人生的看法，在佛的化身前充份展現，並透過相互交流，彼此印證，以彰顯佛法的光明，所以極具啟發意義。

此中《華嚴經》所講的「色界」，相當於物理世界，也就是亞里士多德所講的"Physical world"。然而，怎樣從這個形而下的物質世界，去探討其背後的形而上世界（Metaphysical world）？這在亞里士多德是很重要的哲學問題，在華嚴宗亦然，只不過兩者處理的方法不同。

在亞氏，是從「形而下」的世界，把它抽象化，去討論背後另一個「形而上」的原理。但華嚴宗卻是把形而下的物質世界，當下即體顯用，點化成爲形而上的生命世界。也就是說，它並不只是一個思想的世界，也不像柏拉圖所說是另一個「理型界」（或「觀念界」），而是很眞切的生命界，並且是一個有情界。此中主要精神乃在肯定千山萬水皆含情，一草一木皆含生，這與儒家所說的「萬物含生論」可說完全相通。

換句話說，華嚴宗肯定自然界本身，乃係盎然充滿生機的大生命體，而不是在他世，另外追求一個抽象的形上界。相形之下，西方哲學從源頭——希臘哲學起，其安身立命的重點，就不在此世。但在中國哲學，不論儒、道、釋，均極爲重視此世，這是一點最大的不同。

此所以大乘佛學中，非常強調「煩惱即菩提」，縱然此世充滿煩惱，但「離開煩惱，即無涅槃」，此所以《維摩經》中強調「一切煩惱，爲如來種」，「譬如不下巨海，不能得無價寶珠。如是不入煩惱大海，則不能得一切智寶。[34]」因而在菩薩眼中的此世，便不再是充滿煩惱的世界，而是充滿生機、充滿希望、也充滿光明的金色世界。這不但對宗教情操極具啟發，對環保教育尤具重大意義。

這種「點化」的功夫，足以點石成金，點化物質世界成爲生命世界；若用《華嚴經》術語，即爲「調伏」衆生，看似很玄，其實深具心靈的教化意義，非常眞切。

換句話說，此中重點在於，人類心靈能否提昇到像菩薩一般的心靈，如果只用凡夫心靈、甚至屠夫心靈去看一切萬物，則眼中所及，好像任何東西均變成可以殺而食之，但若用菩薩心靈就不一樣，因爲菩薩心靈經過「調伏」，經過「悲智雙運」的提昇與轉化，所以乃係以法眼去看大自然，此時大自然便不再是呆板、僵化的物質世界，更不是滿目皆可殺食的野蠻世界，而是成爲有生命、有意義，有價值的法滿世界。

因此華嚴經在此說的「調伏」，猶如現代名詞「創造性的轉化」（creative transformation），代表對凡夫的心靈能夠變化氣質、提昇靈性，據以創造生命新境界。應用在環境倫理學而言，這正代表環保應有的精神修養——對於大自然界，不是以唯物論或機械論去看，而能以生命論與機體論去看，因而才能眞正尊重自然、愛護萬物。這正是當今環保教育亟應具備的心靈，所以深值體認，弘揚光大。

另外，有關華嚴經對自然的看法，杜順法師曾經提出四種層次論點，[35]很值得進一步參考：

(1)會色觀空觀：也就是會合所有的物質世界（色相界），歸入空靈。這就相當於金剛經和心經所講的「無所住、無所得」，絕不將心靈只停滯在表面的物質現象，而能向上提昇，加以超化，這也是一種精神的上迴向。

(2)明空即色觀：這是第二層的下迴向功夫，也就是除了「色即是空」外，再回過頭肯定「空即是色」，促使「空」並非頑空，而是以淩空的智慧、壁立萬仞後，再俯視此世，同情萬類，從而領悟大自然乃是一個溫馨的有情世界。

(3)色空無礙觀：也就是將上迴向與下迴向加以融貫無礙，形成統一和諧的「一眞法界」，促使出世的慧心與入世的悲心結合，足以雙運無礙，這也正是廣大和諧的「中道觀」，並以圓融和諧的精神看待自然一切萬類。

(4)泯絕無記觀：這代表佛經最高境界的〈不可思議品〉，此中的「不可思議」並不代表不能夠講，而是代表用人類的思想語言，無法講盡，也沒有辦法透徹表達。這因爲佛法正覺圓融，廣大悉備，與無窮的宇宙一般大，足以包羅萬象，涵容一切，所以遠遠超乎人類語言能力以上，形成「不可說、不可說」的最高境界。

此即華嚴經最後一品〈普賢行願品〉中所謂：

「所有盡法界，虛空界，十方三世一切佛剎極微塵數中，一一各有不可說不可說佛剎極微塵數廣大佛剎；一一剎中，念念有不可說不可說佛剎極微塵數一切諸佛，成等正覺。」

要之，佛經「不可思議」的境界，正如道家「道可道，非常道」的境界。如果應用在環境倫理學的自然觀，即代表整個宇宙的廣大範圍，與自然界的神奇奧妙，遠遠超乎人類現在所能言說想像的程度。所以，雖然現在科學看似發達，但比起自然與宇宙的大道，仍然非常有限，這就提醒人類，應用更虛心的態度瞭解自然與保護自然，而不能處處以人類自我為中心，任意宰制自然，破壞自然。

根據《華嚴經》，有了這種醒悟後，人類才有眞正大智，有了大智，才能眞正尊重自然，油然興起大悲心，從而產生菩提心。此即所謂「因於大悲生菩提心，因菩提心成等正覺」〈普賢行願品〉。事實上，這也正是當今生態保育極重要的應有態度。

另外，有關華嚴宗的世界觀，方東美先生在《華嚴宗哲學》中，講得非常中肯：

「以華嚴宗本身的看法，整個世界，它用一個比喻，叫做世界海。我們現在所處的世界叫做娑婆世界，娑婆世界之外還有其他種種世界，而華嚴經所講的華藏世界，是世界海裡面的世界種，是所有世界海裡面最根本的種子。而在所有現實界裡面第十三界，三十三天裡面第十三界，也就是我們現在所處的現實世界，所以，世界海數量有多少，可以說是永無窮盡的，拿一切可能的計量法，通通都是數之不盡。」[36]

因此，方先生曾經引述劍橋大學天文學家的科學論點，做爲重要佐證：

「平常在地球上看太陽，就覺得遠得不得了，九大行星也是遠得不得了，認爲在宇宙星河系統裡面有無量數的星。倘若我們能透過近代儀器的觀測，再透過近代數學上面仔細的計算，立即便可知道像環繞太陽這種銀河系，有五百萬這樣的星河系統。在這裡面，第一個銀河系同第二個銀河系的距離，要用光年來測量，也許要一百萬萬年才能從這個銀河系數到第二個銀河系。這一切可能的銀河系，在近代最好的天文台上面，像Morrison拿最精確的望遠鏡來觀測，然後再加上計算，發現各種不同的銀河系裡面，所表現出來的不同世界，應當是五百個百萬，再乘一個百萬，又再乘一個百萬，……」[37]

換句話說，如果我們從宏觀來看世界，那眞正是天外有天，宇宙是無窮盡的大，這在華嚴宗即稱之爲「世界海」。另外，如果從微觀來看，則又可成爲無窮盡的小。所以方先生曾經指出：

「若從物質世界的觀點看起來，我們可以說，在各種星球的構造成分，其最後就原子構造而言，少不了有helium（氦）。假使就helium（氦）裡面去觀察時，就拿它的proton（質子），同兩個electrons（電子）一化合起來，它的原子數就是四，但是事實上，依照化學的週期表上面看起來，應當還有小數點零三之數存在，對於這個小數點零三之數是什麼東西呢？就是當一個helium（氦）、atom（原子）一組織成功之後，就毀滅掉那個小數點零三所代表的物質的質。但是這一毀滅的質馬上就會變成能，而那個小數點零三的那麼一點點小規模的數量，它卻會發出來極大的能，變成爲cosmic energy（廣大無邊的宇宙能）。」[38]

這也就是說，若用愛因斯坦定律來看，很小的質量，乘以光速的平方，就會變成很大的、幾乎無邊的宇宙能量。

因此，由此可見，整個宇宙不斷地在製造星體，也不斷地在神奇奧妙地製造星雲，永遠表現出一種生生不息、永無窮盡的宇宙創造力，這是從最新科學所講的宇宙運行道理，卻也正與《華嚴經》所申論的世界觀不謀而合!

根據《華嚴經》，這個宇宙的世界海中原有無窮的「差別形相」，從這裡面並構成無量數的世界「種」(「種」即「類」，一切萬類即一切萬種)。然而，在無量數的世界「種」裡面，均能經由毘盧遮那佛無量的神通與力量，把它們一一點化成光輝燦爛的「莊嚴海」。此即經文中所謂:

「諸國土海種種別，種種莊嚴種種住，
……
一切國土一切塵，一一塵中佛皆入，
普爲衆生起神變，毗盧遮那法如是。」[39]

在這個「世界海」中，有二十重天，現實界是這二十重天裡面的第十三重天，又叫做「娑婆世界」。本來這重重世界均有差別，也有染污，但經由如來菩提心的點化，均可以轉變爲無量大的莊嚴世界，此即所謂:

「無量衆生發菩提心故，世界海純清淨劫轉變。諸菩薩各各遊諸世界故。世界海無邊莊嚴劫轉變。十方一切世界海菩薩重集故，世界海無量大莊嚴劫轉變。諸佛導入涅槃

故，世界海莊嚴滅劫轉變。如來神通變化故，世界海普濟沒劫轉變。」㊵

我們從這段中，清楚可見，不只現實的娑婆世界——亦即自然界，可以因菩提心而轉化成清淨世界，其他一切世界海的種種差別相，也可在佛光普照融貫下，轉化成爲平等無差別的莊嚴世界，這個世界，即「華藏世界」。

在這華嚴世界中，不但一切萬有均有平等的生命尊嚴，一切萬種萬類也都有獨立的生命意義，並且各具無限的潛能。此即《華嚴經》中所說：

「一一塵中無量光，普遍十方諸國土，悉現諸佛菩提行，一切刹海無差別。」㊶

值得重視的是，整部華嚴經中，常用象徵語言在講「放光」。例如〈如來現相品〉中，衆如來有的時候從牙齒放光，以示集他方之衆，有的時候從眉間放光，以示成果因，有的時候則從足下輪中放光，以成十信，還有的時候是從足指端放光，以成十住位，還有另外從足趺上放光，以成十行門，或由膝上放光，以成十迴向，或從眉間堂相放光，以成十地……凡此種種，均各有其深遠的象徵意義，最重要的，就是共同形成普遍放光的莊嚴世界。

懷海德常稱：「偉大的哲學，相通於偉大的詩。」㊷因爲偉大的詩，常能活用生動語言，以表達生命境界中難以形容的創造精神，這正往往是科學語言所不能表達的，卻與偉大的哲學極能相通。

華嚴宗爲了表達整個宇宙的生命無窮、潛力無窮，光明無窮，創造力也無窮，所以經常用詩的方式表達，並經常以如來法身的發光作爲象徵，透過此種佛光，再遍照衆生海中一切所有塵，形成廣大莊嚴的「寶光世界」。此即所謂一切衆生及諸佛「化現光明等法界，光中演說諸佛名，種種方便示調伏，普應群心無不盡。」[43]

在此華藏世界中，一切自然萬類均能調伏轉化，由物質界點化成生命界，再調伏成心靈界，最後形成廣大光明的莊嚴寶界，這對當今環境倫理尤具極大啟發。

所以，在《華嚴經》文中，曾經強調：

「華藏世界所有塵，一一塵中見法界，
寶光現佛如雲集，此是如來剎自在，
廣大雲集周法界，於一切劫化群生，
普賢智地行悉成，所有莊嚴從此出。」[44]

另外，方東美先生也曾透過現代科學最新的發展，來印證《華嚴經》在此的宇宙觀：

「從近代天文學理論來印證，所謂〈華藏世界品〉，它並不是一個幻想的系統而已。而且，華嚴經雖然是從物質世界—就是所謂『器世界』來出發，但是，它絕不停滯在物質上面，它這上面，不但可以講物理，也可以講化學，不但講物理化學，它還是一種基礎科學，從這個基礎科學的物質現象，可以來發現宇宙裡面生命的現象，從不同的生命方式可以再產生心靈現象。」

所以，方先生緊接著就指出：

「我們可以講，物質世界裡面的質和能，這兩個條件，在創化的過程裡面，就有生命的創新，也有心靈的創新，證明這整個宇宙是一個創造性的宇宙，有一個創造性的次序（creative order）。」㊺

換句話說，現代科學界最新的學門之一，就是「生命科學」，以往包括「遺傳工程」，現在包括「生命科技」，這門學問發展愈新，就有愈多的根據證明，原來看似沒有生命的海底世界、天上世界、叢林世界、荒野世界、沼澤世界、甚至惡地世界…等等，其實都各自充滿形形色色的生命現象。其中各個生存的形相或有差異，但就生命的尊嚴而言，卻應受到同樣重視與保護，這就正是華嚴宗宇宙觀的根本宗旨！

因此，針對這種最新的科學進展成果，方先生也曾提醒人們：

「現在各國的大學裡面講科學，便產生一種目的論的生物學（Teleological Biology），不再把生命埋沒在物質的機械條件與能的機械支配裡面，而由產生許多創造的新奇性來說明生命已經超越了物質，心靈已經超越了生命，不斷的在宇宙裡面向上，以創造的情勢表現種種新奇的現象。」

另外，方先生更曾進一步根據歐美一流大學的生物實驗，比較近代生物學與古典科學的不同，從而証明宇宙生命的機體整體性。此其所謂：

「對於以上的種種，都不是古典主義的科學裡面所能講的phenomenon of necessity（必然性的現象）。換句話說，它處處表現所謂novelty of purpose（意向的新奇），此所謂emergence of spontaneity of freedom（精神自由之自發性的湧現和呈露）。而近代所謂teleological biology（目的論的生物學），在歐洲的瑞士、德國、英國，以及美國一些第一流的大學裡面做生物實驗時，就是把生命當做teleological phenomenon（目的論的現象），發現許多新的事實，然後產生modes of life（生命的模式）概念，發現另外有一種東西，這一種東西叫organization unity（有機整體），你不能夠把它分析開來，拿部分的機械分子去解釋它，一定要就他的整體來說明這個整體發生的作用，及此一作用如何依循創造的方式，向宇宙的上層世界衝。」[46]

美國普林斯頓大學曾經在一九八六年出版《尊重自然》（Respect for Nature）一書，其中第三部份特別強調「以生命爲中心的自然觀」（The Biocentric Outlook of Nature），就曾同樣肯定宇宙萬物的有機個體，均爲以「目的論爲中心的生命體」（Teleologial Centers of Life）[47]，在此精神可說完全相通無礙！凡此種種的共同特性，就是從最新的科學發展中，證明宇宙生命本身含有一種目的論現象，進而體認宇宙大自然所有的萬物，在各自生命發展過程中，其實都是彼此互存相通的，也都是融貫互攝的。事實上，這也正是華嚴宗典型的「機體主義」特性，明白肯定宇宙生命乃是有機的整體，既不能夠任意分開，更不能僵硬割裂，這對今天環境倫理學，極具重大啟發意義。

另外，透過這種「機體的統一性」，生命科學的研究更產生了「價值科學」（science of value）。這不但同樣深符華嚴宗的特性，也正能對治近代科學的最大毛病——「價值中立」，所以深值重視。

近代部份人士因爲過份崇拜科學，常會踰越科學的分寸，形成「科學主義」，並以此否定一切價值，認爲應該只談事實（fact），不談價值（value），這就形成「價值中立」。這種價值中立一旦氾濫的話，會漂白了人生很多重要的價值理想，更會扭曲倫理學中很多是非與善惡的標準。

不幸的是，當今影響所及，不但人類的倫理學大受此種歪風動搖，環境倫理學更是深受打擊，因而很多人誤認爲一切自然萬物均無內在價值可言，或者頂多只是相對性的價值，並不重要。如此一來，便明顯導致不尊重自然、不愛護萬物，甚至對破壞環境或影響生態還另有托辭，認爲並無所謂，這正是危害今後環保工作的無形殺手，特別應加警惕！

尤其，如今眞正高明的科學家已經發現，人文應與科學平衡互融，才有眞正幸福可言，因而，今後再也不能只從片面立場，以沒有感情、沒有價值的科學標準來衡量人文、藝術、宗教等領域，而應互相學習，各守分寸，然後才能共同開創人類更高貴的價值理想。

英國愛丁堡公爵（Duke of Edinburgh,1921-）也是著名的環保人士，他就曾經鄭重呼籲世人：

「除非科技能以社會關懷與人道精神爲導向，否則其進步不但沒有價值，而且明顯有害。」[48]

因此，科學界本身現在也正發展一種「價值科學」，而不再只以物質眼光看自然世界，根據上述，不論從天文學、遺傳學，或生命科學的發展，均已瞭解到物質世界裡面其實涵蓋有各種生命現象。既有生命現象，當然就各有價值取向，既有價值取向，就需要邁向一個崇高的理想。所以，最新科學也正從以往的古典科學，發展到生命的價值科學。而這種生命的價值科學，恰恰可以印證華嚴經裡面所論述的華嚴世界。

事實上，即使最早強調「物競天擇」的達爾文，也曾經明確強調：

「對於所有萬物生命的關懷，乃是人類最高貴的屬性。」㊾

這段充份說明，即使是達爾文，也肯定人類應有高貴的情操，而關愛一切萬物生命，正是其中最應追求的價值理想，這對今後環保工作，尤具重大啟發意義。

因為當今很多人只從人類本位主義出發，誤認為人類是宇宙的中心主宰，並且誤認為其他的動物、植物，以及一切萬物生命，通通應為人類而存在，因而被人類所吃、所穿、所用，均係天經地義，這種錯誤觀念一旦流傳，久而久之，明顯就會形成環境的嚴重危機！

所以，華嚴宗在此給我們的最大啟發，就是指出，我們住的世界，只是「世界海」中滄海之一粟，而且和其他所有的世界同樣是平等的。不但人類和其他一切「非人類」（non-human species）都是平等，而且都只是華藏世界裡面的「一塵」而已。因此，人類絕不能駕凌於任何其他動物或植物之上。除了人類本身不應該在種族、性別上有任何歧視外，對於自然界其他萬類，也通通不能有任何歧視，這種看法，正是當今極為重要的環保信念！

實際上，當代西方人士講環境倫理學，有部份仍然帶有功利主義的色彩，他們因為發現環境破壞、生態不平衡後，對人類會明顯有害，所以，爲了利害關係，才呼籲保護環境與生態。歸根結柢，仍然是以人類爲自我中心，仍然是以自私的心態看自然萬物，相形之下，華嚴宗明確肯定一切萬類皆平等，其胸襟與境界便明顯高深很多。

因此，方先生稱華嚴宗是「最高深的精神民主」，[50]可說極爲中肯。因爲，「民主」的精神特色就在肯定任何人都不能自大，自我膨脹，而且都要能夠站在平等心，尊重他人，乃至尊重一切生命。政治上的民主，代表一人一票，不論男女均不應有差別，不論總統或乞丐，都是一票，在生命尊嚴上也都相同。「精神上的民主」，則代表能夠充份尊重萬物，對所有萬物一視同仁，不能駕凌任何萬物。這也正是當今環境倫理學極爲重要的中心觀念。

另外，《華藏經》中還有段話很值得重視：

> 「此一世界中，一切世界，依種種莊嚴住，遞相連接，成世界網，於華藏莊嚴世界海，種種差別，周徧建立。」[51]

換句話說，根據華嚴宗，在這個世界海裡面，我們的現實世界和其他所有世界，都能夠融會貫通起來，不論是橫的，還是縱的，都能旁通統貫，層層涵攝，共同形成一個廣大圓融的無礙法界，這就是「一眞法界」。

在這一眞法界中，原來的物質世界已經提昇爲生命世界，生命世界也提昇爲心靈世界，乃至價值世界，一直發展到最高頂點，就成爲莊嚴的「正覺世界」！華嚴宗此等廣大悉備而又普遍含光的自然觀，不論在西方那一位思想家，均未講得如此周全精微，所以在今後環境倫理學的發展上，尤其深值體認，並弘揚光大。

根據有關報導，美國發射最新的太空梭中，曾經裝置「哈伯型」的太空望遠鏡。這是目前世界最大的一型，根據它的觀察，廣大浩瀚的宇宙中，起碼有兩千億個銀河系，而每一個銀河系裡面，又起碼有兩千億個星球，其中每一個星球，起碼都比地球大！

所以，從這個廣大無邊的宇宙觀中，我們更可以看出，人類再也不能自我膨漲，自認爲是宇宙的中心，或認爲其他的自然萬類通通應爲人類所役使，更不能只以偏狹的自私心態，想要任意破壞地球的生態。

事實上，這種以千億爲計算單位的太空現象，在《華嚴經》中，也曾經論述的很精闢。根據《華嚴經》在中國的翻譯，就是以「億」、「千億」來計算宇宙。它強調，整個宇宙就好像恆河中的沙粒，而一個星球就好像只是整個海中的一滴水。另外它還用象徵性說法，指出有三十三重天，而人類這個娑婆世界（現實世界）只是其中之一而已。

因此，《華嚴經》的重點在提醒人們，一定要能把心靈打開，把靈性提昇，以佛性、與菩提心，做爲我們的眞心，再以這種眞心，透視自然世界。此時的自然界便不只是乾枯的物質世界，而能成爲濃情蜜意的生命世界，然後再把生命世界點化，即成爲充滿同情的精神領域，進而把精神領域再點化，即成爲深具光明價值的理想世界，這個世界就叫做「華藏世界」！

根據華嚴宗哲學，此時若再看宇宙中兩千億個銀河系，便知其中每一星球看似各有差異，但都絕對不會只是物質世界，而是在整體無窮無盡的佛光普照下，個個相互輝映，共同形成光輝燦爛的金色世界，這就叫做「正覺世界」。不論「正覺世界」、「華嚴世界」、或「一眞法界」，名相雖然不同，精神卻完全相通。此中氣魄之恢宏，胸襟之廣闊，在整個世界思想史上亦屬罕見，而其中對環境倫理學的啟發尤其既深且遠，深值東西方環保人士共同申論與弘揚！

第三節　華嚴宗對萬物的看法

有關華嚴宗的萬物觀，其中心思想乃在「圓融無礙」，不但「理事無礙」，事事也無礙，物物同樣無礙，這不但與儒家的「旁通統貫」一致，也與道家的「彼是相因」一致，尤其與環保哲學中「物物相關」極爲相通，深具啟發意義。有關重點，我們也可透過華嚴宗的因果論，加以分析與申論。

華嚴宗的因果論，很可以與亞里士多德比較研究。因爲，亞里士多德的哲學就是從分析物質世界開始，先從分析物理學（physics）入手，然後再進入形上學（Meta-physics）。

根據亞里士多德因果論，他認爲，基本上所有一切萬物都有四種「成因」（causes），首先爲形成因——相當於他所說的神，最後還有一個「目的因」，由此肯定整個地球是有目標的朝向一個價值理想邁進，然後中間還有形式因（form cause），以及質料因（material cause）。

若以桌子爲例，首先需分析是誰所做，這是「形成因」，另外需知是方的還是圓的，則是「形式因」，至於是木頭桌還是竹桌，這是「質料因」；最後，還要問其目的做什麼用，這就是「目的因」。根據亞氏，一切萬物均需經過這四種「因」，才能成就一切存有之「果」。

相形之下，華嚴宗所講的因果，除了這四種分析之外，還曾更深一層，可說更爲完備。方先生對於華嚴宗的因果觀，也曾分爲五項，值得申論如下：[52]

首先第一因，叫做「所信因果周」，這是代表第一因（first cause），相當於亞里士多德所說「原動的不動者」（unmoverable mover），在華嚴宗則認爲是「起信」、「所信」的第一種因，由此可以「於一切法成最正覺，又十方世界，一切人天中俱時出現」。

這代表信心是促進一切萬物成爲正覺的根本因，由此充份可以看出，華嚴宗將一切物質均經「教化調伏」，點化成生命界與心靈界，因爲，「信心」唯有對生命界與心靈界，才有眞切的感通意義可言。

這種第一因，一方面代表了源自佛心，其信心足以克服一切困難，創造一切正果，二方面更代表在佛性充滿之下，肯定一切物質均有生命意義與精神價值，甚至對一片頑石，也都肯定其有靈性，不可輕易污染摧毀，這對生態保育而言，尤有重要的啟發意義。

第二因，叫做「差別因果周」，代表萬物有大小，也有方圓、長短，不但形式不同，質料與功能也都各有差異。

這一項同時涵蓋了亞里士多德所說的「形式因」「質料因」與「目的因」。華嚴宗用「差別」一詞總括，其要點也在尊重各物體存在的個體差異性，不要強求其同，也不要因爲大小、質料、功能有所差異，而有差別待遇，這是一種尊重「個體性」（individuality）的精神，不但是民主政治的重要基石，同時也是環境倫理學的重要觀念。

到了第三種「平等因果周」，則更進一步，明白點出以「平等心」對待萬物。

根據道家精神，以道觀之，萬物根本沒有任何貴賤，很可以「和之以天倪」，[53]彼此均爲平等互通；如果只以自我中心觀之，才會貴己而賤人，彼此有爭端隔閡。同樣，若以佛法觀萬物，則萬物均平等，因爲萬物皆含佛性，佛性也融貫萬物，所以原來形式上有各種差別的，到了講內在佛性，也均成平等因。

這充份代表，華嚴經肯定一切萬物均有不可否定的內在精神價值，就此而言，一切萬物皆具平等性，這與西方環境倫理學中所強調，萬物均有「內在價值」（Inherent worth）與「公平性」（Impartiality），可說完全不謀而合。[54]

另外，第四種「成行因果周」，則爲亞氏與絕大多數西方哲學家所缺乏，那就是針對一律平等的自然萬物，人類應再透過悲心，化爲行動，加以保護。這代表人類不但要尊重萬物，絕不破壞，而且還要維護其各有的平等性，不容外力摧殘；尤其還要扶助萬物完成各自的生命潛能，唯有如此，眞正悲智雙運，才算證成了行願。

因此，到了第五種，則爲「證入因果周」，也就是以行願再證成正覺，如此充份發揮本身內在的佛性善根，才可以證明本身生命之光，足以與如來菩提之光相映，眞正進入與佛性合一的境地。

一旦到了這種境地，才算充份到達了理事圓融的境界，這種「佛我合一」，即爲「一眞法界」，也相當於儒家所說的「天人合一」，最能展現和諧統一的機體論，尤其深具環境倫理學的啟發意義。

此所以華嚴經曾經特別強調「一一毛孔中有佛國」，而且如來在「一切剎中無不現」，不論在空間或時間，均能處處融貫，時時展現，其中至理深值重視：

「一一毛孔中剎海，等一切剎極微數，佛悉於中坐道場，菩薩衆會共圍繞。
一一毛孔所有剎，佛悉於中坐道場，安處最勝蓮華座，普現神通周法界。
一毛端處所有佛，一切剎土極微數，悉於菩薩衆會中，皆爲宣揚菩薩行。
如來安座於一剎，一切剎中無不現，一方無盡菩薩雲，普共同來集其所。」(55)

因此，我們如果就「道論」而言，儒道釋三家，在此均頗能相通。

儒家所講的道，是通天地人之道，也就是一種融通自然萬物之道。什麼叫做儒呢？「通天地人之謂儒」，其生命精神可以頂天立地，合天地萬物爲一體，所以是一種非常圓融和諧的萬物觀。

到了道家，同樣清楚強調彼是相因，「道通爲一」，[56]不論萬物表面看起來如何「恢詭譎怪」，但是「唯達者知道通爲一」。[57]如何能知「道通爲一」？就是用冥同大道的超越精神，提神高空，俯覽萬物，然後即可以看出一切萬物均相待而存，不可偏廢。

若從佛學來看，則是以如來（或者叫「眞如」）的菩提心，起大信、立大悲、行大願，用佛法無邊的正覺，體認一切萬物也都遍存佛性，因而可以肯定任何微塵中皆含如來，一切萬物更有眞如。

此即華嚴經在第三〈盧舍那品〉中所提：

「於此蓮華藏，世界海之內，一一微塵中，見一切法界。」[58]

此中特性，若用佛學的話來講，就是唯「覺者」知「道通爲一」，這個道即爲「菩提道」，亦即眞正能彰顯光明世界的解脫道。

所以華嚴宗非常強調「菩提心」的功德，曾經在經文中特別強調：

「菩提心者，猶如種子，能生一切諸佛法故。菩提心者，猶如良田，能長衆生白淨法故。菩提心者，猶如天地，能持一切諸世間故。菩提心者，猶如大水，能滌一切煩惱垢故。菩提心者，猶如大風，普行世間無所礙故。菩提心者，猶如大火，能燒一切諸見薪故。菩提心者，猶如淨日，普照一切諸世間故……」59

另外，在同一品經文中，也曾進一步指出：

「菩提心者，成就如是無量無邊最勝功德，舉要言之，應知悉與一切佛法諸功德等。」

凡此種種，均可看出「菩提心」本身的重要。此中精神，也正可說是當今環保極值效法的「環保心」。因爲，有了這種菩提心做爲環保動力，才能眞正充滿愛心與熱力，也才能眞正愛萬物如己身，待萬物如一體。

因此，華嚴宗所說「理事圓融」與「事事無礙」，這個「事」，即相當於現代西洋哲學所說「events」，「理」則相當於「reason」。事和理能相互圓融，進而事與事都能圓融，即代表物與物中間，也都能圓融無礙，（因爲「事物事物」，通常並稱，本身即代表事與物相互依存的關係）。這種通達完備的世界觀，就是廣大和諧而又感通互攝的萬物觀。

方先生曾用現代術語，把華嚴宗的「即事即理」，稱爲「理想實在論」的哲學，60可說對其萬物觀也是很中肯的說明。

這代表華嚴宗一方面重視各事各物的實存生命，不會脫離現實世界，這就包含了實在論（realism）的色彩。但是，另一方面，這個實在論又並不是用呆板、僵化、與沾滯的眼光，只從物質世界表象來看萬物，而是對這個現實世界中每一個個體，都肯定其分享理想上界的生命與光明——這也相當於柏拉圖所說，下界分享上界之光，所以同時也有理想主義的精神。

此中不同的是，柏拉圖認爲，下界只是上界的「摹仿」，所以他並不重視此世，另外，他又認爲上下兩界中間隔斷，無法圓融。但華嚴宗則不然，不但肯定佛光融貫上下一切，而且連下界一切微塵中，都因內涵佛性而圓滿自足。

根據華嚴宗哲學，佛性內存於萬物之中，而不是超絕於萬物之上，正因如此，所以並無柏拉圖上下二元分隔的困境，反能充份肯定此世爲莊嚴芬芳的「妙香」世界，一切萬物也莫不成爲純淨清香的生命存在。這種「善知識」，對環境保護來說，尤具重大啟發意義！

此所以華嚴經中，曾經明白強調：

「一切佛法，如是皆由善知識力，而得圓滿。以善知識，而爲根本從善知識來。依善知識生，依善知識長，依善知識住。善知識爲因緣，善知識能發起。」[61]

此中所說的「善知識」，同樣可應用在環保上，視爲圓融無礙的萬物觀，這對加強環保的善知識，尤其深具重大的參考作用。

另外，華嚴經中對於善知識的功能，同樣也有很深刻的申論：

「善知識者，猶如慈母，出生一切佛神性故。善知識者，猶如嚴父，廣大利益親付囑故。善知識者，猶如乳母，守護不會作惡法故。善知識者，猶如教師，示諸菩薩所應學故。善知識者，猶如善導，能示甚深波羅蜜故。善知識者，猶如良醫，能治種種煩惱病故。善知識者，猶如雪山，增長一切種智藥故。善知識者，猶如勇將，殄除一切諸恐怖故。善知識者，猶如船師，令度生死大瀑流故。善知識者，猶如商主，令到一切智寶洲故。」[62]

這種善知識，代表圓融無礙的宇宙觀，也代表悲智雙運的人生論，對於環保教育工作，深具重大啟發意義。

在西方哲學中，和華嚴宗此中精神最爲相通的，首推懷海德（A. N. Whitehead）。他在名著《歷程與實在》（Process and Reality）中，也是強調「實在」（reality）的重要，但是，他所講的這個「實在」，卻不是靜態、呆板的死物，而是宇宙大化流行過程所展現的生命創造力。[63]所以，這一個「實在」乃是即體即用的實在；在生命流行的歷程（process）大用中，就可以顯現出實體性——這就相當於華嚴宗所說的「即事顯理」，因而能夠肯定理事圓融無礙。

所以，方先生認爲，華嚴宗這種對萬物的圓融觀，不但可以化除西方希臘哲學的根本困境，也可以解決西方近代科學唯物論的毛病，並且可以超脫印度小乘佛教消極墮入「束縛道」的困境。因爲華嚴宗所強調的，是一種「解脫道」，也是一種眞正光明的「菩提道」。它肯定此世的光明，而絕不厭世出世，這種入世救世的精神，很能積極保護萬物，尊重生命，所以對環保尤具重大意義！

要之，儒家講道論，除了強調「形而上者之謂道」，同時注重：「人能弘道，非道能弘人」。[64]道家所講的道，也是同樣精神，像老子強調「上士聞道，勤而行之」。[65]莊子也強調「唯達者知道通爲一」[66]，佛家的「菩提道」更是如此，一方面要以眞如體悟佛性無所不在，二方面更要發菩提心，以行佈道。這三者會通之處，也正是今後環境倫理學亟需加強的共識。

所以華嚴宗講因果，並不是消極的意義，而是積極的意義。它肯定萬物每一個存在，在個別的實存之中，都有光明的潛能，也都有生命的尊嚴。而且，其中各物相互會通，絕非孤立或片面的存在，不但各自「一」與「一」相通，「一」與「多」也相通，「多」與「多」更相通。如此縱橫交織，彼此相網，形成廣大無邊的金色世界，正是「機體主義」最好的典範。

具體而言，華嚴宗此等精神，就是對大自然中，一切所能看到的動物、植物或無生物——不論天上飛的、海裡游的，或陸上跑的，也不論彼等形態上有多少差異，但本質上均肯定其深具平等的生命價值，也均肯定其爲整體宇宙生命中不可分割的一部分，並且互爲因果，彼此融貫，這正相當於儒家所說「一陰一陽」互攝並進之道，以及道家「彼是相因」之理。儒道釋三家在此殊途同歸，因而形成了中國哲學在萬物觀的通性，這對今後環保哲學尤具重大的參考價值！

事實上，大科學家愛因斯坦在此也有同樣意見，他曾經強調：

「人類乃是整體『宇宙』的一部份，然而，卻將其思想與感受，自外於其他部份，形成其意識上一種妄想。這種妄想對我們是一種拘禁，自我受拘於私欲或身邊事務。我們今後的任務，就在突破這種拘禁，擴大悲憫胸襟，以擁抱自然一切萬物。」[67]

事實上，這種擴及萬物的悲憫胸襟，也正是華嚴宗的中心信念，所以兩者在此，同樣可說完全不謀而合。

另外，在〈法句經〉中，也曾明顯指出：

「凡是追求一己幸福，卻去危害其他萬物幸福者，在死後將得不到幸福。」

這一句話看似佛教因果循環的論點，實際上也蘊孕著萬物交融相依的道理，此所以當代西方環保學家萬達生（Jon Wynne-Tyson）曾經特別將本句搜集在其書中，做爲環保經典的佐證。68

除此之外，〈法句經〉也曾明白強調，人類均應於提昇性靈，效法「聖人」的悲憫精神：

「正因爲他對一切萬物生命均心懷悲憫，所以他被稱爲『聖人』」。69

這種聖人悲憫的心胸，不但與儒家的「仁心」相通，也與道家所講「聖人」的慈惠精神相通，尤其正是華嚴經所述「菩薩」的精神。因此，西方環保學家萬達生也曾特別引述本句，做爲其著作——《擴展的生命圈》（The Extended Circle）的例証之一，同樣可以看出東西方哲人會通之神妙。

中國古代的神話小說裡面，有一部《鏡花緣》，與西方《愛麗絲夢遊仙境》（Alice in the Wonderland）頗有異曲同工之妙，看起來像神話小說，但是透過活潑的神話手筆，卻很能顯現出生動的萬物觀。這種萬物觀本身就帶著一種童心，有點像兒童卡通一樣，把一切表面看起來沒有生命的萬物，通通點化爲有生命、也有情感的生物。對於大自然一切的山林、河水、天上的風、地上的草等等，通通賦予生命與靈性。

像《鏡花緣》中就描述，王母娘娘在崑崙山上過壽時，一切自然萬物，如空中的「風姨」、天下的「月姊」，蓬萊山上的「百花仙子」、各種「百獸大仙」，「百鳥大仙」、海中的「百介大仙」，與一切動物、「百鱗大仙」、植物、日月星辰等等，通通共同參加王母娘娘的壽誕，這彷佛所有「宇宙村」的成員，共同熱烈慶生，眞正可說是宇宙生命的大盛會。

這種觀念，直把整個宇宙萬物均看成充滿溫馨感情的生命體，並把整個宇宙都當成是一個大家庭，正如同當今「地球村」的理念一樣。這代表了中國人心目中很自然的萬物觀，對於一切萬物，絕不只看成機械的、唯物的龐然大物，而是視為充滿生機、充滿靈性，更充滿溫馨的生命體。此種精神，同樣也正是華嚴經萬物觀的眞諦所在。

方東美先生曾經將中國宇宙論，歸納成三項特色深值重視，一是視宇宙為「普遍生命創造不息的大化流行」，二是「將有限形體點化成無窮空靈妙用的系統」，三是視宇宙為「盎然大有的價值領域」。⑳

在上述內容中，華嚴宗的萬物觀，堪稱最能同時兼備三項特色，現代表「萬物含生論」，也代表「沖虛中和」說，尤其肯定萬物均有平等價值。凡此種種，均對環境倫理學深具啟發意義。

另外，〈法句經〉中也曾明白指出：

「對世間萬物充滿愛心，力行美德，以造福萬物，這種人才是幸福快樂的人。」[71]。

此中精神強調的重點，明白在鼓勵世人，要能將快樂建築在造福萬物上——用現代語言來講，則是要將快樂建築在環境保護上，這種風範，也正是華嚴宗所強調的宗旨，同樣深值東西方共同重視。

除此之外，佛學的〈楞伽阿跋多羅寶經〉（Lankavatara）中也清楚的強調：

「爲了純淨的愛心，菩薩們應該禁止肉食，不吃血肉之軀。爲了避免引起萬物的恐慌，菩薩們也應禁止肉食，唯有如此，才能真正展現悲憫之心。」[72]。

這一段內容，更可以說是將菩薩精神具體落實在生活上，透過不殺生，而杜絕一切萬物的可能被害。此所以西方環保學者萬達生特別重視此說，也將之列入其環保著作中。一般民眾或許不一定完全贊同素食，但若能至少體認此中苦心，盡力自我節制，相信也是對生態保育的一大福音。

另外，值得強調的是，華嚴宗在〈菩薩問明品〉中，曾經強調十項「甚深義」，深刻說明其萬物觀的精義。其中精微與細緻的程度，無論在中西哲學中均屬罕見，所以深值闡論。

首先，第一爲「緣起甚深義」：這代表在充滿佛性的一眞法界裡，所有一切萬物通通都是互爲緣起，也互相圓融。「互爲緣起」正是「互爲因果」，代表一切萬物相互依存，這對生態保育的教育非常重要。

元代才女管仲姬著名的情詩句在此也很能傳神：「我泥中有你，你泥中有我」，重要的是，佛學在此更擴而充之，不只講人與人的親切互融關係，同時講人與萬物的親切互融關係。因而，此處或可說「有你才有我，有我才有你」，這也正是莊子的同樣精神：「非彼無我，非我無所取。」（齊物論）

具體而言，這句話代表人類應體認，有了清淨的山川河流，才有純淨的人類幸福。如果山川河流被污染破壞，人類也會同樣遭殃，這就是一種互爲因緣、相互依存的關係，對於今後環保工作深具重大啟發。

第二爲「教化甚深義」：這個「教化」就相當於儒家所講的人文教化。佛學講「教化」並且常與「調伏」合併使用，代表只要用佛性法眼來看萬物，則一切萬物便均成爲充滿生命與靈性，連頑石都能被點化。此即所謂「生公講法，頑石點頭。」根據華嚴哲學，一切萬物既然存在，就孕藏有其生意，借用黑格爾「凡存在皆合理」的語法，此處可說「凡存在皆有生」。

方東美先生曾經闡「萬物有生論」的精諦，代表「世界上沒有一件東西眞正是死的，一切萬物現象裡面卻孕藏有生意。」這正是華嚴宗萬物觀的重要特性。

換句話講，一切萬物在凡夫眼中，或許沒有注意到其中生命尊嚴，但用佛眼來看，一切萬物均有其莊嚴的生命，所以應用佛性來提昇凡夫靈性，這就是「教化」。代表凡夫的心靈均需經過教化，才能共同體認佛法無邊，萬物的生意也無邊。這對環保教育的意義便非常深遠。

第三爲「業果甚深義」：《華嚴經》因爲屬於大乘圓教，不但超越小乘，而且超越大乘始教，足以融三乘爲一乘，所以它看一切萬物，均能拿佛的最高智慧相待，能從不斷提神高空來看，因而不會只停留在平面困惑的眼光，這正是「業果甚深義」的精神。

此所以《華嚴經》七次衆菩薩開會，均從地面開到天上，甚至一直到天上最高妙的宇宙終點去開，就是透過宗教情懷，要不斷向上提昇，一直到達極致，以產生「完備到極致」的萬物觀。方先生稱之爲（consummation of perfection）[73]，正代表「業果甚深義」，對於點化萬物同樣極具啟發性。

第四爲「說法甚深義」：這就是說，要能把佛法融貫萬物的深刻哲理，普遍說給衆人瞭解。如果應用在環境倫理學上，就是要把「機體主義」的圓融和諧精神，以及視萬物爲一體的特色，普遍透過教育，讓民衆均能充分瞭解。

尤其，就今後環保教育而言，我們特別需要透過大衆教育，用切身淺近的例證，說明物物相關、環環相扣的道理，讓大家均能明白，環保工作不但人人有責，而且息息相關，輕忽不得。這種深入淺出的道理，需要不斷透過教育而促使民衆瞭解，也正是「說法甚深義」的精神所在。

第五爲「福田甚深義」：「福田」在此相當於老子所講的「天地相合，以降甘露」，[74]能將一切萬物視爲甜蜜的甘露世界，充滿大道生機。以華嚴宗來講，就是將一切萬物與整個地球，經過佛法調伏，而點化成爲光明無邊的福田。

若能如此，則人類心中將不再只是自私的貪念，而是能以佛心爲心，此時曠觀一切萬物，便不再只是無明的虛幻世界，更不是僵化的物質世界，而是充滿佛法的精神世界。此時不但內在心靈充滿喜悅，成爲「福田」，外在世界也變成「福田」，如此內外相映，形成能知與所知的深刻圓融，此即重要的「福田甚深義」。若能以此精神看待一切萬物，則舉凡山川河流、草木鳥獸，甚至一切荒野惡地，均可成爲「福田」，也均充滿不可否定的生命尊嚴，這對環保哲學而言，便深具重大意義。

此中精神，也正如同貝多芬的「田園交響曲」。一切自然原野萬物在其心靈的點化下，均成爲充滿生命的歌頌對象，縱然中間有陰暗起伏，但最後仍然肯定大自然爲充滿生機的光明世界。他在此用音樂所宣暢的生命精神，與華嚴宗哲學可說殊途同歸，完全可以相通。

另外，第六爲「正教甚深義」，第七爲「正行甚深義」，分別代表佛法的教誨與行動，由文殊及普賢分別象徵。根據華嚴宗，唯有兩者並重，知行合一，才能眞正形成正助因緣，此即第八項「正助甚深義」。應用在環境倫理上，即代表唯有加強環保知識、貫徹環保行動，才能眞正促進環保的動力，進而眞正拯救自然、保護萬物。這在生態保育上尤具重大啟發。

綜合上述所言，若能眞正體悟此中佛理，融貫三乘，合爲一乘，才能領悟和諧統一的萬物觀，此即第九項「一乘甚深義」。換句話說，若能以此精神積極救人救物，對一切萬類，不論草木鳥獸或山川河流，都能充份尊重它們各自的生命，這就形同將自己的生命與萬物生命合爲一體，愛物如愛己，此時即成第十項最高的「佛境甚深義」。

《華嚴經》對於「佛境甚深義」，曾以善財童子層層提昇，最後踏入彌勒樓閣爲例，象徵其踏入法界的佛境深義。此中樓閣盡是珠光寶鏡，善財童子因爲生命精神已經領悟一乘甚深義，所以一進法界後，一切精神珠寶也都同時發出光芒，此時猶如帝網之珠，彼此相攝相入，重重無盡。此即所謂：

「此帝網以寶成，以明徹遞相影觀，深入重重，於一珠中頓現，隨一即多，竟無去來也。」

方東美先生曾經對此特別說明：

「這種寶珠非常明徹，由它所發出來的光芒，相互影現，深入重重，於一珠中可以把宇宙的精神之光普射出來，可以消滅宇宙的一切黑暗，一切障礙，與一切的隔閡，最後變成真正的精神佛地。」[75]

這一段說明，深具啟發意義。尤其在萬物觀上，充份代表佛光無邊的普照，足以消滅一切黑暗、障礙、與隔閡，也足以清除人對萬物的私心與傲心，更足以消除人與萬物之間的障礙與隔閡，眞正形成同情萬物、尊重萬有的光明心靈。此種心靈正是佛境，又稱「眞心」，或稱「眞如」，也正是今後環境保護最需要的深刻心靈！

換句話說，這種「眞如」的心靈，代表一種不可分割、又足以融貫一切萬物的精神。用這種精神曠觀萬物，就相當於用如來佛眼融貫萬物，便可體認一切萬類也都是不可分割的圓融整體。因此這個時候的宇宙，就成爲充滿光明精神的領域，在這「華藏世界」內，不但物物都是融貫圓成，人人也都是互攝感通，一切萬物生命更能迴光呼應宇宙的光輝，如此便交織成爲廣大和諧、圓滿光明、平等無礙的莊嚴世界！

此即〈世主妙嚴品〉中所說：

> 「如來所處宮殿樓閣、廣博嚴麗，充徧十方，……無邊色相圓滿光明，徧周法界等無差別，演一切法如布大雲。一一毛端悉能容受一切世界，而無障礙。各現無量神通之力，教化調伏一切衆生，身徧十方，而無來往。……。」

換句話說，在如來世主眼中，「處處都是華嚴界，個中那個不毘盧」，即使一粒小沙、一株小草、一粒小石頭，也都自成一個莊嚴的華藏世界。放眼宇宙一切萬物，不論生命大小，內中也都孕含光明的佛性，這就眞正代表「事法界」和「理法界」之間的圓融，不但「事理圓融」，而且「事事圓融」，因而可以展現成爲「廣博嚴麗」的萬物觀！

因此，對於華嚴宗這種廣大悉備的圓融萬物觀，方先生曾經用四種現代哲學術語，來闡論其中的重要原理。[76]這四項原理也正是機體主義的重要精神，同時也是環境倫理的重要信念，所以深值申論弘揚：

(1)「周徧含容的原理」（Principle of universal encompassing）：

這是代表一切萬事萬物，相待而有。此即當代環境倫理學中所說的「互爲依存」（mutual dependency）原理。生物界中，常見物與物之間「互生共存」，即爲此中原則。

另外，華嚴宗也肯定萬物之間「互相涉聯」的關係。此即生態保育中的第一項重要原則：「物物相關」。兩者所不同者，在華嚴經更爲精細，並且還更指出萬物之間存有「相互攝入」的關係。

換句話說，華嚴宗的萬物觀，不但肯定萬物各個存在之間，能夠相互依存、相互關聯，而且強調彼等基本上還能相互攝入。這就如同儒家所說一陰一陽相互攝入，相乎旁通，在道家即爲「彼是相因」，在佛學則稱爲互爲因果、互爲緣起，亦即「徧容無礙門」之意。在此均可綜合稱爲第一項：「周徧含容」的原理。

(2)「交融互攝」的原理（Principle of mutual ingression）：

上述第一項原理，是講彼此依存、關聯、互攝的關係。現在第二項原理，則是一種動態的相互交融，就好像水乳之交融，不但水中有乳、乳中也有水，猶如「你儂我儂」的情形——你泥中有我，我泥中有你，很能打成一片，交融互攝。

在這原理中，同樣涵蓋了「相互蘊涵」（mutual relativity）的關係，代表一種相對、相蘊的原理，另外還有「相互含攝」（mutual implication）的關係，A含攝（imply）B，B也含攝A，如此相互含攝，也正如同懷海德所講的"mutual ingression"：「我變成你組織裡面的成分，你也可以進到我的組織裡面來，變成我組織裡面的成分。」

換句話說，華嚴宗的萬物觀，肯定萬物各個存在之間，不但相互交融、相互蘊含、也相互含攝。這正如同新儒家陸象山所說：「宇宙即吾心，吾心即宇宙」，看似人與宇宙分立，其實一切天地都可落入自己心中而含攝，一切萬物也均可攝入大心，形成大體，展開大用。這也近似於生態保育的第二項重要原則：「物有所終」，綜合而言，若用華嚴術語，亦即「交涉無礙門」與「攝入無礙門」，均屬「交融互攝」的原理。

(3)「相在互具」的原理（Principle of mutual presence）：

「相在互具」的原理，在強調彼此相互存在的關係，有你同時就有我，有我同時就有你，猶如「孟不離焦，焦不離孟」。例如大地上有水就有人，没有水就没有人，所以，一旦水源污染了，人的生存就會發生困難。又比如，大氣中有空氣就有人，没有空氣就没有人，凡此種種，都是「相具互在」的原理。

用佛學的話來講，這項原理就是「攝一入一，攝一切入一，攝一入一切，攝一切入一切」。這種原理形成「同時交參，無隙無礙」，也就是互爲條件，「把自己攝爲法而入於他法之中，令他又攝法而在我自己本身之中」，所以才稱之爲「相在」。

這在環境生態保育的原理中，同樣相當於其第三項原則：「自然睿智」，亦即在自然萬物中，因爲深具相在互存的關係，所以形成廣大平衡和諧的機體組織。這在華嚴宗即爲「相在無礙門」，綜合來說，也就是「相在互具」的原理。

⑷「普徧融貫」的原理（Principle of universal coherence）：

這也是華嚴「普融無礙門」的精神，此所謂「一切即一，普皆同時，更互相望，一一具兩重四句，普融無礙。」代表把交涉無礙及相在無礙，「一方面互相攝入」，另方面更能讓「能所互相攝入」，因此再變成一個普徧的關係，構成了「普徧的圓融無礙。」

此一原理，在生態保育中還未及此，一般生態保育的第四原則，是強調「天下没有白吃的午餐」，代表如果生態平衡被破壞，則必定會付出代價。可說是用反面手法襯托萬物的普徧融貫，但畢竟未能從正面建構廣大悉備的理論，而且多少仍淪於功利主義的說辭，因此相形之下，華嚴宗萬物觀在此的最高原理——普徧的融貫，不但深值中國人體認，同樣更深值國際學者重視！

總之，華嚴經本名爲「大方廣佛華嚴經」，這「大方廣」即爲「廣大和諧」之意，同時代表佛法的「體大」、「用大」，與「相大」。其中精神在提醒世人，佛法之體足以周徧無盡，而且足以悟入眞如的絶對境界，產生無窮的大用，而體用依存無礙，因此更可彰顯相大之無礙。凡此種種胸襟恢宏，氣魄雄渾，充份代表廣大和諧的生命哲學，對於環境倫理的萬物觀，尤其深具啟發，的確深值弘揚光大！

第四節 華嚴宗對衆生的態度

《華嚴經》的衆生觀，可說廣大悉備，極爲精闢，其「衆生」內容，不只是講人類的生命，同時包括一切非人類的生命，乃至一切看似無生命的存在，均在佛法「體大、用大、相大」的普融下，深具平等尊嚴與內在價值。這正是當今環境倫理學的中心信念，所以深值闡論。

《華嚴經》在〈入法界品〉中，曾經明白指出，所謂「衆生」的意義：

「對盡法界、虛空界、十方剎海所有衆生種種差別：所謂卵生、胎生、濕生、化生、或有依於地、水、火、風而生住者，或有依空及株卉木而生住者，種種生類、種種色身、種種形狀、種種相貌、種種數量、種種名號、種種心性、種種知見、種種育樂、種種異形、種種威儀、種種衣服、種種飲食，處於村云聚落、城邑宮殿，乃至一切天龍八部，人與非人等無足、二足、四足、多足、有色、無色、有想、無想、非有想、非無想，所有如是等類，我皆與改隨順而轉，種種塵世、種種供養，如敬父母，如奉

> 師長，及阿羅漢乃至如來等無所異，菩薩如是平等，饒益一切衆生。」

這一段文字深具環保的重大意義。

因爲，所謂衆生，包括一切「卵生、胎生、濕生、化生」者，還包括「依於地、水、火、風而生者」，甚至「依空及株卉木而生者」，可說涵蓋了當今生物學上一切分類所指的各種生物，此即所謂「種種生類」。

然而，不僅如此，《華嚴經》中所指「衆生」，更還包括「人與非人」，也就是還涵蓋一切「無足、二足、四足、多足」的生命，這更包括了天上飛的、地上跑的、以及水中游的一切生物。

除此之外，「衆生」更進一步，應包括一切植物，甚至礦物，因爲，不論「有色」、「無色」、有思想、没思想、有意志、無意志……種種均在其中。〈入法界品〉中先舉出「有想、無想」的種類，然後再加以超越，進一步包含「非有想、非無想」的種類，這並非加以否定，而是用辯證的方式泛指一切萬類，如同「人」與「非人」一般，均在其中。

這種方式也正如同莊子所說「有始也者，有未始有始也者，有未始有夫有始也者……」，[77]以不斷的辯證超越，泛指一切時間之流，既無始也無終。莊子係以「時間」爲分類標準，華嚴宗在此則是以「思想」爲分類標準，代表一切看似没有思想的萬類，也都在佛光普照之中，具有其平等的生命意義與價值。

那麼，針對上述種種衆生，看似充滿差別，人們應該如何對待呢？

《華嚴經》在此所作的答覆，極爲感人，也極爲深刻——「如敬父母，如奉師長」！

換句話說，上述種種看似尊卑、高下、大小、各有不同的衆生，在佛法廣大無邊的慈悲心看來，卻完全是同樣平等，因此不但均應予以尊重，而且應如同對父母一般的尊重，並且也要如同對師長一般的奉養。

這眞可說是西方人士極難想像的最佳環保哲學！

因爲，近代西方之所以重視環保工作，多半還是因爲環境一旦破壞，將會有害人類，所以基於本身利害關係，才開始呼籲環保。稍微胸襟開闊者才會肯定，自然萬物衆生也各有其生命尊嚴與內在價值，但卻還不會認爲應如同「父母師長」一般加以敬重。

然而在中國哲學，這卻是儒、道、釋三家的通性。儒家強調「仁民愛物」，新儒家更強調「乾爲父、坤爲母」，對地球應如同父母一般尊敬供養，而且「民胞物與」，對一切萬物衆生也應如同自身手足一樣。此外道家也強調「道無所不在」，並且以親切的母子關係比喻大道與衆生。凡此種種，均可看出以眞誠心與孝敬心保護環境的精神，確非西方哲學所能及！

到了大乘佛學，同樣明白肯定，衆生即我生，並且均來自佛身，所以應以感同身受的精神同情一切衆生。

宋代黃庭堅曾經有首詩，很能表達此中精神，豐子愷並曾引述此詩，做爲其「護生」漫畫的佐証，深值西方人士體認：

「我肉衆生肉，名殊體不殊，
原同一種性，只是別形軀。」[78]

此所以，華嚴宗曾特別強調，對衆生一切不同差別的存在，均應以菩薩心視同平等，而且也應視同如來一般加以尊重，並應以此大悲心「饒益一切衆生」。此中精神代表，不但應救護一切衆生，更應促進一切衆生福祉，完成生命理想。此中積極意義，便不僅止於保護環境，更還要提昇環境生命意義，完成生態保育的最高生命價值。此中悲心與宏願，的確深值東西方共同體認，以充份力行！

另外，《華嚴經》中七次會衆，通通是跟菩薩所講，此中也很有象徵意義。因爲菩薩的定義，寓意深遠，菩薩原文爲「Buddi-satra」，Buddi代表「光明的智慧」，satra則代表「慈悲」。合而言之，代表菩薩功力很高深，本來可以成佛，但是仍不願意成佛。爲什麼呢？就因爲看到世間還有很多苦難，衆生還有很多悲痛，所以在對衆生沒有救完之前，本身不願成佛。

因此，菩薩的精神特色，一言以蔽之，便是「悲智雙運」。一方面代表其本身精神不斷向上，追求光明，所以深具慧心；二方面則代表其胸襟不斷同情下界，務期普渡衆生，所以深具悲心，這正代表是菩薩很偉大的生命情操。

這種「悲智雙運」的精神，若從環境倫理來看，也正是所有環保工作者應有的精神修養——一方面深具慧心，足以用生命慧眼曠觀一切衆生，二方面也深具悲心，足以用同情眼光愛護一切衆生。相信唯有如此，人人效法《華嚴經》中的菩薩心胸，才能眞正做好今後的環保工作。

因此，以下值得針對華嚴經的七會，特別說明各會的精神特色：

第一會，是由普賢菩薩召集，在「菩提道場」召開，衆菩薩面對著剛成正覺的佛陀化身——「毘盧遮那佛」，此時毘盧遮那佛全身均放光，特別強調「十信」，代表十種信心。

第二會，是由文殊菩薩召集，在離菩提道場不遠的「普光法堂」召開，衆菩薩圍繞著佛本身，都在發表心得。這兩會都是在地面所開。

第三會，則進入「忉利天」，也就是開始進入三十三天裡面所謂「妙勝殿」，以法會菩薩做召集人，它的內容是闡述「十住」，代表十種層次。

第四會，進入更高一層天，叫做「夜摩天」，它裡面有一個「寶莊嚴殿」，以功德林菩薩召集，開始強調行動，敘述菩薩的「十行」。剛才講「十住」，是十種境界，現在，除了境界之外，還要結合十種行動，此即代表知與行的合一。

第五會，再進入更高一層天，叫做「兜率天」，其中有座「一切寶莊嚴殿」，由金剛重菩薩召集。在《華嚴經》中，每一會召集人也都代表不同的特色，分別代表對該會精神的相映，所以這一會開始敘述「十迴向」，象徵精神毅力的修煉。

第六會，進入「他化自在天」，其中有座「摩尼寶殿」，由金剛菩薩來召集。此會中所有一切萬化，通通自足自在。因此本會重點在敘述〈十地品〉，也就是〈入法界品〉的十種階梯。

此會已經到了最高的上天，衆菩薩在此宇宙頂點，召開宇宙的宗教大會，充份吸吮宇宙靈性之後，便把眼光與心胸投向下界衆生痛苦，進入了第七會。

這第七會，就是再下迴向，回到了地面，再回到原來的「普光法堂」。這時就是講〈入法界品〉，中心人物便是善財童子。他歷經五十三場——也就是向五十三位對象問學，到最後除了向文殊求善知識外，再跟普賢求菩薩行，兩者均貫注其生命精神後，再進入彌勒佛閣樓——也就是佛身法界的象徵，此時寶塔內的明鏡，立刻重重互照，層層相映，彼此光明交融互攝，形成整體無限光明的金色世界；象徵一切衆生，均在無盡佛法中，同樣提昇得到拯救，足以完成一切生命理想！

以上是先從七會的架構扼要說明特色，以下即分從相關各會的內容，一一申論有關環保的精神。

華嚴經在第一品〈世主妙嚴品〉中，開宗明義就曾強調，佛在正覺後，佛身「充滿一切世間」，其音「普順十方國土」，而且「如日輪出照明世界」，所以此時「無邊色相，圓滿光明」。這代表大自然（色相）已經形成佛光無邊的法界，一切衆生承受此種周徧的佛光，展現各自平等的生命尊嚴，所以形成莊嚴的生命世界。

此即經中所謂：「周徧法界等無差別，一切法如布大雲」。此時「一一毛端悉能容受一切世界而無障礙，各現無量神通之力，教化調伏一切衆生。」意即所有一切衆生均能圓融無礙，充份展現生命無窮神通的潛力。

方東美先生曾經比喻「世主」在此猶如「The Lord of the Universe」⑲，因爲此等世主佛心足以教化與調伏一切衆生，促使衆人充份體認大自然中一切衆生「悉皆平等」，所以對衆生均應同樣尊重，同樣愛護。此中蘊涵廣大無邊的慧心與悲心，對於啟發人心、尊重自然、保護環境，深具重大的啟發意義。

另外，在第二品的「如來現相品」中，世主如來集方衆，回答衆菩薩三十七問，並且透過各種放光，顯現它的法相。方東美先生曾稱此如來「法身」爲「Cosmic body」（宇宙之身）。⑳他將佛法譯爲「宇宙」，可說極具深意，代表如來法身足以貫注宇宙一切萬物，而且法力足以充滿一切萬類，寓意極爲深遠。

本品之中，集合了十方菩薩——代表東、西、南、北、東北、東南、西北、西南、上、下等十個方面的菩薩，其實並不只講十方面，「十」象徵多，代表從各個空間均來的衆多菩薩。

本品中曾強調，衆菩薩在看到如來法相後，生命精神共同感應，所以不但如來本身從面門與衆齒兩度放光，衆菩薩也毛孔放光，其間共有十度放光。如此相互輝映，便展現出廣大無邊的生命之光，也交感爲深厚無比的生命之熱，共同以此生命之光與熱融貫衆生，自能促進一切衆生均感應，成爲充滿生命光熱的寶光法界。此即所謂：

「已獲諸佛大神通，法界周流無不徧，
一切剎土微塵數，常現身雲悉充滿，
普爲衆生放大光，各雨法雨稱其心。」㊶

換句話說，人類若能善體衆菩薩的悲智雙運精神，便能體悟佛力神通廣大無邊，足以普徧周流貫注自然，促使自然界成爲充滿佛性的法滿世界，此時一切大小衆生均足以呈現生命光明。由此可見，華嚴經對一切衆生或一切微塵，均視爲充滿佛性光明的生命體，因此也均加以尊重，並盡量幫助完成一切衆生的生命潛能，形成「普爲衆生放大光」。凡此種種，也正是當今環境保護中極爲重要的中心信念，深值重視。

另外，第三品的〈普賢三昧品〉中，也曾經特別強調平等與入定的重要。

因爲，在佛經中，「理智無邊」稱爲「普」，「智隨根益」稱爲「賢」，普賢菩薩象徵諸佛「萬行徧周之長子」，特重力行，所以在此特別強調，並以「入定」教化衆生。

如何才能眞正「入定」呢？簡單的說，就是要體認萬法平等的道理，此即所謂「佛佛平等、法法平等」。換句話說，即使對任何一個小生物或小物體，也均應視同佛性的化身。所以，衆生不論大小，均應一律平等。此即所謂「承佛神力入於三昧」，而且：

「一切諸佛毗盧遮那如來藏身，普入一切佛平等性，能於法界示衆影像，廣大無礙。」82

因而，準此立論，不論黃種人、黑種人跟白種人，均應一律平等；女人跟男人，也應一律平等；小孩跟大人也應一律平等。另外，人類跟非人類，也應一律平等。大動物跟小動物也應一律平等，大生物跟小生物也應一律平等，甚至生物跟非生物也應一律平等。何以故？因爲這一切都是佛力神通融貫所注，也是佛身光明所照範圍，所以均應一律平等。

此即本品中所說：

「能令一切國土微塵普能容受無邊法界，成就一切佛功德海。」

我們試想，若連一切「微塵」都能感受法界，融貫了佛性，那其他一切衆生當然也都能代表充滿佛性光明的生命體。此即「一即一切，一切即一」的深刻道理。

因此，本品曾進一步強調：

「一一塵中有世界海微塵數佛刹，一一刹中有世界海微塵數諸佛，一一佛前有世界海微塵數普賢菩薩」。

如此交織相映，便形成圓融互攝的廣大和諧世界，這正是〈世界成就品〉的重要精神。這種莊嚴世界，在華嚴宗即爲「一眞法界」，也稱爲「華藏世界」。

衆菩薩對此華藏世界的稱頌，正如同貝多芬在〈第九交響曲〉中對宇宙衆生的「快樂頌」，當一切樂器無法盡情表達極致時，便索性用最雄渾圓融的男聲大合唱，以高昂精神唱出對金色莊嚴世界的由衷欣悅，以及對光明衆生的莫大欣喜！

同樣情形，華嚴宗對無窮宇宙的一切衆生，都視同充滿佛法的莊嚴世界，因而不但將宇宙各種星辰均視爲「世界海」，而且更將其點化爲生意芬芳的「香妙海」。

所以，華嚴宗在〈入法界品〉中，明白指出，在此等法界充滿的情形下：

「人與非人、欲界、色界、無色界處，日月、星宿，風雲雷電，晝夜同時及以年劫，諸佛出世，菩薩衆會道場莊嚴，如是等事悉皆明見。」[83]

這代表一切宇宙衆生——包括各種人與非人的存在、物質界、精神界、以及未知界，乃至一切星辰、空間、時間——皆在神通無邊的佛法觀照之內，因而也在衆菩薩深厚無比的同情悲願之內，如此以「大悲心救護衆生，教化成就」，才算眞正進入佛學的最勝義，此中精神，正可說是最爲透徹完備的環保哲學。

另外，華嚴經在〈十迴向品〉中，闡論十種精神修養實踐的方向，同樣深具環保教育的意義。對於如何救護衆生、饒益衆生，尤其申論得非常精闢，深值闡述。這個「十」也是象徵的意義，代表無窮，而「十迴向」則代表人們應該把心靈無窮向上提昇，力行佛性的十種方法。今特扼要申述其對環境倫理學的深刻啟發如下：

(1)救護一切衆生相迴向：

這在提醒世人，應該省思自勉，每個人的生命意義均應爲「救護衆生」而活，而不是爲個人享樂而活。否則一切享樂虛榮均會成空，而且患得患失之中，只有更加痛苦迷惘。唯有眞正發心立願，以救護一切衆生的菩提心自勉自勵，才能眞正操之在己，這就形成佛學「自立宗教」的重要情操。

(2)不壞迴向：

這在提醒世人，千萬不要破壞衆生，也不要破壞自己的修行。對於一切「人或非人」，均應以人道待之，甚至待之如父母師長，如佛陀現身。唯有如此，才算眞正尊重衆生，也才能救護一切衆生。

(3)等一切佛迴向：

這在提醒世人，要能向一切佛法學習，不但效法衆佛的平等心，也要效法他們的慈悲心，尤其要效法如來法身融貫一切的精神。唯有如此，才能眞正對一切衆生均以平等心相待，以慈悲心相愛，並以圓融心相處，這正是生態保育中極重要的中心觀念。

(4)至一切處迴向：

這在提醒世人，效法如來的菩提心後，就應把生命的光輝、温暖、與熱力，普徧貫注到一切處所。因爲拯救一切衆生，不能只看表象，還要看深層，不能只看光明地，同時也要看黑暗地。唯有如此，才能深入各處，探求世間疾苦，眞正將一切黑暗均攤在佛法陽光下，得到平等的温暖與關懷。這不但對照顧弱勢團體與社會死角極具啟發性，對愛護一切深山荒地的野生動植物，均具同樣的深遠意義。

(5)無盡功德藏迴向：

這在提醒世人，應盡心盡力的力行功德，不只對「人」要行功德，對一切「非人」也要行功德，對待一切大小動物、植物，乃至萬物，均應以行功德的精神加以保護。唯有如此，身體力行，永不終止，並且盡其在我，不假他求，終身以之，死而後已，才能眞正攝入佛性如來，也才算眞正力行了「無盡功德」。

(6)隨順緊固一切善根迴向：

這在提醒世人，要能把本身的「善根」充份發揮出來。如同孟子所說，不但平日就要能夠「善養浩然之氣」，而且不能一曝十寒，一定要能常保不忍之心。唯有如此，先把本身一切善根充分加以「緊固」，絕不斲喪，然後隨時隨地順行發展，普遍「布施」——不但施於僕僮，施於車馬、園林，而且還要能施於大地一切衆生——這才算是眞正普遍救護衆生。事實上，這正是人人可行、處處可行、而且時時可行的功德，重點在於本身能否永保善根，發揚善根，這對環保教育尤其深具啟發性。

(7)隨順一切衆生善根迴向：

這在提醒人世，除了發揮本身的一切善根之外，還要隨時隨地激發其他衆生的善根，以期善用自己的生命光明與熱力，激勵其他衆生的生命光明與熱力。這正如同儒家所說「己立而立人，己達而達人」。佛家在此強調，更應擴充到一切「非人」的萬物，猶如「己立而立物」，「己達而達物」。唯有如此，才能眞正與衆生共同交相輝映，創造光明普照的妙香世界！

(8)眞如向迴向：

這在提醒世人，生命的最高理想乃應朝向「眞如」，亦即不斷自我提昇，提神高空，處處以眞如爲中心而自問：如果如來處我環境，又會如何立身處理？這正如同陽明先生被貶龍場後，自問如果聖人處此環境，更當如何？如此動心忍性，自勉自惕，反倒開創出了不朽哲學。究其根本，即在能時時以「聖人」爲其生命目標。這在佛學，即係以「眞如」爲生命目標。唯有如此，常常以佛心爲心，處處以眞如爲念，才能眞正與如來法身合一，眞正克服一切困境，進而關懷環境危機，拯救一切衆生！

(9)無著無縛解脫迴向

這在提醒人世，即使在身逢橫逆、面對環境危機時，也應不氣餒、不灰心，並以「不執著、不束縛」的眞如心靈，眞正同情一切，寬恕一切，進而救護一切衆生。唯有如此，才能把無謂的仇恨心態與抗爭意識豁然化解，並且透過廣大的同情心與慈悲心，盡心盡力，無怨無尤。試看今世部份環保運動已經變質成爲滿心仇恨與盲目抗爭，此時便應潛心自省，不能自命代天行道，仇恨一切，憤世嫉俗，那就反而違背了佛法精神。所以華嚴經在此提醒「無著無縛」的解脫精神的確甚值深思！

⑽入法界無量迴向

這一項應用在環保哲學，在於提醒世人，應如善財童子一般，先要發心立願，能進入環保此一「法界」，然後應追求環保的各種「善知識」，然後再徹底的化爲「菩薩行」。這除了本身應身體力行外，也應以此精神，結合環保同道，共同發出生命的光與熱，然後才能像進入解脫門一般，促使各種環境危機均得以解脫。唯有如此，一方面加強環保意識，另一方面同時增進環保知識，並且化爲環保行動，發爲整體覺醒，才能眞正擴大正面功效，救護一切衆生，進而幫助衆生完成一切生命理想！

這種眞正法界的莊嚴寶相，正如澄觀大師所說，好比「天帝殿珠往覆上」，一個明珠內萬象俱現，「珠珠皆爾，影覆顯影，而無窮盡」。[84]代表世間衆生，每一個個別的生命，通通可以象徵莊嚴的如來寶現，不但相互平等，而且均具相同的生命尊嚴，足以共同創造廣大無邊的生命光明。

換句話說，根據華嚴宗哲學，一切衆生，不論人或非人，不論大小、貴賤、長短、或美醜，也不論在上空、地下、或海中，從佛性來看，都是一律平等，因此均應給予同樣的尊重與愛護，此中精神，的確可說是極爲完備的環保哲學。

因此，〈十地經〉中，曾經強調菩薩行的重要，尤其深具環保的教育意義：

「菩薩……皆爲救護一切衆生，利益一切衆生，安樂一切衆生，哀愍一切衆生，成就一切衆生，解脫一切衆生，攝受一切衆生，令一切衆生離諸苦惱，令一切衆生普得清淨，令一切衆生悉皆調伏，令一切衆生入般涅槃。」

此中特別值得強調的是，菩薩心腸，不只要「救護一切衆生」，更還要積極的「利益一切衆生，安樂一切衆生」。不只要「哀憫一切衆生」，更還要積極的「成就一切衆生，解脫一切衆生」。不只肯定佛性融貫一切衆生，「攝受一切衆生」，更要以大悲心「令一切衆生離諸苦惱，令一切衆生普得清淨。」一言以蔽之，就是要能透過教化，「令一切衆生悉皆調伏」，進而能「令一切衆生入般涅槃」，共同進入最高佛法寶界！

菩薩在此所代表的生命精神，不但慈悲無邊，而且教化無邊，對於當今環保教育，實在深具啟發意義！

另外，杜順大師也曾經以更精細的方法提出「十玄門」，這原本代表十種解脫人生問題之門，但也可引申爲十種解脫環境問題之門。其中包括「六相圓融」，代表透過高度智慧，體認廣大圓融的自然觀、機體互攝的萬物觀、以及悲智雙運的衆生觀。綜合而言，可以看成華嚴宗針對環境問題的綜合解決法門，深值扼要申論，並與當今西方環境倫理學扼要比較[85]。

(1)諸緣各異義：

這代表自然界各種緣起，各自有其差異，因此人們對此等差異性與獨特性，均應以平等心加以尊重。此即西方環境倫理中的重要信念：「獨特個體性的原理」(Principle of unique individuality)。

(2)互徧相資義：

這代表每一個個別的「一」，和其他的「多」，具有相互依存、相互資養的關係。這就相當於西方環境倫理學中「相互關聯的原理」(Principle of mutual relevance)。

(3)俱存無礙義：

這代表衆生萬類相互並存而不悖，道也並存而不相礙。這在華嚴宗代表廣大「無礙」，在當代西方環境倫理學中，則相當於「相互蘊涵的原理」(Principle of mutual implication)。

(4)異門相入義：

這代表衆生萬類看起來不一樣，但卻都能相互攝入，異中有同，此即西方環境倫理學中所說「互相攝入的原理」（Principle of mutual interpenetration）。

⑸異體相即義：

這代表衆生萬類紛雜並存，很多看似差別甚大，其實正有相即互補的功能，彼此交感並能相互影響，此即當代西方環境倫理學中所說「互補互進原理」（Principle of mutual ingression based on the concept of compensation）。

⑹體用雙融義：

這代表整個宇宙的法身，能夠即體顯用，即用顯體，體用不二，亦即一即一切，一切即一，在萬物衆生中，展現廣大和諧的融貫精神。此即當代西方環境倫理學中所說「機體和諧原理」（Principle of organic harmony）。

⑺同體相入義：

這裡說的體，不是一般物體的體，而是佛性的體。代表以無窮佛性產生無邊的神通能力，並能據此產生無限功用，一切衆生莫不由此同體而出，所以足以相即相入，無礙自在。此即當代西方環境倫理學中所說「圓滿極致的原理」（Principle of consummation of perfection based on substance）。

⑻同體相即義：

方東美先生對此曾經指出，前一項是從佛性「作用」立場，看宇宙衆生萬物所孕藏的佛性，另外若從「本體」來看，則是「同體相即義」。亦即對一切衆生，不論物質、心靈、乃至中性存有，均從這「佛性的無窮體質」內輾轉而來，因此足以肯定一切衆生均經由佛性點化，而同具內在價值，不再只是中性價值，此即「含一攝多」的同體相即義。這在當代西方環境倫理學中，即所謂「同體互進原理」（Principle of mutual ingression based on substance）。

(9)俱融無礙義：

這一原理，相當於道家所說的「道無所不在」，在此處則可說「佛無所不在」，因爲佛性本身以其無窮體質足以融貫一切，展現無窮法力，此即「俱融無礙」。所以方東美先生稱華嚴宗爲「萬有論」，代表其肯定一切萬有均爲眞實，而所有衆生眞實最後有一根本，就是「眞如」，或者「佛性」。此一眞如無所不在，形成衆生普遍相似，或普遍相在的特質。此即當代西方環境倫理學中所謂「普遍同化的原則」（Principle of universal assimilation）。

(10)同異圓滿義：

這一原理，相當於道家所說，「以道觀之，萬物皆一」，一切萬物衆生均爲一體。在此地則可說，用佛眼觀之，所有的同異也都化成圓滿融貫的一體，形成不可分割的有機體，也構成宇宙廣大和諧的整體生命。此中精神，可說綜合了上述九項原則，再整合成爲廣大圓滿的統一，此即「同異圓滿義」。在當代西方環保哲學中，尚無如此周全者，或可勉強稱爲「廣大和諧的原理」（Principle of comprehensire harmony），深值東西方共同參考。

綜合而言，華嚴宗透過上述的十玄門，以及其中所包含的六相圓融，充分肯定整個宇宙不但是有機的統一體，而且深含創造性的秩序。正因華嚴宗看「自然」是透過佛眼，視自然爲充滿創造性，不斷往前奔進、向上提昇的有機體，所以一切萬物衆生也都在此佛光普照之下，相互依存、相互扶持，進而共同融貫，一起進入光明的一眞法界。

因此，在華嚴宗內，自然界不再只是肉眼或感官所見的器世界、色世界，或欲世界，而是一個生命世界、有情世界，乃至有靈世界，到最後乃是一個整體參透佛法、充份醒悟的正覺世界。所以萬物衆生也從物理現象提昇爲心理現象，再提昇成爲生命現象，到最後整個宇宙成爲一個充滿價值理想的光明世界。凡此種種，也正是當今生物學、天文學、地質學，乃至生命科學、價值科學最新所證明的趨勢，所以特別深值東西方環保學者多加參考，以弘揚其中重大啟發。

此所以唐朝著名學者李通玄在論〈入法界品〉中也曾經特別申論，所謂〈入法界品〉，乃指用最高度的超越智慧，參透衆生，肯定不論大小均一律平等，一切物我也均同體。在這種境界中，不論一妙音或一纖毫，均同樣涵攝佛法，因而佛法足以周徧普照，無盡無方，而且足以超越肉眼與泯滅情識，進入智通無礙。此即其所謂：

「又以一妙音，徧聞刹海，以一纖毫，量等無方。以大小見亡，物我同體。識謝情滅，智通無礙。名爲入法界。此約智境普名，勿依肉眼情識所見。」[86]

換句話說，佛法瀰滿之「法界」，代表「一多通徹」、「通理徹事」，因而「純爲智用」，「非情識界」，所以足以用大智慧參悟「一切諸佛成佛」，「一切衆生也成佛」，而且衆生此時均與佛同體，能夠「同住一刹那，一微塵、一法身、一智慧、一言音、一解脫、一神通、一不思議、一教境界、一蓮華座」，[87]正因「法界」代表廣大和諧的統一機體，所以「重重、重重、無礙、無礙」！[88]

這種境界，並不是只用「肉眼妄情」所能知，而需「悟佛知見」、「入佛知見」，亦即以佛心爲己心、以佛性爲己性，以佛眼爲己眼，然後才能眞正與佛渾然同體。

此種精神，應用在生態保育上，即代表絕不能只以肉眼或妄情來看世間的動物、植物、乃至一切「人與非人」的衆生萬類，而要眞正透過佛眼，「入佛知見」，體認一切衆生均平等，一切衆生也均含佛；所以均各有其生命的莊嚴與價值，不能只以人類自私爲念，誤以爲其他衆生均爲己用的工具。這也正是當今生態保育極重要的中心信念。

所以，〈入法界品〉的精神，不但對人心教化極爲重要，對環保教育也極具啟發。李通玄曾列舉十項教化方法，也深具啟發意義：[89]

「一以如來神力爲能說教體」，在提醒人心，應體悟佛法神通無邊。「二以不思議爲教體」，在提醒人心，應提昇境界，不要只停滯在表象。「三以虛空爲教體」，在提醒人心，應提神太虛，不要只受現實所拘。「四以光明爲教體」，在提醒人心，應體認佛身光明，而且無所不照。「五以境界爲教體」，在提醒人心，應體認一切萬物均圓融無礙，其境界廣大而和諧。「六以佛報果爲教體」，在提醒人心，因果循環，報應不爽，因而不可任意殺生，自害害物。「七以法性爲教體」，在提醒人心，應深研佛法佛性，做爲中心主宰。

另外，「八以菩薩名號爲教體」，「九以菩薩等名數爲教體」，均在提醒人心，應眞正以菩薩精神，做爲救護衆生的動力。唯有如此，人人結合智慧與慈悲，個個以菩薩之心爲己心，以菩薩之願爲己願，那才能體悟到一切衆生萬類，個個皆如來，一切存在萬物，個個皆華藏，整體形成大放光明的法界。此即最後「十以普光爲教體」的精義。

此中十種教化過程，既具生命熱誠，也具生命智慧，更其生命悲心，應用在環保教育上，堪稱極爲週全與深刻的體系，的確深值東西方共同體認與弘揚！

事實上，華嚴宗不但是條理嚴謹、廣大悉備的哲學體系，也是充滿光輝、深具熱力的宗教體系。所以，華嚴宗可說「亦哲學亦宗教」，對於環境倫理尤其具有獨特的貢獻，深值重視。

「非洲之父」史懷哲曾經有句名言：

「任何宗教或哲學，如果不能建築在尊重生命上，便不是真宗教或真哲學」⑨⓪。

我們若以這段話的精神來看，則華嚴宗不但尊重人類生命，而且還擴大胸襟，對一切萬物均加以尊重，眞正可說是感人的眞宗教與眞哲學。

尤其，華嚴宗做爲哲學而言，特別注重「善知識」，所以能夠透過高妙智慧，啟發圓融無礙的自然觀與萬物觀；另外，華嚴宗若做爲宗教而言，則特別注重「菩薩行」，所以能透過發大心、立大願，激發慈悲行願，進而救護衆生。

重要的是，華嚴宗的哲學層面與宗教層面，同樣也是融貫互攝，不能分割，所以才能形成「悲智雙運」的特性，缺一而不可。

此即〈入法界品〉中，最後諸佛所讚頌的如來精神：

「一切國土無有邊，衆生根願亦無量，
如來智眼皆明見，隨所應化示佛道，
究竟虛空十方界，所有人天大衆中，
隨其形相各不同，佛理其身亦如是。」
「如來無礙智所見，其中一切諸衆生，
悉以無邊方便門，種種教化令成就，
譬如幻師善幻術，現作種種諸幻事，
佛化衆生亦如是，爲其示現種種身。」

換句話說，正因佛身廣大無邊，無所不在，所以才能順隨衆生形相之不同，化爲不同現身，以充份展現佛身之周徧，以及佛光之普照，這不但足以教化一切衆生，更可以拯救一切衆生。

此中對人心最重要的啟發，除了代表智慧的佛眼外，還有代表慈悲的佛心。如果說智慧代表「哲學」，則慈悲即代表「宗教」。華嚴宗在此可說眞正兩相融貫，充分展現了感人情操，也眞正對生態保育與環境保護，提供了最爲恢宏、廣大、與深厚的哲學後盾。

總而言之，《華嚴經》的重要特性，在其充份融合哲學與宗教，既能啟迪廣大慧心，也能激發深厚悲心。這種「亦哲學亦宗教」的融貫性，不但深具特色，也深具啟發性，可說是當今環境倫理學中，極具研究價值的寶庫，深值東西方共同努力，一起弘揚光大。相信只要大家同心協力，闡揚其中重要的時代意義，以及深厚的環保精神，必能爲「人與非人」一切衆生，開拓更多的和平福祉！

【附　註】

❶ 有關進一步論述，請參考方東美先生著《中國大乘佛學》，台北黎明公司，民國七十七年三版，特別見第十三、十五、廿章。

❷ A.N.Whitehead."Modes of Thought."N.Y.,1984,p.36

❸ 熊十力先生，《十力語要》。

❹ 請參吉藏〈二諦〉章，《大藏經》卷四十五、頁九十。

❺ 胡賽爾的現象學，其宗旨主要即在討論「本質」，所以又稱「本質主義」(Essentialism)。

❻ 方東美先生，《生生之德》，台北黎明公司，民國七十六年七月四版，頁三五〇。

❼ 詳情請參《大藏經》，卷卅一，頁四十八。

❽ 詳情請參〈成唯識論〉卷二，《大藏經》卷卅一，頁八。

❾ 有關「無情有性」之說，天台宗在第九祖湛然最爲明確，見「金剛錍」，《大藏經》，卷四六，頁七八五。

❿ 方東美先生，《華嚴宗哲學》，台北黎明公司，民國七十八年，四版，下冊，頁三。

⓫ 同上，下冊。頁卅一。

⓬ 大藏經，卷四十五，頁六百三十。

⓭ ,C.W.Leibniz,"monadologie,"1714。

⓮ 方東美先生，《華嚴宗哲學》，下冊，頁卅一。

⓯ 法華經，〈觀世音菩薩普門品〉中強調，觀音菩薩可爲一切衆出現一切身，代表均能一一設身處地，爲苦難衆生體貼著想，甚至爲「非人類」也可現身說法，這更代表對一切萬物的悲憫無盡，尤其在環保上深具啟發意義。

⓰ 華嚴經，〈觀世音菩薩普門品〉。

⓱ 華嚴經，第三〈授記品〉。

⑱《大般涅槃經》，第十九〈梵行品〉。

⑲引自唐代，《高僧傳》。

⑳孔子，《論語》，述而篇，廿七章。

㉑方東美先生，《華嚴宗哲學》，下卷，頁四四三——四四五。

㉒同上，上卷，頁一三〇。

㉓同上。

㉔同上，上冊，頁二五九。

㉕華嚴思想大要由杜順大師所創，他強調「華嚴法界三觀」——「眞空觀」，「理事無礙觀」，與「周徧含融觀」，後來即成華嚴宇宙觀的四法界，亦即爲「事」法界，「理法界」，「理事無礙」法界，以及「事事無礙」法界，詳情請參《大藏經》，卷四十五，頁六七二。

㉖華嚴經，〈世主妙嚴品〉。

㉗請參川田熊太郎等著，《華嚴思想》，李世傑中譯，台北法爾出版社，七十八年出版，頁卌一。

㉘同上，頁一五八。

㉙A.N.Whitehead, "Process and Reality, "especially chap.1 & 2

㉚A.N.Whitehead, "Religion in the.Making":N.Y., 1926, chap,1

㉛A.N.Whitehead, "Process and Reality. "N.Y. p.31

㉜A.N.Whitehead, "Religion in the Making", N.Y. 1926. chap.2

❸❸ A.N.Whitehead, "Science and the Modern world". N.Y, 1926, chap.2

❸❹ 維摩經第八，〈佛送品〉。

❸❺ 詳見杜順大師〈華嚴五教止觀〉，有關經典與智儼、三祖法藏、四祖澄觀的論疏，可詳參方東美先生《華嚴宗哲學》上卷，頁廾五——廾六。

❸❻ 方東美先生，《華嚴宗哲學》，上卷，頁二二七——二二八。

❸❼ 同上，上卷，頁二二八。

❸❽ 同上，頁二二八——二二九。

❸❾ 華嚴經，〈世界成就品〉。

❹⓿ 同上。

❹❶ 同上。

❹❷ A.N.Whitehead, "Religion in the Making", N.Y. 1926. chap.3

❹❸ 華嚴經，〈華藏世界品〉。

❹❹ 同上，〈華藏世界品〉。

❹❺ 方東美先生，《華嚴宗哲學》，上卷，頁一二五。

❹❻ 同上，頁一二五。

❹❼ 同上，頁一二五——一二六。

❹❽ Prince Phillips, Duke of Edinburgh, "Men, Machines and Sacred Cows," also see "Extented Circle"

,ed. by J. Wynne-Tyson, Paragon House,N.Y.,1989.p.75.

❹ Charles Darwin,"the Descent of Men." also see" The Extented Circle", p. 63

❺ 方東美，《華嚴宗哲學》。

❺ 華嚴經，〈華藏世界品〉。

❺ 詳情可參見方東美先生，《華嚴經哲學》，上卷，頁一〇六——一〇九。

❺ 莊子，〈齊物論〉。

❺ P.W. Taylor,"Respect for Natrue: A Theory of Environmental Ethics",Princeton University Pess, 1986, especially parts 2,6

❺ 華嚴經，〈普賢行願品〉。

❺ 莊子，〈齊物論〉。

❺ 同上。

❺ 華嚴經，〈盧舍那品〉。

❺ 華嚴經，〈普賢行願品〉。

❻ 方東美先生，《華嚴宗哲學》。

❻ 華嚴經，〈普賢行願品〉。

❻ 同上。

❻ A.N. Whitehead,"Process and Reality, "N.Y, 1927. Chap.3

64 孔子，《論語》，衛靈公篇，卅八章。

65 老子，《道德經》，四十一章。

66 莊子，〈齊物論〉。

67 J.Wynne-Tyson (ed.) "The Extended Circle," Paragon House.1989.p.76.

68 Ibid, p.36, 本經文係由引書之英文直接中譯。

69 Ibid, p.37, 本經文亦係由英文直接中譯。

70 方東美先生，《中國人的人生觀》（The Chinese View of Life），筆者拙譯本，台北幼獅公司印行，頁四十四。

71 Ibid. p.36,本經文由英文直接中譯。

72 同上書，頁卅六—卅七，經文由英文直接中譯。

73 方東美先生，《華嚴宗哲學》，下冊，頁四九四。

74 老子，《道德經》，卅二章。

75 方東美先生，《華嚴宗哲學》，上冊，頁四十四。

76 同上，詳情請參下冊，至二八三——二八八。

77 莊子，〈齊物論〉。

78 豐子愷，《護生畫集》，豐子愷畫，弘一法師書，台北新文學出版社，民國七十年出版，第一集，頁八八。

79 方東美，《華嚴宗哲學》，上冊，頁廿。

80 同上。

81 華嚴經，〈如來現形品〉。

82 同上，〈普賢三昧品〉。

83 同上，〈入法界品〉。

84 澄觀大師，《華嚴疏鈔》。

85 以下標題引自方東美先生，《華嚴宗哲學》，下冊，頁四八四—四九八。

86 唐代李通玄，〈論入法界品〉，見《華嚴經合論》，台北新文豐出版社，下冊，民國六十六年出版，頁一〇八八。

87 同上。

88 方東美先生，《華嚴宗哲學》，

99 唐代李道玄，〈論入法界品〉。

90 Quoted from."The Extended Circle",p.315

第六章　新儒家的環境倫理學

緒論　新儒家的環保通性

「新儒家」爲民國以來所用的俗稱，若用中國以往固有名詞來講，則又可分爲「理學家」、「心學家」，還有「漢學家」。本章將分別申論他們相關的環保思想。

大體而言，理學家從宋代小程子（程頤）爲起源，到朱熹集大成。基本上是一種「理氣二元論」。

心學家最早則由張橫渠發其端，經大程子（程顥）繼續發揚，最後透過陸象山到王陽明集其大成。這一學統淵源流長，若從環境倫理學來看，則是典型的機體主義，深值特別重視。

另外則是清代的新儒家，他們認爲宋明儒學多少受了道家與佛家的影響，因此強調要重新回到漢代，並根據原始經典，透過精細的考證，重新研究義理，因而也通稱爲「漢學」。

對於新儒學的精神特色，方東美先生在晚年的英文鉅著——《中國哲學之精神及其發展》中，並沒有用中國傳統的名詞來稱呼，而是用三個不同的國際學術名詞加以區分。其原因一方面因爲該書是用英文所寫，爲了讓國際學術界更容易瞭解，所以並未用理學、心學、漢學等中國傳統名詞。二方面，則是從思想內容來看，若用西方哲學界所能直接體認的言語來表達，更能促進西方人士的眞切領悟，從而眞正弘揚中國哲學於世界。

所以，方先生對於理學，就稱爲「實在論」（realism）。對於心學，他則稱之爲「心靈主義」（spiritualism）。對於漢學，則稱爲「自然主義」（naturalism）❶

當然，新儒家思想和西方本有的這三種傳統，並不完全一樣，所以方先生宗旨並不在此勉強比附，而在借用西方通用的哲學術語，說明各派思想特色，然後再分析其中不同，如此即能更加對西方學術界闡述得完備無礙。

新儒家這三大學派中，理學和心理很多立場並不一樣，所以在「鵝湖之會」中，雖然象山和朱熹相互辯論，但事實上並沒有什麼結論，就因爲基本上分別代表兩種不同的哲學立場。另外到後來，漢學家也有很多不同見解。然而，本章站在「環境倫理學」的整體觀而言，重點並不在分析它們不同的地方，而在總結它們相同的地方——也就是他們何以均能稱爲「新儒家」的共同點。

方先生曾經歸納出四個重點，分析這三派新儒家相同的通性，這些共同點在環境倫理學上，均深具重大的啟發意義。所以謹先引述方先生原文，再一一加以申論。

「㈠於宇宙萬物感應天理——秉天持理，稽贊萬物，觀察人性，體常盡變，浹化宇宙，感應自然。

㈡思想結構旁雜不純——宋以後儒者承先秦兩漢魏晉六朝隋唐中華文化各方面，因之在思想結構上頗難全盤擺脫舊說，獨創新義，時或不免援道證佛，變亂孔孟儒家宗旨。

㈢精神物質合一，人爲宇宙樞紐——大宇長宙中，物質精神兩相結合，一體融貫，人處其中，悠然爲之樞紐，妙能浹洽自然，參贊化育。

㈣秉持人性至善理想，發揮哲學人性論——人類對越在天，開中進德，化性起僞，企圖止於至善。」❷

根據上述內容，這些通性在環保方面代表什麼意義呢？

第一項通性，充份代表這三大學派，對於整個自然界的理念，均認爲是充滿生意，整個宇宙也都是生生不息，天理流行。這就是直承原始儒家「萬物含生論」的精神。

換句話說，新儒家這三大學派，雖然有的明白強調大化流行，有的強調天理流行，然而均能共同肯定大自然浹化了無窮生意。因此自然界絕不只是淺薄的物質界，更不是僵化的機械現象，而是整體大化流行、天理流衍的大生命體。正因新儒家「秉天持理」，浹化宇宙，以感應各種自然界現象，所以可以充份體認到自然充滿了生命與機趣，這在心學家來看尤其清楚，所以對當今生態保育與環境哲學均深具重大意義。

第二項通性，有關三大學派的思想架構，方先生認爲，嚴格來講都是龐雜不純的。因爲宋明之際已經直接間接受到道家、佛學的影響，所以如果要從純粹孔孟的宗旨來講，新儒家思想的確顯得駁雜。

然而，如果從回應挑戰，以及吸收新知的角度來看，則新儒家因爲面臨了新衝擊，所以反能展現一些新義，尤其若從環保精神來看，雖然新儒家夾雜了道家與佛學影響，但儒、道、釋三家本來就在環保基本精神上均能相通，所以不但並無影響，反而更能展現會通之精神，形成整個中華民族在環保哲學上的通性。

第三項通性很重要，這代表新儒家三大學派，對萬物的看法，均肯定精神與物質本合爲一，也均以人做爲宇宙的樞紐。並且強調物我足以融貫，參贊化育，這也正是直承原始儒家，旁通統貫」的萬物觀。

此中精神，尤其以「心學」的表現最爲清楚。心學從張載開始，經過大程子、陸象山、而到王陽明集大成。整個思想一脈相承，均在肯定融貫天地萬物爲一體的「機體主義」，這在生態保育上尤具重大意義。

另外，朱子學派看起來是二元論，但仍然肯定每一個物體都是一個小太極，因此均自成圓滿的存在意義，而整個萬物又自成一個大太極，因此「一」跟「多」中間仍然是和諧的統一。所以基本仍然是一種「機體主義」，雖然他在其他地方與陸王觀點不同，但其視萬物爲充滿生命的「機體主義」，基本上卻仍然相通。

第四項共識，也非常重要。代表在人性論上，新儒家一致肯定性善論，並強調人性應該升中進德，不斷提昇精神靈性，以止於價值理想的至善境地，這就直承了原始儒家「創生化育」的精神。

事實上，新儒家在此精神也與道家強調的「道大、天大、地大、人亦大」相通，[3]與佛家強調的「人人皆有佛性」更爲契合。其宗旨均在喚醒人類要恢復人心之善根，並以此充滿光明的善根心來看自然、看萬物，乃至看一切衆生。所以整個宇宙衆生便不再只是價值中立的唯物世界，而是有待人類發揮性善、以共同完成內在價值潛能的光明存在。唯有如此，人人充分化性起僞，正己盡性，才能夠幫助一切衆生萬有共同盡性，形成至善境地。

由此來看，新儒家的衆生觀，不但對所有衆生都肯定其有內在生命價值，而且肯定尊重一切萬有生命，強調均應加以愛護，並且更進一步呼籲，人類要能夠幫助一切衆生，完成各自的生命潛力，一起進入至善。這不但是人類倫理學的最高原則，也正是當今環境倫理學的最高原則！

根據以上綜合所論，一方面可見新儒家傳承原始儒家之處，二方面也可看出其與道家、佛家相通之處，三方面更可看出在環境倫理學上之共識，的確深值體認。

以下即分別申論新儒家中有關環保的思想，首先分析對自然的理念。

第一節　新儒家對自然的理念

（一）周敦頤

北宋五子中的第一位思想家，是周敦頤。周敦頤在思想史上的影響固然並不很大，但是已經可以看出他對自然萬物有一些基本看法，很具環保觀念。

周敦頤有兩本代表著作，一本是《太極圖說》，另一本是《通書》。如果站在儒家的立場，《通書》的重要性以及代表性，要遠超過《太極圖說》，因爲《太極圖說》基本上受到道家影響，甚至還有道教的遺跡。

然而若從環保觀點來看，則兩本均深具意義。尤其從哲學精神而言，《太極圖說》相當於新柏拉圖學派普羅汀諾斯（Plotinus）所強調的「太一流出說」，或稱「先天向下流出說」，認爲整個太極（即新柏拉圖學派所說的「太一」），相當於眞、善、美的化身，不斷向下流衍，充塞整個自然界，因爲萬物都由太極融貫其中，所以大自然便不再只是唯物世界，而是充滿生命的價值領域。

此即所以周敦頤曾經強調，「是萬爲一，一實萬分。」[4]代表「萬」其實來自「一」，而「一」又流衍化爲「萬」。

後來朱熹，就曾經根據這個精神，強調「一」與「萬」各有其「太極」在內。這代表從周敦頤開始，就已經肯定，自然界看似紛然雜多，其實均是從整體的——「太極」——所流衍而出。這就奠定了「機體主義」自然觀的基本架構。

更重要的，「人」在這架構中是什麼功能？根據周敦頤，一定要能夠「立人極，而直通天極」，這就是《通書》的中心宗旨，這句話貫通了天人之際，所以很能夠弘揚儒家的根本精神。

那麼，如何立人極呢？就是要能大公無私，效法天地的根本精神。因爲天地的根本精神，就是生養萬物，而沒有任何私心，沒有任何歧視。因此人也要能夠作到沒有私心、沒有歧視，以廣大的平等心與同情心，化成對大自然萬物的公心，那就可以直通天極的。

具體來說，這也正是對自然萬物一視同「仁」的精神。根據此種精神，不僅對人類沒有「種族」歧視（race discrimination），對一切自然萬物也沒有任何「類別」歧視（species discrimination）。絕不只以人類爲中心，駕凌自然其他萬類之上，對一切自然萬類，也絕不認爲低人一等，而能站在天地生生之德的恢宏眼光，曠觀自然，並能以廓然大公的精神相待，所以能眞正尊重自然，也眞正愛護自然。

此所以周敦頤曾經強調：「聖人之道，至公而已矣。」怎麼才能做到「至公」呢？簡單的說，就是效法天地。因爲「天地至公而已矣！」天地生養萬物，一視同仁的精神就是至公。因爲天無私愛，地無私載，對一切自然無所不包，所以能稱「至公」。人類一定要能夠效法天地這種至公精神，才同樣發揮一視同仁的平等心與同情心，進而跟天地能融貫爲一。

這才叫「聖人」，也才是「通天地人之謂儒」的道理。就環境倫理而言，這也正是當代環保教育極應具備的精神修養。

另外，周子也曾引述易經強調：

「大哉乾元，萬物資始，誠之源也；乾道變化，各正性命，誠斯立焉。」❺

乾元的創生精神，何以與「誠」相關？就是因爲周子肯定：一切自然萬物均由乾元之德衍生，一切自然性命也由乾道變化融貫，所以大自然充滿「乾元」所代表的生命力，因而他基於對生命的誠心尊重，才強調應以「誠」立身，以誠待人接物。

這個「誠」代表精誠所至、金石爲開的精神，因此也含有一種宗教精神。此所以《中庸》很早便講「至誠若神」。這種「至誠」的精神與「至公」一樣，同樣可以直通天心。人類若能效法「神」一般的至公、至誠，自能以無窮的愛心與誠心關愛自然，保護自然。所以這不但是宗教家應有的情操，也正是環保家應有的修養。

懷海德曾在其《創進中的宗教》（Religion In the Making）一書中強調，宗教的本質，是「一種專注的眞誠」（a penetrative sincerity）❻。這種專注的眞誠，就相當於《中庸》所謂「至誠若神」。

所以周敦頤特別強調，人只要能做到至誠，就可以通天，此所以其著作叫做《通書》。

代表唯有以「誠」才能立人極，也才能通天極。這種注重「至誠」的精神，堪稱當代西方環保學者所罕見，深值重視。

因爲，此中精神代表，能夠用宗教一般的情操「尊重自然」，必要時甚至能夠生死以之，充滿奉獻精神，更代表其精誠足以感動人心，感通天地，這對當今亟需誠心奉獻的環保工作而言，確爲不可忽視的熱力來源！

另外，周子在《太極圖說》中，也曾引述易經強調，「二氣交感，化生萬物，萬物生生而變化無窮焉。」代表他肯定一切自然萬物，均爲生生之德所產，「唯人」得其秀而「最靈」，因爲人心最能通靈，所以最能掌握宇宙萬物生生之中的核心精神，因而以至誠立人極便能通天極。他在此所強調的人心「最靈」，並不是最有特權，而是最有使命——最能夠通天人之際，也最能夠以促進自然生生之德爲己任，這在生態保育上就尤具深刻的啟發。

另外值得強調的是，新儒家中幾乎每一位都對《易經》有深厚的研究。由此再次可以證明，研讀易經對瞭解儒家的重要性。我們現在很多青年，對《易經》幾乎都不懂，即使是知識青年——甚至是唸哲學的青年，如果不唸中國哲學，對《易經》也缺乏深入的瞭解。這對復興民族文化而言，眞是非常可痛惜的事情。

因爲，要了解中國哲學——尤其儒家哲學，就必須要能夠瞭解《易經》。我們試看，從孔子開始，一直到宋、明、清，乃至民國以來的思想家，沒有不研究易經的。遠的不說，明末清初如王船山的船山易學，焦循的《易學三書》，均爲經典之作。而民國以來，熊十力先生的《讀經示要》、《乾坤衍》充分可見其對易經下過功夫。另如方東美先生從早期的〈哲學三慧〉，〈易之邏輯問題〉，乃至晚弘揚講的儒家，都很清楚是把〈易經〉當作極其重要的經典。

所以對《易經》這部經典，我們不能夠只把它當作是兩千多年前的國「故」。它一直深具生命精神，在整個中國文化發展中，也是每一代儒者所必須要研究的經典。我們在新儒家裡面尤其看得很清楚。

此所以周敦頤首先就是從《易經》開始論學，雖然其中夾雜有道家的思想，但他仍然以易經作爲重要的架構。其後幾位大思想家也莫不對易經極爲重視。諸如張載的〈西銘〉、小程子的〈易程傳〉、朱熹的〈周易注解〉等等，均爲明顯例證。

(二)張橫渠

張載的〈西銘〉這篇文章，雖然內容不多，但大氣磅礡，結構雄偉，而且意境深厚，非常具啟發性。尤其對今天的環境倫理學來講，可以說是非常完備，也非常深刻的一篇〈地球保護學〉，甚至可以說，在任何西方一位思想家中，均還找不到如此精闢的「地球環境倫學」。

因其原文不多，今特先引述其原文如下，然後再予申論：

「乾稱父，坤稱母，予茲藐焉，乃混然中處。故天地之塞，吾其體；天地之帥，吾其性，民，吾同胞；物，吾與也。

大君者，吾父母宗子；其大臣，宗子之家相也。尊高年，所以長其長；慈孤弱，所以幼其幼。聖，其合德；賢，其秀也。凡天下疲癃殘疾孤獨鰥寡，皆吾兄弟之顛連無告者也。

于時保之，子之翼也；樂且不憂，純乎孝者也。違曰悖德，害仁曰賊，濟惡者不才，其踐形，惟肖者也。知化，則善述其事；窮神，則善繼其志。不愧屋漏爲無忝，存心養性爲匪懈。

惡旨酒，崇伯子之顧養；育英才，潁封人之錫類。不弛勞而底豫，舜其功也；無所逃而待烹者，申生其恭也。體其受而歸全者，參乎；勇於從而順令者，伯奇也。富貴福澤，將厚吾之生也；貧賤憂戚，庸玉女於成也。存，吾順事；沒，吾寧也。」（西銘）

本文值得注意的是，首先就是透過易經的啟發，明確強調「乾稱父，坤稱母。」也就是說，在整個〈西銘〉中，橫渠直把地球看成父母一樣，這就是一個非常新穎的環保觀念，其體系之完備，西方直到今天仍然無人能出其右。

根據橫渠，乾象徵「上天」，就相當於父親。坤象徵「大地」，就好像我們的慈母。雖然今天世界上愈來愈多的人體認到應該愛護地球，甚至「拯救地球」（Save the Earth），但多半還只是從人類本身利害來立論，在心態上還從來很少想到，應把地球當作母親一樣來尊敬。

此中原因，一方面「孝」道乃中國文化的獨特精神，本來即爲西方文化所缺乏，二方面易經首先視乾坤如父母，更是中國文化的另一特色。這兩項特色由張載結合起來，更進一步中論，對今後的環保哲學，的確深具重大的啟發意義！

根據當今西方環保觀念，人類住在地球之中，相當於住在「地球村」（global villege）裡，但根據張載的精神，他進一步認爲，人類還不只是住在「地球村中」，更可以說是住在「地球家」（globle family）中。因爲講起村莊，仍然還是蠻大，仍然不夠親切。張載認爲整個地球根本就是一個大家庭，上天就是人類的父親，大地則是人類的母親。所以人類平日怎樣孝順父母親，就應該怎樣孝順地球！這不但是中國前所未發的創見，也是至今西方仍然很少見到的重要環保觀念！

那麼，人類對父母親，應該如何才算孝呢？在《孝經》裡頭講的很清楚，最重要的就是「大孝顯其親」——要能夠彰顯雙親的美德，也要能夠彰顯雙親的志業。

所以，如果人們將天地當作雙親來看，那天地的美德是什麼呢？「天地之大德曰生」，❼就是能夠生生不息、衣養萬物、向前開創的精神！因此天地所有的孩子們——人類，都應秉承這種精神，效法天地，而千萬不能因爲「不肖」而毀了「地球家」，尤其不能傷害母親

——地球——的心。

所以，如果人類今天毀了地球，就相當於不肖子女毀了這個家的根基，更毀滅了地球養育之恩。我們試想，父母親養育子女，子女應如何報答？同樣情形，人類對地球也應有此感恩之心。因爲地球養育萬物，供給人類生存一切所需的空氣、水分、養分，乃至於大地及海洋中很多人類所需的營養，眞正可說是人類的慈母，那麼，如今人類應該怎樣的回饋地球呢？

根據張載精神，最起碼，人類應首先做到——不要傷害地球，猶如孩子們最起碼不要傷害父母，成爲大逆不道的逆子。具體而言，這就警惕人類，千萬不要去污染地球，也千萬不要去破壞地球。所以早在一九七〇年時，西方環保有識之士就曾經訂出「地球日」，可說寓意深遠。然而至今已經整整廿年以上，才開始有更多的國家與民衆注意，可說起步已晚，甚至對於「地球日」更深一層應有的哲學基礎，仍然很少有人研究。由此來看，張載的〈西銘〉便對世人深具重大啟發，非常值得東西方共同重視。

尤其，我們若結合當今「極救地球」的呼聲內容，再參照張載所說精神，更可看出此中深遠意義。

當今當今地球第一個必需拯救的重點，就是臭氧層的被破壞。臭氧層對人類來說，就相當於父親——也就是「乾」——所象徵的「天」。地球的保護層被破壞了，這就代表嚴重傷害了父親，這相當於一個家庭的支柱受到嚴重傷害，影響還不大嗎？

另外，地球受到的傷害，還有「溫室效應」。因爲人類在地面任意燃燒各種物質，造成整個地面的氣候反常，這就如同傷害了母親，形成性情反常，對一個家庭也是明顯的重大傷害。

除此之外，地球所受的危害，還有大地森林的被濫砍、水土的流失、河川的污染、工廠的污染、原始荒野的污染、野生動物的消滅……等等，凡此種種，都代表人類對大地母親的不斷傷害，甚至不斷毀容！

所以，人們如果眞正能夠將地球視同整體的家庭，便知種種任性的破壞地球，不只傷了父親、傷了母親，也會傷了自己。

此所以張載首先強調「乾稱父，坤稱母，予茲藐焉，乃混然中處。」乾代表父親，坤代表母親，人類混然處在中間，「天地之塞，吾其體。天地之帥，吾其性。」代表整個天地之中，就相當於人類自己的身體。整個天地之氣，也相當於人類的性情。眞正平和的人，誰會去破壞自己的身體呢？誰又會刺激自己的性情呢？

事實上，只有最不孝的人，才會傷害自己身體，去令父母傷心。所以儒家認爲身體髮膚受之父母，不能任意去傷害，在此也很有啟發性。

換句話說，人類如果不斷破壞天地之間萬物，污染自然大氣，就相當於不斷破壞自己的身體，污染自己的性情。天地間氣候變化無常，就代表整個家庭的氣氛也反覆無常。張載能將人與地球的關係，闡述得如此親切眞實，堪稱中外第一位體認如此深刻的「地球環保學家」。

尤其，我們若觀察當今地球受破壞的情形，便可證明對人類影響的確嚴重。如果空氣污染太多，產生酸雨太多，燃燒廢物太多……那不但整個地球氣候變化失常，整個人類也會覺得性情暴燥，身心煩悶。

所以張載有句名言很中肯：「民，吾同胞；物，吾與也。」「民，吾同胞」，代表所有的民衆，乃至所有的人類，通通是我們的同胞。不論是白種人、紅種人、黑種人，他們通通像我們手足一般的同胞。因爲，我們都是生存在同樣的地球，就相當於在一個父母的家庭之中，所以這不僅是「地球村」的觀念，而且更進一步，是「地球家」的觀念。

另外「物，吾與也。」則代表大自然所有萬物，也都跟我成爲渾然一體，共同參與成爲「地球家」的一員。所以我們對自然萬物均應充滿尊重，不能任意破壞，正如同對家中任何成員不能任意凌虐一樣。

除此之外，張載更進一步強調，「大君者，吾父母宗子。」以君王作爲政治領袖，其地位就好像地球這父母的長子。張載在此跳出一般人類的「家長制」政治體系，而以天地爲家長，可說精神境界更高了一層。

「其大臣，宗子之家相也。」代表一切大臣相當於宗子的輔佐者。「尊高年，所以長其長；慈孤弱，所以幼其幼。聖，其合德；賢，其秀也。」則代表對年長的人都應加以尊重，對比較瘦弱的，也同樣應以慈悲心加以同情扶持。「凡天下疲癃殘疾惸鰥寡，皆吾兄弟之顚連無告者也。」代表對所有傷殘弱勢的不幸人士，都應看成好像自己的兄弟，在奔波無告一樣。

根據張載，唯有如此，人人以「大其心」的精神同情所有人類，也尊重一切自然，才眞正符合其所說的修身座右銘。此中所代表的意義，不僅包含了現代社會福利的觀念，也包含了生態保育的觀念，深值大家重視，引爲現代最佳人生座右銘。

尤其，張載緊接著強調：「于時保之，子之翼也；樂且不憂，純乎孝者也。」更明顯的深具環保意義。這代表要透過不同的時節，來保護自然一切萬物，並且以此當作子女應盡的心意，如此樂且不憂，才算是眞正純粹孝心。如果違背了這個道理，就是破壞德行，「違曰悖德」。在今天來講，就代表破壞了環境倫理。

所以，張載用家庭的倫理觀念，說明人類對整個地球所應有的倫理，的確非常發人深省。

另外，張載強調「害仁曰賊」，更代表如果破壞了上述倫理，就是殘害了仁心——例如對自然野生動物任意殘害，就跟暴君殘害人民一樣，同樣爲「賊」！而「濟惡者不才」，代表如果去幫助那些做壞事，或破壞環境的人，本身也是不才。「其踐形、惟肖者也。」則是再次強調，唯有能夠做到上述德性的人，才可以眞正算個孝子！

所以張載在此的特色，除了引申《孝經》中的孝親觀念，並且結合了孔子在禮運大同篇中的廣大同情，以及《孟子》所強調的「踐形」精神。如果共同應用在環境倫理上，更深具重大意義。

尤其張載下面一句話很重要：「知化，則善述其事；窮神，則善繼其志。」這代表，什麼是孝子？能充分體認父母的心志懿跡，並且眞正發揚光大，才叫孝子，這本爲《孝經》中的觀念，如今應用在回饋地球的心意上，尤其別具啟發。

換句說說，張載在這裡強調的重點，在於提醒人類要能夠「知化」、「窮神」，首先要能夠體認整個宇宙之中，大化流行的心志懿跡。因爲天地大化就好像父母親，所以人們首先要能好好體認與善述，地球對人們是如何的滋養、撫育，充滿了苦心與愛心。另外，人們更應繼承這種生生不息的精神，持續發揚光大，眞正善繼其志，唯有如此，才算眞正盡了孝道！

準此立論，人類對自然萬物，不但絕對不能任意破壞，更要能繼承天地的生生之德化爲人類奮發努力的動力，據以完成宇宙生命的最高理想。方東美先生稱此將「孝道」擴充了，「成爲一個尊重生命的『宇宙情操』」❽，確實極爲中肯傳神！

另外，張載緊接著強調，要能如此，才算「不愧屋漏爲無忝，存心養性爲匪懈。」這句話也同樣可以用來說明，人類應如何善待地球。

首先，這就代表不能讓地球有「屋漏」。什麼叫地球的「屋漏」？這正相當於地球的屋頂——臭氧層——不能有漏洞。如今科學家證明，從外太空所照的南極相片中，已經看出整個臭氧層破了一個大洞，這就相當於「屋漏」了，實在令人疚愧！

所以，今後人們起碼應做到「不愧屋漏爲無忝」，一定要能夠保護地球家庭的屋頂，不致於屋漏，身爲地球子女，這才無忝於應有的倫理！也才能夠「存心養性爲匪懈」，心存感念，深知地球怎樣的養育我們，所以我們也應該怎樣報答地球。

事實上，這也正是現代「地球日」訂立的根本宗旨，由此可見此中精神，不但東西方完全一致，古代與現代也不謀而合，眞正深值所有地球人省思與力行。相信唯有如此，「存心養性爲匪懈」，不斷以此等精神存心養性，時時刻刻莫忘對地球要善加保護——就好像時時刻刻對父母要善盡心意一樣，才是眞正現代人應有的環保精神修養！

所以，張載〈西銘〉中，最後強調，「存，吾愼事；沒，吾寧也。」代表父母存在的時候，我們就應充份盡此孝心，勿怠勿忽，一旦父母有一天過世了，心中才能感到安寧，並無遺憾。

同樣情形，根據張載，人們若把整個地球看成是父母，那也應該同樣善盡心意，以若有不及的心情愛護地球。並對地球中的一切萬物，通通視同自己的同胞手足。這才能促使心中安寧充實。

此中精神，也可追溯到孟子所說的「君子有三樂」❾其中第一樂，便是父母兄弟俱無故，第二樂即仰不愧於天，俯不怍於人。這些都在提醒人們，平日生活就要做到「無愧」——對父母善盡孝心，無愧養育之恩，對他人善盡仁心，無愧天地之恩。

同樣情形，唯有人人都能以此種精神保護地球，使地球這父母「無故」，心中才能安寧。另外，也唯有對一切萬物均視同手足，善加照顧，使自己心中能無愧，萬物也能「無故」，才是眞正心中的悅樂。

凡此種種，均很能代表張載恢宏的胸襟。此所以他特別強調「大其心」的重要：

「大其心則能體天下之物，物有未體則心爲有外。世人之心，止於聞見之狹，聖人盡性，不以聞見梏其心，其視天下，無一物非我。」[10]

正因張載能有這種心胸，肯定天下「無一物非我」，所以才能有一種恢宏的宗教情操，足以體認宇宙的太和（太和篇），也足以擴充人類的大心（大心篇）。這就是何以他能表現出磅礴的精神氣魄，明白肯定知識份子的責任，就在於：「爲天地立心，爲生民立命，爲往聖繼絕學，爲萬世開太平！」

此所以方東美先生曾經推崇，在宋儒中「最有精神，最有氣魄」的思想家，首推張橫渠[11]！此中他對環境倫理學的種種啟發，更值東西方共同體認與弘揚！

（三）程明道

另外，本文還應提到的有程明道：大程子的〈定性篇〉以及〈識仁篇〉，都可說是很重要的環保文獻。

首先，大程子〈識仁篇〉，可說在弘揚張橫渠同樣的精神。他強調學者要能夠「識仁」，就應體認「仁者與天地萬物為一體」，這正如同張載的主張，要能大其心，以體天下之物。因此，一旦有人傷害了自然萬物，都應視同傷害了自己身體髮膚一樣。

根據大程子，有這這種體認，才能「識仁」，也才能「定性」。所以大程子的「識仁」，可說上承張載，而又下啟王陽明〈大學問〉的精神。此中一脈融貫的關鍵，即在更明確的視「仁心」為「合天地萬物為一體」之心，這也是比起原始儒家更進一步的不同之處。因為，孔子時期最早強調的「仁」，即為「愛人」。⓬但到了新儒家，則認為只「愛人」還是不夠，更要進一步愛天地、愛萬物。

當然，孔子在易經繫辭傳中也曾肯定，「夫大人者與天地合其德」，其中精神可說一致，只不過新儒家更明白的指出，應以「合天地萬物為一體」之心為仁心。這就不只以人與人的關係為主題，更擴大包含了人與自然的關係。因而就環境倫理學而言，就更深值我們重視。

回溯本書在論述儒家環境倫理學中，除了《論語》一部份外，其他大部分都是以《易經》為主，主要便因《論語》中多以人與人的關係為主，到了《易經》，才增加中論人與自然的關係。由此更可看出，新儒家之稱「新」，尤其在重視人與自然的關係上，的確更能發揮創新意義，這對於當今環保哲學便深具啟發意義！

此所以大程子除了明指「仁者渾然與物同體」外，更曾強調「君子之學，莫若廓然而大公，物來而順應。」他能將「廓然大公」與「物來順應」結合在一起，也是新儒家在此的貢獻。

因爲，以往儒家多半只將「廓然大公」應用在政治上，或者人與人的關係上，如今大程子將此也擴充到人與自然萬物的關係上，並以此強調人對萬物應順應和諧，做爲定性、定心的重要關鍵，堪稱頗具創意的貢獻，對環保哲學更可說進一步的新境界。

另外，大程子也曾申論《易經》名言：「天地設位，而易在其中」，⑬並且分析，「何不言人行其中？」答案是「蓋人亦物也。」這句話很重要，因其肯定了人與自然萬物均渾然合成一體，所以他又指出，「體物而不可遺者，誠敬而已矣。」⑭這代表能大其心而同情體物者，正是一種「誠敬」之心靈，這種心靈，足以誠摯的尊重自然、敬重生命，也正是當今環保工作最應具備的精神修養。

根據大程子，既然易在其中，那麼「易」又是什麼呢？大程子再強調「生生之謂易」，代表天地萬物由生生之德流衍其中，因此「乾坤毀，則無以見易，易不可見，乾坤或幾乎息矣。」⑮

換句話說，乾元坤元代表生生不息的精神，這種創造生機瀰漫了大自然一切萬物，如果人們不能體悟這一關鍵，便會淪爲以唯物眼光看自然，那將「無以見易」，只會見到僵化世界，此時「乾坤或幾乎息矣」，一切生機將會閉塞。由此更充份可見大程子的自然觀，充滿了盎然生意與創造精神，的確深值重視。

另外，大程子也曾經提到：

「天地之大德曰生」，「天地絪縕，萬物化醇」，「生之謂性」。萬物之生意最爲可觀，此「元者善之長也」，斯所謂仁也。人與天地一物也，而人特自小之，何耶？⑯

換句話說，根據大程子，人與天地本爲一體，大自然一切萬物也都充滿了生意，這是最爲可觀的重要關鍵。因此大程子又強調，「天只是以生爲道」，而萬物皆有春意，所以才說「繼之者善也」，「成之者性也。」這些都充份說明，大程子肯定大自然一切萬物皆含生，能夠幫助萬物完成潛能，各成其性，才是最大的「善」！

這種「善」，不但是人與人之間講倫理學的標準，也是人與自然之間講環境倫理學的重要標準。

因此，大程子又曾說：

「醫書言手足痿痺爲不仁，此言最善名狀。仁者以天地萬物爲一體，莫非己也。認得爲己，何所不至？若不有諸己，自與己不相干，如手足不仁，氣已不貫，皆不屬己。故博施濟衆，乃聖人之功用；仁至難言，故曰，己欲立而立人，己欲達而達人；能近取譬，可謂仁之方也已。欲令如是觀仁，可以體仁之體。」[17]

這一段話以醫書作比喻，別具慧心。醫書認爲手足如果麻痺了，不能動，就叫做「不仁」。大程子認爲以此形容「不仁」最爲中肯。爲什麼呢？因爲「仁者以天地萬物爲一體，莫非己也。」仁者視整個天地萬物通通跟自己渾然同體，所以如果有那一片山林被濫砍了，就好比自己手足生機被砍，不能動了。人人若均能如此感同身受，深知整個自然萬物跟自己生命同爲一體相連，那就一定能保護萬物若有不及，那裡還會任意破壞萬物呢？

反之，如果人們不能有此體認，或認爲自然萬物與自己都不相干，那就好像手足不仁，氣脈不能貫通，不再屬於自己。這中間問題就嚴重了。後來陸象山強調，人們往往自己跟宇宙隔限，這個隔限，用華嚴的名詞來說，就是「有礙」，均指同樣問題。

此所以華嚴宗一再提醒世人，要能做到「無礙」，不但人跟人之間，要没有障礙，人跟自然萬物之間，也要没有障礙，人跟整個天地萬物，也通通不能有障礙，這種「無礙」，從正面來講就是「圓融」，也就是人與自然能息息相關。大程子在此，可說也不是約而同的闡述了同樣道理。

大程子雖然在其遺書中對華嚴宗體認有限，甚至誤認「看一部華嚴經，不如看一艮卦」，並誤認爲華嚴經只是言一「止觀」，[18]，然而大程子本身承自周易孔孟的儒家精神，其實與華嚴宗很能相通。相信如果大程子能進一步盡心深研華嚴，便知華嚴宗所講的圓融無礙，其體大思精，絶不只是言一「止觀」，更絶不是「不如看一艮卦」，尤其就自然觀而言，大程子與華嚴宗精神，可說完全圓融無礙！

（四）陸象山

另外，陸象山的思想直承孟子，所以他曾經自述：「因讀孟子而自得之於心。」因此就環境倫理而言，也多半在弘揚孟子的心學。

所以，象山之學，其中心思想可說承自孟子「先立其大」，他在與李贊書中也稱：「天之所以與我者，即此心也，人皆有是心，人皆有是理，心即理也。」這種精神，同樣在彰顯「大其心」以體天下之物。所以對於廣大同情的仁心，以及廣大和諧的自然，體認都很深刻，在環保哲學上同樣深具啟發。

事實上，當陸象山幼時，即曾問其父：「天地何以無際？」後來少年十三歲時，聽說「上下四方爲宇，古往今來曰宙。」才恍然：「原來無窮」，並寫下這句名言：「宇宙內事，乃己分內事；己分內事，乃宇宙內事。」

陸象山能把整個宇宙內的痛苦，或者自然界的痛苦，都當成自己的痛苦。此中精神，正是最能尊重自然、愛護自然的表現。若以現代語言來講，即是一旦看到自然生態不平衡，也能感同身受，視同自己身心的不平衡，因而深感不安。這就代表人心與宇宙之心能夠息息相關，感應相連。這正是當今環境保護工作中，極爲強調的中心理念。

根據陸象山，人類這種本心，不分地區，不分時代，乃普遍人類所共有，所以他一再提醒人們，並能「復其本心」。這種本心也正是如今愛護萬物、愛護自然的共同本心；既不分東方人，也不分西方人，不分古代人，也不分現代人，此所以象山會提到以下名言：

「東海有聖人生焉，此心同也，此理同也。西海有聖人生焉，此心同也，此理同也。南海北海有聖人生焉，此心同也，此理同也。千萬世與千百世之下有聖人生焉，此心同也，此理同也。」⑲

根據陸象山，這種「人同此心，心同此理」的共通部份，就是人性最可貴的善根。因而，也可說正是今後保護生態、保護環境的共同動力，千萬不能因私慾矇蔽而任令沉淪。

另外，象山曾經強調：「人之情各有所蔽，故不能識道，大率患在自私而用智。」這「自私」與「用智」正可以道盡當今生態與環境被破壞的主要原因——因爲部份人士自我中心，只見私利，所以往往不顧公益，又因聰明用往歪途，或濫砍山林，或污染水源，或獵捕野生動物，或任意燃燒廢物，結果導致水土保持被破壞，生態平衡被破壞，自然環境被破壞，終於造成種種意想不到的連鎖公害。

最近一個明顯例證，便是一列火車開到三義附近，將入山洞時，因爲坍方而出軌，造成很多傷亡。究其基本原因，便是山洞上方，有人蓋高爾夫球場，造成土質鬆動而坍方。建造高爾夫球場的商人，只想到自我中心的立場，卻沒有想到會破壞這一帶的水土保持，一旦連續下雨，就會造成坍方，結果形成人命關天的公害！

造高爾夫球場，看似與火車命案無關，殊不知這正是環保中「物物相關」的血證，也正是象山所說「宇宙內事，乃己分內事。」的教訓。因此，任何自然界受到破壞，人人均應感同身受，好像自己生命受到破壞。我們即以上述三義火車命案爲例，如果是自己坐入了這部列車，怎麼辦？或者是自己的親人朋友坐入了，怎麼辦？豈不都是切身之痛嗎？坐在火車內，看似與外界水土保持無關，更看似與另一群人興建高爾夫球場無關，但三義的火車命案，卻以慘痛的血淚教訓，證明了宇宙內事樣樣都可能息息相關！

因此，陸象山這句話絕不只是空話。它明白警惕人們，宇宙內任何地方受到傷害，事實上就如同我們自己受到傷害。唯有人人有此醒悟，才能共同奮起團結，一起拯救自然，那才等於一起拯救自己！

因此，象山也同樣強調，「宇宙不曾限隔人，人自限隔宇宙。」[20]的確中肯之至。因爲宇宙大自然並沒有要與人類劃清界限，反而是人類因爲工業化、都市化的結果，無形中不斷的劃地自限，形成人與自然愈來愈疏離，人對自然也愈來愈限隔。

如今很多在都市出生的小孩，在公寓住久了，很多甚至根本沒有看過水牛、沒有看過白鷺絲、也沒有聽過青蛙聲，一旦到鄉村去，才高興得不得了。這就是大自然並沒有要限隔人，而是人類自己作繭自縛，劃地自限。這種情形，一代比一代嚴重，實在深值人們警惕與重視！

尤其很多大都會中的綠地已經來愈少，高樓大廈的距離越來越近，公寓空間也越來越窄，室內屋頂更愈來愈低，使得人們生存空間的壓力也愈來愈重，久而久之，以如此偏狹的空間，自然會影響人心也愈來愈偏狹。

所以，愈在此時，我們愈應提醒大家：趕緊共同敞開心胸、走向大自然，張開雙臂、迎向大自然！唯有重新親近大自然，擁抱大自然，才能重新體認萬物含生的清新春意，也唯有打破人與自然的限隔，才能眞正復其本心，重新恢復頂天立地的大心，那才是現代人心靈眞正應有的出路！

（五）王陽明

象山這種「復其本心」的精神，到了王陽明便發揮得更爲透徹。

王陽明最爲精彩的代表作就是〈大學問〉，〈大學問〉並不長，就好像〈西銘〉並不長一樣，但卻充分能夠發揮精闢的環保思想。在新儒家之中，如果要挑三篇環保哲學的小品文，個人認爲，依先後順序，張橫渠的〈西銘〉應該是第一篇，陽明的〈大學問〉是第二篇，第三篇則應爲戴震的〈原善〉。

陽明在〈大學問〉中，首先強調：「大人者，以天地萬物一體者也。」此中清楚可見，從張橫渠強調「大其心」的一脈相承精神。

然後，陽明進一步指出，「其視天下猶一家，中國猶一人焉。」這段尤其重要。相當於張子把整個乾坤當作是父母，把整個地球看成是一家。因為，「地球」乃是現代人所用的名詞，在古代就叫「天地」，又叫「天下」。所以陽明先生視天下猶一家，就同如視地球為一家，並把整個中國看作是一個人。

因此根據陽明先生，「若夫間形骸而分爾我者，小人矣！」如果硬要劃分你我，乃至劃分物我，就是「小人」！

這裡所說「小人」，並不是指做壞事的小人，也不是指卑劣的小人，而是指心胸狹小、眼光短小，缺乏胸襟與眼光的人，無法看出整個中國乃如同一個人，整個地球也如同一個家庭。由此來看，這種「小人」比比皆是。充份提醒我們，這也正是環保教育中，最應警惕的關鍵所在。

所以，陽明先生又說：「大人之能以天地萬物為一體，非意之也，其心之仁本若是。其與天地萬物而為一也。」這句話代表，大人能與整個天地萬物渾然為一，並不只是臆測之辭，也並不只是假設之辭，而是非常眞切的人心善根。因而，重要關鍵在於要能恢復這些善根，這就是承自孟子的重要精神——恢復人心本有的惻隱之心。

因此，陽明先生曾引孟子所說「孺子入井」的例子，說明落井的小孩子跟自己本來並不相干，但人人見到他快落井，都立刻會在心中頓起怵惕惻隱之心，此時便是動了心中深處的仁心，透過這種仁心，便能立刻心掛孺子，而與孺子合為一體。擴而充之，這「仁心」也能夠關懷一切自然生命，所以跟整個天地萬物也能合爲一體，這對生態保護，尤具重大意義。

根據這種精神，陽明先生曾經舉出各種例證：

「豈惟大人，雖小人之心，亦莫不然！彼顧自小之耳。是故見孺子入井，而必有怵惕惻隱之心焉，是其仁與孺子而爲一體也。孺子猶同類也；見鳥獸之哀鳴觳觫，而必有不忍之心焉，是其仁之與鳥獸而爲一體也。鳥獸猶有知覺者也；見草木之摧折，而必有憫恤之心焉，是其仁之與草木而爲一體也，草木猶有生意者；見瓦石之毀壞，而必有顧惜之心焉，是其仁之與瓦石而爲一體者也，是其一體之仁也，雖小人之心亦必有之。是乃根於天命之性，而自然靈昭不昧者也。是故謂之『明德』。」[21]

換句話說，所謂「小人」，只不過小看自己本身而已。其實，即使「小人」本來也都具有共同的仁心善根。「是故見孺子入井，而必有怵惕惻隱之心焉，是其仁與孺子而爲一體也。」這種仁心平日可能不顯，但在小孩子快落井的一剎那間，就頓然出現了，並且足以促使他與孺子能夠合爲一體。

同樣情形，「見鳥獸之哀鳴觳觫，而心有不忍之心焉，是其仁之與鳥獸而爲一體也。」如果看見鳥獸在哀鳴，而心生不忍之心，正是同樣的仁心，促使人類與鳥獸能合爲一體。所以，不忍心看到小鳥被打下後呻吟哀鳴，以及不忍心看到動物被殘殺時輾轉抽痛，都代表人人本具這種「仁心」，而這種「仁心」也正是保護生態、保護動物，極重要也極眞切的原動力。

不僅如此，鳥獸還算是有知覺的生物，但是人們若看到花草樹木被硬生生摧折時，心中仍然會有憐憫之心，這代表同樣的仁心，也能將人類與草木合爲一體。因而如果看到有人不經心的踩碎了花朵，或任意的砍伐林木、心中都難免會抽動，這種爲草木而生憐恤之心，也正是同樣的仁心！

根據陽明先生，「仁心」範圍還不僅如此，因爲草木還算有生意的，如果再擴而充之，人們看到很好的瓦石被硬生生砸爛，心中也會有顧惜之心。這就是因仁心而促使人們跟瓦石合爲一體。因而甚至對於看似沒有生命、沒有知覺的瓦石，也能充份關心。這種仁心無所不包，也無所不在，正是當今在環保教育中，最應弘揚光大的根本精神！

尤其陽明先生強調，這種仁心，因其根於天命，即使小人本來也有——這正如同佛家所講，「人人皆有佛性」一樣，只要能善加激勵，弘揚此等先天的佛心良知，那即使是凶手，只要能放下屠刀，也能「立地成佛」。

在回教經典中，同樣有一則類似的故事：

> 「一個淫婦被赦免了，因爲她救了一隻狗。她看到一隻狗在井旁，快渴死了，伸出舌頭一直喘氣。所以便脫下她的長靴，用面紗的一端繫起來，然後放到井中，提出水

來，爲狗解渴。因爲如此，所以她被赦免了。」[22]

這一則故事，同樣表肯定人人皆有惻隱之心，即使是位犯人，只要能重新激發這種善根，透過愛護動物，也能恢復本有的人性與仁心。

這種激發善根、弘揚仁心的工夫，在陽明先生來說，也正是《大學》的首要工夫，換句話說，第一就在「明德」。

此所以陽明先生強調：「以自明其明德，復其天地萬物之本然而已耳。」所謂「明明德」，就是要恢復人類原本跟天地合爲一體的仁心。因此他又說「明明德者，立其天地萬物一體之體也。」[23]

另外，「大學之道在親民」，代表要透過教化，促使全民精神煥然一新，都能充份弘揚這種仁心的大用。（「親」民又可解作「新」民。）此其所謂「親民者，達其天地萬物一體之用也。故明明德必在於親民，而親民乃所以明其德也。」

換句話說，陽明先生提醒人們，應不斷的擴大仁心，不但要以此「明明德」，此「以親民」，而且還要以此「止於至善」。眞正用廣大無比的「仁心」，把整個天地萬物融通起來，渾然化爲一體。

方東美先生曾稱陽明先生爲「最爲徹底的機體主義」，[24]代表他能把整個天地萬物通通當作一個充滿仁心的有機體，可說極爲中肯。

另外，陽明先生也曾透過「孝心」，再次比喻此中精神：

「親吾人之父以及人之父，以及天下人之父，而後吾之仁實與吾之父、人之父、與天下之父而爲一體矣。實與之一體，而孝之明德始明矣。」㉕

這一段也令人想起，張橫渠視天地爲父母的胸襟，提醒人們應以事奉父母一般的孝心，去愛護天地萬物。到陽明先生，可說也秉承了同樣胸襟，強調應以視吾人之父一般的精神，去親天下人之父——不但親天下人之父，也應以同樣的心意德性，去親天下自然萬物，這對當今環保工作而言，尤其極具重大啟發意義。

因爲，「孝道」爲中國文化的獨特精神，在西方並未突顯。在西方，父母親如果老了，子女把他們送到養老院，一般自認已經不錯，盡了孝心；但在中國人看來，子女與父母是血肉連心的關係，所以仍覺不忍，總認爲應該親自照顧，能夠盡心，才算安心。

這是中國文化很重要的精神，而且淵源流長。其來有自，除了儒家之外，試觀老子也是以親切的母子關係，比喻人與自然應有的關係，加上張橫渠、王陽明，皆共同強調應以「孝心」合天地萬物爲一體，形成中國文化特性，所以深值大家重視。

另外，王陽明〈傳習錄〉中也曾強調，

「原是一個天，只爲私慾障礙，則天之本體失了。如今念念致良知，將此障礙一起去盡，則本體已復。」

這代表有些人若孝心淪喪，或仁心沉淪，乃因受各種私慾所障礙。所以此時便應去除心中障礙，重新恢復心中良知，這就是他著名的「致良知」功夫。

根據王陽明，只要能致良知，則在感應上即能夠一通百通。此其所謂「一覺之知，即全體之知。全體之知，即一覺之知，總是一個本體。」這也再次說明，他對自然與天地萬物，均看成是一個有機本體。只要人們能激發本有仁心，便可充分感應相通，這種將大自然視爲充滿生命仁心的觀點，承自原始儒家「萬物含生論」，也與道家「萬物在道論」相通，至於其強調去除心中障礙，更與華嚴宗「無礙」的精神足以會通。

由此可以看出，中國儒、道、釋三家乃至於新儒家，若就自然觀而言，確實殊途而同歸，百慮而一致，很能旁通統貫，因而對今後環保哲學而言，均深值體認與弘揚光大。

第二節　新儒家對萬物的看法

(一)邵康節

有關新儒家對萬物的看法，首先值得申論邵雍(康節)的思想。

爲什麼先談邵康節呢？因爲他有一部重要著作《皇極經世》，可以說是中國哲人縱論時間、空間，乃至講萬物觀，非常深刻的一本代表作。宋史稱他「洞徹蘊奧、汪洋浩博」，可說相當中肯。

今天所謂「宇宙」，在中國新儒家即指「空間」與「時間」的結合，因爲「上下左右謂之宇」，即代表「空間」觀念，「古往今來謂之宙」，即代表「時間」觀念。這在西洋傳統哲學，多半分開論述，一直到近代愛因斯坦論四度空間，才將時間予以空間化，形成「時——空」並論（Time-Space）的獨到見解。但在中國哲學，特別從邵雍起，就已經將空間與時間緊密結合，並且展開成爲無窮運轉的宇宙觀，以及生生不息的萬物觀，所以深值重視。

邵雍的〈皇極經世〉內容極爲浩瀚淵博，扼要而論，他以易經六十四卦形成圓形方位圖，代表類似地球的空間結構。再以「元、會、運、世」四種單位形成經世年表，然後以世界年表配合六十四卦周而復始的公式，即演成天地運轉無窮的宇宙觀，並以此分析歷代興衰形成歷史觀。唯本文重點並不在論述其歷史觀，而在闡述其中與環境倫理相關的萬物觀，所以僅就此一部份加以申論。

根據《周禮》，易經本有三種版本。一爲「周易」，以乾元（䷀）爲首，殿以未濟（ ）。孔子晚而好易，即以此版本傳授易學，展現生生不已的創造精神。

另兩種版本現在均已失傳。僅知其中「歸藏易」係以坤元（䷁）爲首，代表萬物來自於大地（坤元），亦歸藏於大地。邵雍所展現的六十四卦圓圖方位，明顯受此影響，因而並非純粹傳承自原始儒家。(另一版本則僅知以艮卦(䷳)爲首，代表險阻之意，唯已更乏資料可循)。

除此之外，邵子發揮易經，主要以「象數」爲主，這也與儒家易學的注重「義理」很不相同，同樣可以判定邵子易學並非純粹承自儒家。

扼要而言，孔子傳易，主要弘揚來自殷周之際的憂患意識，以及本此激發的生生之德。邵雍象數之學則主要承自道教的李之才，李之才又來自宋初道士陳摶(希夷)，陳希夷世稱爲中國紫微斗數始祖，[26]其學明顯以象數爲主，重點在透過各種星辰影響，分析先天命理，相當於西方占星術，與孔門以義理思想爲主，也明顯的不同。

所以，邵康節稱其易經圓形方位來自伏羲「先天」八卦，以別於孔門贊易之文王「後天」八卦。此中特性前者在於注重先天命理——從伏羲、陳摶、至邵雍，後者則在注重後天哲理——從文王、武王、至孔門。就此而言，邵康節頗受道教影響，可稱爲「道士易」，內容被稱爲「從駁雜中來」，亦有其道理。例如後代流傳之「鐵板神數」(俗稱「鐵算盤」)，世稱承自邵康節，其中以象數論斷六親並論流年，與孔門的義理路數便明顯有別。

尤其，孔門易學主要在「首乾」，強調以乾元爲天地萬物之始，此所謂「大哉乾元，萬物資始，乃統天」，但邵康節所論易卦，卻以「復」卦爲萬物之始，這與王弼注易一樣，均代表受了道家影響。因其強調「歸根復命」，肯定一切萬物歸於大地，所以才用「坤」卦爲終，此中明顯也可看出並非孔門傳承。

然而，值得重視的是，雖然邵康節易學並非純粹來自孔門，但其宇宙論中所代表的萬物觀，卻仍然表達同樣的儒家精神，所以仍然深值重視。

另外，孔子在周易經繫辭中曾經強調：「易有太極，是生兩儀，兩儀生四象，四象生八卦，八卦定吉凶，吉凶生大業。」此中八卦的推衍過程，在邵雍也並無不同，只是卦序不同而已；而且邵雍強調天地萬物之理盡在其中，這種看法尤其相通。此即邵子所謂：「圖雖無文，吾終日言而未嘗離乎是。蓋天地萬物之理，盡在其中矣。」

有關天地萬物之理，邵雍特別在《皇極經世》中有〈觀物篇〉闡論，其中基本精神仍在強調「以物觀物」，也就是以同情體物的精神，設身處地去觀物，這就與儒家的忠恕精神完全一致，對當今環保哲學也深具重大啟發。

事實上，「皇極」來自《尚書》，代表「大中」的意思，其內容囊括天地人，而以廣大的「中道」爲其運行準則，這種中和之道，在生態保育上尤其具有重大意義。

另外，邵雍強調：「以元經會，以會經運，以運經世」，[27]他將整個時間之流，用四種單位來計算，並認爲，每「元」有十二「會」，相當於一年有十二月，而一會有卅「運」，相當於一月有卅日，至於一運有十二世，相當一日有十二時辰，每一世則爲卅年，所以，「每一元」便涵蓋有十二萬九千六百年。（卅乘以十二，乘以卅，再乘以十二）

根據邵子看法，將此十二萬九千六百年視同「一元」復始的時間之流年限，再套入六十四卦消長的圓圖公式，即可看到天地始於「復卦」，到「剝卦」則爲一循環，然後再終於「

坤」元。坤元象徵大地，代表一切萬物來自大地，亦復歸於大地，因而再次銜接「復」卦，便形成運轉無窮的宇宙觀與萬物觀。（見附圖）

邵康節所示易經先天圖

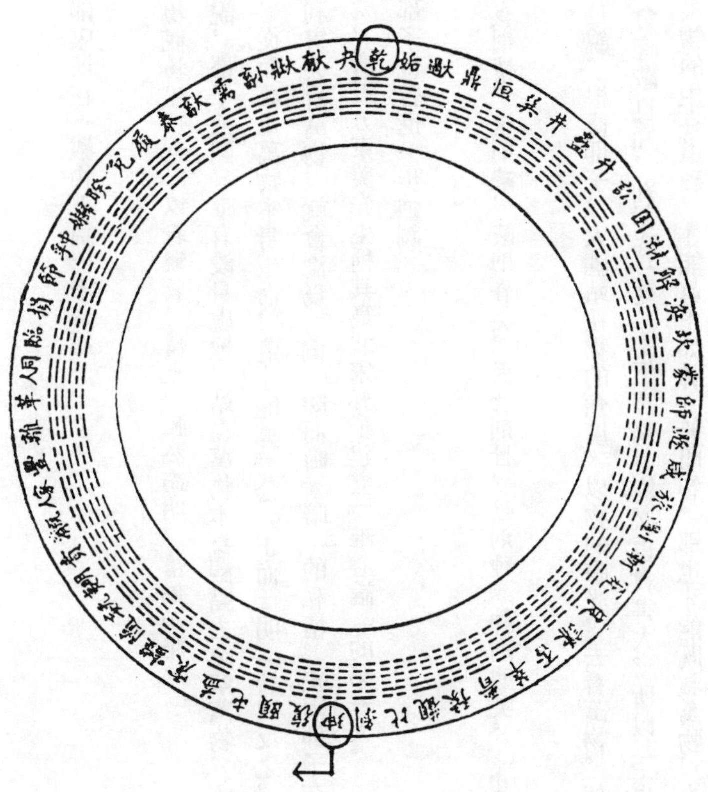

所以，邵康節在〈觀物下篇〉中曾說：

「以物觀物，性也，以我觀物，情也。性公而明，情偏而暗。」

換句話說，邵子強調，唯有設身處地，站在萬物本身觀點去瞭解萬物，才能眞正肯定萬物充滿生意，從而尊重萬物本身生命，這才能算「公」正而「明」智。反之，如果只用人類自我中心的利害去看萬物，就會淪爲「偏」頗而晦「暗」的私情。正因邵子在此充份強調心靈應開闊恢宏，所以方東美先生稱其爲北宋五子建立「唯心論」的第一人。

另外，邵子也曾進一步強調：

「任我則情，情則蔽，蔽則昏矣，因物則性，性則神，神則明矣。」㉘

這也就是說，根據邵子，人應站在物的角度，以物的眼光，去看萬物。如果任由人類私心自用，便會矇蔽良知，利令智昏，不但害物，終必也會害人。所以一定要能「因物則性」，因應萬物的生存道理，才能眞正如神一般明智，那也才能既救萬物，也能自救。這種見解也可說深符當今環境倫理學的中心精神。

除此之外，邵子也曾指出：

「夫所以謂之觀物者，非以目觀之也。非觀之以目，而觀之以心；非觀之以心，而觀之以理也。天下之物，莫不有理焉，莫不有性焉。所以謂之理者，窮之而後可知也。所以謂之性者，盡之而後可知也。所以謂之命者，至之而後可知也。」[29]

換句話說，邵康節強調，人們觀察萬物，不要只以眼睛去看，而應以心去看，才能同其情。甚至不是只以自己的心去看，而是以萬物本有之理去看。尤其重要的是，根據邵康節，天下萬物，均含三種特性。一爲「莫不有理」，二爲「莫不有性」，三爲「莫不有命」。因此人對萬物，首先均應尊重其內在生存的道理，其次更應幫其充分盡性，完成潛能，然後才算眞正尊重其生命。凡此種種，也正是當今環保哲學的中心精神。

對於這三種正確態度——「窮理、盡性、以及至命」，邵子稱爲「此三知者，天下之眞知也。」[30]事實上，這也正是環保工作最應具備的認知。

因爲，所謂「窮理」，代表充份研究萬物生態之理。「盡性」，則代表充份保育萬物，完成潛能。「至命」，則更代表充分愛護萬物，到達生命理想。這三種原則，也正是當今西方環保學家，最爲重視的三大原則。由此充份可見東西方不謀而合之處，深值重視。此中關鍵，一言以蔽之，即在「以物觀物」，要能做到此點，就能眞正如同「聖人」了。

因此邵子曾經指出，「聖人之所以能一萬物之情者，謂其聖人之能反觀也。」什麼叫「反觀」，就是不以自我中心觀物，而能反省同情，以物觀物。能充份做到這點，便能「一萬物之情」，用同情平等的眼光盡得萬物之情，然後才能以此備天地、兼萬物。邵子稱此爲「聖人」精神，今天也可說，這正是環保工作者應有的修養，深值今後大家共同弘揚。

尤其，根據邵子，萬物均因天地「交」「感」「變化」而成，所以萬物本身均浹化天地生氣，而又彼此感通。這一重要原理明顯承自周易「旁通」之理，也完全符合現代環境倫理學「機體主義」的原則。此其所謂：

「日爲暑，月爲寒，星爲晝，辰爲夜。暑寒晝夜交，而天之變盡之矣。水爲雨，火爲風，土爲露，石爲雷。雨風雷露交，而地之化盡之矣。暑變物之性，寒變物之情，晝變物之形，夜變物之體。性情形體交，而動植之感盡之矣。雨化物之走，風化物之飛，露化物之草，雷化物之木，走飛草木交而動植之應盡之矣。」[31]

我們由此段可以看出，邵子所說的「物」，包括「走」「飛」「草」「木」等動物與植物。每一物各有其「性」「情」「形」「體」，此等性情形體又均感應於天地之變化，因此整體而言深具機體主義的精神特色。

在《易經》中，天地變化既象徵生生之德，因而萬物相應，同樣代表充滿生命，也充滿交感與旁通。邵子先將具體的動植物列出，再根據易經中感應之理，賦予萬物生命與價值，以無窮生意的萬物觀，相應於無窮推衍的宇宙觀，其心目中的萬物，就形成「整體彼此感應的網狀組織」㉜，這正是當今機體主義的典型表現，所以特別深具環境倫理學的啟發。

方東美先生曾經評論邵子的萬物觀：「其『天象』同『地理』，『天變』同『地化』，是錯綜進行，互相感應的，它不只是孤立的系統，而是機體的組織。」㉝並稱許其爲「有科學頭腦的哲學家」。堪稱一語中的，極爲中肯，很值得當今環保工作者深入研究。

尤其，邵子不但肯定地球上一切萬物均含生，彼此均旁通，而且更強調，唯有人類才能「上識天時，下盡地理，中盡物情，通照人事焉」。所以人類更應責無旁貸，以聖人之心觀萬物之情，體認「我性即天，天即我」的精神，從而尊重萬物，保護萬物。

根據邵子，唯有如此，才能以廣大悉備的精神「彌綸天地，出入造化，進退古今，表裡人物者焉。」事實上，這種恢宏開闊的胸襟，也正是當今環保工作應有的精神修養，的確深值體認與弘揚！

（二）張橫渠

在新儒家的萬物論中，另外也應特別申論張橫渠的重要看法。

張橫渠的「自然觀」，如前所述，主要表現在其〈西銘〉；至於其「萬物觀」，則主要表現在其《正蒙》中之〈太和篇〉、〈天道篇〉、〈神化篇〉、〈誠明篇〉、〈大心篇〉、乃至〈乾稱篇〉。

橫渠先生少喜談兵，曾經請教范仲淹。范仲淹向來主張知識份子應以天下爲己任，應「

先天之憂而憂，後天下之樂而樂。」所以見到橫渠才器遠大，提醒他能從思想方面發展更好，「儒者自有名教可樂，何事於兵」，並勸他讀《中庸》。後來橫渠又研究多年的釋老，最後歸結於六經，特別是《易經》，而對孟子氣魄很能弘揚光大。

所以方東美先生曾經稱許橫渠先生「是一位有極大創造思想能力的人」，而且「由於他的思想體大恢宏，才把萎縮的北宋初年儒家思想發端，恢宏擴大了。」㉞

橫渠先生思想上承孟子，下又影響明末王船山甚鉅，方東美先生曾認爲，「王船山的張子正蒙注，是迄今爲止的最好的注。」此中一脈相承的生命精神，對於環境倫理學尤其深具現代啟發意義，所以很值得體認與弘揚。

橫渠先生在〈太和篇〉中，開宗明義就指出：

「太和所謂道，中涵浮沉升降動靜相感之性，是生絪緼相盪勝負屈伸之始。」

換句話說，根據張子，整個宇宙中，廣大和諧之理，即所謂「道」，其重點不只在肯定萬物之間關係爲和諧，而且是「廣大和諧」，此即所謂「太和」，因此其中包括動靜交感，絪緼互盪之理。

由此充份可見，張子所強調的萬物觀，不但物物相關，而且彼此交感，激盪並進，形成盎然創生的機體思想。此亦其在〈動物篇〉中所說：「物無孤立之理，非同異屈伸終始以發明之，則雖物非物也。」另外，他在〈天道篇〉中也說：「天體物不遺，猶仁體事無不在也。禮儀三百，威儀三千，無一物而非仁也。」這種精神，與當今生態保育與環境倫理的中心信念，可說完全不謀而合。

除此之外，張子也曾強調：

「妙萬物而謂之神，通萬物而謂之道，體萬物而謂之性。」[35]

這句話在今天尤其深具環保教育的意義。因爲，根據張子，「神」能妙運萬物，並且貫通生先生之德——猶如華嚴宗所謂「神通」之佛法足以融貫萬物。因而他肯定萬物之中，均瀰漫「神」所代表的充沛生機，一切萬類存在，無一物而非仁，能夠感通此等萬物之理，即爲「道」，至於能同情體物者，即爲人之本性。此一本性本源自天心，也正是環保教育中最應充份發揚的重點。此所以張子又指出：

「性者，萬物之一源，非有我之得私也。」[36]

換句話說，張子呼籲人們，應共同激發與萬物同源的善根本心，並以此強調「大其心以體萬物」。唯有如此，才能突破個人狹小的私念，擴大其心胸，形成天道，上與神通，並以此心胸體貼萬物生命，這才能眞正尊重萬物，並且愛護萬物。

因此，張子也曾強調：

「天地生萬物，所受皆不同，皆無須臾之不感，所謂性即天道也。」㊲

這話代表了張子充份體認到，萬物各類雖然生存型態不同，生命能力不同，生發過程也不同，但均爲承受上天生生之德，所以此一本源皆無不同。因此人們也應提昇此心，到達萬物本源，這就是「性即天道」的眞諦。唯有如此，才能眞正物我合一，互相感通而無所遺漏。

此所張子明白強調：

「我體物，未嘗遺；物體我，知其不遺也。至於命，然後能成己成物，而不失真道。」㊳

這代表了「我」與「物」均能透過此一「大心」（亦即天心）而充份盡性。唯有如此，才能盡人之性，也才能盡物之性。此亦其在〈大心篇〉中所說：「能以天體身，則能體物也。」這種精神，應用在環境倫理學的啟發，代表唯有擴大心胸，同情體物，才能充份完成人類的生命潛能，也唯有如此，才能眞正幫助萬物，分別完成其生命潛能。這在現代環保哲學上，尤爲極其重要的中心精神，深值重視弘揚。

另外，我們再看大程子的萬物觀。

（三）程明道

大程子有一句名言，「萬物靜觀皆自得」。可說最能簡明扼要說明其萬物觀。這句話代表，大程子肯定一切萬物均有內在圓滿的生意，而且所有萬物皆有獨立的生命價值，所以說萬物靜觀皆「自得」。

大程子本句原出於其名詩：

「閒來無事不從容，
睡覺東窗日已紅。
萬物靜觀皆自得，
四時佳興與人同。」

這首詩最重要的，就是強調要能用一種「善與人同」的精神，以「同其情」的心靈，靜心觀察萬物。如此將心比心，設身處地靜觀萬物，便能體認一切萬物均含生意，而且均能恬然自得。這不但是倫理學層次，而且已進入美學層次，這可說是北宋學風的重要特色，對環保教育也深具啟發。

黃梨洲曾稱讚明道之學，乃以「識仁」爲主，因而「渾然太和之氣流行」，不但對人「無所不入，庶乎所過者化」，而且對一切萬物，也肯定此等渾然元氣廣大和諧，足以融貫一切萬類，這就代表典型的融貫主義與機體主義，所以深具環保教育的意義。

尤其，明道先生引述周易「終日乾乾」，強調君子當終日「對越在天」。這種宗教情操，足以提昇人心以合天心，同樣代表從儒家到新儒家一脈相承的特性，因此才能體認萬物皆含生，萬物也皆能自得，這對當今天現代人的靈性生活，特具啟發意義。

值得注意的是，明道先生在此特別點出一個「靜」字，所以他才強調「靜觀」，代表一個人若匆匆忙忙，終日緊張，忽略了親近大自然，便無法體認萬物含生之理。同理，一個人若粗心大意，心不在焉，也無法領悟大自然中萬物皆自得之美。這對工業社會下的緊張心靈，尤爲重要警惕。

當今西方很多環保學者共同呼籲，希望人們能多親近大自然，並且多觀察大自然各種萬物的生活與動作，最好還能多到深山幽林露營，多到田園與野地夜宿，其中共同關鍵，均在促使心靈能「靜」下來，以眞正靜觀自然萬物，此中精神，均與明道先生不謀而合。

另外，明道先生還曾經特別引述易經「生生之謂易」，肯定一切萬物均承受此生意，所以才能展現春意，並且均能完成自得。此其所謂：

「『生生之謂易』，是天之所以爲道也。天只是以生爲道。繼此生理者即是善也。善便有一個元底意思。『元者善之長』，萬物皆有春意，便是『繼之者善也』，『成之者性也』，成卻待他萬物自成其性始得。」[39]

根據明道先生，天人之間本無任何限隔，所以甚至不必講「合」。此其曾經緊接著強調：

「天人本無二，不必言合。」

從本段也可以看出，他對天人一體的肯定，充份表現「物我本一」的精神，並更進一步肯定對萬物也應視同一體的精神。

當然，我們若以工業化的社會特性而言，人若與自然越來越疏離，對萬物就會越來越限隔。因此像程明道所強調的人與自然本爲一，人與萬物也本爲一，如此更進一步提醒天人一體的重要性，對於環保教育實在更具重要意義。

此所以明道先生曾經特別再引述易經，一方面指出萬物生意最可觀，二方面強調人與天地本爲一體，何必甘於自小。此其所謂：

「『天地之大德曰生』，『天地絪縕，萬物化醇』，『生之謂性』。萬物之生意最

可觀。此『元者善之長也』，斯所謂仁也。人與天地一物也，而人特自小之，何哉？」❹⓪

因此，明道先生在〈識仁篇〉中特別提醒人們，應以「識仁」爲主，所謂仁者，乃「渾然與物同體」，這也可說是對現代環保教育的重要啓發。

總之，現代人心若能以「識仁」充實內在靈性，即能整體提昇心靈境界，渾然善體萬物生意，如此以萬物之生命爲一己之生命，以萬物之苦痛爲一己之苦痛，那就必能充份尊重萬物，愛護萬物，培養標準的環保愛心，由此更可看出明道萬物觀的重要現代意義。

尤其，明道先生也曾強調：

「天地萬物之理，無獨必有對，皆自然而然，非有安排也。每中夜以思，不知手之舞之，足以蹈之也。」（同上）

本文前半段明白指出，萬物相待而有，交攝互依之理，後半段則在表達對自然萬物欣賞讚嘆之情。凡此種種，均對環保哲學深具啟發，同樣深值重視。

（四）程伊川

大程子強調「識仁」，重圓通、性溫厚，並開啟了陸王的心學；另外，小程子則強調「

進學」，重分析，性嚴峻，影響朱子甚大。兩種學派思想風格雖不同，但若論環境倫理的萬物觀，則仍有其相通之處。

例如，周易繫辭強調：

「易無爲也，無思也，寂然不動，感而遂通天下之故。非天下之至神，其孰能與於此！」

小程子在〈二程遺書〉中對此評論如下，

「寂然不動，萬物森然已具。感而遂通，感則只是自內感，不是外面將一件物來感於此也。」[41]

換句話說，小程子仍然肯定，萬物森然具有生機，而且森然具有條理，只不過他強調此等生機來自各物內在所有，並非從外面另有一物來相感。這正猶如萊布尼茲所說的「單子論」，肯定整體宇宙各單子森然有序，並對中心單子形成「預定和諧」（Pre-established Harmony），只不過單子與單子間「並無窗戶」而已。

事實上程明道所說「識仁」，強調仁者渾然與萬物同體，也並未說仁心是從外「將一件物」來感於此，大小二程於此並無不同。由此可見，小程子所說雖較具分析性，但就其結論而言，仍在表達儒家同樣精神，肯定萬物含生，而且森然有序。

另外，在〈二程全書〉的外書第十二篇中，曾經有位尹和靖問伊川：「鳶飛戾天，魚躍於淵，莫是上下一理否？」伊川曰：「到這裡只得點頭」。

按「鳶飛戾天，魚躍於淵」語出《詩經》，《中庸》引此，說明大化流行中萬物含生，不論天上或海中，都毫無間隔。程明道的心得更直接認為，這代表「活潑潑地」宇宙生意㊷，意指整個萬物均渾然一體，而且是「活潑潑地」一體，上下不二。

程伊川雖然傾向理氣二元論，但也承認：「到這裡只得點頭」。充份說明他同樣肯定萬物充滿活潑生意。由此可見，兩者只不過在認識論的過程中不同，但對「萬物含生」的本體論，卻是完全相通。

同樣情形，在對「仁」的見解中，也可看出二程的異同。

在〈二程遺書〉第十五中，小程子提到：

「仁之道，要之只消道一公字，公即是仁之理。不可將公便喚作仁。公而以人體之，故爲仁。只爲公，則物兼照。故仁所以能恕，所以能愛。恕則仁之施，愛則仁之用也。」

換句話說，小程子同樣肯定，「仁」者可以同情萬物，愛護萬物，因爲「公」即是仁之理。一個人若能有大公之心，自能體衆人，兼萬物，這與大程子所說「仁者渾然與物同體」，精神上仍一致，只不過小程子硬要強爲分解，所以另稱不可將「公」便喚作「仁」。但事實上大程子本來亦無此意。

由此也可看出，歸根結柢，小大二程只是在治學方法上不同，而且小程子在個性上傾向斤斤計較，不如大程子的寬宏大度。但二者在肯定人心即天心上仍爲一致。此亦所以小程子稱「一人之心，即天地之心」，聖人之心可以「合內外，體萬物」。（遺書第三、第二）。

方東美先生曾經比喻小程子爲「哭的哲學家」，邵康節爲「笑的哲學家」[43]，而大程子與邵子學術路數很相近，或者也可歸爲「笑的哲學家」。由此可見，大小二程只是形象不同，但均同樣肯定萬物含生，天地感應，基本精神並無不同。特別在環境倫理學上，兩位可說都是弘揚儒家精神的環保學家，所以均深值大家重視。

尤其，小程子曾因小皇帝順手折枝而正色斥責，一方面固然由此可見其嚴峻的性格，二方面卻也由此可以看出，他肯定樹枝代表生意，因而不能輕易折斷。我們若以此從小看大，更可證明小程子非常尊重萬物生命，因而也非常符合當今的環保精神。

要之，從小程子到朱熹，均強調精細而踏實的進學工夫，主張一點一滴來做，其對「格物致知」，也是主張一件一件的來格。「積習既多，然後脫然自有貫通處」。這很能符合西方知識論的傳統特色。然而，若從中國孟子以降的「心學」傳統來看，從大程子到陸王而言，便會覺得這太瑣細了。此所以陸象山曾經在鵝湖之會中，批評朱子是「支離破碎的事業」。

象山當時說：「易簡工夫終久大，支離事業竟浮沉。」他自稱爲「易簡」，代表「識仁」的功夫直指人心，所以簡單明瞭，可大可久；即使不認得一個字，照樣堂堂正正可以做一個人。例如農村中的老公公、老婆婆，雖然並沒有什麼學問，但同樣可以有厚道的仁心愛護萬物。相形之下，這種心學對環保工作來說，確實更爲重要。

因爲，環保工作並不一定要高級知識份子才能懂，也並非一定要懂高深道理才能做，任何人只要能夠充份弘揚惻隱之心，足以同情萬物，激發悲憫精神，便是很好的環保人士。更何況，環保工作需要人人都能參與，此中成功關鍵，並不需要人人均爲環保專家，但卻需要人人均能弘揚本有仁心。

否則的話，有些高級知識分子，若只有自私心，缺乏同情心，反而會對生態保育與環保工作形成破壞。尤其，如果富豪人士仍以象牙、虎頭、豹皮裝飾客廳，摩登仕女仍以貂皮、兔皮、狐皮衣飾爲榮炫耀，則雖然彼等都很有知識，卻還不如一般看似並無知識、卻很仁慈的阿公阿婆。由此更可看出，宋明「心學」對今後社會人心乃至環保運動的影響均極爲重大，深值重視。

（五）朱子

有關朱熹的萬物觀，可說延續周敦頤與小程子，他基本上是理氣二元論。但在對萬物的看法上，仍然代表儒家精神，肯定萬物含生，而且肯定萬物旁通。

所以，根據朱子，「在天地言，在天地中有太極。在萬物言，萬物中各有太極。」這代表若從整個天地來看，則整個地球就是個大太極，但是若從紛雜的萬物來講，則每一物都各有太極。此其所謂「統體是一太極，然又一物各具一太極」[43]如此形成多元而又一體的有機思想，正是當今環保哲學極為強調的機體主義。

另外，他又強調：「人人有一太極，物物有一太極。」[44]此中充份肯定：每一人與每一物都各有獨立的生命意義與價值，這也是當今環境倫理極重要的中心精神。

所以朱子曾經在〈語類〉卷四中明白指出：

「天下無無性之物。蓋有此物則有此性，無此物則無此性。」[45]

這段話，明白肯定每一物均各有其性，也就是均有其生命價值，因此均應受到尊重，這在當今環境倫理上，便極具深刻的啟發。

另外，朱子在〈文集卷〉五十九，答余方叔中也曾說：

「天之生物，有有血氣知覺者，人獸是也，有無血氣知覺而但有生氣者，草木是也。

有生氣已絶而但有形色臭味者，枯物是也。是雖有分之殊，而其理未嘗不同……若謂絶無生氣便無生理，則是天下乃有無性之物，而理之在天下，乃有空闕不滿之處也，而可乎？」

換句話說，根據朱子，因爲理之在天下，充盈萬物，並無任何空闕，而且天下並無無性之物，所以一切萬物均應受到尊重與愛護，這就極具環保的啟發性。

尤其，朱子不只肯定物物各有一太極，而且強調整體萬物均爲和諧的統一，這種機體主義的精神，正是當今環保哲學的特性，深值重視與弘揚。

因此根據朱子，整體太極並無任何分裂：

「本只是一太極，而萬物各有稟受，又自各全具一太極爾。如月在天，只一而已。及散在江湖，則隨處可見，不可謂月已分也。」[46]

換句話說，朱子認爲整體天地本身就是一個大太極，而萬物各有其所受，形成各有一個小太極。這正相當於新柏拉圖學派所強調的「太一流衍說」，也類似柏拉圖所說，這個現實世界只是「分享」上面世界，或下界只是上界的「摹仿」。

朱子與柏拉圖在此不同的是，柏拉圖因此而輕視此世的存在，只肯定永恆的上界。但朱子卻因強調下界萬物仍然各有獨立太極，所以仍然肯定其有生命尊嚴與內在價值，不容抹煞或任意破壞，此中差異，對於生態保育與環境保護的影響便甚爲重大。

當然，朱子與柏拉圖相同的地方，則是同樣面臨困境：亦即上界與下界如何圓融，形而上的「理」與形而下的「氣」如何會通？雖然他舉「如月在天」的例子，但畢竟在天的月爲實物，散在江湖的則爲虛象，因而上下兩界終究不能密切合。就此而言，他就不能像王陽明心學一般，能夠合天地萬物一體爲仁，透過融貫的機體主義，而將天地萬物結合無礙。

不過，根據朱子，他基本上仍肯定萬物之間有某種關連，而且彼此旁通，因爲太極就是一個，只不過散在萬物裡面。若從萬物追溯回去，則終能得到同一生命總源頭——太極。所以他講「總天地萬物之理，便是太極。」這就類似當環保哲學所說「物有所歸」的原理。

尤其，此一「太極」若落實在宇宙人生來說，便是「仁」，在此重大關節，朱子又可與心學相互會通，也可與當今環境倫理學相通。此即所謂：

「天地以生物爲心者，而人物之生，又各得夫天地之心以爲心者也。故語心之德，雖其統攝貫通，無所不備，然一言以蔽之，則曰仁而已矣。」㊼

換句話說，朱子雖然在爲學方法與認識過程，與陸王心學不同，但其肯定「仁心」能夠徹上徹下統攝天地，貫通萬物，「無所不備」，則仍承自儒家基本精神，這也形成新儒家對環境倫理的重要共識，所以仍然深值重視。

(六) 王陽明

象山曾經強調：「萬物森然於方寸之間，滿心而發，充塞宇宙，無非斯理」。[48]這可說是心學家對萬物觀的重要看法。後來陽明先生更進一步發揮，集心學之大成，藉以消除朱子等理學家二元對立的困境，也建構了二元「對立統」一的機體主義，這對生態保育以及環境哲學均至爲重要，所以深值闡論，擴大弘揚。

方東美先生在《生生之德》中曾列舉陽明心學幾項重要特性，總其名叫做「二元相對的統一原理」(The Principle of unity in duality)[49]，其中針對朱子理氣二元論，詩別用整體統一的心靈觀念，把二元對立結合起來。這不但在哲學史上極具創意，對當今環境倫理學也很有啟發。以下特加引述，並申論其在環境倫理學上的重要意義。[50]

第一個特色，叫做「心外無事，即存在即價值。」

事實上，這就相當於華嚴宗所講的「即事即理」，代表「價值」與「存在」能夠徹上徹下，一體圓融，因而足以肯定一切萬物，凡存在者均有其價值。

相形之下，這比黑格爾的唯心論可說更進一層。因爲黑格爾雖然以其精神作用籠罩一切萬物，但仍只強調「凡存在者均合理，凡合理者均存在。」若用此種語法，則陽明心學可稱爲：「凡存在者均有價值，凡有價值者均存在。」

這就代表，陽明先生不只將萬物存在提昇到理性層次（如黑格爾），他更還提昇到價值層次，將萬物賦予生命意義與價值，所以能夠形成更加光輝的萬物觀。另外他並深究萬物本源，強調其爲良知所代表的本善。

此所以陽明先生曾指出：「至善者，心之本體。」此心一旦發用流行，就能同時貞定價值與存在，而一體俱融，形成渾然與萬物一體，同時肯定萬物各有生命價值，從而奠定尊重萬物的重要根據，這對當今環境倫理學，便深具啟發意義。

第二個特色，叫做「心即理，心外無理。」

有人曾經問陽明先生，如果照其講法，天下爲有心物之物，那麼如果有一顆花樹，在深山裡面自開自落，跟我心又有什麼相干呢？陽明先生回答，你沒有看到這花的時候，這花對你來講自然是不存在的，但你一旦看到此花，這花的顏色便立刻明亮活躍起來。由此可見，此花仍不能存在於心外。

陽明先生在此所說，相當於英國經驗主義巴克萊（G. Berkeley）所講的心靈主義。但因巴克萊只把萬物視爲心靈的附屬，所以只形成「主觀的唯心論」（subjective idealism）。相形之下，陽明先生卻是強調，所有萬事萬物均與心靈相結合，並無任何主從之分。

此即陽明先生所謂：「天下又有心外之事，心外之理乎？」其中重點乃在指出「心即理，心外無理。」重要的是，此心並非自私偏狹之心，而是深具良知的心，也是上同天心的心。根據陽明先生，唯有充份弘揚良心，才能成爲「大人」，這也是巴克萊未及申論之處，但卻在當今環保教育中深具意義。

第三個特色，即爲「知行合一」。

這一特色除了「致良知」外，還強調要結合行動，猶如華嚴宗除了強調「善知識」外，還要結合「菩薩行」。陽明先生特別重視「即知即行」，強調說做就做，不但形成中國哲學史上「行動哲學」的先河，而且也影響日本明治維新對國民性的改革。今後對於環保教育，尤其具有深刻的警惕作用。

換句話說，根據陽明先生，「知是行之始，行是知之成」，如果只知不行，便會形成空話，有始無終。而且「知而不行，只是不知。」我們近百年來國人最大毛病，可說便是「知而不行」，很多人明明知道：不應亂丟垃圾，但到自身卻仍然亂丟。很多人明明都知道：不應任意踩草皮、摘花木，但到自身，卻又常常違反。更有很多人，明明知道不應濫砍山林、不應破壞環境，不應濫殺野生動物，但到自身又往往昧著良心照犯不誤……，凡此種種，都是環保工作最大的「心賊」。

因此，陽明先生有句名言「去山中之賊易，去心中之賊難。」今後環保工作最重要的，即在切實去心中之賊，眞正能致心中良知，那才能也眞正結合知行爲一。唯有如此，人人能致良知，人人身體力行，那才可能眞正做好環保工作！

第四個特色，即在強調「心即理，性即天。」

陽明先生在此直承孟子「知性即知天」的精神，而進一步把身、心、意、知、物，通通化爲渾然不可分割的一體。

換句話說，孟子「盡心、知性、知天」的精神氣魄在此很能夠直接貫通。陽明先生肯定一個人只要充分盡了心，善用此心體貼萬物，就能了解萬物均有生命意義，既能了解萬物生命意義，就能充分完成其潛能，從而直通天心。

此時的「心」，不是普通的「心」，而是大如天心的心。在此天心觀照之下，一切萬物均充滿生命。所以，陽明先生在此明顯是位「機體統一論」者。用哲學的術語來講，也就是充分表現出一種「能所合一」、「主客合一」的融貫主義，這是合天地萬物爲同體的仁心，也是尊重萬物、愛護萬物的仁心所在，深值東西方環保人士共同弘揚。

第五個特性，則是「心物合一、格致合一、致良知即明明德。」

根據陽明先生，曠觀世上萬物，没有任何一物是阻隔在我們良心良知之外的，這也代表没有任何一物是阻隔在我們關心與保護之外的。因而一切萬物，不論大小、不論美醜、不論動靜，不論天上飛的、地上跑的、或水中游的，均應在我們良心照顧之內，也應在我們良心愛護之內，這正是今天環保工作最應有的精神與修持。

換句話說，只要人們這一顆心靈能夠充份致良知，這種充滿通體光明與覺醒的心，便能和一切萬物完全融通，毫無阻礙。歸根結柢，這也正是華嚴宗所講的「事事無礙」。

所以，華嚴宗很重視「眞心」、「眞如」，代表廣大神通的佛性、佛心，此中精神與陽明先生所說的「致良知」，可說完全相通。尤其華嚴宗強調「萬法唯心造」，更與陽明先生此處所說「心物合一」完全是同樣境界。

另外，根據陽明先生，「致良知」就是「明明德」，只要能充份展現上通天心的良知，便能弘揚光明大德，把整個世界點化成充滿光明的價值世界，這也正與華嚴宗所講的「華藏世界」完全相通。

值得重視的是，佛學上所說的「佛」（Buddha），本即代表「覺者」的意思。所以這也與陽明先生所說「致良知」相通。根據楊明先生，人們只要能眞正啟發良知，善加修持，便能促使心中善根覺醒，然後再將良知化爲行動，乃能眞正弘揚「仁」道。

此一「仁道」，不只包括「人」道作爲，同時代表「天」「地」之道，這就能直承儒家「通天地人」的精神氣魄，而且能眞正擴充人道精神及於天地萬物，促使整個天地萬物均能永沐仁愛之中。這才是眞正「止於至善」，也才是眞正「大學」之道。更具體而言，正是今後應有的環保之道，的確深值重視與力行！

第三節　新儒家對衆生的態度

（一）邵康節

在新儒家之中，邵康節爲建立「心學」的第一人，正因他深具才情與胸襟，所以其心學上承孟子，下開張載，並影響陽明與船山甚大，前面曾論述其對萬物的看法，本段即先分析其有關的衆生觀。

方東美先生曾稱許邵康節，是「有科學頭腦的哲學家」，強調其《皇極經世》並不卑視「聞見之知」，而其「先天易」乃是「把宇宙中物質世界裡面的一切程序，提昇到生命，把生命的一切活動程序，提昇到心靈，再把心靈的一切活動程序提昇到價值。」[51]因而，這就弘揚了周易「窮理盡性以致於命」的根本思想。

所以，扼要而言，邵康節的衆生觀，並不只以物質表象看萬有衆生，而能以生命眼光，乃至價值眼光，看一切衆生。這對於當今環境倫理學便深具啟發意義。

方先生曾以現代學術用語，歸納其中七項原理，說明邵康節的思想特性。其中前四項原理，都很能深符生態保育以及環境保護的中心信念，所以深值扼要申論：[52]

第一種原理，爲「有限變異性」之原理（Principle of limited variety）。

方先生強調，此一名詞引自英國經濟學家與邏輯學家凱因斯（J. N. Keynes），他在《或然率原理》（Principle of Probability）一書中曾以此說明，科學研究的對象無數，因此必需加以分類，再針對分類內容一一深入研究，這就可以將無窮納入有限，但又不失其中變異彈性。[53]

邵康節在《皇極經世》的卷五與卷七中，先將天上的「日月星辰」歸類成幾種「天象」，再把地上的「水火土石」歸類成幾種「地體」，然後透過天地的變化感應，經由參伍錯綜的作用程序，產生各種動物、植物、飛禽、走獸，乃至人類……等一切萬物衆生。

這種對衆生萬類發展程序的説明，方先生稱之爲「動性的向前發展」[54]，亦即由風雨露雷的活動形式，產生走、飛、草、木等現象，雖然分類規模僅呈雛型，但在當時十一世紀已屬很難得。尤其重要的是，此中衆生發展的程序，並不像西方近代科學，只納入孤立的系統，而是互相感應的系統，並且能夠貫通起來，形成有系統的動性發展程序，此即承自易經「生生之謂易」的重要精神。

換句話說，邵康節透過其對一切衆生的分類，視整體宇宙發展爲充滿生命、充滿活力、井然有序、而又向前創進的偉大動態過程，其間天地與衆生的關係，絶不是僵化與各自孤立，而是感應與機體組織。此即其所謂：

「物之大者，無如天地，然而亦有所盡也。天之大，陰陽盡之矣；地之大，剛柔盡之矣，陰陽盡而四時成焉，剛柔盡而四維成焉。夫四時四維者，天地至大之謂也，凡言大者，無得而過之也，亦未始以大爲自得，故能成其大，豈不謂至偉者與！」[55]

方先生認爲，這段話代表，「宇宙是一個廣大無盡的渾淪全體，在此渾淪的全體裡面，從天象到地理以至於人事物情，把它縱橫貫串起來，都形成不可分割的一體。」[56]如果從中分類，又可看出其中的感應變化。

事實上這種原理，與現代生態學與環保哲學很能相符，雖然其分類不似現代精細，但他能肯定宇宙各類之間衆生不但彼此感應，而且形成整體相聯的網狀機體組織，很明顯代表了現代生態學「物物相關」的中心精神，也極能表現「機體主義」的重要原則。此中對衆生的尊重態度，深值大家重視。

第二種原理：爲「交替律動性」之原理（Principle of alternate rythmic progression）

此一原理，肯定宇宙一切衆生，不但相互感應相關，而且彼此交互律動前進，因爲邵康節應用「一陰一陽之謂道」的原理及於一切衆生，所以肯定大道融貫一切衆生，而且一切衆生都內含這種一陰一陽並存交律的關係，也均內含一動一靜縱貫前後的進程，從而構成不斷奔進的生命動力。

此即邵康節所謂：

「天生於動者也，地生於靜者也；一動一靜交，而天地之道盡之矣。動之始則陽生焉，動之極則陰生焉，一陰一陽交，而天之用盡之矣。靜之始則柔生焉，靜之極則剛生焉，一剛一柔交，而地之用盡之矣。」57

事實上，周易的「易」除了「變易」、「簡易」之外，還有「交易」的深意，就是代表這種交互作用。此中精神強調，一切衆生均向崇高的價值理想，律動交互的奔進。這對當代環境倫理而言，既肯定萬物衆生具有生命，更強調彼此倚存、互攝律動的關係，尤其肯定衆生均共同向最高理想奔進，其中深具重大啟發意義。

第三種原理，叫做「同情感應性」之原理（Principle of sympathetical response and mutaual adaption in virtue of change）。

易經中的「易」，首先代表「變易」（change），然而這種變易並非雜亂無章的變，而是同情交感的變，以及相互適應的變，所以一切衆生均可以在互通交感中煥然成章。

此所以邵子曾經強調：

「神無方而易無體。滯於一方，則不能變化，非神也。有定體則不能變通，非易也。」[58]

這代表邵康節透過對易經的體悟，肯定強調一切衆生發展並非滯於一方，也並非呆板僵化，而是深含變化感通之理，所以不但均含豐富生機，也均能和諧統一。

此即邵子所謂：

「故曰：分陰陽，迭用柔剛，男六位而成柔也……猶根之有幹，幹之有枝，枝之有葉……合之斯爲一，衍之斯爲萬。是故乾以分之，坤以翕之，震以長之，巽以消之，長則分，分則消，消則翕也。」[59]

邵子在此以樹木根幹根葉爲例，頗爲生動。方東美先生更認爲，這彷彿人身之組織，有神經系統，有呼吸系統，有循環系統……等等，其中牽一髮而動全身，彼此均有感應。他並稱此爲「機體統一的哲學」（Philosophy of organic unity）[60]此中精神對當今生態保育，可說尤具啟發意義。

第四種原理，叫做「圓成悉備性」之原理（Principle of Consummation of Perfection）易經強調「天、地、人」三才之道，並肯定「大人」的價值，乃在能夠「與天地合其德」，俾能生生不息、參贊化育。邵康節可說深悟此理，所以特別強調人應「兼天地，備萬物」，然後才能眞正做到「窮理、盡性、至命」。

方先生稱此爲「人與萬物同體」，亦即人能同情一切衆生，其主要特色有於：

「把這種尊重生命的精神，充份至盡的發揮，使一切生命都可以完成它的目的，完成它的理想，並以人心把握天心，來體認宇宙生命寶貴的價值，產生一個『尊生』（Reverence of life）的思想。」[61]

這種「尊生」的思想，正是當今生態保育以及環境保護極重要的中心思想。尤其邵子強調：「我性即天，天即我。」代表天心可以融貫一切衆生，並且進入我心，而我心也可透過「衆生」直承「天心」，這種天人合一，圓成悉備的境界，可說正是環境倫理學中最高的境界！

此所以邵子曾經強調：「盡天地萬物之道，玆惟人乎！」這也充份說明，在天地萬物之中，唯有人類最應責無旁貸，幫助萬物衆生充份啟發潛能，完成理想。因爲，對地球各種動物、植物、與環境的保護，總不能期望動植物本身能自救，人類必須要有邵伯溫所說：「兼天地，備萬物」的精神[62]，才能眞正救人救物。

根據此中精神，今後環保之道，需要特別喚醒民衆，一方面絕不破壞生態，污染環境，二方面更應進而維護所有萬物衆生的生存與發展，並且讓一切衆生均能充份完成生命潛力與價值理想。這種「圓成悉備」的胸襟與抱負，正是當今環保工作的最崇高目標，深值大家共同體認與弘揚！

(二)程朱與陸王之異同

除了邵子之外，在新儒家的衆生觀中，本文將再扼要說明程朱和陸王的不同，然後分析彼等相同的共識。

首先，就形上學而言，程朱認爲形而上是理，形而下是氣，可說是「理氣二元論」，而陸王則認爲，萬物森然於方寸之間，物物之間也彼此關聯，可稱爲「機體一元論」，兩者在此很不相同。

另外，就方法論而言，程朱強調精細博覽，一件一件致知，強調「道問學」；陸王則強調先返本心，貴其所立者大，強調「尊德性」，影響所及，程朱接近於西方的科學方法，長處在於很紮實，短處卻不免支離破碎；陸王則在彰顯人性論，長處在盡心，但到了末流，其短處則也不免蹈空浮泛。

另外，在知識論方面，朱子可稱爲「唯實論」（Realism），因爲他認爲宇宙天地有一種客觀獨立的存在，這是超乎心靈之外的存在，但對如何融貫此一客體與主體，他卻無法解決，因此成爲「唯實二元論」。而陸王之學，卻認爲超乎心靈感應之外的存在，對於人的生命來講等於不存在，因而堪稱「唯心一元論」。

不過，如果站在環境倫理學而言，則陸王的心學更加能夠體貼衆生。因爲陸王強調要用人的良心，去體會一切萬物衆生。因此，草木花朵若被摧折，好像也在哭泣，荒野山林若被濫砍，好像也在哀訴，野生動物若被捕殺，好像整個族群大小都在悲痛。凡此種種，均足以牽動人類本有的惻隱之心。

根據陸王心學，唯有如此，才足以把生命、心靈與萬物衆生都結合起來，此時才不會把衆生只看成是客觀存在的物質，與自己不相干，而是能看成與自己心心相印、血肉相連的一體存在。如此的衆生觀，正是當今環境倫理學最需要弘揚的中心信念！

有關程朱及陸王的比較，我們除了應扼要瞭解他們上述不同之外，還應申論他們中間相通的共識。尤其對環境倫理學而言，這些相通的共識更爲重要。

方東美先生曾在《生生之德》中，總論整個新儒家的通性，深值重視。以下特針對有關衆生觀部份，加以申論闡揚。63

第一，所有新儒家「莫不以哲學人類學（哲學心性學）爲其共同基礎」。因而均能以一種充滿生機的眼光來看待萬物衆生。方先生曾指出：

「新儒各家最後殊途同歸，統攝匯於一『徹底唯（天）理論』之一元系統，良知之明覺精察處，即是天理流行。此心徹上徹下，彌貫天地，周流六虛，廣大悉備，無所不該，而虛靈不昧，篤實光輝，含光與熱，和煦如朝陽。」

換句話說，所有新儒家均把整個宇宙看成是天理流行、大化流行的生命體，因而一切萬有莫不含生，對這些衆生，便應以天理（程朱語）或良知（陸王語）同情體貼，然後才能使人性充份彰顯，並使人心光輝發揮到無窮盡，如此「盡性」「盡心」，才能盡物之性，也才能知天之性。這些正是當今環境倫理學極重要的中心信念！

換句話說，雖然程朱以「天理」與「人欲」二分，但並不否認天理能融貫一切萬物，因而人心亟應去除私欲，對越在天，升中進德，以化性起僞，止於至善。其根本精神，仍在肯定人性至善理想。所以就此而言，程朱與陸王並無衝突，對宇宙衆生的尊重與愛護，尤其完全一致，這些均深切符合當今生態保育的精神，所以同樣深值重視！

第二，新儒家基本上肯定精神和物質融合爲一，形成和諧統一的機體主義。針對「機體主義」，方東美先生稱之爲「中國哲學之主流與特色」，並爲「一切思想形態之核心」，可謂「千聖一脈，久遠傳承」[64]在新儒家也同樣有此通性。

機體主義消極而言，並不認爲人與物可以相互對立，成爲絕對的孤立系統，而且更不認爲剛健活躍的人性與宇宙全體可以停滯不前，淪爲意蘊貧乏的封閉系統。積極而言，則其宗旨更在：

「融貫萬有，囊括一切，舉凡有關實有、存在、生命價值之豐富性與充實性，相與浹而俱化，悉統攝於本質上彼是相因、交融互攝、價值交流之廣大和諧系統，而一以貫之。[65]」

就此而言，陸王心學肯定「天地萬物，俱在我的良知發用流行之中，何嘗又有一物超於良知之外，能作得障礙？」[66]最可說明此中精神，而此特色，也正是當今生態保育中極爲重要的觀念，深值弘揚。

另外，即使是朱子，也肯定「中和」之說，並強調宇宙爲一個大太極，流衍下來，物物均有太極，因此「一」與「多」之中仍有「和諧的統一」，就此而言，整個自然仍然是相通無礙。

換句話說，不論新儒家那一學派，若追溯到宇宙的終極，都肯定為統一的樞紐，這最終點也就是最起點，或稱天心，在陽明亦即良心，在朱子則為「天理本眞」的太極，此其所謂，「天命流行，生生不已之機」乃「未發之中體」。[67]一旦發而為用，均肯定能統攝一切萬有衆生，浹化生機，旁通統貫。所以天心成為最終點，也是最起點，這在各家均為相同。

這種通性在衆生觀上尤其重要，因為它可以肯定一切衆生皆有平等的生命尊嚴，更有豐富的內在價值，所以不能任意摧殘或破壞，而且更應盡心盡力的愛護與幫助，俾能共同完成生命理想，一體邁向至善。這不論對環保教育或環境哲學，都有極大的啟發意義。

第三點，新儒家相同之處，均很強調「識仁」或「用敬」，這對愛護萬物，尊重衆生，也有極大的教育意義。

所以方東美先生曾強調：

「『以天地萬物為一體，從心之靈明發竅處感應，而一視同仁』之旨，乃是中國古今各派哲學家之共同宗趣——儒家、道家、大乘佛學，以及宋明新儒——無論各派系統間之根本差異如何，蓋崇信『混化萬物，一體同仁』之教，則其致一也。」[68]

那麼如何才能混化萬物，並且一體同仁呢？如何才能「從心之靈明竅處感應」呢？簡單的說，陸王強調「識仁」，程朱強調「存敬」，其基本精神均相同，都很重視入聖希賢，這種功夫完全一致。

尤其在陽明先生而言，「這良知人人皆有，聖人只是保全無此障礙」（語錄頁六），這是何等「明白簡易」！所以方先生強調，能夠「體認道之大化流行，而與天地萬物一體同仁之感，乃是入聖之捷徑。」[70]若能將此良知，存而養之，擴而充之，便是「聖人」。事實上，這種修養途徑，與朱子所說的並不衝突，而且能殊途同歸，這些也正是提醒世人對環保工作的應有態度，深值重視。

換句話說，朱子雖然強調道問學，但是他也同樣的強調「心之德爲仁」，他也並沒有抹煞仁心，此即朱子所謂：

> 「天地以生物爲心者也，而人物之生，又各得夫天地之心以爲心者也。故語心之德，雖其總攝貫通，無所不備，然一言以蔽之，則曰仁而已矣。」[71]

這代表朱子也同樣肯定人有善根，不但人心來自天心，而且一切衆生萬物也得天地之心爲心。所以「仁」的精神德性，足以統攝貫通一切衆生。雖然其中論述過程與大程子有名相枝節之爭，然在重大根本處卻仍爲一致。

尤其朱子強調求仁應以「居敬」爲主，代表對一切萬物衆生均應心存敬意，並對天命流行之仁體表示尊敬，其功夫基本上與心學的「識仁」並無二致。

此其所謂「人雖欲仁，而我不敬，則無以致求仁之功。」由此充份可見，對衆生的態度來說，不論「居敬」或「識仁」，均能彼此相通。這在生態保育上，均同樣代表尊重一切萬物生命，並從衆生體認天心。此等情懷融合了人道精神與天道宗教，在環保教育上，確有重大的啟發作用，深值東西方共同體認與弘揚。

除了上述宋明的新儒家外，本文下面將再申論清代漢學有關的衆生觀。

（三）王船山

清代的新儒家裡面，可以分成三大學派，一爲王船山，二爲顏習齋，三爲戴東原。這幾派各有不同特性，方東美先生曾以現代學術用語，稱王船山爲「功能派的自然主義」，顏習齋代表「實用派的自然主義」，戴東原則代表「物理派的自然主義」。⑬

值得重視的是，這三派雖然均因重視此世自然，而可稱爲自然主義，但與西方「自然主義」基本上有一大不相同處——那就是西方自然主義一直標榜「價值中立」，只就自然論自然，認爲並無超自然的存在，因而容易導致唯物論。但上述新儒家基本上均緊扣「價值感」論述宇宙人生與萬物，並仍肯定人心本善，來自天心，而天心普遍流行於大化衆生之中；只不過他們更加強調人心應落實此世，以眞正救世而已。

美國普斯林頓大學曾經出版一本專論環保人士歷史的《自然主義者》（The Book of Naturalists），其中所述每位先賢與先進均以對自然、動物、植物的保護著稱，⑭這與西方哲學傳統中所說的「自然主義」又不相同，也不能混爲一談，特別值得注意。

另外，如前所述，新儒家這三派本身也都有共同通性。這些共同通性不但承繼儒家精神，形成重要共識，也對環境倫理學有重大啟發。

方東美先生曾針對他們會通之處，特別強調彼等共識：

「主要興趣仍在宇宙論及哲學人性論上，且以種種論證，證明性純善，復據宇宙論及人性論之觀點，大聲疾呼：一切哲學家均須自天上回到人間，努力以求人性之充分發展，藉使至善之理想得以完成實現。」[75]

然而，何以這三派可稱爲「自然主義」呢？因爲他們基本上仍根據自然界爲基礎，開展彼等宇宙觀與人性論。尤其主要仍根據《易經》中對自然的構成理論，來貫通天地人之道。這也正如前文所說，若要論述儒家或新儒家，絕對不能忽視《易經》，我們從這三派的論學內容，又可得一明證。

本文首先論王船山（一六一九——一六九三）。其心志極爲敬佩劉宗周之忠義精神，而思想則極爲嚮往張載之大心宏願。所以他曾自銘其墓：

「抱劉越石之孤忠，而命無所致。希張橫渠之正學，而力不能企，幸全歸於茲命，因衡恆而永世。」

一個人能在自己所提墓銘上，特別提出兩位先賢，也可充份看出其精神心志的嚮往所在。

王船山對劉越石的孤忠特別感佩，主要也因他自己身逢亡國之痛，這種對時代的感應精神，也很可從其《讀通鑑論》，以及《宋論》中看出。因而這兩部著作可稱爲其歷史哲學，不但透露其滿腔忠義，更可看出其深厚史識。

另外，爲什麼王船山也特別敬重張載呢？主要就在心儀其繼往開來的恢宏胸襟，以及民胞物與的廣大仁心。這種精神，特別在《船山易學》中展露無遺，他對於環境衆生的關愛，由此也充份可以看出。

此所以船山針對易經「生生之謂易」，曾經明白的強調，人性不是一成不變的僵化孤立系統，而是日新又新的生命開放系統。此其所謂「性者生也，日生而日成也」，而且「日生不滯」，「未成可成，已成可革」[76]

所以雖然船山強調「性者生理也」，先從自然生命論起，但仍肯定此自然生命乃「以仁義爲本」，因而必需不斷學習、力行，以實踐道德生命、藝術生命，進而完成其至善的價值理想。此其所謂：「是以君子自強不息……，以養性也。」[77]

由此可見，船山對《易經》的瞭解，絶非只從靜態分析其中名詞，而是眞正能夠結合生命，成爲勁氣充周的學問，在自強不息中，「取多用宏」、「取純用粹」，以眞正發揮生生不息的功能。此其所以可稱爲「功能派」自然主義。

根据象山，唯有如此，「新故相推」，才能眞正促使人性在創生發展中不斷顯現生命意義，此其所謂「成性存存，存之又存，相仍不含」[78]，而且，也唯有如此，才能促使生命邁向開放的至善境界。否則任何封閉的人性論，都只會「閉人之生理」。[79]

因此，船山強調，整個天地自然都是充滿生氣的開放系統，一切萬物衆生也都是充滿價值的有機系統，所有衆生都有無窮的潛力，足以邁向無限的價值理想。這種「開放」系統非常重要，不但指出整個宇宙可以生生不息，而且一切衆生也都足以自強不息。宇宙因此充滿希望，衆生也因此充滿光明。這在環境倫理學上即代表肯定一切萬物均含生，且強調一切衆生均在發展中，因而人類更不應斲喪生機，影響生命發展，這對當代生態保育，深具重大意義。

尤其，船山非常重視學習。此其所以強調「習者人道」（俟解），而且「習與性成」，一個人的生命潛能與其學習程度都會同樣成長。而且，一個人的潛能可以完成多少，端看其學習多少。否則原先很好的生命潛能也可能因不習而中衰，原先看似未發的生命潛力，也可能因常習而弘大。這種「習」落實在環境倫理，便可稱爲對衆生保育的學習，乃至對環保工作的學習。這種開放性的精神，對於環保的教育工作，影響尤其深遠。

更何況，船山除了「習」，同樣強調「行」。他曾經指出，「行而後知有道」，「凡行而有得者，皆可謂德矣。」⑳這同樣指出，在環保工作上，不能只知而不行，一定要能身體力行，腳踏實地，才算眞正完成了「習」。也唯有如此，在「行」中也才能學到更多東西，此亦即其所說「行可兼知」的深意。

由此可見，在船山思想中，「知」與「行」是渾然一體，不可分的，「習」與「性」也是渾然一體，不可分的，同樣，「人」與「物」在此精神之中，也是渾然一體，不可分的，這就形成了他融貫萬物、生生不息的機體主義，對於當今環保哲學，深具啟發意義。

另外，船山對詩學研究也很深刻。我們從其對詩境的見解中，也可看出此等主客渾然合一的特性。

例如，在《薑齋詩語》中，船山認爲情和景看起來爲二，但「實不可離」，這也充分顯示他心物合一的看法。他指出：「夫景以情合」——外在風景透過我們內在感情才能夠合一，而且「情以景生」——感情透過風景的出現，才能產生。所以，我們不能說情跟景是分開的，如果硬要把它們中間二分，則「情不足以興，而景亦非其景。」

這在美學中，即朱光潛先生所稱的「主客合一論」，代表審美的主體，一定要能與客觀實體渾然合一，才能產生美感。因此朱光潛強調藝術欣賞「一定是主客合一的」。換句話說，美學不可能是唯物論，也不可能是唯心論。我們在此也可說，環境倫理學也一定是「心物合一的」，既不可能是唯物論，也不可能是唯心論，絕不會偏於任何一邊，而必定是「中道」哲學。

因爲，一個人如果認爲心跟物可以截然二分，那麼對一切萬類都會缺乏感應，更不用說會對其視同生命了，如此一來，對萬物衆生無論如何破壞，心中也不會感覺痛惜。這就造成生態與環保的極大危機。

反之，如果一個人感到對萬物衆生不能去毀壞，否則好像在毀壞自己的心，那就必能興起悲憫之情，從而產生積極保護之志。由此也可看出，對萬物衆生的悲憫，也一定是「心物合一」的，如果心物不合一，心爲心，物爲物，便絕不能產生悲憫之情，自然也不會產生環保之志。由此也充份可以看出船山「心物合一論」，對環保哲學的重大貢獻。

（四）顏習齋

顏習齋（一六三五——一七〇四）被稱爲「實用派的自然主義」，主要因爲其反對以往清談虛浮日盛，以致孔學「實位天地，實育萬物者，幾不見於乾坤中矣。」他認爲佛老之說只是歸於「寂滅」與「陞脫」，自然不無誤解，但其心志在復興儒學中平實的精神，則也不可抹煞。

所以他本身曾說明其代表著作有二。

一爲《存學》，其宗旨在於：

「明堯舜周孔三事六府六得六行六藝之道，大旨明道不在詩書章句，學不在穎悟誦讀，而期如孔門博文約禮，身實學之，身實習之，終身不懈者。」

換句話說，顏習齋在此特別強調，希望能夠將孔學身體力行，「身實學之，身實習之。」[81]其中心精神乃在一「實」字。根據習齋，唯有如此將孔門教誨融入生活之中，化入實踐之中，終身不懈，才算眞正把從前清談與虛浮一掃而淸。

這種特重「實用」的精神，對環保教育來講，可說極爲重要。因其精神提醒世人，環境保護與生態保育，不能只看各種文字教材，也不能只背各種法令規章，這些誠然重要，但更重要的乃在人人要能切實去做，切實去行！而且要能隨處警惕，終身不懈。這對今後環保工作推行之道，尤具極大啟發！

顏習齋另一代表作，即爲《存性》，其宗旨乃在：

「理氣俱是天道，性形俱是天命。人之性命氣質，雖各有差等，而俱是此善。氣質正性命之作用，而不可謂有惡，其所謂惡者，乃由引蔽習染四字爲之出示也。期使人知爲絲毫之惡，皆是玷其光瑩之本體，極神善之善，始自充其固有之形骸。」

換句話說，根據顏習齋，他明白肯定人性本有善根，且爲「光瑩之本體」，此等至善化成普遍流行的天道，自能融貫一切萬類衆生。所以雖然衆生的性命氣質多有差等，但同樣均爲此善根流衍所貫通，因而均爲內含生命的存在，而且均爲平等價值的存在。人的重要工作，就在能透過各種踏實力行，促進自身充實，全力爲善，從而臻於這種神聖之善。

此所以顏習齋強調，一切萬物衆生，不論如何分類，都「不外於天道」。根據顏習齋，易傳中所說一陰一陽爲「二氣之良能」，另外，「陰陽流行，而爲四德」，以此變動周流，相互感應，即已流衍萬物衆生。並且，不論名物資質、強弱有何不同，究其本源，均不外此天道。這就明白肯定了萬物均含生，衆生皆平等，因而均應尊重與愛護。

由此可見，顏習齋與朱子「理氣二元論」不同，他強調「一物之性，此理之賦也，萬物之氣質，此氣之凝也。」因而可說「即理即氣」，融爲一片，這就相當於華嚴宗所說「理事無礙」，習齋在此直可稱爲「理氣無礙」。

此中精神，也可直通劉宗周所說：「盈天地間，一氣也，氣即理也。天得之以爲天，地得之以爲地，人物得之以爲人物，一也。」[82]凡此種種，均充份可以顯示其爲統一和諧的機體主義，因而深符當今環境倫理學的基本理念。

事實上，劉宗周的弟子黃梨洲，也曾發揮此中精神：

「夫大化之流行，只有一氣、充周無間。……循環無端，所謂生生之爲易也。」

另外，黃梨洲在與友人論學書中也強調：「先生以聖人教人，只是個行字」，尤其深具重要啟發。

因爲這個「行」字，不但可以貫通顏習齋的「身實學之，身實習之」，而且可以旁通王船山的「習」與「行」，更可以有溯陽明先生的「知行合一」。

尤其此一「行」字，正與陽明先生「致良知」的「致」字完全相通。所以堪稱貫通新儒家各派極重要的中心動力。有了這種動力，才能眞正實踐仁道，也才能眞正推動良知。就環保工作而言，尤賴此一「行」字形成精神動力，然後才能眞正完成圓滿和諧的生態保育與環保工作！

另外，陽明先生曾有一段名句，很能表達新儒家「機體主義」的特色：

「天地萬物，俱在我良知的發用流行中，何嘗又有一物超於良知之外，能作得障礙？」[83]

根據陽明先生，「一」與「多」能和諧統一，並以人心爲天淵，無所不賅：

「人心是天淵，無所不賅。原是一個天，只爲私欲障礙，則天之本體失了……如今念念致良知，將此等障礙窒塞，一齊去空，則本體已復，便是天淵了……一節之知，即全體之知，即一節之知，總是一個本體。」[84]

陽明先生這種機體主義精神，後來到戴東原（一七二三——一七七七），發揮得也頗爲透徹。

事實上，如前所說，若論中國環境倫理學中，最爲精闢的三篇小品文，則張載的《西銘》，陽明的《大學問》，以及戴東原的《原善》，可說完全一脈相承，深值重視。

（五）戴東原

戴東原在《原善》中，很清楚的強調「生生而條理」叫做仁，充份顯示，其根本精神仍然承自易經。他肯定整個天地不但充滿了盎然生命，而且運行得井然有序。能夠同時體認這種宇宙生意與和諧的，才眞正叫「仁」。這種見解對於生態保護尤其深具重大啟發。

尤其，「生生」二字在以往新儒家中均常提到，因而在此特別重要的乃是「條理」二字。這代表戴東原特別強調宇宙中和諧的秩序，以及平衡的運行，這種新見解便特別發人深省。

因爲，戴東原此中啟發，主要在提醒人們，宇宙萬物不但充滿生機的，宇宙衆生更是充滿條理的。因而既不能破壞其中生機，也不能破壞其中平衡，這與現代環保哲學的中心理念——「尊重生命」與「生態平衡」，可說完全不謀而合！

根據戴東原，能夠保護萬物生命與生態平衡的精神，才叫「仁」，此即「生生而條理之謂仁」。由此可以看出，戴東原所講的「仁」，比原來陽明先生所講的「合天地萬物爲一體」的仁，更進一步，多了一個「條理」。這個條理就是宇宙次序，就是生態平衡，對當今環保工作尤有更進一步的啟發。

此所以戴東原曾說：

「天地之化不已者，道也。一陰一陽。其生生乎？其生生而條乎？……生生仁也，未有生生而不條理者。條理之秩然，禮至著也，條理之截然，義至著也。」

此中值得強調的是，何以「未有生生而不條理者？」這代表戴東原肯定在「生生」之中即已孕含了萬物衆生之間的條理關聯，也肯定「生生」並非任意率性的生發，而是各循其生命條理與軌道進展。此中精神，更充份證明其更深一層的機體主義思想，非常具有環保意義。

另外，戴東原又說：

「天地、人物、事爲，不聞無可言之理也。詩曰：『有理有則』是也。物者，指其實體實事之名，則者，稱其純粹中正之名。實體、實事，罔非自然，而歸於必然，天地、人物，事爲之理得矣。」

換句話說，戴東原深深體認到，一切萬物衆生，皆有其生命理則在內，這種生命的物理規則，若非自然，也是必然，因此方先生稱之爲「物理派的自然主義」。

值得重視的是，此處所稱「物理派」並不代表唯物思想，而代表他尊重各物的內在理則與平衡原則。唯有如此，才能因尊重「條理」而保障「生生」，否則，如果萬物條理被破壞，平衡被影響，則「生生」也將不再能持續。

此即東原所說：

「惟條理是以生生，條理苟失，則生生之道絕。」

這段話可說一針見血，明白的指出了「條理」與「生生」的互攝性與連環性，也再次彰顯出其中深刻的機體主義精神。

要之，根據戴東原，「一切有其條理，一行有其至當」（原善下）。因而，他肯定每一物均有內在條理，事實上即肯定每一物均有內在價值。這種價值，獨立於人類利害關係之外，純然可支持其生命本身的存在意義。此即相近於黑格爾所說：「凡存在均合理，凡合理均存在。」所不同者，戴東原所指之「合理」，乃指合乎內在之物性理則，而黑格爾所稱之合理，則泛指一般社會之合理化解釋。若從生態保育眼光來看，則東原之說，明顯更加符合當今環保哲學之所需。

尤其，戴東原觀乎物理之生生條理後，更以此直通人理之禮義，甚具啟發意義，也能再次證明人與萬物衆生之旁通無礙：

「氣化流行，生生不息，仁也，由其有生生有自爲之條理，觀於條理之秩然有序，可以知禮矣。觀於條理之截然不可亂，可以知義矣。」

值得重視的是，戴東原在此再度明指，萬物不但含生；而且生生，不但生生，而且自具條理。不但秩然有序，而且「截然不可亂。」正猶如人倫中的「禮」「義」不可亂。這就充份提醒人們，雖然萬物衆生間的理則，屬於專門科學，人們不一定完全清楚，但對人倫之間的條理禮義則應很熟悉。人倫之間條理一旦紊亂，形成亂倫，必生大禍，同樣情形，人與物之間條理一旦紊亂，萬物生態平衡遭到破壞，也必定會產生大禍，因此人們必需同樣警惕才行！

此即東原所說：

「善，其必然也，性，其自然也。歸於必然，適完其自然。此之謂自然之極致。天地人物之道，於是乎盡。」

換句話說，根劇戴東原，所謂「善」，對萬物衆生而言，即在遵循其必然之道理，不可倒行逆施；對人間萬事，也在遵循天理之必然，不可違反人性。唯有如此，順乎人心自然，才能完成大事，順乎物性自然，也才能完成環保！

總之，東原將易經「天地人」三才之道，更具體的加入「物」，進一步論述「天地人物之理」。其宗旨在申論儒家順天應人之道，並結合萬物生生條理之理，肯定衆生不但融爲一體，而且貫通無礙，因而人們必需尊重萬物生命，維護生態平衡，的確深具新意。尤其對今後環保哲學而言，更具深刻的啟發作用，非常值得弘揚光大。

（六）結語

綜合而言，新儒家的衆生觀，不論宋明的理學、心學，或清代的漢學各派，雖然哲學風格不同，思想重點也不同，但均共同表現出「機體主義」的精神，共同肯定萬物含生、生生不息，並且共同肯定萬物含理、物物相關。

另外，新儒各家也都共同肯定，人心本善，並且強調人心來自天心，所以只要人能大其心，返其本心，對越在天，便可充份同情體物，並且透過力行，達到物我並成的崇高理想。

凡此種種，均能深符當今環境倫理學中所肯定的機體主義思想，以及「物物相關」、「物有所歸」、「自然睿智」等各種原理，而且更能進一步闡論人類對自然萬物衆生應有的悲憫精神，充份可見東西方會通之處，深值重視。

近代西方哲人史賓塞（Herbert Spencer）有句名言，深值重視：

「能夠設身處地，爲他人或萬物著想，才是人類文明的最大動力。」[85]

另外非洲之父史懷哲（Albert Schweitzer）也曾同樣強調：

「除非人類能夠儘量擴大其心，悲憫一切萬物衆生，否則心中將永遠不得安寧。」

事實上，此等生命精神，也正是新儒家各派所強調的共識，並且是東西方哲人所呼籲的共識。相信今後只要東西方均能弘揚此等共識，並且共同喚醒民衆，身體力行，就必能爲整體世界的生態保育與環境保護，開創眞正光明的未來！

【附　註】

❶ 請參方東美先生，《中國哲學之精神及其發展》（Chinese Philosophy: Its Spirit and Its Development），Linkin Prese, Taipei.1981，全書附錄中文「摘要」部份。另外亦見孫智燊中譯

本「導論」部份，台北成均出版社，民國七十三年初版，頁十八。

❷ 同上，中譯本頁十四。

❸ 老子，《道德經》，廿五章。

❹ 周敦頤，《通書》，見全集，卷六，頁二。

❺ 同上，卷五，頁四。

❻ A.N.Whitehead. "Religion in the Making." N.Y, 1926, p.15

❼ 《易經》，繫辭下傳，第一章。

❽ 方東美先生，《新儒家哲學十八講》，台北黎明公司，民國七十八年三版，頁一一九〇。

❾ 孟子〈盡心章〉。

❿ 張載，〈大心篇〉。

⓫ 方東美先生，同上書，《新儒家哲學十八講》，頁二九一。

⓬ 孔子，《論語》，顏淵篇，廿二章。

⓭ 《易經》繫辭上傳，第七章。

⓮ 大程子，《二程遺書》第十一，明道先生語一。

⓯ 大程子，《二程遺書》第十二，明道先生語二。

⓰ 大程子，《二程遺書》第十一，明道先生語一。

⓱ 大程子，《二程遺書》第二上。

⑱ 同上。

⑲ 《象山全集》，卷卅三。

⑳ 同上，卷卅五。

㉑ 陽明先生，〈大學問〉卷廿六。

㉒ Mishkat-el-Masabih, Quoted from “The Extended Circle”.,” ed by Wynne-tyson, Paragon House, N.Y;1989,p.139

㉓ 陽明先生，〈大學問〉。

㉔ 方東美先生，同上書，《新儒家哲學十八講》，

㉕ 陽明先生，《傳習錄》，卷二。

㉖ 根據《宋史》儒林傳，「陳摶以先天圖傳種放，種放再傳穆修，穆修傳李之才，之才傳邵雍。」宋史卷四百五十七中有陳摶傳，馮友蘭在民國廿二年出版之《中國哲學史》中，即據此稱陳摶爲「宋初一有名的活神仙也。」馮友蘭雖然在中共高壓下缺之風骨，甚受清議，然若不以人廢言，則其對陳摶的評論，仍有其根據值得重視。

㉗ 詳見邵康節，〈觀物內篇〉，《皇極經世》，卷十一。

㉘ 邵康節，〈觀物內篇〉，《皇極經世》，卷十二之下頁三。

㉙ 邵康節，〈觀世篇〉，《皇極經世》，卷十一之下，頁十三—十四。

㉚ 同上。

31 邵康節，〈觀物內篇〉，《皇極經世》卷十一上，頁一。

32 方東美先生，同上書，《新儒家哲學十八講》，頁二五〇。

33 同上。

34 同上，頁二一八。

35 張橫渠，〈乾效篇〉。

36 同上，〈誠明篇〉。

37 同上，〈乾效篇〉。

38 同上，〈誠明篇〉。

39 程明道，《二程遺書》，第二上，二先生語上。

40 同上。《二程遺書》第十一。

41 小程子，《二程遺書》。

42 《二程遺書》，第三，二先生語。

43 方東美先生，同上書，《新儒家哲學十八講》，頁二二四。

44 朱子，語類，卷九十四，頁四十二。

45 同上，頁七。

46 同上，語類，卷九十四，頁四十二。

47 朱子，〈仁說〉。

㊽ 象山《全集》，卷卅四，頁卅八。
㊾ 方東美先生，《中國哲學之精神及其發展》，中譯本，頁十七。
㊿ 方東美先生，《生生之德》。
51 方東美先生，《新儒家哲學十八講》，頁二三二。
52 同上，頁二三九，二四〇。
53 同上。
54 同上，頁二四三。
55 邵康節，〈觀物內篇〉第一。
56 方東美先生，《新儒家十八講》，頁二五三。
57 邵康節，〈觀物內篇〉。
58 邵康節，〈觀物外篇〉下，《皇極經世》，卷十二之下。
59 邵康節，〈觀物外篇〉上，《皇極經世》，卷十二之上。
60 方東美先生，《新儒家十八講》，至二五六。
61 同上，頁二五八。
62 語出邵康節之子邵伯温。
63 方東美先生，《生生之德》。
64 同上。

65 同上。

66 陽明先生，《傳習錄》，全書卷三。

67 朱子，《文集》卷卅。

68 方東美先生，《生生之德》。

69 陽明先生，語錄，頁六。

70 方東美先生，《生生之德》。

71 朱子《語類》卷一。

72 見朱子，〈答張文夫書〉《文集》卷卅二。

73 方東美先生，《中國哲學之精神及其發展》，中譯本頁十八。

74 W.Beebe.(ed) "The Book of Naturalists," Princeton University Press, 2nd. ed.1988

75 方東美先生，《中國哲學之精神及其發展》，中譯本，頁十八。

76 船山，〈尚書引義〉，卷三。

77 同上〈尚書引義〉，卷三。

78 同上〈思問錄〉內篇，

79 同上，〈周易內傳〉卷四。

80 同上，〈讀四書大全說〉卷一。

81 顏習齋，〈存學〉。

82 劉子全書，卷十一，頁三。

83 陽明，《傳習錄》下，卷三。

84 同上。

85 See "the Extended Circle",ix.

86 Ibid.Preface.

第七章 西方傳統的自然觀

緒論

本章宗旨，在分析西方傳統哲學對「自然」的看法，一共分成六項重點申論。

基本而言，西方傳統哲學對「環境倫理」的觀念均很缺乏，不但缺乏「人與自然」應和諧相處的看法，而且正好相反，往往採取征服自然、役使自然的立場；因此近代雖然發展了科學，卻也破壞了環境生態。一直到當代二十世紀，環境問題才逐漸受到重視，對傳統的自然觀也才逐漸開始省思與批評。

當代西方對其傳統自然觀的批評，可以由三位著名的「環保先覺者」做爲代表。

第一位名叫李奧波（Aldo Leopold 1887-1948），他是一位熱愛大自然的「實在論者」（realist），從二十世紀初期，就對生態保育一直積極參與，並且有系統的提供理論基礎，因而成爲當代西方環保的代表性人物，並被尊稱爲「西方生態保育之父」。

李氏有一本經典名著——「大地倫理」（The Land Ethic），可說當代西方最早的環境倫理學。這本書發表於一九三〇年代，他當時就已經沉痛呼籲，人類必需及早重視大地倫理與環境保護，否則以後會悔之晚矣。❶這可說是以往西方傳統哲學與宗教中很少提到的空谷足音，所以很值重視。

第二位是哈佛大學的地質學家席勒（N. S. Shaler），他從本行的地質學開始省思，認爲西方傳統思想對於環保方面多爲負面影響，不能處理當今的環境問題。所以他在《人與地球》（Man and Earth）一書中特別呼籲，希望哲學家們，能夠建樹一套新的環境倫理學基礎，以做爲新時代的環保共識。❷

席氏並曾強調，雖然他身爲科學家，但他甚至願意支持一種「相當極端的哲學」，那就是把大地「擬人化」，看成也是人類生命的延伸。❸事實上，正因他能跳出科學主義的拘限，所以反而很能符合現在環保哲學的中心精神。

尤其，若從中國哲學看來，則不論儒、道、釋、新儒那一家，基本上都肯定天地萬物爲一體，也都強調人應大其心，以容天下萬物，如此將萬物看成是生命流衍的對象，正是某種「擬人化」的情形，很能跳出科學唯物論的框框，並與席勒教授的心願完全吻合，所以深值透過比較研究，而共同的弘揚。

一九八八年的〈時代雜誌〉中，曾經特別在選拔當年「風雲人物」時，用心良苦的強調，當選的不是一個「人物」，而是一個「受傷的地球」。這也是明顯的把地球「擬人化」

——將整體地球看成是一個生命體，而且是受了傷的生命體。此中深意，代表更多的人已經警覺，地球環境被破壞的程度，已經到了如同人類切膚之痛的地步。這種比喻一方面提醒我們，中國傳統哲學肯定「萬物含生」的正確性與重要性，二方面也啟發世人，今後如何善待地球，重新建構「環境倫理學」，不再只是東方人或西方人的事，而是所有「地球人」的事。

另外，第三位值得引述的是美國喬治亞大學教授郝尤金（Eugene C. Hargrove）。他曾經著有《環境倫理學的基礎》（Foundations of Environmental Ethics）一書，其中更清楚的批評，西方三千年來對環境保護的思想，要不就是缺乏，要不就是根本不談。❹

郝尤金強調，環境哲學不但是西方哲學以往最缺乏的一環，也是現在西方文明「最失敗」的地方。尤其到了邏輯實證論，認爲討論「價值」沒有意義，更加助長了對自然的傷害以及破壞。因此他認爲，面對此一「當今最嚴重的問題」，人們必須重新對環境問題加強省思。❺

然而，如前所述，要講環境哲學，中國文化才有更豐富的尊生思想，也才有更深刻的環保哲學，中國文化雖然在近代科學發展上應向西方學習，但若講環境哲學，則西方便應多向中國效法。

此所以郝尤金曾經針對希臘哲學，批評其中三大缺憾：❻

一是妨礙了對自然生態的研究。
二是貶抑了對自然審美的欣賞。
三是忽略了對自然凌空的玄觀。

事實上，這三項缺點不只希臘哲學才有，我們可說，從希臘時代影響所及，整個西方傳統思想，基本上均未脫此根本毛病。因此，本文以下將從七項重點，深入分析西方傳統自然觀的弊病：

第一是「天人二分法」，這是從立體二分，將人與自然對立，屬於希臘宇宙論的二分。

第二是「神人二分法」，這也從立體二分，將人類與神明對立，屬於中世紀哲學的二分。

第三是「心物二分法」，這是從平面二分，將心靈與萬物對立，屬於近代本體論的二分。

第四是「主客二分法」，這也從平面二分，將主體與客體對立，屬於當代知識論的二分。

第五是「科學唯物論」，只從唯物眼光看自然。

第六是「機械唯物論」，只從機械原則看自然。

第七是「價值中立論」，只從中性眼光看自然。

以上七項，可說基本上概括了整個西方傳統自然觀的主要弊病。綜觀西方兩千多年來哲學，雖然其中也有其他看法不同的自然觀，有些哲學家在生活上也還蠻親近自然，但基本上仍以上述七項爲主流。從這七項明顯可以看出，對於環保工作均爲負面的影響。這就難怪當代西方有識之士再三呼籲，應重新省思，並建構一套足以保護環境的「新哲學體系」。

所以，扼要而言，中國傳統哲學具有充份的環保觀念，只是以往並沒有充份弘揚開發，正如同含量豐富的金礦，却未加以開採，甚至不少人還不知道有此金礦。至於西方，則是本身缺乏金礦資源，卻充份了解迫切需要金礦。因而今後重要的是，東西方應共同合作，互通有無，以充份弘揚中國本有的環境倫理學，做爲對全人類共同環保的重要貢獻。

以下即對西方傳統的自然觀，一一分析其中弊端，並扼要論述如何用中國哲學加以補濟。

第一節　天人二分法

西方哲學從希臘「天人二分」開始，主要就是泛二元論思想。此即懷海德（A.N. Whitehead）所批評的「惡性二分法」（Vicious bifurcation）[7]。相形之下，中國哲學基本上注重和諧統一的思想，用熊十力先生的話說，就是「泛不二論」，用方東美先生的話說，即是融貫和諧的「機體主義」。

事實上，「泛不二論」仍然是消極性的講法，因爲雖然其內容強調「不是」二分，但卻未指出「是」什麼，方先生則是積極的指出，正是「機體主義」，是和諧的統一，也就是肯定天地萬物渾然一體。其中自然萬物相互依存、彼是相因，而且彼此旁通，整體融貫，形成和諧統一的大生命體，這正是當今環保哲學中最重要的理論基礎，因而也是最深值西方哲學效法之處。

懷海德也曾經指出，「西方哲學兩千多年來，均爲柏拉圖的註腳」，這話很中肯的指出，西方哲學偏重二分法的特性。因爲柏拉圖哲學，基本上就是「天人二分」的二元論，所以影響所及，上下二界如何融貫的困境，在西方就一直存在兩千多年。

這種二分法影響到自然觀，就是明顯的輕忽自然界，並貶抑一切現實萬物，因而對自然生命就不夠尊重，也影響保護環境應有的態度。

換句話說，柏拉圖固然在其他很多方面均爲偉大哲學家，對於西方文化，也有很多重要貢獻，但對環境保護而言，卻恰恰是他最弱的一環。因爲他把天人劈成兩截，不但難以融貫，而且只重上界而輕下界，這就造成對當今環保的很大傷害。

事實上，希臘在先蘇格拉底時期，即已有此端倪，此所以巴門尼底斯（Parmenides）追求永恆的「存有」（Being），而赫拉克利圖（Heracleitos）則強調不斷的「變動」（Becoming），這兩者之間如何調和，已經成爲雛形的二分法困境。

因爲，前者強調永恆不變的本體，後者則強調萬物流轉的變動現象，所以這兩者如何結合與融貫，一直就成爲西方哲學的基本難題。

另外，更早期的泰勒斯（Thales, 624–546 B.C.），認爲宇宙「太初」是水，其重要貢獻，是在思想史上第一次指出了「太初」（arche）的觀念，並將萬事萬物構成的本質稱爲「太初」，因而觸及了哲學的根本問題——也就是「本質」的問題。此所以亞里士多德在《形上學》中，曾稱泰勒斯是「希臘哲學之父」。

只不過，泰勒斯認爲太初就只是水，卻過於簡單化，也容易形成單質化的毛病。相形之下，印度早期哲學認爲「地、水、火、風」這「四大」才是「太初」，反而更具多元性。

希臘除泰勒斯外，後來又有不少哲學家對「太初」提出各種不同的看法。例如阿納西曼德（Anaximandros, 610–546 B.C.），認爲「無限」才是太初。阿納西閔尼（Anaximenes, 558–528 B.C.）則認爲「氣」才是太初。到德謨克列圖（Demokritos, 460–370 B.C.）則以「原子」爲自然的「原質」，亞那薩哥那斯（Anaxagoras, 500–428 B.C.）剛好相反，以「精神」爲自然演變的動力。

雖然他們對「太初」的看法並不同，但均有一個共同點，那就是多半仍以單薄的單項個體定義「太初」，而且均未提到萬物融貫的關係。其中即使如恩培多克列（Empedokles, 492–432 B.C.），認爲「水、火、氣、土」爲構成自然的「原質」，但他也並未認爲這四者能形成整體和諧的統一。

換句話說，整個希臘在先蘇格拉底時期，對自然的看法，均缺乏「機體主義」的融貫精神，也缺乏「萬物含生」的任何觀念。

其中比較值得注意的例外，便是畢達哥拉斯（Pythagoras），他除了發明「畢氏定理」，成爲數學家外，也很關心動物。他認爲人類有「靈魂——肉體」（soma-sema）之分，並認爲「動物與我們同樣，都得天獨厚的具有靈魂。」[8]另外，他也曾明確反對屠殺動物與肉食，並且很早就曾清楚的感嘆：

「天哪！把另一個血肉之軀吞入我們自己血肉之軀，是多麼邪惡的事情！把其他肉體塞入我們貪婪的肉體，以增加肥胖；把一個生物害死，以餵食另一個食物，是多麼邪惡的事情！」[9]

只不過，像畢氏這種悲憫的呼聲，在整個希臘並不多見，影響也很微小。此所以布羅斐教授（Brigid Brophy）曾經很中肯的指出：

「希臘哲學家們對倫理問題省思極爲深刻，但卻從來沒有注意到奴隸制度的不道德，這對我們真是不可思議的事情。然而，三千年後，可能後人同樣會認爲，我們對動物迫害的不道德行爲，竟然視若無睹，同樣是不可思議的事情。」[10]

另外，柏拉圖還曾經提到：西洋哲學的起源在於「驚奇」。因爲西方文化源頭，起於對自然界充滿驚奇，所以很能發展科學精神，並客觀的分析研究萬物，這是其長處。然而其副作用，卻是因爲對自然界驚奇有餘，而尊重不足，所以便形成征服自然、役使萬物的習慣，終致破壞了自然，也影響了生態。

相形之下，中國哲學基本上是以「尊生」爲出發點，代表關懷生命、尊重萬物的特性，並以人文精神點化自然世界，所以能促使整個自然萬物，同樣受到人心尊重，這對環境保護與生態保育而言，顯然能直接的貢獻。

換句話說，我們若比較中西哲學的發展特性，則西方哲學從「對自然驚奇」出發，因而長處在知識論，中國哲學則從「對生命尊重」出發，因而長處在價值論。兩者後來發展互有長短，但若從新時代的環保需要而言，則中國哲學明顯能有更多貢獻。

另外，希臘哲學早在蘇格拉底時期，基本上就認爲，這個現實世界還不如另一個死去的世界。所以蘇氏在《斐多篇》（Phaedo）中，曾經明白強調：

「真正的哲學家，……所一直縈繞於懷的，乃是在如何實踐死亡。」[11]

「我們是愛智者，然而得到智慧，是在死後，不在生前。」

根據蘇格拉底，他明顯肯定另外一個世界更好，因此對於此一自然世界便認爲並不值得戀眷。既然沒有戀眷，當然也就沒有關懷。影響所及，對於環保便成爲不利的態度。

因此，蘇格拉底有一次到郊外去散步。當他看到一片自然美景，有雄糾糾的遠山森林，也有綠油油的田野草坪，雖然也覺得心曠神怡，但緊接著卻說：

「很抱歉，我是一個追求智慧的人，森林與曠野都不能增進我任何智慧」[12]

蘇氏言下之意，這些自然景觀雖然很好，但卻不在他所追求的智慧範圍之內，因而也不在其關懷與肯定之內。這便是蘇格拉底對自然的基本看法，事實上，也正是希臘哲學對自然的典型看法。

這種看法到了柏拉圖，便進一步發展成「理型論」（Theory of Form）。柏拉圖在理型論中，很清楚的將世界分成上下二界，上界是一永恆的精神界，或稱爲「觀念界」，或「理型界」，下界則是變幻的物質界，即感官世界、自然世界。

根據柏拉圖的看法，此世的自然界只是上界的「摹仿」（imitation），因而並不值得肯定。其宗旨本在期盼人們能將靈性向上提昇（uplift），不斷向上界追求終極的「眞、善、美」，這正是他偉大的地方，但其副作用卻因貶抑下界，不能欣賞此世，因而導致不能尊重自然、愛護自然，對於環保工作反而形成負面影響。

另外，柏拉圖曾經在《理想國》第七卷，提出著名的「洞穴說」。根據其看法，他認爲人們所處的現實世界，就好比是一個洞穴，在洞穴中所看到的事物，就好比在矮牆上反射火炬所映現的幻影。⓭根據這種比喻，自然萬象就好像幻影的表象世界，只有「理型界」才是永恆不變的眞實世界。因而只有拾梯而上，走出這個洞穴，才能從上界探尋到光明的太陽。

在柏拉圖這比喻中，「洞穴」（自然界）當然並不值得留戀，也並不值得尊重。尤其，在上的「理型界」需要嚴謹的知識（Knowledge）才能認知，而「自然界」只用零碎的「意見」（opinion）即可感受。柏拉圖在此對「知識」與「意見」的分別，顯然也只重前者，而輕忽後者，並認爲二者不能融貫，凡此種種，均形成二元對立的困境。

其實，柏氏此中分野，正如同華嚴宗所說的「理法界」與「事法界」。根據柏拉圖的精神，本在於希望喚醒人心，提神高空，並根據偉大的理想，追求清明的理智。然而其短處卻在於輕視現世，無法融貫理想與現實，並且根本否認「理」「事」能夠「無礙」。相形之下，中國華嚴宗強調「理事無礙」，從而形成圓融和諧的生命哲學，便深值借鏡參考。對於今後環保倫理學的建構，尤其深具重大啟發意義。

換句話說，柏拉圖哲學的精闢處，在於他能把人類的心靈，從低俗、扁平、與狹隘的地面洞穴，不斷向上提昇，以恢宏其心，高尚其志，追求終極的眞善美。這種「向上提昇」的精神，與中國哲學很能相通。

例如孔子講「登丘而小魯，登泰山而小天下」，並且在易經中肯定「大人者與天地合其德」，都是要求恢宏心志，提昇精神。道家老子強調「玄之又玄」，以期提神太虛，莊子更以大鵬鳥精神象徵馳神高空，都是同樣精神。佛學如華嚴宗，也強調要能透過十地品，一層一層追求最高法界，凡此種種的「上迴向」精神，在基本上均很能相同。

然而，柏拉圖雖然有上迴向的精神，卻缺乏下迴向的同情，所以對此世抱著鄙夷的態度，對自然萬類也缺乏同情體物與平等尊重的精神。這相形之下，便遠不及中國哲學尊重自然萬物生命。

事實上，在柏拉圖心目中，不只對自然萬類缺乏同情的精神，甚至對同屬人類的奴隸，也缺乏同情精神與平等觀念。此所以在〈法律篇〉中，柏拉圖仍然肯定奴隸制度的存在，並且認為奴隸乃是主人的財產，而且是一種可以交易買賣的動產。

相形之下，孔子肯定「有教無類」，明白尊重所有人類的平等性，並且強調「仁者愛人」，並未排除任何人在外，顯然比柏拉圖要人道許多。尤其，當代西方環保學者，常以希臘奴隸制為戒，批評古希臘人忽略了奴隸的人權，近代民主政治以來，大家已充份認知其錯誤，並且進一步強調，不但「人」應一律平等，「人」與「物」也應一律平等。這種重要的環保精神，在柏拉圖心中，顯然還未見及此，但在中國哲學「仁民愛物」、「民胞物與」的傳統中，卻可以找到深厚的淵源。

事實上，也正因柏拉圖只尊上界而卑下界，形成二元分離的根本困境，所以到後來又變成中世紀的天國與人間二分，形成尊天而卑人的情形。

此所以基督教中，強調神的王國不在此世而在他世。但此世與他世之中，又如何融貫？

兩者間並不能融貫，人類也只有過世才能進入他世。這基本上仍然還是蘇格拉底思想的延續——認爲必須生命死去之後，才知道另一世界比此世美好，而另一永恆世界與此一現實世界，中間完全是隔絕的。

相形之下，中國哲學並不認爲如此。中國哲學的重點，基本上都在關心這個人間世與這個自然界。此所以孔子強調「未知生，焉知死」，「未能事人，焉能事鬼」。而且儒家明白肯定，透過人爲的努力，盡心成性，在此世就可以建構理想的世界——如果用現代學術的用語，就是在此世即可以建造一個「人間天堂」（Heaven on Earth）。但若照柏拉圖以及部份基督教義的看法，則天國是天國，現世是現世，兩者之間，絕無可能相通。

所以就此而言，柏拉圖的「理型論」與「洞穴說」，如果用佛學眼光來看，則相當於小乘佛教——認爲此世是虛幻的假相，而且充滿煩惱黑暗，因而一再強調應該離開此世，轉求他世，這就具有濃厚厚的出世與厭世思想，對於環保均很不利。

相形之下，在中國生根的却是大乘佛學。大乘佛學強調「悲智雙運」，一方面固然要有慧心，以上迴向看破幻相，不受束縛，但另一方面更要有悲心，以下迴向肯定此世，充滿同情與關懷。根據大乘佛學，正因此世多煩惱，所以更應入世救世，正因此世多黑暗，所以更應淑世愛世，此即所謂「離開煩惱，便無涅槃」。

因而，在大乘佛學眼中，此世一切自然萬物一切草木鳥蟲魚獸，均具有平等的尊嚴與價值。不但人人都充滿佛性，而且物物也都充滿佛性。這就完全能夠正面肯定愛護自然，對於環保具有極大的正面影響。相形之下，柏拉圖便完全不可同日而語。

著名西洋哲學史家柯普斯登（F. Copleston）曾經指出，柏拉圖專論宇宙的「迪美吾斯篇」（Timaeos），可說是所有對話錄中唯一的「科學性」對話錄，他並強調「其物理學理論也盡在於此」。⑭然而，即使在此篇中，柏拉圖也同樣強調，對自然界物理的看法，只是「近似眞實」的解說。換句話說，他仍然不承認此爲永恆精確的眞實。

何以故呢？首先，柏拉圖認爲，我們「只是人類」，因此應該接受「近似眞實的故事，不再奢求其他。」這再次顯示，柏拉圖主張尊天而卑人的思想，並認爲自然界只是上界的「摹仿」，因而只是「近似眞實」，而非「眞實本身。」

另外，柏拉圖也強調，精確的自然科學所以不可能，也應歸咎於「這個題材的性質」。因爲自然界既然只是近似之物，所以對它的說明，本身也只能是近似的，「就像『生成』之於『存有』，『相信』之於『眞實』亦然」⑮換句話講，自然界比起理型界，已經隔了一層，而物理學對於自然界的解說，離眞實又隔了一層，所以頂多只能算是第三等的價值。

雖然柏拉圖對生物學並未明講其評價，但在此架構下，明顯也屬同樣性質——頂多只算「近似中的近似」，因而只算三等價值。由此看來，人們若想以此尊重自然，並發揚生態保育，顯然便如同緣木求魚，全無可能。

不過到了後來，柏拉圖爲了企圖解說宇宙的產生，又提出一個造物主的看法，稱之爲「德米奧格」（Demiurgo），其宗旨在根據永恆的理想界，來塑造物質界，促使世界成爲井然有序，並且成爲「一個具有靈魂與理性的生物」。其藍本是理想的生物（being creature），亦即一個整體的大理型，其中包括「天上諸神，飛翔於空中的帶翼之物，棲息於水中之物，以及徒步行走於地上之物。」[16]

換句話說，柏拉圖到晚年，也體會到應儘量結合理型上界與現實下界，所以企圖用「德米奧格」做爲中介，據以融貫此中二分，並且將此現世，也塑造成爲一個充滿生意的大生命體，其中不論天上飛的、水中游的、或地上跑的，都視同含有生命，並且在和諧與秩序中趨於至善。

柏拉圖如果眞能繼續發展此說，就很能與中國哲學的「萬物含生論」聯貫互映，更因他肯定萬物均來自同一根源——亦即眞善美化身的"agathon"（相當於儒家的天心，道家的大道，或者佛學的佛性），所以人與自然很能旁通統貫，並且和諧並進，這些不但都能與中國哲學相通，更與當代環保思想很能相符。

可惜的是，在柏拉圖的思想中，這一部分僅停在雛型，屬於靈光乍現，但並未充份開展。相形之下，若以柏氏此一單篇與其他衆多對話錄的份量比較，顯然仍以天人二分的「理型論」佔絕對優勢。其中未竟之處，反倒在中國哲學很能找到豐富的內容，由此再次可以證明，中國哲學深值弘揚的根本原因。

然而值得注重的是，當柏拉圖提出造物者德米奧格時，實際上已經進入宗教的境地，並非純哲學的理念，此所以後來亞里士多德便明白以「神學」（Theology）做爲「哲學」的延續。

因而，中世紀之後的神學，便曾融入柏氏觀念——造物者不但本身爲善，並且「希望萬物盡可能類似他自己」，因此基督教義提出「上帝依其形相造人」的說法。只不過根據基督宗教，上帝只對人類厚愛，因而只依其形相造「人」，並將萬物均賜給人類，做爲天然食物。這對環境保護與生態保育而言，便容易形成負面作用。

以上是從柏拉圖的哲學與宗教分析其自然觀，另外，我們若從美學或藝術來看，就會更加清楚。因爲當今提倡環境保護與尊重自然的人們，有一項很重要的根據，那便是先肯定自然之美，從而認定應該對自然加以維護，不能破壞。這也就是從美學觀點來支持環境倫理學的重要性。

然而，不幸的是，在柏拉圖心目中，他所認爲眞正的「美」，仍然是在理型上界之美，現實的自然界因爲只是上界的摹仿，所以不能算是眞正的美。至於「美學」、藝術，因爲是以自然界爲對象，所以更只是「摹仿中的摹仿」、「比眞實界低了兩層」。與終極眞正之美相比，同樣只能算是三等價值。

因而在柏拉圖的《理想國》中，他對一些詩人與藝術家，認爲只是庸俗之徒，只會使人類靈性墮落，所以甚至要將彼等趕出《理想國》。由此來看，當然更不可能期望柏氏能從美學而肯定環保工作。

此所以柏拉圖曾經明白認爲：

「……這個地球上一切岩石以及我們所居住的一切環境，均受了腐蝕，正如同在海中，一切萬物均被鹽水腐蝕一樣，所以没有什麼值得一提的植物，也很少形成完美的存在物。只有巨穴、流沙以及無數的泥土與黏土，以我們標準來看，其中没有一丁點可以稱得上爲『美』之物。」⑰

從這一段中，我們充份可以看出，在柏拉圖心目中，他對此世的「地球」，是如何明顯的貶抑態度。

另外，柏拉圖也曾經將「地面」與「海面」相提並論。其用意本來是想用魚類翹首海面，比喻人們也應引頸高空，追求上界眞理。然而他在此疏忽了，魚兒縱然再抬頭游出海面，卻畢竟不能在空中生存，終究不能離開海水生活，所以畢竟不能否定或貶抑大海。同樣情形，人類對於此世也不能一昧否定與貶抑，那樣自毀生存環境，反而會造成當下與直接的傷害。

總而言之，從上述可知，柏拉圖不論知識論、形上學、倫理學或美學，都同樣貶抑此世自然界的價值，影響所及，便產生西方長期以來對自然界只知征服、不知保護的傳統思想。雖然他在宇宙論中，透過造物者的建構，也企圖解決天人二分的問題，但畢竟未能成功。相形之下，中國哲學「兼天地、備萬物」的精神，卻很能圓融解決此中的難題，並充份符合當今環保的需要，所以的確深值東西方有識之士重視與共同弘揚。

另外，我們應再分析亞里士多德。

在現在的梵蒂岡教宗博物館中，有一幅拉斐爾所作的大幅名畫，其中有柏拉圖與亞里士多德二人。柏拉圖一手指上天，另一手抱著《宇宙論》（Timaeos），而亞里士多德則一手指著地，另一手挾著「倫理學」《Ethics》一書。這幅名畫很生動的點出柏氏與亞氏的不同——柏氏注重上界，而亞氏卻比較注重此世。

換句話說，亞氏哲學本來企圖解決柏拉圖只重上界的毛病，以及天人二分的鴻溝。所以他以「潛能」（potentiality）與「實現」（actuality），做為其中循序完成的兩極。然而，如果深入分析，便知他只是解釋從此界到上界的中間過程，卻仍然並未提及對此世自然界應該關心保護。扼要來說，雖然他也研究物理現象，但重點只是去分析它，並沒有想到去保護它。尤其講到後來，從物理學之後，變成「形上學」，更是抽象有餘，而關懷不足。

因此，亞里士多德在《形上學》中，第一句話就認爲：「人類天性渴望求知」，這話仍然承自柏拉圖的特性，強調哲學乃根源於「驚奇」，所以才對自然萬物渴望求知，但其中並無任何悲憫或同情萬物之意。

相形之下，儒家認爲哲學根源於「仁心」，孟子更強調人人皆有「不忍人之心」，肯定人類天性皆有善根，並以此引申發展爲仁民愛物之心，完全能以尊重生命、同情萬物爲重點，在環境倫理學，便明顯具有重大的正面貢獻。

事實上，正因亞氏分出「實現」與「潛能」，所以便導致其「存在層級說」。⑱根據這種論點，磚可說是泥土的「實現」，但對要建造的房屋來說，則仍爲「潛能」，此中存在層級，即房子高於磚，磚又高於泥土。因而在宇宙結構或存在層級的理論中，亞氏認爲存在的層次愈高，就越有優越性。例如在其存在層級中的底部是無機物，其上是有機物，再其上爲植物、動物等等。如此一來，正如同奴隸制度的階級森嚴一樣，亞氏認爲在萬物之中，也有層級的差別。

相形之下，中國華嚴宗的宇宙結構，不但肯定自然一切萬物均爲平等，而且相互倚存，彼此含攝，因而能在平等尊嚴中，形成融貫無礙的大有機體。這明顯就要比亞氏要恢宏與高明許多，對於環保的可能貢獻，以及對生態保育的肯定，更明顯要重大許多。

尤其，因爲亞里士多德深具階級觀念，所以他自認爲，自然界的構成，低等動物是爲了高等動物而存在，高等動物則爲了更高等動物而存在。在他心目中，最高的動物就是人。因此，不論水裡的魚、地上的獸，都是爲人而存在的。如此一來，人類把它們都獵殺來吃，便成爲天經地義的事。這對於生態保育與環境保護，明顯具有極大的負面影響。

此所以亞氏在《政治篇》中曾經明白提到：

「……動物出生之後，植物即爲了動物而存在，而動物則爲了人類而存在，其馴良者是爲了供人役使或食用，其野生者則絕大多數爲了人類食用，或者穿用，或者成爲工具。如果自然無所不有，必求物盡其用，此中結論便必定是：自然係爲了人類才生有一切動物。」⑲

本段內容，可以說，典型代表了從古希臘到後來西方文化，傳統一貫的自然觀。此中重點一言以蔽之，就是認爲，一切自然萬物均爲人類而存在。因而認爲人類天生可以宰制自然、役使萬物，這就形成破壞自然與生態的最大理論根源。

當然，亞氏也曾提到，植物也有「魂」，亦即「生命原理」，他並定義此爲「具有生命能力的自然物體之生元」，或是「一個自然有機物的最初生元」⑳。然而，他所認定的各物之間關係，卻仍然：是高級存在的「魂」必定蓋過低級，反之，低級卻不能涵蓋高級。根據亞氏理論，其中最低級的魂，是營養魂或植物魂，隨著層級的階梯逐漸上升，最高的則及於上帝。其中一層層更高階級的存在，明顯駕凌於低級存在之上。

另外，根據亞氏，他認爲「感覺」對於植物並不重要，動物才需要感覺。然後再層層往上升。其中體系等級森嚴，可說完全未能從廣大生命的平等性著眼，更未能肯定一切萬物內在均具上帝神性。相形之下其中體系，中國華嚴宗肯定，自然萬物不論大小，均在佛法之中一往平等，而且一切衆生不論大小，也皆內涵佛性，因而均需加以尊重，顯然要比亞氏深具環保的重要精神。

事實上，正因亞氏主張「存在層級」，不但對自然萬物分級列等，即使對人類本身也是如此階級分明。因此他也同樣認爲，奴隸制度乃理所當然，與柏拉圖同樣，對奴隸缺乏仁愛的精神。這在現代民主人士來看，會覺得很不可思議；然而，這也正如同兩百年前，很多西方白人認爲黑奴制度乃理所當然一樣，深深說明西方傳統思想中，「平等」與「尊生」的觀念一直要到近代才開始發達。相形之下，中國哲學仁民與愛物的傳統，的確深值肯定與弘揚。

換句話說，亞氏的階層觀念，從生態保育，不但未能幫助，並且恰恰相反，提供了人類征服環境、破壞自然的藉口。所以亞里士多德雖然分析物理學與生物學要比柏拉圖精細，而且也創立了「四因說」以分析萬物成因（亦即「形式因」、「質料因」、「形成因」與「目的因」），但基本上他仍然只是分析萬物，並沒有關懷萬物的觀念。尤其因其階層觀念，產生了役使萬物的看法，凡此種種，均導致會對環保工作的極大破壞。

所以當代西方環保學者郝尤金（Eugene C. Hargrove）便曾經舉例指出，亞里士多德雖然也提到現在的埃及，當紅河氾濫的時候，其河床常會壓過尼羅河谷，但他的興趣只在對海岸線的改變很好奇，並沒有任何心意，去關心應如何保護尼羅河谷的生態，以及洪水氾濫會如何破壞河谷的環境。㉑

這一例證充份說明，雖然亞里士多德在分析自然界方面，比柏拉圖要更加細密，但他同樣並沒有提到應如何關懷自然，更未強調應如何保護自然。歸根結柢，仍因其哲學源自知識性的「好奇」，而非人文性的「悲憫」。

另外，根據亞氏看法，整個自然界只是一個巨大的質料凝固物，在世界終極因——「不動的原動者」——推動之下，不斷的生滅變化而已。所以在《氣象學》（Meteorology）一書中，他曾經明白強調，雖然地球很多部份都在腐壞，但若一處乾枯，成爲沙漠，不能棲息，卻會另有一處變成可以居住的綠地，因爲河川必定會流衍各地，所以仍然能形成綠地。

重要的是，如果根據亞氏這種看法，仍然無補於環境保護，因爲他認定河川可以本身調整流向，所以便無須人類費心關懷，屆時人類只要順水而棲即可。如此看法，顯然仍以人類本身利益爲自我中心，而且一廂情願的消極態度，也再次顯現亞氏對大自然雖有好奇之心，卻並沒有關懷之意，尤其沒有保護之志。

因此，郝尤金教授曾經總論整個希臘哲學在環保上的缺憾，筆者特歸納成爲六個重點，深值引申與闡論：㉒

第一，整個希臘哲學，認爲自然界，頂多只是「意見」（opinions）的對象，但只有「知識」（knowledge）才是永恆不朽的眞實，也才有眞正的價值。至於零散「意見」的對象——如自然界，只屬於變幻不居的表象而已，所以並不具有眞正永恆價值。因此影響所及，便明顯缺乏對自然的尊重與關懷，也缺乏保護自然環境的態度與心意。

第二，柏拉圖哲學因爲追求超越的「理性」，所以非常貶抑「感性」。但是美學基本上乃是以感性爲基礎，所以在柏拉圖心目中，對大自然的美學離眞理很遠，大自然景觀若想透過美學而被欣賞肯定，同樣也被認爲並不成立。

第三，在先蘇格拉底時期，曾經認爲地、水、火、風非常重要，尤其如今看來，這對於保護地球、善用火焰、乃至保護河川、保護空氣來說，深具啟發意義。但這四種要項在希臘先蘇哲學也只是曇花一現，而且只被當做分析對象，並未當做關懷對象，因而仍然錯失了對環保的重要貢獻。

第四，自然界的變幻現象，在希臘時期，因爲被認爲不是永恆的現象，所以通常只是個別性的研究。例如對「火」只是孤立的分析，而沒有想到「火」在自然景觀中對環境的重大影響——像火山一旦爆發，對地質、岩漿，乃至附近生態所造成的影響，都完全被忽略。

另外，再如水，也只是看到其孤立的成分，而沒有看到水匯成整條河川後，一旦氾濫，對整體生態與景觀的影響，並且也沒有研究水中生物的影響等等。換句話說，對自然物質，多半只是研究孤立的單項，並沒有整體融貫性的研究。以致後來只推動了物理學的一些發展，但並沒有眞正發展機體性的生物學與地質學，因而對環保與生態學也形成相當程度的妨礙。

第五，整個希臘哲學所追求的世界觀，比較簡單化，而且屬於靜態幾何線條式的世界觀，因此不太能處理屬於動態的環境問題，以及變化發展的生態問題。例如空氣是流動的，因而空氣品質問題，便無法在其研究之內。這同樣造成對環保工作的不足與缺失。

第六，希臘哲學過分重視演繹法，多半從一般性的道理推演到特殊性的原理。但這種方法並不能適用於生態學，或生命科學的研究對象。所有環境倫理學所關懷的對象——不論自然萬物、河川、空氣、地質變化，或生態保育等等，通通不能只從一種原理演繹出來，而是有其特殊性，也各有不同的差異性與多樣化，其中更有極複雜的機體性組織，所以不能只用簡單的道理來化約，而必需以「機體主義」相待才行。

所以郝尤金教授曾舉過一個例證，㉟強調對竹子的研究，縱然對其本性了解很多，可是只從竹子的靜態研究中，並不能推出熊貓的生態。因爲按照希臘哲學的方法，對竹子頂多只是個別的孤立研究，但對竹子何以是唯一能被熊貓接受的食物，乃至於熊貓在竹林中的整體生活型態，卻完全沒有整體的研究，也沒有關心的興趣，當然也談不上如何加以保護或尊重了。

由此充份可見，希臘思想固然也產生了部分科學，但影響現代的只有物理學與化學部份，對於生物學、地質學或生態學基本上並沒有發展。然而，對當代環保影響最大的科學，就是後三項，由此也可以看出希臘哲學疏漏之處。

以上是從希臘哲學思想的特性，分別說明其對科學影響的拘限，以及妨礙環保發展的原因，事實上，從希臘哲學到中世紀神學，我們仍然可以看出其中一脈相承的特性，以及其中對環保的負面影響。

第二節　神人二分法

中世紀從耶穌基督誕生算起，到馬丁路德宗教改革，前後一千五百多年，很有各方面的貢獻，其宗教與哲學思想對西方文化尤有重大影響，不能完全抹煞。

不過，中世紀宗教與哲學的缺憾，有兩大要項，也深值警惕。一是後來對科學發展的壓抑，二是對環保的輕忽。前者已因近代理性主義啟蒙運動與人本主義興起，而在歷史上得到了平衡發展。然而後者對環保的輕忽，則一直到今天，仍待同樣理性的環保運動與環境倫理學平衡發展，才能更收宏效。

尤其中世紀的早期，其思想幾乎全部承自希臘哲學。柏拉圖所稱的「造物者」，乃至亞里士多德所說「原動的不動者」，很清楚的成爲中世紀所說的「神」，原先柏氏的「天人二分」，到中世紀仍然成爲「神人二分」。另外亞氏所強調的萬物爲人類而存在，同樣也形成中世紀的傳統；並且更明確的指出，神造萬物，就是爲了人類生活而存在。所以扼要而言，希臘哲學原先輕忽環保的毛病，幾乎同樣在中世紀出現，只是用詞略爲改變而已。

例如《聖經》在〈創世紀〉中便曾經提到：

「神說：我們要照著我們的形像，按著我們的樣式造人，使他們管理海裡的魚、空中的鳥、地上的牲畜，和全地，並地上所爬的一切昆蟲。

神就照著自己的形像造人，乃是照著他的形象造男造女。神就賜福給他們，又對他們說，要生養衆多，遍滿地面，治理這地，也要管理海裡的魚，空中的鳥和地上各樣行

動的活物。」㉔

另外，最常引起與爭議的即是下段：

「神說，看哪，我將遍地上一切結種子的菜蔬，和一切樹上所結有核的果子，全賜給你們做食物。至於地上的走獸，和空中的飛鳥，並各樣爬在地上有生命之物，我將青草賜給他們作食物，事就這樣成了。」㉕

換句話說，《聖經》這段內容，基本上認爲，人類天生就有神的授權「治理這地，也要管理海裡的魚，空中的鳥，和地上各樣行動的活物。」另外，一切菜蔬果子均爲神所賜給人類的食物，至於青草則爲神賜給一切動物的食物。此中明顯代表萬物中有層級性，而並不是當今環保思想所強調的萬物平等性。尤其其中明白顯示，係以人類自我中心，駕凌萬物之上，而不是如同中國哲學所強調，人應「合天地萬物爲一體」，人並應「大其心，以體天下之物」。所以若就環境保護與生態保育而言，此中明顯也有負面影響。

此所以當代西方批評家赫胥黎（A. Huxley）曾經指出：

「比起中國道家與遠東佛教，基督徒對自然的態度，一直是令人奇怪的感覺遲鈍，並且常常出之以專橫與殘暴的態度。他們把創世紀中不幸的說法當作暗示，因而將動物只看成東西，認爲人類可以爲了自己目的，任意剝削動物而無愧。」㉖

當然，或有人稱，人類若不能將動物植物做爲食物，本身生存豈不也成問題。此說或也言之成理，問題在於至少應區分出人類「基本營養所需」，以及「稀有動物植物」之不同。根據環保的一般通則，並不嚴格排除人體正常營養所需攝取的基本肉類（雖然部份素食者對此也反對），但對後者——珍禽異獸或瀕臨絕種的野生動物植物，則堅決反對獵取、殺食或破壞。

其實，我們如果深入分析，便知上述《聖經》內容，重點本在說明萬物被創造的順序，以及此世的應有秩序，並未故意藐視各種生物，更未明言要破壞環境與生態。只不過從中世紀以後，很多人斷章取義，自我膨脹，自認爲從此找到根據，可以征服自然萬物，才會造成長期不幸結果。

因爲，我們如果同時分析聖經其他篇章，便知很多地方仍然肯定對自然的尊重，以及對萬物生命的尊重。此所以在〈以賽亞書〉中，耶和華曾經明白的說過，

「你們所獻的許多祭物，與我何益呢？……公牛的血、羊羔的血，公山羊的血、我都不喜歡……你們的手都沾滿了血腥。」

由此可見，《聖經》中也明白指出，不願看到人類對萬物任意殺生，即使用動物獻祭，神也都不喜歡。

另外，在〈啟示錄〉中，也曾明白強調：「地，與海，並樹木，你們不可傷害」，清楚出了當今環保的重要精神——不可任意破壞地球，不可任意污染海洋，也不可任意傷害森林！另如〈約伯書〉中，更曾清楚提到：「與地說話，地必指教你」，尤其明確的提示人們，應該多親近自然大地，從自然大地的教誨得到啟示。

凡此種種，均可看出，《聖經》與當今環保精神，其實也有很多相符之處，只不過西方文化因長期心存征服自然，所以只擷取《聖經》中看似與其相合的部份，而忽略了《聖經》中其他尊重自然萬物的部份，今後對此毛病，自應及早加以改正才行。

除了《聖經》上述影響之外，我們也應分析中世紀兩大思想家——奧古斯汀（Augustuius）與多瑪士・阿奎那（Thomas Aquina），因爲前者是「教父哲學」的始祖，後者則是「士林哲學」的始祖，影響均極深遠。但從他們的解經內容中，我們同樣可以看出中世紀對環保的輕忽。

例如，前面所引述的〈創世紀〉中，說明了上帝創造自然萬物的過程。站在環保立場，其中最應深入研究的，乃是上帝是否眞把自然一切萬物，均賜給人類作食物；以及上帝是否眞正賜予人類權利，可以任意役使萬物。

如果眞正具有環保意識的神學家，自應將〈創世紀〉中過份簡略的內容進一步申論，至少也應指出，上帝只是把人類生存必需的動植物作爲食物，但並不包括珍禽異獸與瀕臨絕種的稀有動植物，否則也明顯會違背上帝好生之德。這種精神從上述《聖經》其他篇章中可以得到證明。

另外，若從人類本身應有的宗教情操來說，也應自我節制，對萬物不能任意役使，所以頂多只能以生活必需爲範圍——例如以牛耕種，以馬代步等等，但卻不能爲了私心縱欲，而以任意獵殺山林動物爲樂，否則便明顯違背「上帝是愛」的啟示。

可惜的是，在中世紀神學家中，多半缺乏此等生態保護意識。以致當奧古斯汀研究〈創世紀〉時，重點只放在其與《傳道書》（Book of Ecclesiasticus）內容如何調和，文意才不會有矛盾而已。至於〈創世紀〉中，可能因曲解而造成的環境傷害，他則完全沒有意識到，更未謀求補救之道。

換句話說，根據《傳道書》：「那永活者在同一時間內創造了萬物」。但根據〈創世紀〉，魚和鳥都是在神創造天地的第五天才出現，禽獸則在第六天才出現。因而，對這兩段內容應如何來調和，才是奧古斯汀關切的重點。至於如何尊重萬物生命，他並沒有觸及。

根據哲學史家柯普斯登（Copleston）的研究，他也曾經指出此中重點：

「奧古斯汀解決問題的方法是，上帝在起初的確在同一時間內創造了萬物，然而祂不是在相同的條件下創造它們：許多物體，植物、魚類、禽獸、人自己……是以不可見的、潛能的，在胚種中，在它們的種子型式中創造了它們。……奧古斯汀藉著這樣的區分，解決了『解道書』和『創世紀』兩者之間顯然的矛盾。」㉗

由此充分可見，奧古斯汀頂多只是站在解經者的立場，將各經之間的一致性，做爲關切重點——此其所以被稱爲「教父」哲學，因爲其中維護教會的立場甚爲明顯。然而若從環保的立場來看，則其完全未能彌補〈創世紀〉中可能引起的曲解，以及對環保明顯的傷害，這恐怕便有賴今後新時代「教父哲學」的新努力了。

當然，或有人稱，不能以現代社會才意識到的環保問題，強求於古人。這話看似不錯，但我們也不能忽略，同樣是古人——但在中國哲人，卻很早就意識到，人不能駕凌於萬物之上，而應該「大其心」，以平等精神同情萬物，這就明顯深符當今環保的需要，並且可以明顯看出對生命的尊重，其中胸襟便明顯不同。

由此充份可見，今後在宗教界中，仍然有賴新興的神學家，能夠同時深具「教父精神」與「環保意識」，透過新時代的解經，進而化除此中可能的矛盾。如此既能維護教會，也能維護環境，相信才是新時代神學家的重要使命；像美國最新思潮中，開始興起「生態神學」（Eco-theology），便很值得重視與弘揚。

除此之外，我們看多瑪士亦然。多瑪士開創了「士林哲學」，其重點係以論證精細著名於世，所以又稱「修院哲學」，甚至「煩瑣哲學」。然而究其論證宗旨，也多半係環繞在「

上帝存在」等宗教命題，而對人世自然界的環保問題，同樣很少涉及。有時甚至因爲延續《聖經》中所說，上帝的王國「不在此世，而在他世」，因而對自然界也承繼了一貫輕忽的立場。

例如，多瑪士膾炙人口的論證，便是在〈神學大全〉中提出「上帝存在」的五路證明，其中透過㈠運動律，㈡因果律，㈢必需存在與偶有存在，㈣等級律，以及㈤次序律，一一證明上帝的存在，論證可說非常嚴謹精細。然而，究其宗旨，根本精神並非放在人間世及自然界，因而對於「尊重自然」、「愛護環境」等環保的重要課題，可說均未討論。

除此之外，多瑪士在《神學大全》中所處理的重點，在思考上帝的本性、神的位格，以及「創造」的問題。至於對具體自然界的實體，他的思路仍然承繼亞里士多德，而接受「純粹潛能」與「純粹實現」的看法。所以他基本上仍然只在分析「原始質料」等理論，而對自然萬物的「含生性」與「平等性」，同樣均未觸及。他雖然不像亞氏明顯有階級觀念，但同樣缺乏環保觀念，卻也是一致的。

綜合而言，中世紀哲學中，奧古斯汀與多瑪士代表了兩大傳統。其中奧古斯汀承自柏拉圖，強調「先信、後知」（crede, ut intelligas），多瑪士則承自亞里士多德，強調「先知、後信」（intellige, ut credas）。兩者雖然思想風格並不一樣，但頂多是在對上帝的「信」與「知」次序看法不一，至於對自然界萬物的輕忽，以及對環保意識的缺乏，卻是同樣承自希臘，完全一樣，因而同樣造成對環保問題的漠視。

此所以叔本華曾經明白指出：「基督教倫理中，沒有想到動物，乃是一項缺點，我們最好承認此點，不要再犯。」[28]另外，他也曾經強調：

「因爲基督徒倫理把動物置之度外……動物立刻被排除在哲學倫理之外，也不受法律保護。因而人們可以把動物拿來作活體解剖，可以狩獵、奔馳、鬥牛、賽馬，而且可以在動物拖拉整車石頭的掙扎中，將牠鞭打至死！這是多麼可恥的行爲！」[29]

相形之下，若同樣以中國宗教來看，則華嚴宗所強調的「入法界品」，能同時結合「善知識」與「菩薩行」，除了起大信心外，並能夠發大願，透過大悲心，而護持一切衆生——包括一切天上飛的、地上跑的、水中游的動物，乃至一切植物與非生物，都在佛心尊重與保護之列，其中與境界便很不相同。

根據佛經，人心要能透過如此「教化調伏」，才能深具平等性的眞如心靈，如此曠觀自然萬物，並融合佛心在生活中，即能化成慈悲行動，尊重生命，愛護萬物。這才算是眞正環保之道。這種精神與教誨，對今後生態保育與環保教育，的確深具啟發意義，深值發揚光大。

由此可見，中國佛教與西方基督教義不同的地方，基本上，在於中國佛教是「自力宗教」，主要靠本身覺醒的力量自立，而西方基督教義則多半強調「他力宗教」，主要靠外在的上帝力量站起來。若從哲學觀點來看，外立宗教的天人關係，是一種「超絕」的關係，亦即上界與下界是不能貫通的，人間是人間，上天是上天，這就形成「天人二分」、「神人二分」，這種立體性的二分，基本上也正是希臘哲學一直承襲下來的特色。

相形之下，中國大乘佛教則採取機體主義立場，認爲「理事無礙」、「事事無礙」，並且肯定放下屠刀即可立地成佛，亦即在此世也能成佛，只要能弘揚人人本有的佛性。另如儒家的「天人合一」，肯定人性可以提昇到與天一般高，上下融貫無礙，也可說是一種「超越」而非「超絕」的特性。

持平而論，因爲衆生利鈍不同，人心需要不同，本文並無意論定自力宗教與他力宗教何者正確，或者何者爲佳。本文重點在於，若從環境保護的觀點來說，則西方基督教義的傳統，從前某些解釋，明顯會對環保形成負面影響，因而深值重視改進。

另外，若從儒家中庸哲學而論，則某些基督教義認爲，一切萬物均爲人類而存在，此說固然過份極端，但某些佛教教義認爲，根據嚴格的素食主義，人們一般營養所需的普通食物也在禁食之列，這也成爲另一極端。此時儒家「健康的理性主義」便能顯出大用，根據其「中道哲學」，只要人類不是爲了過份的口腹之欲，則可以採行合理的中庸之道，一方面維繫人類本身的基本生存發展，另一方面對於保護生態，乃至保護野生動物而言，也並未違背其中的基本精神。

除此之外，在西方基督教義中，固然有其很多偉大的情操，但在現實世界中，卻仍常見歧視的情形，不但對有色人種的歧視行之有年，即使同樣是白種人，男性對女性也仍常見有歧視現象，對於這種歧視，自應及早全面改進。

此所以近代西方不但有黑人發起的「民權運動」，也有爲女性爭平等的「女權運動」。其中有些主張是否過激，並非本文討論重點，但在西方號稱「基督國度」（Christiandom）之內，不少有色人種、少數民族、女性、童工以及殘障人士，多年來一直並未具備平等地位，卻是不爭的事實。

凡此種種問題，在西方也是一直到近些年來，才逐漸受到重視，慢慢享有平等。如今有識之士更進一步提醒，應肯定一切動植物與非生物的平等權益，乍看似乎離譜，其實很有深沉的人文省思與悲憫精神。

總而言之，若從哲學觀點而言，如果能把「人類」這一「類」，並不駕凌於其他「萬類」之上，不要形成以往人類自我中心的錯誤，首先必需要能培養恢宏胸襟與遠大眼光。目前在西方，逐漸有更多環保人士對此有所覺醒，在中國哲學，早已有此種深厚傳統，只不過在近代並未積極弘揚。所以放眼今後，亟需東西方仁人志士，集思廣益，一方面共同建樹完整的環保哲學，二方面本此「善知識」，化爲行動，以打抱不平的精神，同樣爲自然萬物打抱不平，那才能眞正善盡環保之責，並且共創人類與萬類的光明未來！

第三節　心物二分法

上述「天人二分」與「神人二分」，基本上是希臘哲學與中世紀的特性，等到了笛卡兒，雖然強調理性主義（Rationalism），卻仍然不自覺的形成「心物二分」。

笛卡兒哲學中，認爲實體（substance）起碼有三種，一個是心，一個是物，但心物均不能直接交往，因而不能互動交攝，也不能保證其中知識的正確性。所以到後來不得不請出「神」，以此爲中介，連繫「心」與「物」二實體，形成第三種「實體」。

根據笛卡兒，心與物分別爲被造的實體，神則爲能造的實體，所以在三項實體中，心與物「平行相對」，這就明顯形成相互隔閡的二分法，無法達到中國哲學「心物渾然一體」的自然觀，因而也缺乏同情體物、尊重自然的環保觀念。

另外，不論「心」與「物」或「神」，笛卡兒的關心重點，仍然不在此現實的自然世界，而是在理性的、抽象的實體界。歸根結柢，這種特性仍然源自柏拉圖，甚至其心物二元論，因爲中間缺乏融貫之道，而不能不建構「神」，也與柏拉圖的困境相同。因此，其宇宙觀同樣形成二元對立，缺乏和諧統一的機體性。

換句話說，笛卡兒雖然有句名言：「我思，故我存」（I think, therefore I am），但基本上，他所思的問題，乃是如何促使知識能清晰、明瞭，與正確。因而其哲學出發點仍承自柏拉圖所說的「好奇」，其重心仍在知識論，對於倫理學中人對自然應有的關懷與尊重，同缺乏省思。

另外，根據笛卡兒，理智的世界與感性的世界也是同樣二分，因此他並不重視感性的世界，而只追求理智、抽象、甚至懷疑的能力。這麼一來，對現實世界的自然景觀，不但不在他的考慮之內，而且還在輕忽範圍之內。

尤其根據笛卡兒，自然界的改變，不論好壞，均爲上帝的意志，因此人類完全無能爲力，這就更從根本上否定了環保努力的重要，也否定了生態保育的可能。

換句話說，笛卡兒哲學，基本上是從思想與懷疑的能力出發，這對科學發展固然很有幫助，（此所以他被稱爲「近代西洋哲學之父」），但他到後來卻變成「爲懷疑而懷疑」的懷疑主義，因而對於此世的生成發展，也懷疑人力所能幫助的範圍，凡此種種，便均成爲環境保護與生態保育的障礙。

方東美先生曾用佛學的術語比喻笛卡兒。因爲他用理性、懷疑的方法出發，但又過份執著於懷疑的方法，所以變成一種「法執」。像黑格爾最後過份強調絕對精神，則是一種「我執」。我們若站在廣大悉備的系統來看，則他們均各有一偏。對於這種心物二分，方東美先生曾比喻爲「逐物外執」，亦即追逐外物的偏執，可說相當中肯。

尤其，笛氏此中所逐的「物」，還只是抽象的萬物，並且過份依執於外在的上帝而存在，而並非尊重此世有血有肉的生命萬物，所以對環保更形成不利的影響。

因此，若從華嚴宗眼光來看笛卡爾的心物二分，則正可用「理事無礙」加以對治。笛卡爾因爲怕心物兩者不能溝通，所以想出上帝來溝通——正如同柏拉圖請出「造物者」，想溝通上下二界，但均未能圓滿融貫。然而在華嚴宗裡，理事中間本是無礙的，因爲它肯定整個宇宙圓融互攝、旁通統貫，不但即理即事，而且即事即理，形成心物合一的機體主義。相形之下，笛卡爾的缺點便很明顯，所以很可以用華嚴宗中圓融無礙的機體主義加以救治。

理性主義之中，除了笛卡兒外，史賓諾莎（Spinoza）認爲「自然」即「實體」，能跳脫二分法，可算西洋哲學中的異數，其精神反倒更接近於莊子，另外萊布尼茲（Leibniz）主張的單子論，強調「預定和諧」，也不致墮入二分法，但兩位在環保上的影響，卻均不及笛卡兒深遠。

另如早期的培根（Francis Bacon），雖然很能強調悲憫仁心——他曾認爲「最高貴的靈魂，乃是最廣闊的悲憫精神」[30]，但同樣影響不及笛卡兒重大，所以對於環保工作而言，仍然並未產生正面功能。

近代與理性主義相對的，有英國經驗主義（Empiricism），然而其中不論洛克（John Locke），巴克萊（George Bevkeley）或休謨（David Hume），若從環保觀點來看，均可說有所不足。

像洛克認爲人心像白板，原來本是一片空白，一切知識都是後天經驗的累積。這一點與理性主義認爲人有先天認知能力截然不同。但洛克仍將心與物各自區分出第一性與第二性，然後認爲兩者的「第一性」(Primary quality),均不能直接認知,仍需靠心物各自的第二性(Secondary quality)彼此交往。其中第一性相當於笛卡兒所說的「實體」,第二性則相當於笛氏的「屬性」。所以歸根結柢,仍然屬於「身心二分法」,只不過用語不同,但同樣屬於二分法架構,對於身心如何融貫,同樣形成困境。

另外,洛克與笛氏不同的是,並不仰靠上帝,肯定外物存有,但他仍然認爲,心靈對外物實體不能直接認知。這代表他對外在自然萬物,仍然無法直接肯定眞實生命的實體性,因而,同樣無法融貫內在心靈與外在自然。換句話說,他在此與笛卡兒是同樣毛病,既缺乏「萬物含生」的觀念,也缺乏「心物一體」的精神,因此在環保上,同樣無法做出正面貢獻。

不過,平心而論,洛克雖然在思想理論上並未肯定環境倫理,但他在日常生活中,卻非常喜愛小動物,而且堅決反對任意折磨或殺生動物的行爲。他並認爲,「凡是慣於對小動物折磨或傷害的人,對其同類也不會有悲憫之心。」㉛因此他主張,應教育孩童們,從小就憎惡欺凌一切生物。這的確是很重要的生態保育觀念。只不過他並未加以整理,成爲系統哲學,以致對近代環保影響並不太。

到了巴克萊,則更進一步強調,「存在即被認知」(to be is to be perceived),甘脆把外物納入內心,根本否認其客觀存在的實體性。這就形成「半邊唯心論」,因爲,不能被心靈認知的外物,就當作不存有。無形中,客觀的外在世界便被否定,自然界一切萬物也失去了獨立存在的生命意義與內在價值。因此同樣形成對自然缺乏尊重、也缺乏保護的觀念。

尤其，柏克萊這種半邊唯心論，因爲並未擴大心靈境界與認知範圍，所以與中國哲學「大其心以體天下之物」並不相同，與陽明先生「合天地萬物爲一體之仁心」，也無法相提並論，這是特別值得補充說明的重點，所以雖然看似均有「唯心」的特色，但胸襟與境界卻大不相同。

到了休姆（David Hume），更把客觀的存在，視爲「一束印象」（a bunch of impressions）而已。如此完全化約成感性的層次，不但否認了自然界的客觀獨立存在，甚至否認了主體心靈的實存性。

這樣一來，不但自然萬物失去了被肯定尊重的客觀根據，甚至人類心靈足以同情萬物的功能也被否定，更遑論對於整個自然界融貫和諧的機體觀。因此，若從環保意識而言，西方哲學到此可說破壞更徹底，至於生態保育觀念，也因失去應有的哲學基礎，而更受輕忽與漠視。

英國在十九世紀中，被稱爲「日不落國」，成爲世界第一強國，所以其哲學思想連帶也對世界產生重要影響。但上述的英國經驗主義，不但把環境保護看成與哲學並不相干，甚至還產生負面的妨礙，由此更可看出二十世紀中葉以來，環保問題日益嚴重，的確乃是其來有自。

另外，若從政治經濟學的「財產權」觀念而言，英國的洛克首倡此說，可稱開個人主義的先河，後來並影響了美國傑佛遜的民主思想。洛克明白認爲，土地的擁有權應從王權中解脫出來，交到個別的地主。這種看法，對於促進民主政治以及私有財產制，明顯很有貢獻。

然而，這種思想觀念卻也因爲不週全而產生副作用，尤其對於保護大地愛護自然，均成負面影響。歸根究柢，仍因源自其心物二分的哲學思想。

例如，其中第一項副作用便是洛克認定，每一地主對其土地有絕對的主宰權，因而將土地只視爲其附屬物，而非同體爲一的生命體。所以不論其對該土地處理是否得當，不論其是否任意破壞土地上的動植物生態，甚至於是否產生公害，影響其他人們，均在「私有權」的招牌下被掩蓋過去了。

此所以洛克曾經說：

「財產，其理論來源乃是人類爲了本身舒適，可以利用自然任何萬物。財產的目的，乃在爲所有人謀取福祉與利益，因此，爲達到此目的，甚至可以在其財產上作必要的破壞」。[32]

根據這種理論，如果有一個地主在其土地上建造工廠，任意排除廢水，或任意燃燒廢物，雖然明顯會造成環境破壞並危害他人，但在早期卻無人認爲不妥，因爲那是該地主的「私有土地」。

另外，若有地主在其山林中任意狩獵，或任意捕殺野生動物，明顯破壞生態保育，但也在「私有財產」的觀念下，忽略了其對環保的傷害。這種副作用行之甚久，一直到近些年來才被認眞反省檢討。

第二項副作用，便是洛克認爲每一土地價值，基本上應由其生產力或勞動力所決定，也就是說，他只從表面的利用價值去看土地，而未能從同體共命的機體眼光去看。如此一來，凡是未被開墾的荒土或野外，便被視爲浪費，從而被認爲並無價值，並認爲一定要開採，才有價值。這就明顯形成人類自我中心的偏狹功利觀點。並且明顯以「征服土地」做爲價值標準，很清楚的會嚴重傷害環境保護與生態保育。

此所以根據洛克的觀念：

「麵包比橡子（acorns）更有價值，酒比水更有價值，衣服或絲比樹葉、動物毛皮、青苔更有價值。」[33]

如果準此立論，那大自然之中，人類對一切野生動物如貂、蛇、狐等，均應殺來作衣服，動物才有價值；對一切原野的清流，也應充份利用做爲釀酒，清流才有價值；對一切原始植物與種籽，也應根據人類需要做成食物（如麵包），這些植物才有價值。凡此種種，均明顯構成對環保與生態的嚴重傷害。歸根結柢，均因傳統「天賜萬物於人」的思想影響，以及人類自我中心的私欲作祟，所以對環保明顯產生破壞性的副作用。

因此，針對上述第一項副作用，我們今天必需同時正視「公害」的防治。也就是除了尊重「私有財產權」外，更需同時尊重「社會公德心」，並且透過立法，將公德心與社會責任能夠落實，唯有如此，才不致於因爲任性擴張私心，造成對整體環境的公害。

針對第二項副作用，我們今天更需正視「綠地」、「荒野」、「山林」等保護區的重要性。也就是除了強調「經濟實效」外，更需同時「尊重自然生命」，並將保護原始山林、保護野生動物、保護荒野、綠地等等，也通過立法，予以落實。唯有如此，才能眞正符合環保精神，並同時爲現代人的精神生活留出空間，形成人與自然的和諧並進。

英國經驗主義在環保上的輕忽，到了當代的摩爾（G. E. Moore）才開始有所覺醒與糾正。所以他在一九二五年時，曾經發表一篇論文〈對普通常識的辯護〉（A Defense of Common Sense）。其中強調，對一般老百姓所接觸的普通常識，並不能否認其重要性。例如，一般民衆若看到花很漂亮，那就不要亂採，這並不需要什麼高深學問，也不需要對黑格爾龐大的哲學體系有什麼瞭解，只要從一般常識即知即行，便可保護自然。這種精神與陸象山很能相通，不但極具環保的觀念，並且能對「人人舉手之勞作環保」，給予極重要的精神動力，所以深值重視。

另外，到了一九三九年，摩爾又有一篇論文叫〈外在世界的證明〉（Proof of the External World）。文中更明白肯定，對外在世界不能忽略，不能一味只透過理性化、抽象化看自然，結果反而對其視而不見，對眞切的大自然生命反而缺乏關懷。

從摩爾例證中，充份可以說明，當代西方思想家已經開始重新省思環保問題，很多不但極其中肯的指出了西方傳統思想的毛病，也不約而同的能夠會通中國哲學的精神。事實上，也正因中國哲學一貫強調「即知即行」，注重「生命的學問」，所以與當今西方愈來愈盛的環保思潮，很能不謀而合，由此也再次可以證明，中國哲學深值弘揚光大之處。

第四節 主客二分法

近代西方哲學，從理性主義、經驗主義，到康德想要總其成，但又形成另一種型態的「主客二分」。

因爲，康德針對主體與客體，始終無法圓融解決「二律對反」（antinomy）的問題，對於其中二元的相反對立，基本上仍然承續了西方傳統的二分法，以相互衝突與矛盾爲基本關係。雖然他在《純粹理性批判》中企圖用「超越統覺」（transcendental apprehension）加以統攝，但其自然觀因爲缺乏融貫互攝的機體性，所以終究未能有效統合。

另外，針對「實體」問題——「物自體」（Thing-in-itself），康德認爲「不可知，但可思」，也就是基本上將大自然仍然當作「思惟的對象」，但並不肯定萬物具有含生的特性，更不認爲自然界爲廣大生命流行、旁通互攝的有機體。因而他在此所持的「不可知論」，若從環保而言，仍然是一種負面影響。

再說，康德除了將自然的實性——「物自體」歸為不可知的客體外，對於思想主體，則是從「感性的知識」，提昇到「悟性的知識」，然後提昇到「理性的知識」，再透過綜合性判斷，以「超越的自我」企圖相應於物自體。

此中對主體認知的流程，固然分析得更加精微細密，但主客之間的基本架構，卻仍然是截然二分，不能從「超越的自我」，對「物自體」眞正的感應體貼。相形之下，仍然缺乏中國哲學所說「同情體物」的胸襟，以致「能知」與「所知」仍然不能渾然同體，打成一片。這就同樣妨礙了對環保的重視與發展。

尤其，方東美先生有此批評很中肯：「近代歐洲人……在他們看來，這物質世界在價值上是中立的，無所謂價值不價值。如果要談價值，便需要先撇開這物質世界，像宗教哲學家或藝術家一樣，另外再建立一個超越領域，觀念價值才有所依托，像康德就顯然如此。」㉞因此，如何融貫先被撇開的物質世界以及另外建立的超越領域，同樣形成二分法的困境。

因此，雖然康德在個人生活上，是很守規律的謙謙君子，並且也很愛護動物，他甚至還曾強調：「我們很可以用一個人對動物的態度，來衡量其心腸如何。」㉟但在其學說上，卻並未以此為重點，以致仍然面臨主客二分的難題。

後來，此一「超越性自我」，到了黑格爾，變成把外在各種紛多的現象，通通統攝在此「絕對精神」（Absolute Spirit）中，形成犧牲「多」以成就「一」。在此龐大的唯心系統裡，沒有「多」，所有「多」通通被此絕對精神所籠罩，以致此「絕對精神」，反而形成一個大主體，而將客體忽略掉。因此方先生稱之爲「我執」。相形之下，同樣遠不如中國哲學視「一」與「多」爲和諧統一的機體主義精神。

扼要而言，從環保的需要而言，對於人與自然的關係、心與物的關係、或者主體與客體的關係，唯有消融其中二元對立，既不陷入「我執」，也不陷入「法執」，而能視爲和諧統一、融貫互攝的大有機體，才能眞正做到尊重自然，保護自然。中國哲學不論、儒、釋各家，均有此通性。反觀西洋傳統哲學，卻正獨缺這一種特性。所以持平而論，中國哲學在此的確深值西方借鏡。

換句話說，從康德到黑格爾，德國觀念論處理二元對立，均未能成功。不但康德如此，處理「二律對反」無法圓融和諧的貫通，即使費希特、謝林，乃至黑格爾所用的辯證法，基本上其正（Thesis）、反（Anti-thesis）、合（Synthesis）的辯證運轉，仍然是建築在「正」與「反」的二元衝突與矛盾之上。其間「正」與「反」經過「揚棄」（Anf-hebung），雖也會產生「合」，但此一「合」又形成新的「正」，又有新的「反」與之相對立，再透過新的衝突矛盾而運轉，如此「螺旋性的上升」，形成動態辯證法，但基本過程仍然一直以衝突矛盾爲主。

尤其，後來馬克思將之頭腳顚倒，仍然承襲此等辯證法的過程，但在方向上整個顚倒，便成爲「唯物辯證法」。他運用在社會運動與政治經濟上，根據衝突矛盾的特色，便形成不斷對立的「鬥爭哲學」。其爲害人類之深，充滿血淚教訓，眞正令人不堪回首。以此等衝突矛盾爲主的辯證法，對人類社會已經製造了無數悲劇，更怎麼可能有助人與自然的和諧並進!?

反觀中國哲學的辯證法則不然，不論儒家、道家、佛學，都是以「相反而相成」爲特色，絕不是以「相反而相鬥」爲能事。並且均以尊重生命、心物合一爲特性，所以堪稱爲「唯生辯證法」，其間人與自然的辯證關係，並非建立在衝突矛盾之上，而是建立在和諧互助之上，這就形成了對環境保護的極大貢獻與助益。

例如，儒家所謂「一陰一陽之謂道」，便是以一陰一陽來互補互生，此中「陰」與「陽」的關係便是相反而相成，絕非相反而相鬥。這正如同家庭夫妻一般，必需「陰中有陽，陽中有陰」，相互尊重，彼此互諒，形成易經所謂「和爲貴」，才能做到「家和萬事興」。由此來看，整個大自然也猶如大家庭，同樣需要「和爲貴」，才能家和萬事興！

另外，道家也是同樣情形。老子說得好：「無之以爲用，有之以爲利」，其中「有」與「無」成爲辯證兩極，同樣代表相反而相成的互動關係，絕非相反而相鬥的互傷關係。此亦莊子在〈天下篇〉中所說，老子哲學乃是「建立以常無有，主之以太一」。正因其中辯證法均以相反而相生爲特性，所以才會肯定整個大自然充滿生機，瀰漫生意，而且大道無所不在。這對尊重自然、同情體物，當然形成極爲重要的精神特色。

至於佛學中的辯證法更爲豐富，不論三論宗、天台宗、華嚴宗，均共同肯定「中道哲學」，亦即在「眞空」與「妙有」的辯證互融中肯定，眞如足以統攝一切，佛性更是融貫萬物，因而對整個自然界均能以平等心相待，愛護自然萬物，這在環保上更深具啟發意義。

綜合而言，從中國哲學看來，人和自然絕不是對立的兩截，主客之間也絕不是隔離的二分。整個自然界，從儒家來看，都是一陰一陽所構成的大化流行，陰陽本身就代表了「大生」之德與「廣生」之德，兩者循環交迭，運轉無窮，便形成「生生之謂易」，因而足以肯定萬物含生，認定大自然乃是盎然生命流衍的有機體。

道家所肯定的自然，同樣由「常無」與「常有」所建構的大道所貫注，因而形成甜美豐瞻的「甘露」世界，同樣肯定萬物充滿生命，一切萬物平等。至於中國大乘佛學，在「眞空」與「妙有」和諧並進的歷程中，同樣肯定佛性瀰漫一切萬有，融貫事事無礙，形成妙香無窮的華藏世界。凡此種種，均用不同名相，共同肯定對自然界的尊重與愛護，所以不但很可以對治近代西方辯證法的弊端，更可用此「唯生辯證法」切實尊重生命，保護自然，的確深值弘揚光大。

事實上，西方有關二分法的困境，到了最新的科學發展中，也開始陸續被警覺應改進，而共同邁向中國哲學機體論的境界，此種趨勢也深值重視。

此所以物理學家海森堡（Heisenberg）曾經強調，最新科學進展既然要討論人與自然的相互影響，那麼：

「以往將這個世界分成所謂主體與客體，內在與外在，肉體與靈魂的世界，已不再妥

當，這些只會導引我們進入困境。」㊱

另外，原先古典的物理學，到了最新發展，也形成原子物理學，強調物理的本質既非「粒」，也非「波」，更非「粒」「波」二元論的對立，而是這兩者「互補互攝」，「透過或然率取得連繫，某區域波振幅大小的平方，代表粒子存在該區的可能性」。因此：

「『波』『粒』尖銳的對立，遂消失於這樣的連繫中，而自然過程也由此才能得到完全的描述，這便是有名的『互補原理』（complementary principle）」㊲

換句話說，即使在物理科學的最新研究，也透過「互補互成」的辯證發展，化解了以往長期的二元對立困境，這更是以最新物理學，證明了「機體主義」自然觀的正確性。

當然，在近代西方哲學之中，我們也可以找到少數的例外，並不完全墮入僵化的二分法。如前所述，像理性主義中的史賓諾莎（Spinoza）與萊布尼茲（Leibniz）均爲重要例證。

基本上，史賓諾莎因爲受到猶太民族尊一神教的影響，所以他明白肯定「自然」（Nature）就是「實體」（Substance），也就是「神」（God）。因而他也肯定，在自然界中，神力貫注一切萬物，無所不在，這就很能會通於莊子所說的「道無所不在」。

另外，史賓諾莎也強調，神爲「能產的自然」（Natura Naturans），自然界則爲「所產的自然」（Natura naturata）。然後他認爲「神，即自然，即實體」，並且以此融貫「能」「所」合一。最後他更明白指出，唯有如此圓融整合，才能「保全自我」，沐浴在「永恆形相」中，怡然自得。他在《倫理學》結論中，甚至明白強調，追求「與天地萬物合一」，才是眞正美德。這就幾乎與中國哲學完全相通。在環保意義上，也同樣深值重視與弘揚。

此中不同的是，史賓諾莎因爲注重「自然」的永恆實體性，所以多少會影響自然內在的創造生發力，方東美先生因此稱其自然觀爲靜態而非動態。相形之下，中國哲學肯定自然充滿生生創造精神，更能符合當今環保與生態保育的精神。

除了史賓諾莎外，萊布尼茲的「單子說」（Theory of Monads）同樣也深具環保意義。

根據萊布尼茲，自然界可視爲由無數的單子所構成，他認爲所有個別的單子之間，都有「預定的和諧」（Pre-established Harmony），朝著中心單子邁進。這就將自然萬物視爲和諧而統一的有機體，並能警惕世人，不要去破壞「預定的和諧」，以及各單子相互的平等，此中肯定萬物和諧與萬物平等，便深具生態保育與環境保護的啟發。

另外，萊氏也曾強調，所有單子都朝著「中心單子」（即神）邁進，這也充份肯定，自然萬物的生存與生命，均向高尚的理想與目的共同邁進，因而就不會只以價值中立的眼光，否定萬物的生命價值與生存意義。如此精神，就極能符合當今環保哲學的中心信念。

因爲萊氏此等哲學，極能與中國易經哲學相通。所以當他首次通過耶穌會傳教士翻譯，讀到中國《易經》時，大爲傾心讚佩。他不但對易經的數學系統極爲折服，對易經的生命哲學同樣至爲欽慕。此中經過，在美國麻省理工學院所出版的《萊布尼茲與易經》一書中述之甚詳。從這一段佳話也可以證明，在西方，凡能肯定萬物含生、自然和諧的思想家，其哲學均與中國哲學很能相通，其本人也多半非常欽佩中國哲學，很有研究，不但萊布尼茲如此，另如雅士培與懷海德均然。

當然，若從眞正中國哲學反觀萊氏哲學，其唯一缺點，便是仍然認爲，個別的單子之間「没有窗戶」，象徵個別的物與物之間不能旁通互攝，因而彼此仍然是封閉的。這就仍然未能完全符合今天生態學所發現的「物物相關」原理。

相形之下，中國哲學不論儒、道、釋那一家，均肯定自然萬物皆能旁通統貫，而且彼是相因，交攝互映，形成圓融無礙的大生命體，進而共同邁向無限光明的終極目的，這種機體主義就環保哲學而言，可說更爲高明完善，深值重視。

根據以上種種例證，均可看出，在近代西方，不只最新物理學揚棄了以往的簡陋二分法，明白強調交融互補的「機體觀」，有些深受中國哲學影響的大思想家，也明確批評惡性二分法的錯誤，肯定萬物含生，相互融貫。凡此種種，均與中國哲學不謀而合，所以深值東西方共同體認與弘揚。

第五節　科學唯物論（Scientific Materialism）

近代西方從十八世紀科學萌芽時期，逐漸發展出一套科學唯物論。固然從科學史觀點而言，這對促進當代科學成就，有其階段性的貢獻，但若從環境保護觀點來看，則此等科學發展只以「唯物論」爲核心，並以征服自然爲能事，完全缺乏「機體論」的觀念，也缺乏人與自然應該和諧並進的覺醒，顯然造成諸多後遺症，更是造成後來種種環境問題的主因。

以下即分別申論科學唯物論在環保方面所呈現出的毛病。

第一種毛病，近代科學唯物論，基本上從古典物理學開始，以牛頓力學爲中心，其重點只在於分析物理現象，而不注重生命現象，所以明顯形成對環保與生態保育的輕忽。

扼要而言，這種看法把一切自然存有，都看成低一層的「物質」世界，頂多加以客觀描述或解釋，而不能肯定萬物均各有其生命尊嚴與內在價值，更無法肯定大自然一切萬物均孕含生命，並且均能物物相關，這就形成一種呆滯與僵化的唯物自然觀。

此所以當代大物理學家海森堡（Heisenberg）曾經明白批評，十八世紀以來的科學家，

> 「認爲自然不僅僅與上帝無關，而且與人也無關，他只注目自然的客觀描述或解釋。」㊳

事實上，從十八世紀起，很多科學家看自然，基本上，均把「生命」的因素抽離不談。因爲生命現象含有豐富的生成變化，深具動態的機體性，超乎「客觀描述或解釋」的能力範圍。因此，根據牛頓力學定律所能處理的世界，便形成一套唯物論的自然觀——一方面將自然與上天隔離，二方面也將自然與人隔離。

這種對自然的態度，從牛頓本身一段話也可看出：

「我不知道我能呈現給世人什麼，但就我個人而言，我感覺我往往像在海邊遊玩的一個兒童，廣大而未被發現的真理就在我面前，我不過時而找些比較平滑的石子，或較厚亮的貝殼自娱而已。」㊴

牛頓雖然很謙遜，並不否認整個宇宙及自然如同「廣大而未被發現的眞理海洋」，但他當時發現的力學定律，功用僅在「找些比較平滑的石子，或較厚亮的貝殼」。換句話說，基本上他仍然只以處理「物質」的觀點看待自然，頂多係以發掘新知識的心情研究自然，但並未意識到，即使石子或貝殼本身，也可能深具莊嚴的生命意義。此中關鍵，正如海森堡的評論：

「即使對牛頓而言，那個貝殼之所以重要，僅僅因爲它來自廣大的真理海洋。它的發現本身並沒有什麼目的，它僅由它與海洋的聯繫才推衍出它的意義。」[40]

換句話說，牛頓發現科學的動力，仍然承自柏拉圖所說的「驚奇」，僅因其與發掘新知相關，所以才有意義，但並未肯定發現出來的萬物本身，即深具生命意義與價值。

相形之下，中國哲學肯定「合天地萬物爲一體」的自然觀，很早就強調萬物本身就具有生命存在目的，並且相互融貫交融，所以才能形成「機體論」，這正能對治近代科學「唯物論」的毛病。

後來西方從二十世紀初，相對論與量子論相繼產生之後，便徹底修正了牛頓古典物理學。到了當前生命科學與深度生態學的興起，更從根本上修正了十八世紀科學唯物論，究其根本精神，均能印證中國哲學自然觀的正確性。

此所以發明「相對論」的愛因斯坦，對浩瀚的宇宙看法，便不只是在眞理海洋邊找些「平滑的石子或較厚亮的貝殼」，而是以更恢宏的胸襟氣宇，透過一種「宇宙宗教感」（cosmic religious feeling），曠觀整個宇宙生命。因而才能將「時間」因素注入原先古典物理學中，形成四度空間，並且明白強調，「宗教」與「科學」不可偏廢，否則「只有宗教，沒有科學，固然是瞎子，但只有科學，沒有宗教，便成跛子」。

換句話說，在愛因斯坦修正的科學新發展中，既結合了神（雖然並不像田立克所說的「

人格神」），也結合了人；最重要的，是透過生命與關懷的眼光看自然，這才眞正形成大科學家的胸襟風範，修正了科學唯物論的第一種毛病。其中精神，深值體認並且發揚光大。

第二種毛病，用科學家兼哲學家懷海德的話來講，傳統物理學，從加俐略到牛頓，所講的都是「封閉系統」。

例如，加俐略雖然對星體天文現象研究很久，但他只是講封閉的天文系統，另外牛頓的物理學，基本上談的也是封閉的物理學。所謂封閉的物理學，就是把空間限定在光速範圍之內，只有在此封閉系統內，其物理學三定律才能有用，所以他心目中所說的「自然」，並不是一種無窮遠大的開放系統，而是一種孤立系統。

此所以大物理學家海森堡就明白以此爲戒，提醒世人：科學研究者的哲學，絕不能成爲「一種關閉並自滿的哲學體系」（a closed and fully rounded philosophic system）。

另外，近代科學發展的順序，先由物理學與化學開始，其過程通常都是先提出「假說」（hypothesis），再以實驗加以檢證或修正。然而此等假說往往是理想化的抽象系統，若以化學爲例，便常用一種所謂「理想的空氣」爲準，也就是常用「眞空」狀態爲準，做爲研究各種物理與化學現象運作的條件，然而這本身就形成另一種封閉的系統。因爲在所有的自然界與現實社會中，並沒有如此理想的空氣，所以這就造成了理想與現實脫節，對大自然現實情況無從結合，更遑論對自然加以關心與保護。

除此之外，物理學原則也是如此，有關牛頓三定律或熱力學定律，通通也都是先有一種假說，然後再從實驗室中各種結果來證明或修訂假說，此中最大的毛病就是，實驗室仍是一個封閉的空間，任何實驗過程研究出來的結論，仍是一種孤立系統的結果。這也就形成懷海德所說「簡單定位」（Simple location）的毛病，因而無法處理活躍創造的生命現象。這一直到後來生物學、生態學、乃至生命科學的蓬勃發展，才開始糾正原先科學唯物論的這項毛病。

值得強調的是，當代最新物理學發展，對這項毛病也有很大的突破。例如相對論以及量子物理學，就不再只是封閉的系統。像愛因斯坦所提 $E=mc^2$，其中的速度即超出光速，就可以打破原先封閉的空間系統。

此所以愛因斯坦也曾明白指出：

「人類乃是『宇宙』的一部份。然而，他卻將其思想與感受，自外於其他部份，形成其意識上的一種妄想。這種妄想，對我們是一種拘禁，自我拘束於私欲或身邊事務。」[41]

換句話說，是愛因斯坦明白反對以封閉的系統劃地自限，而強調人類「應突破這種拘禁，擴大悲憫胸襟，以擁抱一切自然萬物。」這就與中國哲學強調「大其心」，以同情天地萬物的精神，非常能夠相通。

另外，愛因斯坦的相對論，也因爲加入時間因素，而突顯了萬物之中「相對而有」的觀念。這就很接近中國哲學所說的萬物「彼是相因」、相互依存。透過此等「相對論」，人們不但可以肯定物物相關，旁通統貫，而且可以從靜態呆板的自然觀，進入動態融貫的自然觀，這對生態保護與環境保護，可說均同時進了一大步。

第三種毛病，近代科學的研究，沿襲古希臘哲學的特性，並不注重感官知識，所以並不注重觀察所得，而只注重萬事萬物背後的原理原則。

這種特色固然有「理論化」「抽象化」的長處，卻也因此而與有血有肉的現實世界脫節，並與芬芳明麗的大自然完全隔閡。從某種意義而言，正因近代科學想要回復希臘的理性運動，所以仍然沿襲了同一種毛病。

我們即以物理學爲例，希臘早期德謨克利圖斯（Democritos），認爲大自然的基本原素便是「原子」（atom），他可說是西方最早的唯物論者。近代科學，雖然經由放射的進步，認爲「原子」不再是不可分的原素，但充其量只不過再細分爲質子、中子與電子，認爲彼等才是萬物最早的原素。

這種看法，基上本仍然是將某種「基本粒子」當作自然的最小原素，而未能體認物與物之間的關聯性，以及萬物之中的生命性。因而對環境保護而言，仍然承襲了原來希臘哲學的毛病，其研究重點對於環保工作，要不就是並不相干，要不就是無從幫忙，甚至因否定機體性，而間接妨礙了生態保護的發展。

這種「粒子論」的限制，到了後來光學中的「光波論」、電學中的「磁場論」、乃至前述「粒波互補論」，才算重新有了更廣闊的自然觀。尤其到了量子論，才更加提昇了研究的格局。

此所以海森堡曾經強調：

「量子論中，數學形構的自然律已不再論及基本粒子的本身，而是在論述我們關於它們的知識。」[42]

換句話說，人本身在此時，不再只是從旁作客觀的描述，而是經由相對的關係，將本身研究納入人與自然關係之中。此即海森堡所說：

「原子物理學家已一再提醒他自己這個事實：他的科學，僅是人類關於自然討論的無限長鍵中一環而已。」[43]

人若能將對「自然」的討論，視爲「無限長鍵」，本質上已經視其爲開放系統，再加上人們已經能自覺其科學只是其中「一環」，更代表已經明瞭自然之間「環環相扣」的新發現。凡此種種，均已在環保工作產生了相當進步。

同樣情形，波爾（Bohr）介紹了「互補」的觀念，他也曾有一句名言：

「我們必須自覺這個事實：在生命舞台上，我們不僅是觀衆，也是演員。」㊹

這可說是頭一次，大科學家站在「生命」舞台的觀點，反省本身科學研究的角色。這也充份顯示，人們已從原來的科學「唯物論」，擴大到「生命論」的領域。這才眞正爲「萬物含生論」以及「物我合一論」，開啟了重要的科學研究大門，也爲「機體主義」乃至生態保育提供了重要佐證。

尤其，我們從最新的生命科學中可以發現，大自然很多功能正如同人的生命一樣，不但有呼吸系統，有循環系統，也有排泄系統等等，共同形成整體的生命。而且，其中任何一小部份都很重要，眞正可說「牽一髮而動全身」，不但頭腦重要，腳趾頭也重要。一旦腳趾受傷，照樣全身痛苦，影響整體生命的心情與工作，而不只是腳趾痛而已。

這種生命科學的研究特性，，也正是機體主義的特性——把整體大自然，都當成像人一樣，具有整體生命來研究，因而深知其中息息相關，各個部份均有生命，而絕不是把整體生命割裂後研究，鼻子只是鼻子，眼睛只是眼睛，那便淪爲莊子所說的「一曲之士」，「各有所明，不能相通」。

扼要而論，科學唯物論的最大毛病，就是割裂自然，執而不化，因而無法肯定整體自然均深具生命。影響所及，最大壞處就是不能尊重自然與保護自然。相形之下，更可看出中國哲學融貫性自然觀的可貴，的確深值體認與弘揚。

第六節　機械唯物論（mechanical materialism）

機械唯物論的毛病，同樣可以從下述三項看出。

第一項毛病，便是「決定論」的錯誤。

這種決定論源自何處呢？嚴格追溯起來，仍源自希臘亞里士多德哲學的「因果說」。因爲亞氏用「四因」來說明自然萬物，他所用的「cause」即「因果」觀念。這種因果觀念一旦被窄化，便認爲對於自然界，也可以用機械性的原理，決定未來發展，這便成了近代典型的「機械論」錯誤。

這種毛病形成的自然觀，是透過僵化的眼光，只從機械物象看一切存有，因而對於萬物含生、以及物物相關的觀念，完全不能體認。這種毛病，直到近來更新的生命科學，肯定了「機體論」，才開始被糾正改進。

「決定論」最明顯的例子，便是海森堡所批評的，牛頓物理學以及拉甫勒斯（Laplace）理論。

根據牛頓物理學，「如果我們知道了某一系統在某一特定時間的狀態，它將來的運動就能被計算出。」這便是典型的決定論。

另外，根據拉甫勒斯，他也曾經強調：「如果有一個惡魔，在某一個時間知道了所有原子的位置和運動，它就能預測這世界的整個未來。」這同樣也是狹窄的決定論。

這種決定論，後來由幾位大科學家出來，紛紛從各種方面，指出其中明顯錯誤；例如蒲朗克（Max Planck）的量子論，便是著名例證。

根據薄朗蒲克在「放射理論」的研究，證明放射中的原子，並不是連續性地釋放出能量，而是一束束地分別射出，因而證明其中存有「不確定現象」。他並引申出，放射現象乃是「統計現象」的看法，經過此一重要發現後，再歷經愛因斯坦、波爾、薩莫菲（Sommerfield）等四分之一世紀，終於使化學、物理學和天文物理融爲一體，共同拋棄了以往純粹的決定論。

另外，更明顯的新例證，便是海森堡所發表的「測不準定律」（Principle of uncertainty）。其中重點指出，人們不可能精確地描述一個原子質點的位置與速度。換句話說：

「我們可以精確地測知位置，但用來觀測的儀器，卻使得對速度的知識成爲不可能，或者我們可以精確地量出速度，但卻放棄了去知道位置。」[45]

如此一來，便使「牛頓力學的觀念無法再通用」，也從根本上證明了自然豐富的變化性，從而否定了機械性的決定論。

另外一個重要的貢獻，則是來自波爾所說的「互補」觀念（concept of complement）。這個觀念指出，原子之間也有某種化學結合，「各種實驗結果所提出的不同關係，都可用來描述原子系統，而絕不致互相排斥」。這正如同中庸所說的精神：「道並行而不悖。」在近代科學中，例如「粒子論」與「光波論」，便可互補互攝，而絕非對立的互斥系統。這也從根本處推翻了原先機械性的決定論，同時肯定了融貫的機體主義。

凡此種種，充份證明，從最新物理學與化學的研究結果，均可與生態學結論相通，因而可以共同肯定生態保育與環境保護的重要觀念。

機械唯物論的第三個毛病，便是時空二分的毛病。

因爲，近代機械唯物論的另一特性，便是在研究大自然時，先把時間的因素去掉，所以無從處理動態的自然觀，這便形成另一種毛病。

這種情形，主要仍從笛卡兒的傳統承傳過來。笛氏爲了追求「清晰明瞭」（clear and distinct）的知識，因此把變化性的時間因素排除。影響所及，其副作用便是無法分析生成變化的自然世界，從而無法產生尊重自然、乃至保護自然的精神。

例如，我們如果想把一個滾動中的圓球體加以微分，便無從著手，因爲它在滾動中運轉，便已經加入了時間因素，無法微分，所以一定要先把這圓球定位在一個定點上，形成機械的三度空間座標，然後把「體」看成是無數「面」的集合，再把「面」看成無數「線」的集合，「線」看成無數「點」的集合。唯有如此，才能進行微分。

換句話說，根據這種架構，要分析自然界一個物體，其先決條件便是，去除其中「時間」因素，因而這就只能從定型的空間座標來分析，形成靜態結構下的唯物論。這就造成對自然觀的另一種僵化毛病。

另外，不論笛卡兒或歐氏幾何學，都會形成片面性的自然觀，這也屬於一種機械唯物論。

換句話說，歐幾里德的幾何學，其長處是條理分明，很有規律——像古希臘的建築美學與人體美學，都很強調對稱性與均匀性，這些均爲歐氏幾何特性。但是自然界的生命現象，很多卻並非根據固定的規律進行，而是充滿千變萬化與不規則性，這才能顯現多樣性與多元性的蓬勃風貌。如果一定要將其納入固定架構，形成框框條條，那就反而扼殺了其中豐贍燦溢的生機，淪爲教條性，這也正是機械唯物論的另一毛病。

這正如同一個人，如果每一天都呆板的按照固定規律工作，看似每天都有條理，都很固定，但其實也是都很機械化。如果一個人終生只過這種機械人般的生活，缺乏調劑，顯然不能充份體認人生的豐富風貌。一言以蔽之，這就形成片面的人生觀。

人生觀如此，自然觀亦然。自然萬象本來充滿各種豐盛的變化性與可能性，萬物生命更是充滿無窮的才情與自由意志，因而均不可能用特定的機械原理加以拘限。所以對自然觀如果過份強調歐氏幾何，便會形成「削足適履」的機械論毛病。

因此，扼要來說，環境倫理學所處理的對象——不論是自然界或生態界，都需以「非歐氏幾何學」爲基礎，才能眞切妥當。事實上，這才正是「機體主義」興起的重要原因，因爲唯有如此，才能超脫機械性的架構，並且超越形式化的束縛。

另外，機械唯物論的第三個毛病，就是化約主義。

這種毛病，簡單的說，就是把豐富的「心理」現象，先化約成「生理」現象，然後又把「生理」現象化約爲「物理」現象。其中根本錯誤在於，爲了適用物理原則，便把多采多姿的心理現象與生命現象，硬生生的化約成「物理」現象，這同樣形成「削足適履」的毛病。自然界很多雄偉壯麗的生命型態因而被犧牲，只剩下扁平的物質現象。如此一來，既談不上認清自然，更談不上尊重自然，乃至保護自然了。

因此，海森堡便曾經很中肯地引述莊子名言，說明機械唯物論的這種毛病。

莊子這段寓言內容如下：

「子貢南遊於楚，反於晉，述瀆陰，見一丈人，方將爲圃畦，鑿隧而入井，抱甕而出灌，搰搰然，用力甚多，而見功寡。子貢曰，有械於此，一日浸百畦，用力甚寡，而見功多，夫子不欲乎？

爲圃者仰而視之，曰，鑿木爲機，後重前輕，挈水若抽，數若泆湯，其名爲槔，爲圃者忿然作色而笑曰：吾聞之吾師，有機械者，必有機事，有機事者必有機心。機心存於胸中，則純白不備，純白不備，則神生不定。神生不定者，道之所不載也。吾非不知，羞而不爲也。」

海森堡在其《物理學家的自然觀》的一書中，不但對莊子上述內容全文引述，而且明白指出「這個古老的故事包含不少的智慧」，最後他還強調「神生不定，也許就是我們今天危機中，人類處境最適當的描述之一。」[46]更可說一針見血之論。尤其他以一位外國學者——更還是一位物理學家，而能對中國道家哲學如此下功夫，的確令人欽佩，也發人深省。

事實上，雖然有人批評莊子這種看法會影響科技發展。但如今更深沉的反省卻提醒人們，由機械論所產生的錯誤自然觀，反而斲喪了很有生意的大自然。另外，由機心所產生的人生觀，同樣會腐蝕人間淳樸的善根。很多經驗事實證明：的確如此！

所以莊子在此認爲「有機械者必有機事，有機事者必有機心」，若只用西方以往二分法去看，可能很有疑惑，認爲外在的「機械」，如何能引生內在的「機心」。但海森堡經過最新的物理學研究，反而更能體悟出外物與人心的相通互融，此中精神，眞正足以超越機械唯物論，的確深值體認。

方東美先生在中論華嚴宗時，也曾引述法國最早得到諾貝爾的米提（Mitty）講法，強調他曾寫了一本書：

「其目的就是要證明，世界上自從有了人類的心靈存在之後，便馬上在物質世界裡面開展出另外一個高峰與境界，那個高峰與境界叫做『心靈的領域』。另外 moral science（道德科學）、Science of humanity（人文的科學），乃至一切藝術、哲學、文學、音樂、美術、雕刻、以及其他的造型藝術，都是要憑藉人類高度的心靈作用、精神作用，才能夠產生。」[47]

方先生在此引述法國科學家，宗旨在證明華嚴宗的自然觀，足以透過眞如心靈，把一切本屬物質的世界，都點化成爲心靈的領域，以及精神的高峰。事實上，這也是最能導正機械唯物論的重要關鍵，因爲，後者將一切生命現象均向下化約成物質現象。相形之下，華嚴宗剛好相反，足以將物質現象超化爲生命心靈境界，這才是對當今環保哲學很能貢獻的重點，深值共同重視。

事實上，法國近代大哲伏爾泰（Voltaire, 1694-1778），也曾明確的指出，如果我們觀察一隻忠狗，評價牠失去主人之後的表現，看牠到處焦急尋找主人的情形，看牠一面哀號一面尋找的神情，便知牠的忠誠還遠超過人類。然而卻有「機械論者」，狠心地把狗釘在木板上，活生生加以解剖，只爲了展示其神經與靜脈，而完全忽略其各種組織與人類完全一樣：

「如果有人認爲動物只是機械，不需要瞭解與感覺，那才是多麼貧乏與可憐的心

靈！」㊽

此所以伏爾泰曾經強調，像牛頓或洛克，在個人生活上，也都還能培養仁心，以關懷低等動物，他並因此認爲：

「說真的，如果沒有廣包一切的仁心，哲學家就沒有什麼了不起的！」㊾

這句話很中肯地指出了哲學家應有的胸襟與情懷。綜觀西方近代科學家與哲學家，雖然在個人生活上也不乏深具悲憫精神者，但因彼等思想學說多半走向機械論或唯物論，因而導致對自然及環保的很多負面影響，這些均深值今後警惕與改進！

所以方東美先生曾經特別提醒國人，不要妄自菲薄，尤其應該警惕：

「中國近五十年來常被虛妄哲學、虛妄的科學主義所矇混了。其結果便使中國從十九世紀末期一直到現在所流傳的，就是那些膚淺的科學唯物論以及科學機械論。」㊿

因此方先生特別呼籲大家，應注意現代最新科學，已經產生一種「目的論的生物學」（teleological biology），其特色乃在於：

「不再把生命埋沒在物質的機械條件與能的機械支配裡面，而能產生許多創造的新奇性，來說明生命已超越了物質，心靈已經超越了生命，不斷的在宇宙裡面向上，以創造的情勢，表現種種新奇的現象。」51

換句話說，根據上述最新科學，種種對自然的新生命觀、新目的論，與創造性的價值觀，都不是古典主義的科學所能達到。眞正想要瞭解新科學、發展的人，便不能只停在古典主義、牛頓、或麥克斯威爾（Maxwell），另外對於相對論、量子論、物理學很多重要發明，更應充份研究。就天文學來說，也不能只處在哥白尼時代，只以太陽系爲認知範圍，而應眞正認清天外有天，甚至太陽系也只是整個宇宙中的一塵埃。

此外對於新的生命科學，與深度生態學，也均應體認其中心思想，並應透過生命科學、價值科學，瞭解現代新的幾何學系統、新的數學系統和分析，乃至新的實驗物理系統。然後才能領悟，最新科學的境界，本與哲學最高境界殊途同歸。

此中重要關鍵，誠如方先生所說：

「這些新的發展都在指證，整個宇宙不可能只有一個機械的物質次序。因此一切的轉變都是指向生命的向上發展，心靈的向上發展，然後在這重重發展裡面，我們可以看出價值的湧現。」[51]

因此，方先生緊接著曾以中國華嚴宗的世界觀，進一步的說明：

「從世界海到世界種，從世界種到生命世界，到正覺世間，是不斷的層層向上演進，名面創造，而不斷的有新奇的現象發生，最後歸結在最完美的價值。」[53]

根據上述精神，充份證明，中國華嚴宗這種有機整體的世界觀，不但與最新的科學完全相符，而且深具對環保與生態保護的貢獻，凡此種種，的確深值體認與弘揚！

第七節　價值中立論（axiological neutralism）

價值中立論的主要淵源與毛病，可以分述如下：

第一個毛病，仍是沿襲西方「惡性二分法」的毛病，從天人二分、人神二分、心物二分、主客二分，演變成「應然」與「實然」的二分，因而導致「價值」與「事實」的二分，形成「只論事實，不論價值」的價值中立論。

換句話說，這種看法就是把「what」與「what ought to be」分開來，強調只論事實，而不評論此種事實所蘊含的價值判斷。其本意固然在求客觀描繪，但其副作用卻形成倫理學上的不分是非。此種學說在表面上自認爲要超乎主觀的價值判斷之外，但卻因此漂白了一切價值標準。尤其，其預定立場爲不談價值判斷，其實更形成另一種價值判斷。也就是自稱最客觀者，反而容易變成最主觀，獨斷的抹煞很多重要價值。這不但造成人類倫理的危機，也同樣造成環境倫理的危機。

此中最明顯的例證，就是本世紀上半葉盛行的邏輯實證論（Logical positivisim）。根據其看法，凡不合邏輯的，就認爲沒有意義，凡是不能透過實證檢驗的，也認爲沒有意義。其原意固然在澄清很多虛妄無據的空論，但若過份泛濫逾越，便會形成人心嚴重危機，不但形上學被認爲是「沒有意義」，倫理學也因討論價值，而被認爲沒有意義。另如宗教、藝術、文學等等，也都成爲沒有意義，只因不能透過邏輯加以檢證。

事實上，宗教信仰、神的存在、與屬靈修生活，顯然不是邏輯所能處理的問題。然而這並不代表這些問題「沒有意義，」反而代表「邏輯」與「實證」的方法本身有其限制，所以歸根結柢，不能以有限的方法規範無限的對象。另如文學、詩歌、藝術等等，也都不是邏輯可以規範的對象，更不是實證所能檢驗的內容，如果一昧抹煞，不但會導致人文的黑暗時代，也會導致環境倫理的黑暗時代。

這種論點基本上以卡納普（Carnap）、葉爾（Ayer）、匡恩（Quine）等人爲代表。影響所及，也造成六〇年代西方心靈很大的恐慌與空虛。尤其，如果連人文倫理都被認爲是沒有意義的，那麼環境倫理的問題顯然也會受到否定；因爲其中要分析人與自然「應該」如何相處，仍然是個價值問題，如果被一昧「中立化」，便會更加助長對環境的破壞與環保的危機。

此所以叔本華（Artur Schopenhauer, 1788–1860）很早就提醒西方人士：

「衆所皆知，低等動物在歐洲，一直被不可原諒的完全漠視。大家一直裝作動物們沒有權利。他們告訴自己，人們對動物的所作所爲與道德無關（與他們所說的道德語言也無關），因而我們對動物都沒有責任。這真是令人痛恨的野蠻論調。」[53]

叔本華在此所指責的野蠻論調——聲稱與道德無關，正是一種典型的「價值中立論」只可嘆到了當代，反而愈演愈烈，經過廿世紀上半葉邏輯實證論的推波助瀾，影響環保與生態更形重大。

相形之下，中國哲學不論儒、道、釋，均強調以價值爲中心的人生觀，並以高尚的價值理想做爲提昇現世奮發有爲的目標，此所以易經講「元者善之長也」，大學強調要止於「至善」，孟子更強調「善惡之心，人皆有之」。老子與莊子雖然要超越現實相對性的善，但其精神正是爲了要追求最高境界的「絕對善」。至於佛學更是以「善知識」層層提昇價值體系。凡此種種，均可對治近代西方價值中立論的毛病，深值重視與參考。

實際上，本世紀二〇年代之後，西方有識之士也開始反省此中問題。此所以索羅金（Sorokin）曾經特別列舉多位大哲，呼籲重視《危機時代的哲學》，而各大學也開始普遍興起對「人文」與「科技」平衡發展的重視。

今後重要的是，不能再把「人文」與「科技」又劃分成爲兩截，又對立起來，稱爲「兩種文化」，否則又重蹈「二律對反」的以往毛病，也再次墮入「惡性二分法」的困境。其中眞正解決之道，乃在瞭解其中的互補性、互助性以及互攝性，並深悟其中融貫會通之處，以尋求和諧的統一。這正是機體主義的精神特色，也再次可以展現中國「中道哲學」的重要啟發。

事實上，環保問題便是一個很好的例子，說明「人文」與「科技」應攜手合作——既要有人文性的關懷，以充分尊重自然，愛護自然，也要有科技方法，以眞正能夠落實環保，消除污染。這兩者缺一不可，不能再墮入「惡性二分法」之中。

否則的話，如果只懂人文精神，不懂科技新知，則對於環保問題，縱然有心，卻也無力。反之亦然，如果只有科技能力，卻無人文關懷，可能完全失落方向，或反而製造出更多環境問題——近二十年的情況，正是如此。

所以，當代西方著名環保學者郝尤金教授曾經舉出達爾文的例子，說明人文與科技本應結合的重要性。

達爾文在自傳中說，他年輕的時候，在三十歲以前成長的過程中，非常喜歡朗讀詩歌，很喜歡拜倫、華滋渥斯、雪萊等大詩人，他甚至從孩童時期就深愛莎士比亞，尤其從其歷史劇中受益良多。另外，從繪畫、音樂之中，他也能深深感到精神的欣悅的充實。

「然而現在，很多年以來，我連一行詩都讀不下，後來我再嘗試讀莎士比亞，卻覺得沉悶厭惡。另外，我也對繪畫與音樂失去了品味……我想對好看的自然風景能多欣賞，但卻不再像以前一樣能夠心曠神怡。」55

人生到了如此乾枯，索然無味，說來也相當可悲了。達爾文自述的這種情形顯示，不但其本身的精神生活已經深感沉悶，而且他連對自然景觀都缺乏興趣，那更談不上愛護自然、保護自然了。

何以會如此呢？根據達爾文自述，因爲他在中年之後，天天只知在科學研究中忙得昏頭轉向，根本沒有再注意到人文修養的重要，以致精神愈來愈覺得空洞乏味，心靈也愈來愈覺得沉悶麻木。

因此，達爾文曾經坦誠的反省與檢討：

「我的心靈好像已經變成了一種機器，因爲長期只在一大堆的事實與定律中鑽研打轉。何以這樣會導致腦筋中高尚品味的部分退化呢？我並不明白。然而，我相信，如果一個人的心靈，能有比我更好的融貫性與機體性，當不致於如此痛苦。」56

達爾文以「進化論」的一代科學大師，而能承認心靈「痛苦」，確實坦誠可敬，而且深具警世作用。尤其，他所強調的「融貫性」與「機體性」更是關鍵用語，充份證明，人們應先具備融貫性與機體性的心靈，才能有正確的自然觀，也才有充實的人生觀。由此也再次可以證明，中國哲學融貫性機體主義的正確與可貴。

後來，達爾文更曾經坦白指出，如果他能再活一次，便絕不會再犯同樣錯誤：

「如果我能再活一次，我將規定自己，每週至少一次，要讀一些詩歌，聽一些音樂。這樣可能會讓我現在退化的腦筋保持靈活。因爲，失去這些品味等於失去樂趣，一旦如此，便可能導致人的情感部份衰退，不但可能傷害智力，更可能傷害道德品格。」57

郝尤金教授對此的評論也很好：「達爾文畢竟還算有這種反省與自覺，但是他後來影響的很多科學家，卻連這種自覺都沒有」！換句話說，達爾文在晚年回憶的自傳中，自己承認疏忽了人文藝術的重要。因而如果再活一遍的話，他一定不會再輕忽。但近代很多科學家，卻仍然重複同樣錯誤，甚至仍然誤以爲有了科學就有了一切，因而理所當然的認爲人文、藝術等均沒有意義，如此不能吸取前人教訓，那就更加可悲了。

事實上，達爾文本身的個人生活，確實有其仁心關懷，此所以他曾經強調：「對於所有萬物生命的關愛，乃是人類最高貴的屬性。」[58]然而，其學說所主張的「進化論」卻因主張「物競天擇，適者生存」，而被世人片面擷取利用，結果形成一套霸道哲學——誰能逞凶鬥狠，誰就能最後生存，如果是弱者，就天經地義被強者主宰，終於導致很多悲劇產生。

本來，這套理論頂多只能用在落後時代的「叢林原則」，形容從前弱肉強食的落伍現象，但放眼當今不少人類地區，竟然仍在暗用這套哲學，連對人類的弱者都不知扶傾濟弱，更遑論對自然萬物的保護了。

所以，相形之下，中國哲學或最新環保哲學，便極爲重要。根據其中精神，一切萬物均與人類平等，所以連對萬物都不能以此霸道思想相待，更何況用在人類社會呢？如果將霸道思想硬用在人類文明，顯然會產生帝國主義與霸權思想，影響所及，禍害之大可想而知。歸根究柢，便因其中缺乏人文關懷，並且「只論事實，不論價值」，只論實力，不論是非。以致造成一連串嚴重弊病端，迄今仍然方興未艾，今後的確深值世人警惕，切實改進！

價值中立論的第二項毛病，就是不談方向感，這也形成當今人類極大的環境危機之一。

所以，大科學家海森堡曾在《當代物理家的自然觀》中，明白呼籲大家，體認人類這項重大的危機。他並曾用一個比喻來說明這種情形：

「由於物質能力不斷地擴展，人類發現他的處境，有如一艘鋼鐵鑄造成的船舶船長，羅盤的磁針由於船舶鋼鐵結構，已經不再指向北方，不再標定任何方向，船也不再有任何目的地，而只在那兒繞圈子，成爲洋流與風浪的犧牲品。」[59]

這種危機，一言以蔽之，就是缺乏「方向感」。這也正是當今科學主義只分析外物、而不標定價值方向的最大弊病。影響所及，「倫理學」這門專論善惡是非、與方向的學問，當然立刻首當其衝，遭到否定。如果連人與人之間的倫理學尚且如此，更何況標定人與自然之間行爲方向的「環境倫理學」？

所幸，今天很多有識之士均已重新警覺此一問題的嚴重，此中情形也正如海森堡所說，一旦船長知覺到羅盤已經失效，便可說「危險去了一半」。同樣情形，如果更多的人意識到「環保危機」，更多的人深具「環保意識」，並警覺到科學主義已經抹煞了人類方向感，那「危機便去了一半」。

然而，另外一半環境危機又應如何解決呢？那就需要人類眞正拿出決心，共同互助，展開環境保護與生態保護的具體行動。

因而，此等環保行動，若要被更多人接受，首應對大自然建立正確的價值觀，並能促使大家，共同以保護環境爲榮，以污染環境爲恥。唯有如此，共同推廣正確的環保價值觀，才能共同完成有效的環保工作。歸根究柢，便仍然必需及早矯正「價值中立論」的毛病。

所以郝尤金教授在此講得很中肯。他一方面清楚的強調：「環境危機肯定是今天西方文明最嚴重的問題」，[60]並且用「最」字說明環境危機的迫切性，另一方面，他並立刻指出，如何加強環境倫理學，「正是哲學家的責任」！

因爲郝尤金教授的文中所指，均爲西方哲學，所以他也很坦率地指出以往西方哲學的病端：

「哲學以往將自然世界排斥在外，未能將其與真實生活具體結合，形成以往最大的病端，環境倫理學正是改進這最大毛病的機會。」[61]

換句話說，因爲在西方，除了科學主義不談價值之外，多數傳統哲學家也並不肯定大自然的價值，所以就形成近代雙重的環境危機。相形之下，中國哲學不論儒、道、釋、新儒各家，一貫均能肯定人與自然共同充滿尊嚴與內在價值，這種深厚的優良傳統便深值世人共同重視。

所以筆者認爲，郝尤金教授如果能有機會多研究中國哲學，並能深入瞭解，當能驚訝於其中充滿了豐富的環境倫理思想，的確深值借鏡與效法。

因而，今後重要的工作，對中國人而言，便是應在國際上多多弘揚此等中國環境倫理學，並眞正以行動加以落實。對西洋人而言，則是多應該參考中國文化豐富的環保哲學，並結合成爲具體的努力方向，中西如此互通有無，共同合作，相信必能創造整體人類更光明的成果！

另外，價值中立論的第三項毛病，便是除了不談倫理學，也不談美學，這就進一步扼殺了從藝術欣賞肯定大自然的途徑，也更加影響了環保工作與生態保育。

換句話說，一位科學家即使對文史哲學缺乏素養，但如果對音樂欣賞、美術欣賞具有興趣與品味，同樣也能得到心靈的充實，間接也可以提昇精神生活。同樣情形，現代人心即使對環保哲學缺乏素養，但若可以欣賞自然之美，透過美學感應，同樣也能興起保護自然的精神心志。此所以郝尤金教授也曾特別強調「美學態度」對環保工作的重要性。[62]但若連此等美學也排斥不談，就會迫使靈性生活更加乾枯萎縮，對環保工作也將形成更大的危害。

尤其，近代西方學術界對藝術的態度，很多只在客觀的研究藝術品，以此當做科學對象來分析，而並未弘揚其中的氣韻精神，也未注重如何以此提昇生命的藝術情操，因而一個人即使對藝術品如數家珍，卻也只是將其當作「物品」來看，並未能因藝術欣賞而充實其精神生活，也未能因欣賞藝術品而更加肯定自然之美，所以對於保護環境便毫無助益。

相形之下，中國的藝術美學卻一貫以「氣韻生動」爲第一義，並且，以山水畫宣暢大自然的盎然生機，已經成爲中國藝術重要的獨特傳統。這些特色對於提昇靈性，以及欣賞自然之美的影響便極大，因而對於保護自然、熱愛自然，也均有深遠的助益。

此所以唐代王維在〈山水訣〉中曾經明白肯定：

「夫畫道之中，水墨爲最上。肇自然之性，成造化之功。」

王維在此所謂：「肇自然之性，成造化之功」。就是能深體大自然造化的盎然生機，並且將其充份宣暢於水墨之中，所以才能以咫尺之圖，「寫千里之景」。

另外，唐朝張璪在〈文通論畫〉中也曾明白強調：「外師造化，中得心源」，他認爲對於自然山水作畫，不論創作，或者欣賞，均應作到：上則師法天工，宣洩神力，下則馳騁靈性，絜神入幻，所以最能代表道家空靈之美，這對於欣賞大自然之美，更有極大幫助。

再如宋代藝術家鄧椿論畫，也曾特別指出：

「畫之爲用大矣哉，盈天地之間者，萬物悉皆含毫運思，曲盡其態，而所以能曲盡者止一法耳。一者何也？曰『傳神而已矣。』世徒知人之有神，而不知物之有神……故畫法以氣韻生動爲第一。」(63)

換句話說，中國眞正高明的山水畫家，最重要的本領，就是要能傳達自然山水之中，萬物生生不息之神，如此透過山水畫，充份肯定不但人有神，萬物也有神，就明白連繫了自然美學與環境倫理學，從而促進了尊重自然、珍愛自然的精神。

另外，趙孟頫作畫，也極爲重視生意。此其所謂，對於作畫：

「貴有古意，若無古意，雖工無意。」64

此中所謂古意就是古趣生意，代表雋永雄渾的自然機趣，極能代表道家的「自然之美」，因而也極能提醒人心，應充份尊重自然生命，從而保護自然生態。

再如明代董其昌，作畫極爲重視返樸歸眞，大巧若拙，所以米芾曾推崇其「天眞平淡」，很能象徵道家「樸拙之美」，這對呼籲人心親近自然，也有極大幫助，對於促進現代人心回歸自然更有重大啟發，因而對保護自然的觀念，同樣深具貢獻。

此外，明代唐志契也曾指出，

「凡畫山水，最要得山水性情，得其性情……自然山性即我性，山情即我情，而落筆不生軟矣。」65

這一段內容，更明白的將人與萬物結合成爲一體，促進自然美學與環境倫理學能夠相通無礙，這對於提醒現代人心尊重自然，當然也深具啟發意義。

另如明末清初的石濤，其作品很能融合儒道釋的共同通性，也就是眞正能將本身融入天地萬物成爲一體，所以其畫風淳厚而又空靈，氣勢崢嶸而又磅礴，筆觸通情而又醒透。他曾經有段名言，便深具重要啟發：

「山川使予代山川而言也，山川脫胎於予也，予脫胎於山川也……山川與予神遇而跡化也。」[66]

上一段名，也言可說將中國哲學「合天地萬物爲一體」之仁心，融爲創作山水美學的藝術心靈，這不但形成藝術心靈的高峰，也代表哲學境界的高峰，現代人心若能深具此等藝術心靈與哲學境界，當然就必能從內心深處，眞誠的欣賞自然，與愛護自然。

綜合而言，美學藝術看似與環保無關，其實很能結合相通。而此中會通的關鍵，即爲欣賞自然之美的心靈。所以今後重要的是，不能在「美學」中抽離「美」的價值，形成價值中立的毛病，或只將藝術品看成「物品」，而忽略其中精神價值，形成另一種唯物論與價值中立的毛病。

當代很多西方環保家已經體認到，美學對環保的影響很大，但卻苦於西方美學傳統同樣缺乏此等生命精神。所以就此而言，也可以再次證明，中國美學藝術同樣能對環保工作深具貢獻，因而同樣深值西方參考與弘揚。

「非洲之父」史懷哲（Albert Schweitzer）不但是位醫學家、音樂家，更是位哲學家。他在非洲原始森林與河川中，看到河馬嬉水的天倫樂，慨然悟出「尊重生命」的重要。因此，在其領取諾貝爾和平獎時，便曾經明白強調，今天我們需要提倡一種「以倫理思想爲中心的世界觀」，也就是一種「以價值爲中心的自然觀」，[67]然後才能夠以尊重生命的價值善體萬物，並且以悲天憫人的精神同情體物。這種精神，可說眞正突破了近代科學「價值中立」的毛病，並且與中國哲學精神很能相通，所以深值重視。

同樣情形，赫胥黎也曾經語重心長的說過：

「近代科技庸俗的自誇征服了自然，這種看法根源於西方宗教傳統，自認爲人類爲老闆，而自然只是爲人類帶來貢品……然而若論人與自然的倫理系統，我們仍然必需回到中國道家。道家強調萬物有序、無爲、與平衡的觀念，必需加以保存。根據道家，道無所不在，從物理層次，到生理層次，乃至於心靈與精神層次，均普遍貫注大道生命。」[68]

赫胥黎能對中國道家有此體認，殊屬難得，所以他能有此慧心，再三強調西方近代科學主義者應該多回歸道家。如果他對中國儒家或大乘佛學也有研究，相信當更能驚嘆，中國的圓融機體主義，正是對治當今西方環保危機的最重要妙方！

另外，李奧波針對西方傳統自然觀的毛病，也曾經特別主張「大地倫理」（The Land Ethic），他在其中強調，應將具體的大地看成倫理對象，不但深具啟發意義[69]，也很可證明與中國哲學相互會通。

首先在第一項，他便指出，根據「倫理學的關連順序」（the ethical sequence），人與人的關係爲第一類倫理，人與社會的關係爲第二類倫理，這兩項以往都考慮到了，今後更應擴大到第三項——人與大地，乃至大地上一切動物、植物、與萬物的關係。[70]也就是說，不應再將大地看成經濟財產，更不應視大地爲役使對象，而應以一種尊重生命的眼光關懷萬物，這在西方近代可稱爲極大突破，與中國哲學「萬物含生論」也很能相通，所以深值重視。

第二，他特別強調一種「社區」的觀念（the community），認爲應把整個大地看成一個大社區，也就是將此社區擴大範圍，包含一切大地上的山川、河流、動物、植物等，並肯定所有大地萬物均有存在的權利，因此人類應加以充份尊重，並且共同合作，而不能再以征服者自居，否則，征服者終將自斃。[71]這也是當今環境保護極重要的地球觀，而且其中肯定人與地球休戚相關，福禍與共，並且互相影響，明顯打破了以往機械唯物論的毛病，也與中國哲學精神完全相符。

第三，他進一步指出，人人應有「生態的良心」（Ecological conscience），也就是唯有如此，才能以充滿同情的眼光與萬物和諧相處，這也從根本上打破了以往科學唯物論的毛病，並與中國哲學所說的「大其心」「致良知」等均完全相同。

所以綜合而言，西方生態保育之父李奧波的「大地倫理」多項原則，均與中國的環境哲學很能互通，並且很能相得益彰。透過此一例證，我們更可證明，西方最新的環保學者在深入省思之後的看法，不但對其傳統自然觀很多修正，而且很多結論均與中國哲學的機體主義不謀而合。由此充份可見，今後只要東西方有識之士能共同胸懷自然，尊重生命，相互合作，努力發揚機體主義的自然觀，就一定能及早改進環境問題，創造更爲光明的共同遠景！

【附　註】

❶ Aldo Leopold, *The Land Ethic* in "A Sand County Almanac", Oxford University Press.N. Y., 1949. p.209.

❷ Nathaniel Southgate Shaler , "Man and Earth", Duffield & Company, N.Y., 1917. p.228.

❸ Ibid, p.229.

❹ Eugene C.Hargrove, "Foundations of Environmental Ethics", Prentice Hall , New Jersey, 1989, p.15.

❺ Ibid, p.44.

❻ Ibid, p.21.

❼ A. N. Whitehead, "Science and the Modern World," N.Y, 1925. p.54.

❽ Pythagoras, *The Metamorphoses* , tr. by Mary. M Innes, in "The Extended Circle", ed. by Wynne-tyson, Paragon House, N.Y., 1989.p.261.

❾ Ibid ,p.260.

❿ Brigid Brophy, *The Rights of Animals* , Sunday Times, 10, Oct.1965.

⓫ See Plato, *Phaedo* ,66e.67d-e,以下引文部份亦見Eugene C. Hargrove 前揭書，爲免重複，僅逕引原典內容。

⓬ Plato, *Phaedrus* ,227a-238e.

⓭ Plato, *Republic* , 603-606e.

⓮ Frederick Copleston, " A History of Philosophly",vol.1.傅佩榮中譯本，台北黎明公司，民國七十八年三版，頁三〇九。

⓯ 同上，頁三一二。

⓰ 同上，頁三一三。

⓱ Plato, *Phaedo* ,110a-110b

⓲ 進一步說明可參Frederick Copleston,同前揭書，傅佩榮中譯本，頁三九二。

⓳ Aristotle, "Politics", 1256b8-22

⓴ Cf. Frederick Copleston，同前揭書，傅佩榮中譯本，頁四一二。

㉑ Aristotle, *Meteorology* , 351a19-352a18

㉒ Eugene C. Hargrove, "Foundations of Environmental Ethics",pp.21-24.

㉓ Ibid, P.24.

㉔《聖經》，舊約，〈創世紀〉，第一章，廿六節~廿八章。根據聖經公會，一九八三年香港中譯本。

㉕ 同上，廿九節——卅節。

㉖ Ardous Huxley, *Letters of Aldous Huxley*, in "The Extended Circle",p.135

㉗ Cf. Frederick Copleston, "A History of Philosophy", vol.2.莊雅棠中譯本，台北黎明公司，民國七十七年三版，頁一〇七—一〇八。

㉘ A. Schopenheuer, *On the Basis of Morality*, in "The Extended Circle", p.308.

㉙ Ibid, p.310.

㉚ Francis Bacon, *Advancement of Learning*, in "The Extended Circle", p.7.

㉛ Johh Locke, *Thoughts on Education*, in "The Extended Circle",p.184.

㉜ John Locke, *First Treatise*, in "Two Treatises," Sec.92.

㉝ John Locke, *Second Treatise*, in "Two Treatises", Sec. 42-43.

㉞ 方東美先生，《中國人的人生觀》(The Chinese View of Life)．筆者拙譯本，台北幼獅公司出版，民國六十九年初版，頁四一——四二。

㉟ Immanuel Kant, *Lectures on Ethics* ,in "The Extended Circle",p.147

㊱ 海森堡，《物理學家的自然觀》，劉君燦中譯，台北牛頓文庫，民國七十七年出版，頁廿八。

❸❼ 同上，頁卅五。

❸❽ 同上，頁十八。

❸❾ 同上，頁十八。

❹⓿ 同上。

❹❶ Albert Einstein, *New York Post* , 28.Nov.1972.

❹❷ 海森堡，同前書，頁廾二。

❹❸ 同上，頁廿二。

❹❹ 同上，頁廿二—廿三。

❹❺ 同上，頁四十四。

❹❻ 同上，頁廿六。

❹❼ 參見方東美先生，《華嚴宗哲學》，台北黎明公司，上冊，民國七十八年五月初版，頁一五六，一五七。

❹❽ F.M.A Voltaire, *Philosophical Dictionary* ,in "The Extended Circle", p.388.

❹❾ Ibid, p.388

❺⓿ 方東美先生，前揭書，頁一二四。

❺❶ 同上，頁一二五。

❺❷ 同上，頁二二六。

53 同上，頁一二六—一二七。

54 A. Schopenhauer, *On the Basis of Morality*, in "The Extended Circle", p.308

55 Francis Darwin, (ed) ;"The Autobiography of Charles Darwin and Selected Letters", N. Y., Dover Pulications, 1985, pp.53-54.

56 Ibid, p.54.

57 Ibid, p.54.

58 F. Darwin, *The Descent of Man*, in "The Extended Circle", p.62.

59 海森堡，同前書，頁卅二。

60 Eugene Hargrove, "Foundations of Environmental Ethics", p.44.

61 Ibid,p.45.

62 Ibid, pp.81-86. p.180-185

63 宋代鄧椿，《畫繼雜説》，論遠篇。

64 趙孟頫，《松雪論畫》。

65 明代唐志契，《繪事微言》。

66 明末清初石濤，《苦瓜和尚論畫》，山川章。

67 Albert Schweitzer, " The Philosophy of Civilization",N.Y.,1968,p.159.

68 Adous Huxley, in "The Extended Circle",p.135.

69 Aldo Leopold, *The Land Ethic* , in"A Sand County Almanac" Oxford University Press. N. Y., 1949,p.208.

70 *Ibid* , p.201.

71 *Ibid* , p.202.

72 *Ibid* , p.203.

第八章　當代西方的環境倫理思想

緒論

本章所要分析的重點爲「當代西方環境倫理思想」，何以只稱「環境倫理思想」，而不稱「環境倫理學」呢？因爲基本上，其發展仍然在摸索之中，並未成爲很完備的體系，也尚未成爲井然有條、博大思精的學問。所以若要稱之爲「學」，仍需假以時日。不過，當代西方有識之士，已經對環保問題進行很深刻的反省，而且已經警覺到，應該儘早掙脫以往不利於環保的傳統哲學，並多向中國哲學擷取靈感。凡此種種，均已可說難能可貴。

換句話說，「環境倫理學」的宗旨，在針對環保問題而作哲學省思，這在西方還是一門新興的學問，就好像「新興的國家」一樣，仍然在發展中，因而需向已開發國家多多借鏡。若從經濟角度而言，則西方國家本身多半屬於已開發國家，但若從環境倫理學而言，則中國傳統哲學才稱得上已開發，所以深值西方國家借鏡。

我們從前面各章所申論的中國哲學精神特色，可以充份看出，深符當今世界環保與生態保育的需要。另外，從本章所分析的當代西方環保思想，也可以清楚看出，很多重要觀念與中國哲學精神完全不謀而合，由此可以再次證明，中國哲學對環保思想之完善，深值西方效法與弘揚光大。

扼要而論，當今環保問題，已經成爲全球的共同問題，因而有賴全球共同努力解決。西方國家雖然頗具環保的工作經驗，然而卻缺乏深厚的環保哲學基礎，中國人則雖在傳統哲學中深具環保精神，但卻對環保工作缺少經驗。因而，今後重要的是，不論東方人或西方人，均應通通站在「人」的共同立場，對環境保護付出共同的關心，並且眞正在學理與經驗上互通有無，交流合作，這才是整個人類地球、乃至後代子孫之福！

因此，本文首先將扼要說明本世紀以來，西方在環保思想上的演進，做爲今後東西方共同鑒往知來的重要參考。

就此而論，本世紀西方環保思想的演進，一言以蔽之，就是逐步發覺與肯定「機體主義」（organicism）的哲學。具體而言，就是肯定萬物含生的自然觀，並且發現物物相關，彼此融貫，因而需要尊重萬物衆生的內在價值與平等生命。凡此種種，正與中國傳統哲學的特性，充份能夠會通。

例如，當代西方「生態保育之父」李奧波（Aldo Leopold），在一九四九年牛津大學正式出版《大地倫理》（The Land Ethic），堪稱當代環保的經典之作。其中明確主張，所有一切萬物，均有內在的生命價值，因而我們對一切自然萬物，均應看成和人類一樣，加以尊重。另外，他也是西方第一位強調，大地而並不是一項商品（Commodity），而是與人類同體共存的一個「社區」（Community）。[1]

此所以他曾經明確指出：

「我們從前虐待大地，是因爲將其視爲屬於我們的一項商品。當我們認清大地是我們屬於它的一種社區，我們才可能對其開始尊重與愛護。」

除此之外，李奧波並曾再三呼籲世人認清，「生態保育就是保持人與大地的和諧」。唯有如此，才能眞正具有「物我合一」的體認，進而普遍培養「生態良知」（Ecological conscience）。凡此種種，均與中國哲學的精神不謀而合。因爲他深具智慧遠見與仁心胸襟，並且勇於大聲疾呼，鍥而不捨，所以被尊稱爲「生態保育之父」，的確其來有自，並非浪得虛名。

事實上，李奧波這篇著名論文，收集在其著作《沙地郡年鑑》（A Sand County Almanac），這本年鑑，主要在探討大地的演變。基本上，就是一種整體融貫而又肯定萬物含生的自然觀，亦即其所說的「整體神聖觀」。

根據這種觀念，人類必需要能夠保護自然生態的「穩定性」（Stability）、「整合性」（Integrity），以及「平衡性」（equivalent），才能算是正確而健康的環保態度❷。這也同樣形成了生態保育的三大環境倫理標準——凡是能夠保持生態「穩定」、「整合」與「平衡」的行爲，才是「好的行爲」；反之，如果對生態破壞穩定、整合與平衡，就是「壞的行爲」。這三項重點，迄今仍可說是國際環保哲學的基本共識。

然而，一九四九年以後，因爲東西方國家，均在戰後急於經濟重建，所以只注重拓展物質生活，強調經濟的開發，相形之下，環境保護工作就多半被忽略或犧牲了。

因此在戰後很長一段期間，因爲工業化的影響，明顯開始污染環境，破壞生態。所以到一九六二年，卡森女士（R.Carson）出版了一本經典之作，開始驚醒很多人心。該書一直到一九八七年，在廿五年後印行新版時，仍然廣受熱烈稱道，此即著名的《寂靜的春天》（Silent Spring）。

該書以極其感性的筆法，一一道出環境污染下，令人怵目驚心的大自然悲慘情形，其中包括鳥兒已經不再歡唱，河川已經黯然逝世，乃至大自然終將被迫反擊……等等，種種內容，都非常發人深省。如今看來，的確深具遠見，充滿慧心與悲心。

卡森女士在近卅年前作總結時，就曾經提醒世人：

「我們正站在十字路口上，一條路很容易走，卻導向災難。另一條路看似生疏，卻是唯一的生路——那就是儘快保護地球。」[3]

上述這段話，直到今天都深具啟發意義，與警世作用。然而，近卅年以來，放眼全球各地，卻見整體環保問題愈來愈嚴重，很多當初所提的病象非但未改，反而更加惡化，眞正令人心憂如焚！

該書在扉頁中，曾經引述史懷哲的名言，至今仍然令人驚心動魄：

「人類已經失去了能力，既不能前瞻未來，也不能防患未然。他將在毀滅地球中同時滅亡。」

尤其，另一位著名環保學者布朗里（Lesten Brown）說得很好：

「我們並非從父執輩承繼地球，我們是從子女們借用地球。」

因此，展望今後人類命運，看來必需儘早猛省與力行環保，才是眞正自救救人、拯救後代、以及拯救地球之道！

事實上，早在一八六四年，馬昔（G. Perkins Marsh）即曾本於同樣心志，撰寫《人與自然》（Man and Nature）一書，因其內容首次有系統的研究動物、植物、森林、河川、土地與人類文明進步的互動，所以頗具創意。❹後來曾由哈佛大學於一九六五年再版，將人文與物理學、地理學相結合，但並未受到應有重視。整體而言，在戰後卅年中，全球各地對環保觀念非但未能防患未然，而且一再破壞與態與自然，很多地方已經到了慘不忍睹的地步。

這種情形，經過有識之士苦心孤詣的一再呼籲，到了一九七九年，才陸續出現一些重要論文。例如古柏肯（Kennth E. Goodpaster）所作的《從自我中心到環保主義》（From Egoism to Environmentalism），便是典型代表，本文收集在美國聖母大學所出版的《倫理學與廿一世紀的問題》一書，深值重視。

在本書中，他把環保問題看成「廿一世紀的重大危機」，並強調今後人類再也不能只從人類的自我中心來看自然，而應切實弘揚「機體性的整體觀」❺。根據他的研究，唯有人與自然充份和諧互動，才能創造廿一世紀光明的生活空間，可說深具啟發意義，並且與中國哲學精神完全不謀而合。

當卡森女士比古柏肯早十七年撰寫《寂靜的春天》時，即曾在書前，引述懷特（E. B. White）的一段警句：

「我對人類很感悲觀，因爲人類太精於只爲自己著想。我們對自然的態度，往往只在迫其臣服。今後我們只有以欣賞自然取代宰制自然與疑慮自然，才能有較好的生存機

會。」❻

我們很清楚可以發現，古氏著作的宗旨，正是希望能承續懷特與卡森的心志，進而建構「機體性的整體觀」，據以重整人與自然的關係。事實上這也正是當代西方環保學者的重要共識，並且與中國哲學精神完全可以會通無礙。

後來，到一九八三年，賓州大學也出版了另外一本重要著作，名爲《環保哲學論文集》❼，同樣也是集思廣益，邀請很多著名學者共同關心與研究環保，並致力研究充實其哲學基礎。從此風氣漸開，至今我們便可以看到愈來愈多的相關著作了。

到一九八八年，貝瑞神父（Thomas Berry）出版了另一本重要著作《地球的夢想》（The Dream of the Earth）。書中一再強調，人類與自然萬物應和諧共存，在地球此一共同「社區」內互助並進，他稱此爲人類邁向未來的正道，也正是「地球的夢想」，該著被譽爲「廿世紀十大重要著作之一」，可見其受重視的程度。❽若研究其中根本精神，明顯也與中國哲學殊途而同歸。

另外，在同年中，曾任美國內政部長的伍達（S.L. Udall）印行了《寂靜的危機與後代》新版本，書中再度呼應卡森女士《寂靜春天》的警語，並更加強調，人們應趕緊「擴大環保意識」，否則將對後代貽害無窮。❾該書前半段爲「寂靜的危機」，曾在一九六三年初版，並由甘迺迪總統寫序。序文中呼籲全體美國人民應重新恢復人與自然的親切和諧關係；並且強調，應將六十年前老羅斯總統、以及卅年前小羅斯福總統的環保心志，充份發揚光大，做爲每一個美國人自我期許的一貫使命。[9]其中胸襟，同樣與中國哲學的「大其心」極能相通，由此除了可以看出當年甘迺迪總統的遠見外，也更可看出中國哲學對今後環保很能貢獻之處。

事實上，在一九八六年，美國著名的普林斯頓大學，也曾出版一本名著，由泰勒教授（Paul Taylor）所寫，題目稱爲《尊重自然》（Respect for Nature），其中還有一個副題，爲「環境倫理學的理論」（A Theory of Environmental Ethics），本書堪稱當今西方在「環境倫理學」領域中，理論架構最爲完整的一部。所以本章對其內容將在多處引述申論。其中根本精神由其書名——「尊重自然」，即可看出，同樣可見其與中國哲學「尊生」傳統會通之處。

另外，到了一九八八年，美國天普大學（Temple Unrersity）也出版了一本名著，名字就叫做《環境倫理學》（Environmental Ethics），這是由羅赫姆（Holmes Rolston）所寫，其中所述的精神原則也大同小異，[10]但內容架構卻沒有前一本完整週全。

除此之外，再如謝德——傅烈（K. S. Shrader-Frechette）也曾在一九八八年出版同樣書名的著作，由包斯吾出版社（The Boxwood Press）發行，其中對環保哲學的看法也很能相通，[11]然而分析的程度仍不如泰勒著作精細。

整體而言，從近十年到一九九○年，世界很多著名大學與出版社，針對環保問題均有新著紛紛出版，並且蔚成風氣。只不過如果深入分析，便知多半仍以個案性的研究，或歷史性的回顧爲主，眞正探討環保哲學思想的並不多，尤其對「環境倫理學」的理論研究仍很可限，即使有，也均未超過泰勒的著作。

例如一九八九年，由美國政府環保顧問包士坦博士（D. J. Paustenbach）所編的大部頭著作《環保意外事件的危險評估》（The Risk Assessment of Environmental Hozards），曾邀請五十位環保專家，根據廿二項個案研究，詳述環保問題所帶來的各種危害，共一千一百五十五頁，堪稱當今最豐富的環保經驗教材，[12]亦爲同一領域最新的代表性著作。

然而，如果細看該書內容，便知絕大部份篇幅宗旨，均在分析各地方發生的環保災害，以及如何從中能獲取具體經驗，全書固然很有個案的研究價值，但很少學理探討，對各案背後的哲學省思也很少觸及；加上實務經驗往往因地而異，各國民情與文化背景也不相同，所以因應解決之道也不能完全照抄，因而全書頂多只具參考性價值，但啟發性價值卻有限。

另外，美國威斯康辛大學也曾出版一本重要著作《美國生態保護運動》（The American Conservation Movement），其中歷數從一八九〇年到一九七五年的美國生態保護運動史，然其重點只在闡述史料，對於如何鑒往知來，在今後建樹完整的環保哲學，仍然並未深入申論。[13]

再如，由范第佛（D. Van Deveer）與皮爾斯（C. Pierce）所共同編印的《人類、企鵝與橡樹》（People, Penguins and Plastic Trees）也是典型例證，全書多半以個案研究爲主，評估人與自然動物、植物的關係⑭，雖然也分析其中環境倫理學的有關爭論，但基本上仍以具體實務爲主，而對環保哲學探討不足。

同樣情形，雖然美國華盛頓「未來資源委員會」曾在一九九〇年出版一本《環境保護的公共政策》（Public Policies for Enirronmental Protection），但內容仍以技術上如何防止各種環境污染爲主，對於整體環保哲學並未觸及，對於今後環保政策更缺乏一種前瞻性的哲學省思。⑮

類似情形與著作很多，充份可以看出，《環境倫理學》這一學問，的確仍然正在摸索發展中。筆者認爲，今後西方此一領域，如果要有更深厚的成果，便應該及早從中國深厚的哲學傳統中吸取環保哲學的靈感與啟發。

尤其，我們若能從西方當代環境倫理著作中分析，便知其中的自然觀、萬物觀與衆生觀，通通都在肯定一種「機體主義」（organicism），而其基本精神正與中國哲學殊途同歸，只是中國哲學更加深刻與完備，所以深值體認與效法。

另外，如果我們分析當代西方至今最完整的《環境倫理研究季刊》（Enviromnental Ethics Quarerly），更清楚可以看出此種特性。該季刊由美國喬治亞大學從一九七九年春季創刊，每季出版一期，迄今已經被公認爲全球對「環境倫理」研究最有名的學術性季刊。經筆者透過微膠卷逐卷研究，發現其中對環保哲學論文固然刊登較多，但因受季刊篇幅限制，仍然並未建構出環境倫理學的完整架構，每篇論文多半仍以單一觀點爲主，⑯固然有些相當深入紮實，但明顯不夠週全與完備。比起泰勃教授整本的系統著作，相差形之下便明顯不足。

因此，本文將特別以泰勒教授的分析架構爲主，論述西方當代環境倫理思想，並透過「自然觀」、「萬物觀」、與「衆生論」三項環保主要課題，闡明其中與中國哲學旁通互攝之處。

第一節 以生命爲中心的自然觀

針對自然觀，泰勒教授曾經用一個非常中肯的名詞說明其理念，叫做"bio-centric outlook of nature"[17]，如果從其內容中譯，就是「以生命爲中心的自然觀」，如果用中國的哲學名詞來看，這正是典型的「萬物含生論」。如果再用中山先生的名詞來說，則叫做「生元論」，也就是說把一切的自然萬物都看成充滿生機和元氣。其中「生」與「元」均來自易經哲學，此即所謂「天地之大德曰生」，以及「元者善之長也」。「生元」兩個字結合起來，實際上就代表一種以生命爲中心的自然觀；我們由此也充份可見中西相通，乃至古今相融之處。

泰勒教授所論「以生命爲中心的自然觀」一共提到四項特性，對於自然的理念，都很中肯；筆者認爲，除此之外可以更進一步，再加第五項，才更完備。今特分別申論如下。

第一項可稱爲「同球共濟性」，就是肯定人類、地球與萬物，共同形成一體的社區（

community）[18]，這也就是「地球村」的觀念。用中國成語來說，象徵「同舟共濟」，此處則擴大而論，可稱爲「同舟共濟」。

第二項可稱爲「互相依存性」（Interdependence）[19]，就是肯定自然一切萬物，必需相互依靠才能生存，其間交融互攝，形成「物物相關」的特性。

第三項可稱爲「內在目的性」（teleology）[20]，就是肯定所有自然萬物，都有其獨特的生存內在目的，並分別以此爲動力，共同邁向光明理想，此即形成「物有所歸」的觀念。

第四項可稱爲「一往平等性」（equality）[21]，就是肯定一切自然萬物相互平等，人類不能以自我中心駕凌萬物之上，這也形成「衆生平等」的觀念。

另外，筆者認爲，還應有一項——可稱爲第五項，即爲「互爲主體性」（Inter-subjectivity），也就是肯定自然萬物均能自成主體——此即新儒家所說，萬物均各成一「太極」，用佛學說，即物物各成一「法界」，因而彼此均爲主體，然後整體又形成圓融無礙的和諧統一。

這第五項，是泰勒教授所未能談到的特性；他雖然提到了「互相依存性」，但若一個是主體，一個是客體，名義上是互相依存，其實卻成爲「主僕關係」，如此看似「互相倚存」，其實仍與平等性矛盾，並不符合環保哲學應有的胸襟。

因此，個人認爲，中國哲學所強調的「互爲主體性」精神便非常重要，此亦朱子所謂「人人有一太極，物物有一太極」，以及華嚴宗所謂：「處處都是華嚴界，個中那個不毘盧。」此中更具開闊的仁心與慧心，所以深值體認與弘揚。

以下即再分述這五項的特性。

一、同球共濟性

泰勒教授認爲，對自然界應有的第一項認知，便是「把人類看成是地球生命社區的一分子」（Humans as Member of the Earth's Community of Life）[22]，這種觀念上承李奧波，到今天已經成爲通稱的「地球村」（global village）觀念，其中涵意非常親切。

尤其，泰勒在此所講，比李奧波更爲周全一點，主要是他能把人類與地球，更明確的看成是同一個「生命體」，不僅將人類與地球視爲同一個「社區」，還更進一步能視爲「有生命的社區」。這就很接近中國所說「同舟共濟」的精神，在此則可稱爲「同球共濟」。根據泰勒，所有生命均在「同球」生存，因而必需「共濟」，互補互濟，才能共進共榮。

泰勒何以會有這種主張呢？值得強調的是，西方哲學長處在於，分析與論證過程很有條理。他是一步一步分析所得的結論，所以其中過程便很值重視。在中國，雖然很早就有人與天地萬物應「合爲一體」的觀念，但爲什麼人應與天地萬物合爲一體？其中論証並沒有精細過程，這就是中國哲學很可從西方哲學參借鏡之處。

泰勒教授曾經列舉五項理由，說明爲什麼人類與地球爲「同一社區的生命體」，頗值引中闡述。

第一，根據泰勒分析，人類地球與社區中的其他成員——也就是一切非人類，都必須要爲了生存與福祉，面臨生理和物理上的一定需求。因而，大家在很多方面都是息息相關。有些地方人類可以提供，但有些地方只有其它萬物可以提供，所以中間必需互通有無，另外還有些地方需要人與萬物共同合作，才能共同受惠。簡單的說，人與萬物的「共濟」，是爲了共同的利益——合則共同得利，分則相互傷害。所以，泰勒基本上仍然是以「利益」爲出發點，分析人對自然萬物應有的認知，這也正是西方當代環保思考的特性之一。

第二，根據泰勒看法，人類與「非人類」，通通各有內在的潛能。如果要完成實現這些潛能，便需要有很多條件支持其發展，而這些並不是人類所能單獨完成的。人類對其中部份固然可以自己做，但也有部份則要借重「非人類」的存在，才能繼續發展。同樣情形，「非人類」的萬物，很多地方也要依靠人類保護，才能進一步的發展。所以本項重點在於不只爲了「生存」，另外爲了「發展」，人類仍然需要其他自然萬物合作，因而同樣形成「利害與共」的互動關係。

第三，泰勒認爲，通常人類強調，應擁有自由意志、自主性、以及社會上的自由。事實上，這三種常見的自由，也可應用在地球上很多「非人類」。比如自由意志，不能說生物界就沒有；另如人類有自主性，但動物在某種程度上也有；還有人類在社會上有追求自由的欲望，但動物同樣也有。所以從這些共同性，也足以肯定人與其他非人類爲「同一社區的生命體」。

筆者認爲，除了上述三種自由之外，還有第四種自由，同樣可適用於人類與非人類，而且可能更爲重要。

這第四種自由，超乎社會的自由，也超乎自由意志，以及自主性，那就是要實現內在潛能所應擁有的自由。

泰勒並沒有很明確的指出這一種自由。筆者認爲，應可稱此爲「追求高尚理想的自由」（free dom for high ideals），也就是追求不斷上進，精益求精、日新又新、以止於至善的自由。這比原先的自由意志還更高了一層。因爲，自由意志有些可能還只是初級與本能的自由，但追求高尚理想，則融合了自由抉擇、睿智判斷、以及堅忍毅力等因素。這種高級的自由能力，同樣也存在於地球不少生物上，所以不能忽視此一共同處。

另外，在第四項中，泰勒特別強調，我們不可忘記，雖然人類在這個地球上，也有幾千年的文明歷史，然而，若從整個地球的歷史來看，則人類還只是新搬進來的「住客」。在人類歷史之前，地球其他萬類生命早已經存在了幾萬年甚至幾千萬年，乃至幾億年。因而人類並沒有權利任意毀損地球這個共同居所，否則不但形成「惡客」，也會造成萬物「公害」，長久以往也會自尋毀滅。這一項理念能跳出人類自我中心而立論，非常公平客觀，也非常發人深省。

第五，泰勒強調，我們要能特別警惕一項重要的事實——那就是人類不能夠沒有其他非人類的存在，但許多其他「非人類」的存在卻很可以沒有人類。這一點很重要。因爲今天如果人類沒有豬、牛、雞、鴨、羊等肉類，沒有綠色蔬菜、魚類、或水果，則一般民生明顯會立刻受到嚴重打擊。但是這些大自然中的生物植物，卻很可以沒有人類，仍然活得很悠然自在。甚至人類全部消失了，它們也還是活的好好的。正因爲如此，人類更應該多加警惕，因爲，人類所求於其他生物萬類的部分，很可能遠超過它們所求於人類。因而今後人類更應自我節制，不能任意狂妄自大，破壞自然。

以上即泰勒所分析的論證，他分別從不同角度，闡述人與地球萬物同命相連的原因，從而形成「天地萬物爲一體」的共同生命社區，的確有很啟發性，對中國哲學也更有充實與弘揚的重要功能。

二、互相依存性

根據泰勒教授，第二項特性爲「互相依存」（The Natural World As a System of Interdependence），也就是將整個自然世界看成是一個交融互攝、互相依存的系統。

這項特性非常接近於中國哲學，不但與儒家的「旁通」極爲相符，也與道家的「彼是相因」非常類似，尤其深符華嚴宗所講的「圓融」、「無礙」等觀念。我們也可以分析並歸納泰勒的論點如下。

首先，泰勒認爲，所有自然界的生物和它們生存的環境，乃是一種「內在關連的客體和事件」（Inter-connected objects and events）㉓。他這裡所講的客體（objects）和「事件」（events），也很接近於華嚴宗所講的「理」和「事」，其中的「理」，就是講萬物各種客體之間的次序，而「事」就是各物之間的互動關係。

泰勒在此，只簡單的提到「內在關連性」（Inter-connected），但在華嚴宗哲學中，就更爲精細週全了。本書第五章曾提到，華嚴宗對此中的「內在關連性」，不只談到互存性、互依性，另外更討論到互攝性、交涉性、相在性、相資性等等，並形成整體普遍圓融無礙的思想體系，肯定整個大自然均爲相互融貫的大有機體，因而遠比泰勒的理論深厚與完備。

此中精神，在儒家哲學中即稱爲「旁通統貫」，在道家哲學中則稱爲「道通爲一」，用語雖不同，但中心思想均可說完全一致。我們若能透過中西比較的研究眼光，便能驚訝於其中殊途同歸的神妙。

另外，泰勒於此，還曾經特別舉出佛羅里達州，沿海一種鳥類的生態爲例證，說明在陸、海、空的三度空間中，海水生態、海邊森林、以及樹上鳥類相互影響，綜合其中各種依存關係，均爲環環相扣，缺一不可，從而證明自然萬物之間，很多均爲融貫互攝，物物相關。可說也正是爲「機體主義」提供了極爲具體的科學證明。

事實上，泰勒所提例証，還只是美洲一個地方性的個案，如果我們細心放眼大自然，諸如此種證明，幾乎處處可見。所以，泰勒也擴而充之，認爲整個自然界，不分海陸空的動物或植物，均爲「整體生命」，不可分離孤立。他稱此爲充滿內在關連的「生態系統」（Eco-system）㉔，代表其中的任何一環如果受到損傷或破壞，便會環環相連，影響整體生態。這也正好如同骨牌理論一樣，任何一環倒下，整體的平衡也會一一倒下，終至整體崩潰。

所以，泰勒也承繼李奧波的看法，特別重視生態必須要有穩定性（Stability）、整合性（Integrity），和平衡性（equivalent）㉕。

根據泰勒的研究，這三種性質，任何一個若被破壞，就會變成惡性循環，並回過頭來傷害原來同一地球的其他生命。其中例證，大至於「臭氧層」被破壞、「溫室效應」、整個地球氣候反常、各地酸雨爲害，小至於工業污染、垃圾公害、水土沖失等等，原先均因人類點點滴滴爲害地球而起，後來卻回過頭來形成對人類本身的爲害。這是用慘痛的經驗教訓，證明了生態系統息息相關，因而更提醒人類，必需重視對整體生態的公德心與責任感。

因此，泰勒特別強調一句名言，在整體考量的生態系統裡面，地球上「沒有任何一個生命的社區，是可以孤立存在的」（No life community associated with a particular ecological system is an isolated unit）㉖。

有些人或以爲地球那麼大，每一個人所住的空間環境卻那麼小，中間怎麼會有關連？殊不知此中直接或間接，通通均有關係。

如果美國或蘇俄，在空中做了一次超級核子試爆，其輻射塵便會隨風而飄，不但影響美國與蘇俄本土，也會隨著風向氣流，影響其他國家，甚至會從西半球漂到東半球，只是程度不同而已。各國多次經驗證據顯示，此中影響與關連的確存在。此所以東西方很多人士一再強調反對核子試爆，並一再要求列強裁減核子武器與相關軍備。近年來經各界的努力，可說已有相當成績，也充份證明此中相互依存的關連性。

另外，我們試看，伊拉克一國併吞科威特，看似遠在中東的事件，但卻立刻影響到全球石油能源供應以及各種油價，並且直接間接影響到各國民衆生活一般物價、股票市場、乃至於各地的經濟發展。這個活生生的例子，更明顯證明了今日地球「共爲一體」，彼此密切相聯這種形，不但在政治經濟上如此，在生態與環保上同樣如此。

換句話說，整個地球彷彿一個整體的村子，這個村子如果發生任何疾病，所有居民都應發揮「守望相助」的精神。否則如果有一家發生了流行性疾病或者火災，而大家不共同搶救，立刻就會蔓延到別家或全村。同樣情形，如果某家水溝被污染了，閉塞了，大家不去關心，立刻也會影響下一家，乃至全部村民。凡此種種，均顯示其中「同爲一體」的特性。

泰勒在此講得很中肯，自然界本身就是一個「統一的完整大生命體」[27]，這就相當於中國哲學所講「和諧的統一」。「一」與「多」中間不但互相融貫，而且深具內在的和諧性。這也再次證明，中國哲學與生態環保很能會通之處。

因此，如果我們眞能做到中國哲學所說的「大其心」，並且以此超越人類自我中心的自然觀，那就很可以把原來只用在人類的倫理學，擴大到對整個自然界，眞正做到同情萬物，尊敬生命，並且深體物物相關、處處相環的重要道理，充份愛護萬物，尊重自然。這不但是當今環保哲學的中心理念，也正是中國哲學的主要特性，深值共同努力，發揚光大。

三、內在目的性

針對第三項特性，泰勒教授強調，「任何個別的機體生命，都是以目的爲中心的生命」（Individual Organisms as Teleological Centers of Life）。換句話說，每一個體生命，它都有一種「內在目的性」，正因有這種內在目的性，所以才有生命動力，推動其向前，向上，並共同往整個宇宙的終極理想邁進。

他這種看法，相當受到亞里士多德的影響。西方哲學在亞里士多德時，除了分析事物「四因」外，並曾強調，所有萬物的存在，都有某種程度的「內在目的性」（entelechia），而整個地球在大宇長宙之中，也自有其內在的目的性。

這種內在的目的性，並不一定是直線型的，很多情形正如方東美先生所說，是一種「迴線型」（Curvi-liner）的進程，生生不息㉘，運轉而無窮。例如，整個地球除了不斷在自轉，並繞太陽在他轉，它能維持這樣正常而平衡的迴線運轉，以此善養大地衆生，並在整個宇宙大海的衆多星球之中，能夠以此無窮運轉，善盡它的本分，也正可說是在盡它整體的一種「內在目的性」。

因此，針對這種「內在目的性」，我們不必把它看成一定是從甲地到乙地的直線，尤其並不一定要走到另外一個世界，而是在努力過程中善盡其責，盡其在我，就能充份自我實現內在目的性。懷海德強調「歷程哲學」，肯定「歷程」（process）裡面就有「實在」（reality），成爲其重要名著《歷程與實在》的中心思想㉙，即爲此等深意。這不但對生態環保哲學很有啟發，與中國易經的生生哲學也極能相通。

另外，著名環保學者謝德——弗烈（K.S. Shrader-Frechette），也曾在近著《環境倫理學》中，明白強調，「現代人均應爲道德人」㉚。究其原因，除了肯定人人應以悲憫心胸提昇靈性外，更清楚指出，唯有對生命未來深具方向感，才能眞正完成自我實現。不但人類本身如此，人對自然萬物應同樣有此理念。此中眞諦，也可說完全近似。

除此之外，泰勒教授又認爲，每一個各別小物體，即爲一個「有機的生命體」（Individual organisms）㉛。美國著名環保學家繆爾（John Muir）曾有句名言：「在大自然中，沒有任何部份可以割裂，因爲每一相關的部份，即自成完整的和諧單位。」㉜此中精神可說完全相通，而且完全相當於中國哲學所講，每一物均爲一太極。

換句話說，對於自然萬物，若從整體宇宙星海的觀點去看，那屬於一種「宏觀」（Macro- viewpoint），生生而條理，若從個別生物的機體構造去看，則是屬於「微觀」（Micro-viewpoint），同樣具有內在生命目的，因而不論宏觀或微觀，都共同肯定自然萬物深具內在目的性。

所以，泰勒曾經特別指出，若從現在最新的有機化學、微生物學來看，也可以進一步了解，每一個細胞，或者每一個分子，都形成每一個生命機體的基本架構。而這些基本架構，基本上都有其特定內在目的。

這種情形，也好像我們人的身體一樣。天生人類，不論哪一種器官，都應有它的一定功能，只是有些還不一定被充份瞭解而已，這也是一種內在目的性。即使如盲腸或扁桃腺，有些人可能覺得「反正無用，切除亦好」，但近年也有醫學新報告證明，盲腸有淋巴系統仍可能具抗癌作用，扁桃腺則可能係防止氣管感染的第一道防線。人體如此，物體猶如小太極，也同樣如此，所以均不能任意切除或破壞，否則平常看起沒有用，但到重要關頭，卻很可能有大用。這種一定的用途就是它的「內在目的性」，不能任意毀棄，否則就會影響整體平衡。

另如中醫，基本上是以「陰陽平衡」的道理，肯定人體也是一太極，因而強調「培元固本」的重要，以及「盈虛消長」的醫理，所以非不得已，不願動刀切除人體器官，自毀本身元氣，便是這種精神。美國麻省理工學院曾經出版一本重要著作《中醫的理論基礎》（The Theoretical Foundation of Chinese Medicine）[33]，內容主要也是闡述人體生態平衡的精神，同樣深值參考。

換句話說，我們如果能夠了解「生命週期」（Life cycles）的觀念，那麼就很能夠了解生命內在組織各種互動的關係。有了這種體認，便能夠同樣體會到，在大自然萬物之中，每一個體的生命，都有其一定的功能，這種生命功能就是其獨特的內在目的，這些獨特目的，都是無可取代的，所以不能輕易破壞。

因此，泰勒教授曾經特別指出，所謂「機體主義」的特性，就是承認：

「每一個體生命，都是無可取代的獨特生命」㉞。

事實上，不但我們對人類生命應如此體認與尊重，對於萬物生命也應如此肯定。唯有肯定此一信念，才能承認自然萬物均各有其無可取代的生存權利——正即同每一個人均具有人權一樣。我們對人類既不能草菅人命，破壞人權，對萬物也一樣，不能任意摧殘「物命」，踐踏「物權」！

另外泰勒也曾強調，機體主義的本質，也是一種「以目的論爲中心的生命觀」（a teleological center of life）。他並以此肯定，每一個體生命，爲了要實現其潛能，均有其獨特的生命目的。例如人有人的潛能，去充分完成其內在目的性。而人體中每一內在的五臟結構，也都有其功能去完成此目的。所以擴而充之，萬物每一個體也是同樣情形，均不能任意的破壞，以免影響整體平衡，此中便有一種整體「融貫」（coherence）的關係。

因此，泰勒曾經指出，「機體主義」明確肯定，所有內在組織的功能，都能相互融貫，也都是互爲整體，然後共同形成生命有機體，一起朝向其生命理想邁進。這就形成他所謂「

以目的論爲中心的活動觀」，這與中國哲學也完全不謀而合，深值重視。

四、一往平等性

泰勒教授所說第四項，是肯定自然界萬物平等的特性，用其術語來說，便是「否認人類的優越性」（The Denial of Human Superiority）[35]，也就是並不承認人類高於其他生物，可以駕凌萬物，役使自然。

泰勒在此曾經明確批評，西方文明傳統之中，從前總是認爲人類比動物高貴，動物又比植物高貴，然而，這種觀念已經到了必需省思與重新修訂的時候了。

所以，他曾一一分析，人類憑什麼條件，可以說比其他動物更高級？此中論證過程，頗爲精細，也深值參考。[36]

首先第一項，泰勒指出，人類很多個別的能力，均不及其他的動物。比如說人類飛行的能力，遠不及鳥類，奔跑的能力，又不及很多動物，至於爬樹能力，人類不如猴子，鑽地洞的能力，又不如地鼠，而游泳也不如魚類。所以綜合而言，不論比起天上飛的、地上爬的、海裡游的各種生物，人類有很多能力都不如。他甚至指出，很多植物，本身還有內在的結構可行光合作用，而人類連這一點都做不到。那人類憑什麼能自認爲一定比它們強？

當然，或有人講，人有「思想能力」。法國哲學家巴斯噶（Pascal）即持此說。他認爲，人很脆弱，如同蘆葦一樣，但卻是「會思想的蘆葦。」問題是，很多動植物顯然比脆弱的「蘆葦」要堅強。而且，即使就「會思想」這一點，人類又何以知道其他動物都不會思想？

或有人說，「人有理性」，但是，難道動物就完全沒有理性嗎？如果專門以理性來比理性，則有些動物的聰明理性，可能還要超過人們。更何況，人類用聰明理性所發明的各種武器，不但爲害大自然的動植物，也一再殘害人類自己，證明聰明與理性可以爲善，但也可以爲惡。那麼擁有這種理性能力，整體分析來看，又如何能證明一定比動物高明？

美國幽默大師馬克吐溫（Mark Twain）曾經有段分析，非常發人深省：

「人類能夠知道對錯，這證明他在智力上，比其他生物優越，然而人類卻會去作錯事，這又證明他在道德上，比其他不會做錯事的生物要低劣。」㊲

換句話說，即使人有理性，也不能以此論證比其他動物高明，有時反而更低劣。或又有人說「人有精神」，這個當然比較中肯，但人若沒有變成猴子，怎麼知道猴子生活圈裡，便沒有它們的「精神」？又怎麼知道其他動物在它們族群之中，沒有它們所看重的「精神」？

當然，泰勒的論點，並不在說猴子、鳥類或魚類，一定又比人類高級。而是在強調，人類不能用自己的標準，認為一切都比它們更高級。如果持平分析，只能說是長短互見，各有千秋。他是用一種反面論證，說明從前人類自認為比萬物高級的理由，其實並不一定正確，因而否認人類比其他生物都高級。

就此而言，此中精神同樣與中國哲學很能相通。中國哲學對萬物看法，並不硬分何者較強，何者較弱，而是從生命觀點，肯定萬物「一往平等」，因而應該一視同仁，不能有任何歧視。也就是說從大道或佛眼來看，不但所有人跟人是平等，皇帝跟乞丐的人格尊嚴同樣是平等，至於人類跟「非人類」，也是同樣一往平等。

泰勒教授是從歸謬論證的方法，強調從前人們所持的理由並不能成立，所以不能承認人比萬物都強。其論證固然較有邏輯性，但歸根結柢，仍然只是從消極面論證，未能闡述其中積極意義。相形之下，中國哲學則是從正面來講，積極肯定人跟天地萬物均為一體，所以均為平等的生命價值，所以很能互補輝映，深值重視與參考。

另外，泰勒在第二項論證中，特別強調，人類以往自認為比其他萬物高明，基本上只是透過本身的標準去看。所以，他認為這是一種並無效力的「循環論證」。這種情形彷彿在說，「我認為自己比你強」，「為什麼？」「因為根據我的標準」。這就是一種循環論證——以待證的事物做為推論根據，當然並不能成為有效論證。

所以，如果猴子會講人話，那猴子也可以問，為什麼不用我的爬樹標準？或者說，為什麼不用超然的第三者標準？如果每一個當事者都用自己標準，那就成了「老王賣瓜，自賣自誇」，當然不能做爲有效結論。

其次，第三項，根據泰勒看法，人類自認比動物高明，中間還犯了「範疇的錯誤」。比如說，人類自認爲比動物「有道德」，但道德本身原來就只適用在人類社會，怎麼可以用人類的道德去評價動物？這就叫做「誤置範疇的謬誤」。

再例如，根據人和人之間的道德，「和平相處」當然是項美德。但是，如果把「和平」拿來要求老虎、獅子，那就不一定是美德。因爲牠們如果不逞兇鬥狠，那就不叫做老虎、獅子，也不叫「百獸之王」了。所以根據泰勒，不能只拿自以爲是的範疇，硬套在其他生物上。否則這種結論也並非有效論證。

泰勒並且曾經舉例說，這也如同對於一個工程師，對其要求的標準，應該是希望有效率、有生產力。然而，如果把對工程師的標準拿去要求法官，這就完全錯了。因爲法官不能只講效率與生產力，一個法官好不好，主要看他是否公正。而不是看他判案是否快速有效率，有時太多生產力，反而對法官是種壞事。反過來說，如果把對於法官要求的「公正」精神，拿去要求工程師設計圖案的能力，也是根本文不對題。這就同樣是「誤置範疇」的謬誤。

換句話說，對某一行業類別的道德標準，不能拿去要求另一個行業。同樣的情形，對人類這一類別的標準，也不能拿去要求另一類的生物。反之亦然，這也並不是說其他生物比人類道德就要高。此中情形，基本上正如同蘋果與橘子一樣，根本範疇不同，所以無從比起，不能硬說誰比誰好。

此所以泰勒曾經指出，如果人類硬說比其他生物有道德，那就好像在說，「我們比樹有道德」，或者說「我們比石頭有道德」，這些話本身就顯得荒謬。因爲樹木、石頭根本不在人類適用的道德範圍裡面。這種比較，不但勝之不武，而且也並沒有任何意義。

因此，綜合而言，泰勒的結論就是說，人類以往自認比其他生物要高級的理由，實際上都並不成立，也都並沒有理性推論的根據。

他還曾特別提到，從希臘哲學到近代笛卡兒，他們一致肯定「理性」的重要，並自認爲透過理性分析，比其他動物要高明，因而泰勒也根據理性論證，一一加以駁斥。

此中論証的最重要宗旨，在於人類如果自認高於其他生物，而又眞正有其理性根據，那就明顯會認爲役使萬物乃屬理所當然，這就明顯會破壞環保與生態保育。因此泰勒才特別深入分析，一一否認原先自認爲有理的根據。

美國加州柏克萊大學曾印行李根（Tom Regan）的名著，題爲《動物權利的個案研究》（The Case for Animal Rights），其中同樣駁斥從笛卡兒到達爾文自以爲是的相關論調，然後明白肯定：「所有動物均爲平等」（All animals are equal）㊳。這正如同美國獨立宣言開宗明義即稱「所有人類生而平等。」李根在此肯定所有「動物生而平等」，可說更進一步，與泰勒很能相通，形成當代西方環保學者的共識，深值重視。

更重要的是，根據中國哲學精神，又說又更進一步，肯定「所有植物均生而平等」，乃至於「所有萬物均生而平等」，此種胸襟，即使在當代西方環保思想中，仍屬極爲先進，所以更加深值借鏡。

當然，中國文化人以往也認爲，「人爲萬物之靈長」，但是這並不代表「人爲萬物之主人」，可以駕凌於萬物之上，任意役使萬物。因爲中國哲學雖然認爲，人爲天地靈秀之氣，但並沒有否定其他生物也同樣具備這種靈性。只不過中國哲學強調人是「天地之心」，所以能夠不斷的「大其心」，以體認天地萬物合一的境界。

因此，就此而言，「人爲萬物之靈」，代表人類不但不應歧視萬物，反而應有更多的同情心與責任感，去愛護自然，與保護生態，而不是有更多的特權心與優越感。所以，影響所及，不但不會妨礙環境保護，反而更能以環境保護爲己任，更能責無旁貸的全力以赴。

換句話說，如果整個自然萬物均生長在「地球村」中，那麼人類就好比是此村中的一村之長。他並不是在人格上比其他萬物更高，而是在責任上比其他萬物都重。所以更應好好照顧這個村子，愛護村中一切萬類，這是中國哲學眞正的「一往平等」精神，也正是當今應有的環保態度，所以深值重視與弘揚。

此所以龔艾拉（A.S. Gunn）與韋西蘭（P. A. Vesilind）合著的《工程師的環境倫理學》（Environmental Ethics for Engineers）中，明白提醒工程師們，千萬不要成爲「人類沙文主義者」（human Chauvinist）[39]——正如同不要成爲「男性沙文主義者」一樣，另外，也不要成爲「類族主義者」（speciesist），正如同不要成爲「種族主義者」（racist）一樣。[40]此中精神，均在強調人與自然萬物均爲平等，因而千萬不能有任何歧視與偏見，這已形成當今西方環保學者的共識，也正是中國哲學的通性，所值今後共同發揚光大。

五、互爲主體性

最後，本文還要再加一項，這在泰勒教授還未曾提到，卻是很重要的特性，那就是「互爲主體性」（inter-subjectivity），也就是人與萬物應相親相愛，互敬互重，正如同兄弟姐妹一樣互爲主體。

爲什麼說，人對萬物的關係，應如同兄弟姐妹的「平等關係」，而不是父子或母子的「上下關係」呢？因爲根據中國哲學，整個天地創造萬物，滋養萬類，它們才是地球村的父母，這也正是張載所講的「乾爲天、坤爲地」。而人類與萬物同樣受恩於天地，所以應以孝敬父母般的心情善待天地，至於人類對大自然其他所有生物，則應站在同一層次，以平等心加以尊重。這就是「互爲主體」的精義。

換句話說，父母跟子女雖然也要互相尊重，但是，那畢竟仍然屬於上下的關係。然而，人和所有「非人類」的存在，在宇宙天地之中，卻是互爲主體的關係。

因此，根據中國哲學，在環境倫理學的定位中，我們應尊敬天地如父母，至於對所有其他生物，則應如同手足般，相互尊重。我們之所以要尊重其他生物的存在，是因爲它們也有一定的獨立主體性，也有彼等內在的生命價值。所以人們唯有先具備這種「互爲主體」的觀念，才不會把保護環境看成一種施恩的工作。

事實上，根據中國哲學，我們保護動物，並不能自認像家長在餵牠們或施恩惠，而應把牠們當成獨立的生命主體，帶著一分平等心，善盡手足之情。此中不能有「德予獸」或「德予物」的觀念，因爲，那仍然隱含一種駕凌其上的成見。

這種「互爲主體性」，在法國存在哲學家馬色爾（Gabriel Marcel）著作中，也曾經提到類似看法。他在《問題的人》（The Problematic Man）[41]以及《存有的奧秘》中均曾指出，[42]唯有透過「互爲主體性」，追求圓融（Communion）的世界觀，彼此尊重，共享和諧，才能進入「絕對稱」——亦即「神」的最高境地。此時就相當於儒家的「天心」，道家的「道心」，乃至佛家的「佛心」。人類要能以此等至廣至大的心靈放眼自然，才能眞正體悟萬物一體，以平等心同情萬物。

所以根據馬色爾，此中最大奧秘即在能體認萬物「互爲主體」（inter-subjectivitat），唯有如此，才能清除「問題的人」心中困境，以及人與自然的對立兩難。雖然馬色爾原先係針對存在哲學而發方。也與中國哲學同樣深具啟發，也與中國哲學很能不謀而合。

此所以孟子曾經強調，眞正的仁心，不會有「德予人」的觀念，自認爲高人一等。例如，對於殘障同胞，不能以自認施捨的心情相待，而應以平等尊重的精神相敬。這種平等精神，運用於政治上，便是民主政治。

像從前帝制時代，稱官吏叫「父母官」，但在民主時代卻爲明顯錯誤。因爲民主社會中只有「公僕」，而沒有父母官。因此政府與百姓之間，不再是上下的關係，而是平等的關係，這也同樣是「互爲主體」的關係。唯有如此，互敬互重，分工合作，才是眞正全民之幸。

這種觀念，同樣可以適用於環境倫理學。我們照顧自然萬物，保護野生動物，同樣不能自認高高在上，是從上而下的照顧。中國哲學強調，應有合天地萬物爲「一體」之仁心，既然是一體，就沒什麼上下之分，而應互敬互攝，圓融一體，這才是眞正高明的環保之道。

所以，「互爲主體性」，也好比太極圖裡面一陰一陽的關係，彼此並沒有主僕或附庸的關係，更沒有上下凌駕的關係，而是眞正平等、和諧、互融、互重，形成互攝互補的圓融整體。這是中國哲學的重要特性，境界非常深遠，卻是泰勒教授所未能提到的，所以深值增補說明，提供西方學者參考。

另外，天普大學在一九八八年出版了一本《環境倫理學》，由羅斯頓（Rolston）所寫，他也曾提到類似觀點，並輔以親自經驗，同樣很值得申論。

羅斯頓在書中，同樣強調「機體主義」的重要，而他所謂「機體主義」的精神，主要就是「對於機體生命的責任」（Duties to organic life）[43]。他並舉了好幾個實例，很可以印證中國哲學所講的「仁心」。

比如說，他講在高中做實驗的時候，看到實驗用的老鼠，在用完之後就被淹死，首先就感到有一種「不忍之心」[44]，這種不忍之心，正是中國哲學孟子所強調的「惻隱之心」。另外，他也提到在學校生物學或植物學中，經常用幼芽做實驗，但用完的幼芽也通通被拋棄。當時他也深覺心中不安。這就與孔子所指的「心安」與否，屬於同樣精神。凡此種種，均可看出「人同此心」的共通處。

羅斯頓認爲，在實驗後把老鼠淹死，或把幼芽丟掉，這種行爲縱然不一定可稱爲「殘忍」，但是，這起碼是無情（callous）[45]。因爲，用它之前特別珍惜，唯恐它遺失或生病，但等用完後，卻立刻毫無吝惜地丟棄，這眞正是很無情！

針對這種無情，該怎麼辦？羅斯頓在當時並沒有答案。但在中國哲學或者佛學上，則有很明顯的答案。那就是要把一切無情的萬物，都看成是有生命。這在儒家稱爲「物我合一」，在道家稱爲「道通爲一」，在佛學更稱爲「無情有性」，均能提供西方學者做爲重大參考。

後來，羅斯頓曾經分析此中關鍵所在，他認爲，重點並不是植物本身沒有感覺，而是人本身太不敏感，太沒有感情。他認爲，這才是根本錯誤。

換句話說，若從客觀來講，固然人們也可以說，植物對被傷害沒有什麼感覺，並不會因爲被丟棄而傷心，但這種情形經常發生，還是因爲人類本身太有沒感情。

此所以英國大文豪蕭伯納（G. Bernard Shaw）曾經中肯很的提醒人們：

「對一切萬物生命，最大的罪過並不是憎恨牠們，而是覺得牠們無所謂，這才是不人道的本質！」㊻

另外，名心理學家榮格（C. G. Jung）也曾提到類似感受，他曾經特別強調：

「當我在大學中修醫學課程時，發現活體解剖真恐怖，真野蠻，而且完全沒有必要。」㊼

羅斯頓還曾提到，他當時在實驗室就感到「很噁心」。若進一步深思這種「噁心」的原因，他認爲，乃是出自於「對機體生命的責任感」。㊽事實上這是中國哲學所強調的「善根」，也是所有人們都共有的仁心，更是環境保護與生態保護的重要動力，深值共同體認與弘揚。

這種對機體生命的責任感，不但是「機體主義」的精神特色，也是「互爲主體」的精神表現。因爲，唯有將小動物（如實驗鼠）或植物（如實驗用幼苗），都看成具有機體生命的主體，才能眞正牽動心中一念之仁。

這種仁心，就超越性而言，足以融貫一切天地萬物，就內在性而言，也足以當下激發側隱之情。所以可說兼具超越性與內在性，而其根本精神，即在肯定物我的「互爲主體性」，因而足以眞正融合物我爲一。羅斯頓教授以自身實例說明此種仁心，事實上也正是今後推動環保運動極重要的熱力，深值重視。

林肯總統曾經有句名言：

「我贊同動物均有權利，就如同人類均有人權一樣。這也正是擴充仁心完備之道。」[49]

林肯此中精神，正與中國哲學所述「仁心」根本相通，也正是本段所提「互爲主體」的胸襟。只不過林肯僅提到動物均有權利，對植物乃至礦物均未提及，相形之下，中國哲學肯定一切萬物均應有其平等權利，實在是全世界最爲高明而週全的環保哲學，深值西方學者參考與借鏡。

第二節　尊重萬物的態度

以上分析內容，可稱爲西方當代對自然的省思，至於有關對萬物的看法，泰勒教授也曾歸納出四項重點[50]，並冠一總題爲「尊重自然的態度」（The Attitude of Respect for Nature），內容頗多發人深省之處。不過他實際上所指，多半爲尊重自然中的萬物，所以本節標題，可略修正爲「尊重萬物的態度」。另外筆者認爲應再另加第五項，才能更加完備。今特依序分述如下。

一、「萬物含善性」(The Concept of the Good of a Beieng)，就是肯定一切萬物均具內在善性，不能否定爲無生命。

二、「內在價值性」(The Concept of Inherent Worth)，就是肯定萬物皆具內在價值，不能因大小差異而抹煞。

三、「尊重自然性」(Having and Expressing the Attitude of Respect for Nature)，就是肯定對一切萬物均應尊重，不能任意貶抑。

四、「終極實在性」(Respect for Nature as an Ultimate Attitude)，就是肯定一切衆生，不論生物，或無生物本身存在即爲終極目的，不能被當作他人工具。

五、另外，筆者認爲，還應增加「和諧統一性」，就是肯定萬物衆生渾然同體，不可割裂，吾人均應存其大同而尊重小異，這才是眞正尊重萬物衆生的最勝義。若用英文講，即爲「和諧統一性」(The Concept of Harmonions Unity)。

以下根據順序分析，以闡明西方環境倫理思想中另一重要課題——「萬物觀」，並申論其中與中國哲學相通之處，由此同樣可證明中國環保哲學的完備與深厚，的確深值今後東西方共同弘揚。

一、萬物含善性

泰勒教授曾經用一個專有名詞，稱呼萬物中的個體特性，叫做「具有內在善性的個體」（entity-having-a-good-of-its-own）[50]。這句話深值重視，因其本身肯定了，萬物中每個個體均有它「內在的善性」，正因爲它有內在的善性，所以深具生命意義與存在價值，因而人類更應充份尊重。

泰勒曾經在這段分成兩種層次，說明「尊重」與「尊敬」的不同。[51]前者因其平等，所以尊重，亦即「肯定性的尊重」（Recognition respect），後者則因其偉大，所以尊敬，亦即「讚揚性的尊重」（appraisal respect），通常係對長輩而言。英文中雖均用「respect」但內容層次與意義並不同。此中區分，若能翻成中文，則很清楚。個人倒認爲，若準此而論，則另外還有一種「尊崇」，堪稱專對敬神而言，亦即「宗教性的尊重」（religious respest）。

在這三種層次——「尊重」、「尊敬」、「尊崇」中，我們所稱對於萬物以及衆生的尊重，屬於第一層次，亦即「肯定性」的尊重——肯定其生命內在平等的含善，所以加以尊重，這與第二層次對長輩的尊敬，乃至第三層次對神明的崇敬，分寸與意義均不相同。所以，我們在環保中講「尊重自然」（Respect For Nature），可說是恰如其分，屬於很持平的說法。否則如果講對自然很「尊敬」，便成太過，若稱對自然很「尊崇」，也顯然太矯情，甚至成爲「拜物教」色彩，均非環保精神的宗旨所在。

要之，我們說「尊重」自然萬物與衆生，是因爲它們均有生命的內在善性和存在價值，所以彼等與人類平等，同樣應有天賦權益；但這並不代表它們高於人類，所以並不能說「尊敬」或「尊崇」。儒家講禮節，禮應有「節」，恰如其分，在此便很有啟發作用。

至於所謂「內在善性」，泰勒教授也曾分析出兩種不同的型態：一爲「內存之善」（the good of a being），二爲「外加之善」（the good for a being）[52]。前者代表，肯定自然中每一存在個體均具本有善根，後者則代表，爲了另外某一存在個體所做的善事。本文所論內容，尤其就環保意義而言，乃在肯定前者內存的善性。

針對此一肯定，或有人提出一項問題——對於「機器」，是否也應加以尊重？也就是說，機器是否有內存之善？

如果根據泰勒教授，他認爲答案應係否定。但根據中國哲學卻並不然。因爲，即使對於機器，也不能將其排除在自然整體的機體主義之外，而且也不能只站在人類本身功利的角度，認爲只因爲它對人類有用才有善性，此外並無獨立的內存之善。

事實上，我們若能以同情體物的精神設想此項問題，便和機器本身的完成，也融合了很多方面的心血結晶，這就同樣有值得尊重之處。又如機器不論其硬體的精緻細密，或背後軟體的匠心巧思（如手錶），除了實用價值外，本身也另有一種獨立的藝術價值，與內存的和諧善性，所以同樣不容抹煞。

因此，只要我們本身能「大其心」，擴大眼界與省思範圍來看，便知機械本身同樣有其值得珍惜之處，不能只從人類本位實用眼光去看，而輕易否定其內存獨立價值。這也正是中國哲學從高處曠觀萬物的特性，與西方只從平面眼光來看並不相同。

所以，在中國文化傳統中，常講「惜物」爲美德，就是這種道理。所謂「惜物」，並不只是珍惜其中的應用價值，而是更珍惜其中的生命心血與內在善性。中國有句諺語：「誰知盤中餐，粒粒皆辛苦」，就是在提醒人們，這些盤中米粒，都是很多農民，頭頂著大太陽，腳踩著爛泥土，一棵棵插秧、又一粒粒收成的。所以我們應該將心比心，設身處地著想，後然才能眞正加以珍惜與尊重。

換句話說，能有這種同情的瞭解，才算符合中國哲學「大其心」的要求，也才眞正深具人文精神與環保意識。因爲，唯有如此尊重米粒，才算尊重農民的生命，也才算尊重米粒本身的生命。由此可見，中國所說眞正「惜物」的精神，並不只是站在功利的立場，認爲如果不能珍惜，將來會得報應等等，而是從內心深處，就站在尊重農民生命與米粒生命的立場，誠心加以珍愛。

同樣情形，這對機器亦然。眞正的環保精神，並不是看它能不能用，才去尊重它，而是因爲它代表了很多少人的心血結晶，而且其本身也形成了某種型態的生命，所以均應加以珍惜與尊重。

另外，泰勒還曾經分析三種不同的「善」[53]，也很值得重視：一是「內存之善」（good of a being），二是「外加之善」（good for a being），三是「人爲之善」（doing good to a being)。

本來這三個觀念，最早是由一位萊特教授（Von Wright）所區分，他在《善的不同型態》（The Varieties of Goodness）這本書中論述甚詳[54]，因此泰勒特別借用，以分析環境倫理的問題。

根據泰勒教授，「內存之善」，在肯定每一個體本有之善性；「外加之善」，則係旁觀者從旁認爲，如何才對某一個體爲善；「人爲之善」，則係經過人爲力量，爲某一個體福祉所爲之善。就本文與環保立場來說，肯定萬有均含善，屬於第一種「內存之善」，而非第二種及第三種。

因爲，就第二種「外加之善」而言，根據環保哲學精神，人類不能只從本身立場，自作聰明的認定，如何才是對萬物爲善。這是環保思想中非常重要的一環，所以深值澄清說明。

實際上，這也正是道家「無爲」的思想——不去干涉萬物，也不要自以爲是，代替萬物決定何者爲善。唯有如此，才能充份尊重萬物，並讓萬物能充份展現本身內在的善性，這也才能做到「無爲而無不爲」。

擴大來講，這種精神也正是民主思想的最勝義，代表主政者能夠信任民衆，既不干涉民衆，也不強加指導，而能眞正讓民衆發揮雄厚潛力。此即老子所謂：「治大國如烹小鮮」，唯有如此，才不致於折騰民衆，而能眞正藏富於民，藏智於民。此所以美國雷根總統在國會咨文中，曾經特別引述老子此語，以表達其自由化的理念。甚至美國早期總統傑弗遜也曾經強調：「管得最少的政府，才是最好的政府。」凡此種種，均可說不謀而合。

今天我們若就尊重自然與生態保育而言，同樣可說，人類對自然萬物，包括野生動物、植物、森林等等，應儘量減少干涉與打擾，亦即「管得愈少的政策，才是最好的政策。」

另外，就第三種「人爲之善」而論，也是同樣情形。很多人自認爲是在對動物施善，結果卻因過份自我中心，或者缺乏對動物生態的知識，很多時候愛之反而足以害之。所以我們在保護動物與萬物生態方面，尤需有此警覺，加強環保知識，不要成爲這種「自以爲是的人」（self-righter）。

莊子在〈馬蹄篇〉中，就曾經特別以寓言方式指出，伯樂自認爲可以識千里馬，殊不知反而是摧殘了好馬。他自認爲「我善治馬」，因而加諸各種訓練。結果「燒之、亂之、刻之、雒之、連之以羈馽，編之以早棧」結果呢？「馬之死者十二三矣。」另外，爲了馴馬，他還更加「飢之、渴之、馳之、驟之、整之、齊之……」在種種折騰之下，「馬之死者，已過半矣」，這就反而成了害馬。

所以根據莊子，何不眞正讓牠們放諸山林，「齕草飲水，翹足而陸」，以充份發揮馬的內在眞性呢？此中根本原因，就是伯樂只以人的本身需要爲標準，而未能尊重馬的內在善性，所以反而成爲「聖人之過」。正如同「殘樸以爲器，工匠之罪」一樣。針對這種情形，同樣深值人們今後有所警惕與省思，那才能眞正有益於環保與生態保育。

另外，泰勒教授強調，每一個體均有其「內在善性」。事實上這種內在善性，正如同莊子所說的內在眞性情，必需要能對其善加尊重，對其無欲無私，這才是眞正善治天下者。

此所以莊子曾經特別指出，在太上淳樸的時代，本來充滿一片和樂景象：

「山無蹊隧，澤無舟梁，萬物群生，連屬其鄉，禽獸成群，草木遂長。是故禽獸可係羈而遊，烏鵲之巢可攀援而　。」

我們試看莊子所述，是何等恬淡的自然景觀！人類既可以與野生動物和樂相處，共同遨遊，小朋友也可以爬到樹上，天眞的觀看鳥巢。人與自然，能夠如此親近，人對萬物，也能如此和睦相處，這在工業化社會中，已經成爲可遇不可求的情形，然而也提醒人們，仍應是大家盡力而爲的目標。因爲，唯有儘量促使工業化不要破壞自然，才是眞正人類文明之福，也才是自然萬物之幸！

二、內在價值性

針對「價值」一詞，泰勒教授也曾經分成三種型態，「inherent worth」、「intrinsic value」以及「inherent value」[55]。

這三種型態在中文內不容易充份表達，如果勉強中譯，或可分別譯成「內在價值」、「

本身所值」以及「內在所值」。

根據泰勒的看法，第一項「價值」（worth），才代表萬物獨立自主的性質，其他兩項所說，均僅代表「所值」（value），代表旁觀者對萬物從旁的評估，這可能因爲本身利害與立場不同而大不相同，因而並非眞正獨立的價值。

同樣情形，就環保立場來說，本文所強調的價值內容，係指第一項，亦即肯定萬物均有其獨立自主的本有價值，那是一種與生俱來的內在價值，不待他人從旁評定，更非依附他人才存在的工具價值。

自然界有些獨特的動物，因爲新奇才被人類豢養玩賞，有些動物甚至被殺來進補，這些不但都很殘忍，違反仁心，而且明顯只將動物看成工具性的價值。這就根本破壞了環保哲學的精神。

例如，中國大陸國寶級的娃娃魚，或者台灣高山中的梅花鹿，牠們之所以可貴，並不因爲可以供人玩賞或進補，而是本身就有內在獨特的天生價值。牠們既不因爲人類覺得很有價值，而更增進其價值，也不會有一天被人類認爲沒有價值，而失去其價值。根據環保哲學精神，它們自已本身就有內在可貴的生命價值。

這就很像孟子所講的精神：「人人有貴於己者」，不假外求。這種精神不但適用於人類，也適用於物類。所以我們在此同樣也可以講，「物物有貴於己者」。即使是一塊小石頭，看起來不起眼，但是它本身也有獨立的內在價值！

又如，一位天生並不很健全的小孩，對於別人可能沒有價值，但對他母親卻很有價值，因爲，畢竟是骨肉連心。如果人類眼中所看萬物，都能如同天下父母心一樣，並不只從其表面是否美麗、是否有用，來界定其有無價值，而就因爲其生命與自己骨肉相連，能肯定其有價值，這才眞正做到了「合天地萬物爲一體」的仁心。

所以，中國哲學所謂「物我合一」，並非一句空話，而是眞正能如同骨肉連心一般，將外物看成與自己生命緊密相連。唯有如此，才算眞正同情體物，也才算眞正具有環保的仁心。

換句話說，如果每個人都能把一己之心，擴大成爲天下父母一般的心，或擴大成爲宗教的心——如同佛陀的心，或神的心一樣，則自然萬物中每一個體，不論美醜、不論大小，因爲仍然是佛性、神性的一部分，所以均應承認其有生命內在價值，不容任意抹煞！

當然，如果要能做到這一點，那麼，人的精神境界與胸襟，就要能不斷提昇，像佛陀、或天心一樣，這才是眞正悲智雙運的「菩薩」心腸。

這從西方最新的「生態神學」看來，因爲在神的眼光中，一切萬物都是由神所創造，所以沒有高低之分。在中國哲學來講，儒家以天心看萬物，道家以道心看萬物，佛家以佛心看萬物，均認爲萬物屬於天體流行，大道貫注，或者佛性充滿，因而也沒有高低之分，並且均各有獨立的內存價值，不能因爲部份世人認爲一時有價值，才算有價值。

因此，根據環保精神，所有萬類都和人類一樣，有其內在的先天價值，不需要以人類的自我中心加評價，才算是有價值。它們既不是相對的價值，也不是依附的價值，而是深具絕對性、獨立性的完滿自足價值。

這與中國哲學內，孟子所講「大丈夫」的獨立精神人格很能相通。爲什麼大丈夫的人格很值得尊重？就因爲大丈夫有一種頂天立地的內在價值，這是一種「人人有貴於己者」的獨立價值，若能充份發揮，就代表「富貴不能淫，貧賤不能移，威武不能屈。」——並不因爲當了官才有價值，更不是因爲受到某人欣賞才有價值。而且「得其志，與民由之，不得其志，獨行其道。」這代表大丈夫本身具有獨立的風骨與價值，不受任何權勢所影響。更何況，「趙孟之所貴，趙孟能賤之。」他人所加價值，並非眞正價值所在。根據孟子，這種「風骨」與良知一樣，本爲人人秉天所生，內在所貴於己者。

針對這種天生的內在價值，孟子又稱之爲「天爵」，以別於一般世俗的「人爵」，因爲並非靠他人肯定才有價值。今日社會風氣認爲「有價值」的名車、名衣、名錶、名鞋……等等物品，其實都只代表「價格」，而並非眞正「價值」。因爲很多都是他人從外哄抬的結果，其本質頂多只能算相對性、與依附性的價值，在不同的地區，或不同的時候，可能連一點價值都沒有！

所以孟子所提的「天爵」觀念便很重要，這同樣可以應用在自然萬物上，代表萬物與人類也一樣，先天便有內在獨立價值，不待人類外加才存在。孟子在此所強調「人人有貴於己者」的精神，應用在環保哲學上，即可稱爲「物物均有貴於己者」，這對於生態保育，尤其深具啟發意義，深值體認與弘揚。

三、尊重自然性

根據泰勒教授看法，如果有人問，今後立身處世的正確萬物觀，應該是什麼？他認爲，一言以蔽之，就是要有一種「尊重自然」的態度，做爲立身處世的根據。這不但是學理上的信念，同時要能身體力行，充份在生活中表達出來。這對當今後全民的環保教育，深具啟發意義，也與中國哲學強調「知行合一」的精神，極能相通。

針對此等尊重自然的態度，泰勒又分成四項重點，加以闡釋。㊻第一項叫做「價值判斷的態度」（the valuational attitude），第二項叫做「目的性態度」（the conative attitude），第三項叫做「實踐性態度」（practical attitude），第四項叫做「效果性態度」（affective affitude）。

以下特分述其中精神，並且同樣增補第五項：「謙遜性態度」（humble attitude）。

首先，第一項，是「價值判斷」的態度。根據泰勒教授，這代表對於一切萬物，能夠透過某種價值判斷或者價值體系，做爲尊重保護自然的根據。這可說是針對「價值中立論」對治的藥方，深值重視。

至於價值體系本身應採用那一種，則可見仁見智，殊途而同歸，但總以肯定萬物本身價値爲根本精神。

比如說，紅樹林被公認很有價値，因爲它本身在自然界已經很稀少，不但很有內在價値，而且已經瀕臨滅絕，所以非常値得保存下來，但並不因爲它對現代人類有實用價値。另外，又例如禿鷹——也就是美國國徽上的野生動物，如今竟然也面臨滅種，像這些瀕臨絕種的動植物，如果再不精心保護，等過一段時間，就眞的會從這個地球消失！試想，這是何等可惜又可怕的事情？

所以，儘力保護瀕臨滅絕的動植物，既不是爲了功利目的，也不是爲了美觀目的，而純粹爲了維護其繁衍，不致因爲人類的破壞而招致滅絕，因此特別應該加以尊重。這正如同滅人家族或滅人國族，均爲極大的不道德與罪行。同樣情形，對於物種滅絕，也應受到嚴重的共同譴責。因爲，維護種族生命，本身就是很重要而獨立的價値體系。

第二項，叫做「目的性態度」，這代表什麼呢？就是因爲要達到某種目的，或者要完成某種目標，而對某些自然生命特別加以尊重與保護。

比如說，對於「原野保護區」的設置，通常具有一定目的；另外對於「國家公園」的設置，也有一定目的——或者是爲了保持原野森林不受污染破壞，或者是爲了保護區中生態自然發展，或者是爲了給都市人們保留休憩空間。不論那一種，雖然看來仍屬功利目的，但至少並非爲了私心，也並未以破壞自然爲代價，反而能以保護自然生命爲目的，所以這種態度就仍然値得肯定。

第三項，叫做「實踐性態度」，也就是爲了實踐某種理性而尊重自然。這就相當於康德所講的「實踐理性」（practical reason）。

例如，本文前面曾經透過理性分析，談到五項環境倫理原則。如果人們能夠力行這些理性分析所得的環境倫理，便是深具「實踐理性」的態度。

再比如說，根據前述環境倫理，人類不應將萬物視爲工具，而應尊重自然生命的內在價值。因此，對於象牙或虎皮的兜售，便應明確拒絕。女士們對於貂皮或兔皮大衣，也應不再引以爲榮，對於珍禽異獸，同樣應該拒絕進食。如果整個社會風氣均能如此站在愛護動物立場，眞正實踐理性反省下的環境倫理，那才能眞正落實生態保育與環境保護工作，整個社會也才算眞正理性的文明社會！

第四項，叫做「效果性態度」，也就是，有些人即使不能透過理性反省，而保護生態或愛護環境，但仍然能訴諸本能的良心，達到保護環境的「效果」，這也同樣是尊重自然的一項因素。

例如，有人如果感到吃乳鴿，心中不安，這就觸動了心中之仁。如果有人在很清潔的公園中亂丟紙屑，心中感到不安，也是同樣牽動了心中之仁。如果有人亂排廢水，亂丟垃圾，心中總覺不安，同樣是激發了心中之仁。凡此仁心，並非深刻理性分析下的產物，而是人心本有的善根，正如同孟子所說，見孺子將落井，立刻怵然心動一般。人人如果能將這種「仁心」充份善養修持，並且發揚光大，不要一曝十寒，轉念即過，同樣可稱保護生態與尊重萬物的重要動力。

這種惻隱之心，不分中外，也不分古今，超越種族，也超越國界，此所以，「保護地球」的呼聲，不僅在歐美等民主國家非常普遍，即使在俄共地區，也有很多同樣呼聲。因此，莫斯科的雷布諾（M.Rebrov）曾在一九八九年，特別印行一本著作，名稱就叫——《拯救地球》（Save Our Earth）[57]。其中特別把地球稱爲「我們的地球」，代表這種關心應超乎國界，也超乎意識型態，形成是全人類的共同任務。因爲——「我們只有一個地球」（We All Share One Earth）[58]。此中精神，同樣已經形成當今各國環保共識，因而深值重視與弘揚！

以上四種態度，分別代表當代西方尊重自然萬物的幾種心態，第一種是「評價之心」，代表價值判斷的心態；第二種是「功利之心」，代表從目的著眼的心態，第三種是「理性之心」，代表力行理性的心態，第四種則可稱「惻隱之心」，代表訴諸良知的心態，這些均與中國哲學的孟子與陽明先生極爲接近。

事實上，泰勒教授在此的分析，也很接近佛學裡面，從小乘講到大乘的層次。其中對於環保工作，很有啟發。

因爲根據小乘的講法，首先在強調這個世界充滿「苦」，以此警惕一些麻木沉淪的人，不要執迷於貪念私心，否則必會惹禍上身。在環保工作上，這就好像對一些麻木不仁的人，如果跟他講環境倫理學的哲理，並無多大效果，因而只能跟他強調，如果繼續破壞環境，必會害到自己或者貽害子孫。雖然嚴格說來，這還是功利的講法，也仍然是以人類爲中心的價值觀，層次並不很高，不過，對一群醉生夢死的人，剛開始也只有這樣——只有先給予當頭棒喝，才能立刻驚醒他們。

另外，對於知識分子或更重視理性省思的人，如此講法便不一定能令其滿足。因而便需更深一層，透過各種理性分析，肯定萬物含生、均具內在價值，而且物物相關，必需以平等心相對待。到了更高層次，便更需直指人心，如同禪宗一般，不立文字，而明心見性，直接激發本有之仁心（亦即佛心）。

當然，，中國佛學最高的境界，就是融三乘於一乘，能靈活融貫上述各種方法。這對環保的教育工作，尤具啟發意義——也就是融合上述三種方法，靈活交互運用，然後環保的社教功能，才有更大效果！

當然，泰勒教授很明顯並不曾讀過中國佛學與哲學，但其分析環保心態的層次，卻很能夠殊途同歸，由此也充份證明東西哲學很可相映生輝之處。

另外，根據中國哲學，最高層的人生觀，是最謙虛的人生觀。此亦聖經所說：「愈成熟的稻穗，愈向下垂。」這種人生觀對於看待自然萬物的態度，也非常具有啟發意義。

此所以中國易經六十四卦，唯有「謙」卦，六爻皆吉。而其卦象則爲「地在山下」（䷎）[59]。通常山恆應在地上，而今卻在山下，此即象徵「謙」的美德。尤其，若謙到最高點，絕不會自認爲謙，而能將「謙」亦謙之，此即易經所謂「謙謙」的最高德性。

人與人之間的相處，「謙謙」堪稱最成熟的智慧。人與萬物相處，也是同樣情形。此即筆者認爲，另行應增補的第五項態度——謙遜的態度。

根據這種態度，人類保護自然生命，就不會自認爲有恩於自然，人類保護萬物與生態，也不會自認爲有德於萬物與生態；而是眞正能以謙遜之心，面對一切自然萬物，從內心深處誠懇的加以尊重與關愛。這種對萬物「謙遜」乃至「謙謙」的精神，才是眞正環保人士應有的最高修養。

美國的「國家公園之父」繆爾，曾經提到人類對自然萬物的無知，非常發人深省：

> 「在森林之中，有多少動物心臟正流著熱血，在撲通撲通的跳著，又有多少牙齒與眼睛在閃閃發亮著，更有多少動物與我們親切相關，也正與我們一樣在忙碌生活。然而，我們卻幾乎對它們一無所知！」[60]

事實上，人類不僅對森林中的大小動物幾乎一無所知，對於原野中、大海中、天空中的各種萬物，同樣「幾乎一無所知」，如此看來，人類還能不以謙遜態度，盡心去瞭解自然萬物，從而尊重自然萬物嗎？

所以，綜合而言，人類對自然萬物的應有態度，第一項是「評價之心」，第二項是「功利之心」，第三項是「理性之心」，第四項是「惻隱之心」，到最高第五項，則是「謙遜之心」。今後社會人心若能透過環保教育，普遍具有如此體認，相信才是促進環保成功的眞正關鍵！

九、終極實在性

以上所論各項，均係用倫理的眼光與態度，來看自然萬物，因此而得到尊重自然萬物的結論。本節所要強調的重點，在於不僅用倫理的眼光，更用一種「終極關懷」的宗教性眼光來看萬物，從而得到尊重與愛護萬物的結論。

像田力克（Paul Tillich）就曾認爲，宗教的本質，乃是「終極的關懷」（Ultimate concern），也就是對終極實在的關懷。另外懷德海在《創進中的宗教》（Religion in the Making）中也特別強調，宗教的本質，乃是一種「專注的誠懇」（penetrating sincerity）[61]。凡此種種，都並不只停在倫理道德的層次，而是進入更高的宗教層次。

此中精神，也正如同祁克果（Kierkegarrd）所說的人生三層次，首先爲「感性」的層次其次爲「倫理的」層次，最高則爲「宗教的」層次。

事實上，不但人生層次可以如此劃分，我們對環保態度的層次也可同樣作此劃分——也就是首先由感性層次，因爲厭惡空氣污染、河川污染、環境污染等等，興起環保之心。然後第二層，即爲倫理層次，因爲肯定本身有此責任，或因打抱不平而挺身保護自然萬物。另外，到了第三層則爲宗教層次，也就是因爲關心萬物的終極實在，故而能以弘揚環保爲天職，這才進入環保的最勝義。

泰勒教授於此也曾進一步分析出幾種四項原則，值得重視。今特一一分述如下。

第一項，是宗教性的看法。

根據這種態度，今後對萬物的看法，就不能只停留在西方中世紀某些窄義的基督神學。因爲這種神學認爲，神的天國不在此世，而在另一他世，所以對此世並不在意，並且認爲此世萬物本來就是爲了供養人類而存活的，然對這種情形，今後甚值推廣「生態神學」[62]，重新弘揚「上帝是愛」的精神，以擴大關愛自然一切萬物，充份結合生態保育與環保觀念；唯有如此，才更能符合新時代的人類與自然需要。

例如，英國教會全國大會在一九七〇年，因爲深具此等省思後，便曾特別針對以往對動物的錯誤行爲，率先提出檢討性的宣言，可說深符這種新時代的神學精神：

「我們讓動物爲我們工作，爲我們載重，爲我們娛樂，爲我們賺錢，也爲我們累死。在很多地方，我們利用牠們，卻都毫無感念與悲憫，也毫不關心，真是充滿自大與自私。人類常常把快樂建築在其他萬物痛苦之上，人道精神因而盪然無存。」[63]

除此之外，隸屬基督教的奎克教會（Quakers），也曾明白宣示，其新精神乃是：

「讓仁慈的精神能夠無限伸展，讓仁慈能夠對上帝創造的一切萬物，均表現關愛與體貼。」[64]

像此等精神，能夠無限擴大仁心，對「上帝創造的一切萬物」，均能表現關愛與體貼，即屬於「終極性關懷」，堪稱更能符合「上帝是愛」的宗教精於神，所以深值重視與弘揚。

事實上，除了新基督教義有此省思外，很多其他宗教對於萬物生命，也都有同樣精神的關懷。例如印度教便曾明白強調：

「什麼叫做宗教？悲憫一切萬物生命，就是宗教。」[65]

印度教義中，並曾經清楚指出：「君子應該擴大其心，悲憫萬物，甚至包括最卑微的動物，如同月光普照，絕不私藏。」[66]此中精神，不但深符現代環保思想，與中國哲學的環保精神也可說完全相通。

另如回教中，同樣也有句名言，強調應以人道之心愛護動物，因爲：

「牠們不只是地球上的動物，也不只是用雙翼飛的生物，牠們如同你們一樣，也是人類。」[67]

這種胸襟，同樣代表對萬物的終極關懷與悲憫仁心，所以也深值重視。

綜合而言，本文在此所講對萬物的宗教態度，並非單指那一教派，而是通指各大宗教共同的「仁愛」精神。因爲，人類有了這種精神，才能眞正同情萬物，尊重生命，並且以悲天憫人的胸襟，不辭辛勞，保護萬物。這也才是對「終極實在」關懷的落實之道。此中精神，正因其能關懷萬物的終極實在，並非只是關心自己眼前的近利，所以才能堅忍不拔的爲保護自然萬物而奮鬥，這也正是今後環保工作亟需的精神毅力！

此所以連大科學家愛因斯坦也曾經特別強調，凡是能從私心的束縛中超脫出來，具備廓然大公的胸襟，不再只顧自我中心的人，就是深具「宗教情操」的人。事實上，這種胸襟，不僅深具宗教情操，也深具最高的宇宙性感應（cosmic feeling），所以對於環境保護與生態保育，均能充份肯定與全力推動！

另外，第二項，便是科學式的看法。

眞正的大科學家和科學主義者，胸襟是不一樣的。像愛因斯坦即公認爲大科學家，但他並未抹煞宗教思想，反而有些膚淺的科學主義者，誤認爲科學萬能，而想以此否認宗教。殊不知這種科學主義把自然萬類看成是沒有生命的物質存在，即使在科學最新發展中也已推翻。眞正偉大的科學最高峰，如前所述，本與哲學、宗教的最高峰都能會通。此等會通統貫的心靈，便能以生命眼光來看萬物，正是尊重萬物與促進環保的極動要動力！

還有第三項，就是美學的看法。

「美學」常被稱爲「哲學的皇冠」，因其最能訴諸感性，打動人心。此所以西方「美學之父」鮑嘉敦（Baumgarten），曾經特別定義美學爲「感性的知識」，以別於邏輯學所強調「理性的知識」。[68]

此地所謂「感性」的知識，特別係指扣緊感情與人性而言，所以比起一些嚴肅乾枯的哲學，便更能深入人心，產生熱力。尤其中國美學，通常以宣揚萬物含春之生意爲基本宗旨，此中精神特色，正如莊子所說，「聖人者，原天地之美，而達萬物之理。」所以更能以欣賞自然的眼光，做爲保護萬物的精神動力。

此所以豐子愷曾經強調，中國的「藝術心」即廣大的同情心，他並特別指出，其爲合「萬物一體」之同情心[69]，「與天地造化之心同樣深廣，能普及於有情、非有情的一切物類」[70]，這就完全能結合藝術與環保，旁通而無礙，深值東西方共同重視。

另如英國大詩人華滋渥斯（W. Wordoworth），也曾經很清楚的強調同樣精神。他呼籲人們能夠「帶著一顆同情的心」，親近自然，以眞正瞭解自然，珍惜萬物生命：

「讓大自然成爲你的老師，
大自然可以帶來的學問，無限優美，
然而，我們自以爲是的知識，卻扭曲了萬物之美，很多生物並且爲了解剖而死……

上前來吧，帶著一顆同情的心，

仔細觀察自然，珍惜自然萬物的生命。」[71]

除此之外，梁任公也曾認爲，

「密斯忒阿特（藝術），密斯忒賽因士（科學），他們哥兒倆有一位共同的娘。娘什麼名字？叫做密斯士奈其。翻成中國語，叫做『自然夫人』。」[72]

這一段話，可說很生動的指出了「藝術」「科學」均同源於「自然」的道理。換句話說，科學因爲研究自然而產生，藝術則因親近自然而產生，所以說兩者的共同母親都是「自然」。由此更充份可見，從藝術美學同樣可以愛護自然、保護萬物的哲理。

不僅如此，黑格爾在《美學》第二卷中也曾中肯的指出，「藝術的起源，與宗教的聯繫最爲密切。」爲什麼呢？此中原因，即因爲藝術深具超越精神，很能提神太虛而俯之，所以與宗教的心靈也很能會通。這種「大其心」的超越精神，最能合天地萬物爲一體，不但是中國哲學的主要精神，同樣也正是當今環保工作極重要的精神修養。

由此充份証明，藝術美學的眼光，也足以共同貫通科學、自然、與宗教，尤其中國美學以宣暢大自然的氣韻生動爲特色，同樣是今後推動環保、愛護萬物的極要動力，所以也深值東西方共同體認與弘揚！

另外，泰勒所提到的第四項，則爲快樂主義的眼光。

這種快樂主義，並不是指縱欲主義，也不是指物質享受主義，而是指追求精神的喜悅，能夠在大自然中心曠神怡，渾然忘我。因而，一個人雖然並不瞭解美學原理，卻也能由此本能的精神喜悅，興起保護自然、與愛護萬物的精神自覺。

根據泰勒這段論點，如果看到一大片綠油油的草原，或者一大片可愛的野花，心中能夠頓感舒坦，或心胸覺開朗，都可以幫助愛護自然。尤其，若在擁擠的都市裡忽然看到一大片綠地，眼睛也會頓覺一亮，心中也會明顯爲之舒暢。凡此種種心靈上的快樂，也足以幫助促進環保工作。

在美國著名的環保人士中，除了衷心擁抱大自然的繆爾外，很值得推介全心熱愛大自然的老羅斯福總統（Theodore Roosevelt），他除了擔任總統成就崇高以外，一生也熱心奔走，保護大自然，其睿智、仁心、與膽識，同樣深受欽佩。他之所以如此熱愛大自然，據其自述，正是因爲在大自然中深感心靈的欣悅與充實。因而在他著名演講中，回憶其熱愛大自然的一生時，最後曾經特別強調：

「我對自然歷史的興趣，對事業成就並無多大助益時，卻對我一生心靈的欣悅，具有無窮的鼓舞」。73

這種「物我合一，其樂無窮」的精神境界，不但很能提昇精神靈性，從而提昇生活品質，更能促進生態保育與環保工作，所以今後特別深值弘揚光大。

綜合上述所說，不論透過宗教的眼光、科學的眼光、美學的眼光、或快樂主義的眼光，都可說殊途而同歸，共同得到結論——應該誠心尊重自然，並且盡力愛護萬物。這對今後的環保教育工作，提供了很多重要的努力方向，的確深值大家重視與力行。

除此之外，西方當代環保學者分析「尊重萬物的態度」，個人認爲，還應增加最高一項，即爲「和諧統一性」。透過此項，即能深體自然萬物的本質——和諧統一，所以也值得專門申論。

例如華特曼夫婦（Laura and Guy Waterman）曾經共同寫過一本書《邊遠區域之倫理》（Backwoods Ethics），其重點在特別針對露營者、與徒步旅行者，探討應有的環境關懷。最後在總結中，他特別呼籲人們，應提倡一種「原野精神」（The spirit of wildness），也就是除了注重生態保育外，更應保持一種昂然面對荒野、怡然面對困境、以及毅然面對挑戰的精神。74 一言以蔽之，就是通過「物我合一」，從原野生命的啟發中，提昇人類本身的精神意志。這可說是人類向大自然學習勵志的極佳例證。

此中精神，也是從另一種新途徑，印證中國哲學「合天地萬物爲一體」的和諧統一特色，所以同樣深值重視。

以下即就「和諧統一」的精神特色專門申論說明。

第三節　和諧統一的衆生觀

泰勒曾經將其對衆生的看法，籠統稱爲「倫理體系」（The Ethical System）[75]，然後列出四項重要的原則。筆者認爲，本段不但可以同樣增加第五項，而且還應總稱其題目爲「和諧統一的倫理體系」，才算更爲週全及眞切。今特以此說明當代西方的衆生觀，並做爲本節標題。

事實上，泰勒這四項原則，也正可用中國倫理學所說的「八德」來融通。一般人通常認爲，只有在人類社會中才合用「八德」，其實，我們若擴大來講，便知對一切萬類衆生也都合用。這八德如果再由深具「和諧統一性」的中和精神加以統貫，同樣可以構成相當完備的環境倫理學。

泰勒歸納，對於萬類衆生的四項倫理原則，[76]可以分述如下：

第一，「不危害的原則」（The Rule of Nonmaleficence），用佛家的語言來說，就是「不殺生」的原則，這同時也代表了儒家「仁愛」的精神。

第二，「不干擾的原則」（The Rule of Noninterference），這相當於道家的精神。泰勒強調「不干擾」即「不插手」（hands off），同時也可以說近乎「和平」的精神。

第三，就是「忠信的原則」（The Rule of Fidelity），這也正如同儒家所說「忠」義與誠「信」的精神。

第四，「補償性的正義」（The Rule of Restitutive Justice），就是維護公道、打抱不平的精神，這也相當於中國倫理中，公平與公義的精神。

除了上述四項之外，筆者認爲，另外還可以增加第五項，亦即「孝悌的原則」（The Rule of Filial Piety）。這種精神源自中國濃厚的家庭觀念與孝道精神，爲西方社會所缺乏，因而也深值增補論述。

以下即根據這五項原則，結合具體生態保育的問題，進一步說明當代西方環保思想的衆生觀。

第一項，「不殺生」的原則。

這個原則非常清楚，代表不要去殘殺任何的生命體。既不要去摧毀任何一種動植物，使其有滅種的危險，也不要去會抑制任何生物的生存發展。

泰勒曾經強調，人類在此最嚴重的錯誤，就是去殺害一些對我們並無傷害的生物，或是去殺害一些並不妨礙我們生活的萬類衆生。

換句話說，如果有些動物會危害人類，那麼人類爲了自衛，或本身的生存，而不能不殺害，就沒有話講。但本文所的講「不殺生」，卻是不要去殺那些對人類無害的生物，尤其不要去捕殺那些快要滅絕的動植物。這種立場，可說是保護野生動物，以及保護自然生態的基本要義：不要殺生。

此所以俄國文豪托爾斯泰，曾經明確呼籲：

「一個人如果期勉自己邁向宗教生活，他第一項禁律便是：不能傷害動物。」[77]

此中精神，正是人人均可身體力行的第一要項——不要傷害動物，也不要傷害植物。只要人人均能有此共識，化爲行動，那就可以成爲生態保育的重要動力！

第二項，更進一步，「不要干擾」的原則。

泰勒強調，不論從生態平衡的角度，或從生物族類的發展來看，人類都應該和萬物衆生和平相處，共存共榮。人類若能不去干擾它們，它們自然也不會來干擾人類。這很符合道家的精神，同樣也很符合美國傑弗遜總統自由主義的精神。

尤其，我們若從「自由」的內容來看，則「自由」至少有兩種型態，一種是「免於什麼的自由」（free from something），一種是「完成什麼的自由」（free to something），前者仍屬於消極性的——如「免於恐懼的自由」，「免於匱乏的自由」，「免於污染的自由」……等，俾能從恐懼、匱乏與污染之中掙扎出來。但後者則屬積極性，也就是能邁向高尚理想，足以完成生命潛能的自由。

準此而論，人類便應特別注意，首先不能對動物們設下各種限制，加以誘殺，例如，不應在原始森林裡設下陷阱，讓一些虎、豹子、花鹿、猩猩掉下去，讓牠們生活在恐懼之中。也不應讓動物們匱乏挨餓。當然，更不能讓人類及萬物共同處在污染的恐懼中。

其次，人類更應盡心盡力，幫助牠們完成生命潛能，並且引此爲己任，唯有如此，才算眞正力行了「自由」在環保上的各層深義。

俄國存在主義小說家朵斯托也夫斯基（F. M. Dostoevsky）曾經清楚的強調一段名言，可說爲此作了很好的呼籲：

「愛護動物……不要擾亂牠們的欣悅，不要襲擊牠們，不要剝奪牠們的幸福，更不要違背上帝的意旨。人類不要自認可以驕傲，而對動物有優越感……牠們是無辜的，而你們，以及你們自稱的偉大，卻褻瀆了地球，留下了劣行！」[78]

另外，豐子愷《護生畫集》第一集中有段名詩，深具道家與佛學特色，也深符環保精神，在此完全可以相通，同樣深值重視：

「人不害物，物不驚擾，猶如明月，衆星圍繞。」

第三項，就是忠信的原則。

針對忠信的原則，泰勒曾經特別具體提到，有三種違背忠信的行爲。很要不得。[79]一種是打獵（hunting），一種是設陷（traping），還有一種就是釣魚（fishing）。

泰勒認爲，這三種行爲都是欺騙行爲。根據人類倫理，人與人之間應講該究相互信任，相互忠誠，那麼，根據環境倫理，人與萬類衆生也應如此。因爲，既然野生動物和人一樣平等，有其生命的尊嚴和內在的價值，那麼怎能如此欺騙動物？根據泰勒，如此設計傷害動物，簡直形同謀殺的行爲。尤其，人類都有不忍之心，就打獵而言，怎麼忍心見動物們在前恐慌奔的馳逃命，而後面卻有一大堆人類在狩獵取樂？

此所以早在羅馬時期大哲西塞祿（M. T. Cicero,106-43. B. C.）便曾經有段感慨深刻的名言，很值得現代人深思：

「我曾經去參觀對野生動物的狩獵，連續五天，每天兩次——的確都很壯觀。然而，對一位有文化水準的人而言，當他看到人類被野獸撕裂，或動物被巨矛刺穿，他怎麼可能還有樂趣可言？」[80]

因而，西塞祿緊接著強調：

「實在說來，打獵的結果，只有令人油然而生悲憫之心，而且深深感覺，動物與人類同樣，都應具有生命尊嚴，不能抹煞。」[81]

西塞祿在盛行人與人格鬥的羅馬時代，即已有此反省，呼籲人們對動物都不能如此殘忍，誠然不愧人文大師風範。然而，試觀如今世界各地，仍有不少狩獵風尚，並且以此爲樂，實在深值人們重新省思！

除此之外，在泰勒教授所說上述三種情形，第二種的設陷，其本身便明顯違背忠信、出賣誠實。人若可以對他人設陷，則他人也可以對其設陷。如此循環狡詐，將永無寧日。尤其野生動物並未危害人類，如果人類仗著自己聰明，誤用聰明拿來設陷，誘殺野生動物，不但明白違背忠信原則，而且違背人道精神。

而且，所謂設陷與釣魚，都有一個共同特色──用餌。也就是用某種東西來引誘，不論是用肉類來引誘獅子、老虎，或是用蚯蚓來引誘魚類，若從環境倫理來看，本身通通違背了誠信原則。不但勝之不武，即使它們上鉤了，對人類並沒有增加任何榮耀，反而是種恥辱。

根據泰勒教授，這種行爲本質上就是一種背棄的行爲。人跟人之間，如果彼此設計陷害，形成背棄、背叛，是極大的罪惡，人跟自然衆生之間同樣也應有此自覺。尤其人們在肯定衆生平等之後，特別值得對此反省。

豐子愷在《護生畫集》第一集中，也曾明白稱釣魚爲「誘殺」。其師弘一大師並曾爲該幅漫畫配詩如下，此中精神與環保完全相通，同樣深值重視：

「水邊垂釣，閒情逸緻，是以物命，而爲兒戲，刺骨穿腸，於心何忍，願發仁慈，常起悲愍。」

馬一浮先生在《護生畫集》第一集的序文中，曾經提到，該畫集乃是「以畫說法」，促使大家明瞭一切萬物「蠕動飛沈莫非己也，山川草木莫非身也」，從而弘揚護生愛物之心，其中深意，均與生態保育完全相符，深值體認與弘揚！

第四項，就是公義的原則。

根據泰勒教授，這種原則，最重要的具體內容，即在人類應爲自己以往的行爲贖罪。因爲，這麼多年來，人類對自然界的萬類衆生，不曉得製造了多少不公平的傷害，也不曉得違背了多少次的公義原則。這正如同從前白種人對有色人種曾經有很多歧視與壓迫的情形。因而必需儘早補救與補償，才能符合眞正的「公義」。

所以，泰勒在此特別強調，若從人種而言，各人種應一律平等。若從政治而言，各民族應一律平等。若從環保而言，則衆生各類也應一律平等。因爲，其中「每一個體均深具生命意義，不應只被視爲工具而已。」[83]

所以，一律平等的衆生觀和一律平等的關懷心，兩者是密切相關的。根據中國環保哲學，在此最重要的信念便是——自然衆生中，每一個存在本身就是一個道德目的，絕不能夠被當做他人或他物的工具。在此原則下，人類非但不能把其他人當做是自己的工具，也不能把其他任何生物當做自己工具，否則就是違背正義原則，公義原則。

在民主政治中，盧梭首倡「社會契約論」（social contract theory），對於促進法治很有貢獻。如今本此精神，我們也或可以訂出一種新的契約，那就是「環境契約論」（Enviromental contract），由各文明國相互約定——對所有的野生動物不能濫捕、濫殺，對所有萬物衆生也不能任意設陷加害，那才能眞正對生態保育作出更大貢獻！

因爲，既然自然界裡面萬類的生命價值與尊嚴都是平等的，那人類就應以平等心充份尊重它們。至於人類對於以往萬類衆生所做的很多傷害，也應如同「國家補償法」一樣，儘量透過各種法令來補償，此即通稱「補償性的正義」。

西方法界有句諺語，非常中肯，「遲來的正義，已經不是正義」。同樣情形，人類以往對萬物衆生犯了很多罪過，如今補償，本已嫌遲，如果再不加緊腳步，則更爲遲來的正義，惡行影響將更深遠，所以，歸根結柢，再也不能輕忽怠慢了！

最後，第五項，個人認爲，還可加上一項「孝悌」的原則。

因爲，根據中國哲學，應把天地當做是我們的父母，並以孝敬父母一樣的誠心奉養。所以，我們對地球的保護，都應盡心盡力，好像是對父母的照顧一樣。這才算是眞正力行了對地球的敬意。

孔子論孝，最重要的就是「敬」意。此其所以說「犬馬皆能有養，無敬，何以稱孝？」正因父母對子女充滿養育之恩，所以子女對父母除了以行動奉養外，還應心存敬意。以這種孝敬父母之心來孝敬地球，正可說是「尊重自然」之中，最為親切的心態與精神。

尤其，「孝」是對父母，「悌」則是對手足。所謂手足，就是對萬類衆生，要能有民胞物與的精神。任何萬物被傷害，就如同自己手足受傷害一樣。這種精神，不論「孝」與「悌」，在西方傳統文化中都相當缺乏，除了像約翰・繆爾等極少數環保大哲能體悟外，其他幾乎全無此等觀念。但這在中國文化却是極其「情深義重」的特色，最能眞切表現出對地球與衆生的眞正心意，所以深值西方借鏡與效法。

綜合而言，以上所論各項西方當代衆生觀，均共同指向一種通性——那就是肯定自然萬物衆生都是整體融貫，平等含生。

所以泰勒教授認為，所有上述特性，「共同建立成一個有秩序、而又相互連貫的價值系統」。[84]事實上，這也正是中國哲學儒、道、釋與新儒各家，所共同肯定的融貫機體主義，也是戴震所說「生生而條理」的特性。中國佛學所謂：「衆生平等，皆有佛性」，精神同樣可以相通。一言以蔽之，正是最高境界的「和諧統一」精神，由此充份可見東西方會通之處。

另外，泰勒教授曾經根據人與人之間應有的價值系統，歸納出四項重點，然後再把這四項運用在人與萬物衆生之間，也很值得進一步申論。[85]

第一項原則，在人與人之間，「沒有任何人可以駕凌於他人之上」。因爲每一個人都有同樣的立足點來實現自我——這也正是 國父孫中山先生所講的「眞平等」，所以，每一個人都應該得到平等的關懷與體貼。

準此立論，人對萬類衆生也應該如此，所有的萬類和人類，也都應該享有一體平等的權益。既然所有萬類衆生都深具同樣平等的生命價值，所以每一個體也都應得到平等的關懷與體貼。

第二項原則，「沒有任何人可以被當作另一人的工具」。因爲，人人都有同樣的內在價值，所以每一個人生命本身就是目的。人類本身如此，同樣情形，人對一切萬類衆生也應如此，不能把萬類衆生當作是工具。

準此立論，象牙雕刻雖然很珍貴，虎皮地氈也很華麗，但通通要犧牲很多大象與老虎生命，形同只把這些動物當成「工具」，所以就是不道德而應受到譴責的行爲。

第三項原則，根據前面兩項，顯然人人皆有平等的內在價值，那麼，「如何充份實現這種內在價值」，就是其生命的終極目的。這不但在人類如此，在一切萬類衆生也應如此。

因而，準此立論，人類對於萬類衆生也應儘量保護，對其生存的環境，以及幸福的提昇，也應關懷。然後才能眞正保障萬類衆生，充分完成彼等潛能，達到彼等生命目的，這才是眞正的「善」。

第四項原則，在於明白肯定，「凡能保護他人及完成其生命理想的行爲」，才能符合道德的原則。這不但對人類是如此，同樣情形，對萬類衆生也應如此。

準此立論，人類不但消極方面，不應殘殺衆生、虐待衆生，或破壞生態，積極而言，更應保護衆生、關愛衆生，以完成所有萬類衆生的生命理想。唯有如此，才算眞正符合環境倫理的道德原則。

以上是從消極與積極面，申論人對萬類衆生應有的四項態度。筆者認爲，除此之外，另外還可再加上第五項，那就是對「幸福」的追求。泰勒教授對此分析還不夠周延，所以仍值增補申論。

根據泰勒教授的分析，人類對本身族群幸福的標準，可以分成三項，[86] 一是「人類繁榮」（Human flourishing），也就是能不能促使人類繁榮。二是「自我實現」（Self-actualization），也就是能不能促使人類生命自我實現，三是「眞正的快樂」（true happiness），也就是能不能促進人類眞正快樂。

準此立論，泰勒所說三項標準，也同樣可以平等用於萬類衆生，做爲人類善加保護的重要標準與方法。

比如說，人類若要對熊貓善盡保護，便同樣可用上述三項問題來分析——如何才能增進其整體繁衍？如何才能促進其實現潛能？如何才能增進其快樂？凡此種種，首先便應對萬物有深入了解。也就是應重視科學性的知識，這倒是中國哲學很需借鏡之處。

因爲，中國文化雖然深深重視應「合天地萬物爲一體」的仁心，但如何跟熊貓合爲一體？熊貓如果水土不服，日漸病瘦，該怎麼醫治？熊貓如果瀕臨滅種，又很難生育，該如何促進交配成功？凡此種種，就更需進一步的專業知識充份瞭解。這就需要充實相關的生物和知識也，是中國文化應多吸收現代科學之處。

然而，對於「眞正的快樂」，到底是什麼，泰勒却未曾深入分析，並且也多少染有西方本有的功利色彩。因而中國哲學於此便很有啟發性的貢獻。

例如，孟子對於「快樂」的看法，便深具特色，很值得重視。

孟子說得好，「君子有三樂，而王天下不與焉。」我們同樣可以從中引申出萬類衆生之樂。

在孟子來說，一方面父母、兄弟、親人通通無故，平安便是福，這是第一樂。然後自己心安理得，凡事問心無愧，仰不愧於天，俯不怍於人，這是第二樂。另外，「得天下英才而教之」。能夠欣見人才成器，貢獻良多，則是第三樂。至於其他所有的名利、富貴、權位、都不在「喜樂」之內。這種精神，正是人人可行，而且深具意義的人生哲學。

同樣情形，我們也可將這種精神應用到萬類衆生，並且剛好可以對治西方偏重功利的病弊。

西方哲學雖然也很重視「喜樂」問題，對於「happiness」的分析討論也很多，但往往會落入功利主義的色彩。例如英國功利主義（Utilitarianism）宣稱：「最大多數的最大幸福」（The greatest happiness of the greatest number），就是「善」，但對於「幸福」——亦即喜樂，仍然往往偏重物質性的享樂，究其本質很容易功利化，不但無助於人類身心，而且明顯因爲縱慾役物，而會導致破壞環境，影響生態。

相形之下，中國哲學所認爲的「喜樂」，便極具環保的啟發意義。因爲中國哲學所講的「喜樂」是不假外求的，並不是透過功利肯定才有喜樂，也不是仰賴外力評價才算肯定。此即所以孔子強調「人不知而不慍，不亦君子乎？」孟子所講的「君子三樂」，更沒有一項是靠外力所肯定。到莊子更清楚，完全能精神獨立，「獨與天地相往來」，而且能充份做到「舉世譽之而不加歡，舉世毀之也不加沮」。凡此種種，都充分代表，其重點在強調內在價值的獨立性與自主性。一個人只要能盡其在我，全力行仁，便已能充分掌握內在的喜樂之鑰。

這種內在的喜樂，同樣可以應用在萬類衆生。所以只要人類能充份保障萬物本身的自由發展，絕不損害其族群，也不扭曲其成長，更不任意破壞其環境，這種看似「無爲」的行爲，卻最能保障萬類衆生中的喜樂，這也才是生態保育最基本的應有態度。

尤其，孟子強調「自反而縮，雖千萬人吾往矣」，這種基於仁心與正義所產生的道德勇氣，今後對於保護生態工作，特別值得東西方共同重視與弘揚。

例如，西方近年有一部電影叫做「迷霧森林十八年」。其中便是敘述此種深具道德勇氣的感人精神。其大意敘述一位美國女記者接受國家地理雜誌的邀請，深入非洲，去作一篇有關野生巨熊的報導。於是她親自深入蠻荒，拍攝有關巨熊的多種作息照片。

剛開始，巨熊群很排斥她，但也並不會無故去殘害她，所以她便耐心地等待，原來只是從旁拍攝，後來開始細心觀察巨熊的生活習性，甚至學習牠們的叫聲與爬姿，如此盡心盡力，眞正做到了中國哲學所說「同情體物」，所以終能打成一片，彼此都產生了深厚感情，就像一家人一樣。這位女記者後來甚至定居非洲，並爲保護這群巨熊不被獵殺，經常挺身而出，費盡心血加以保護，其中過程非常溫馨感人。

然而，本片結局卻是以悲劇收場。因爲不肖商人爲了牟利而屠殺巨熊，以熊頭、熊皮賣到歐美富家，做爲虛榮的裝飾品，所以視此女記者爲眼中釘，終於在月黑風高的一個深夜，趁黑殺害了她，令她飲恨非洲，犧牲於巨熊山居之中。

這部影片非常發人深省，也非常震懾人心。乍看之下，或有人會覺得這位女記者太傻，爲何千里迢迢，深入不毛，只爲了瞭解這些蠻荒動物，後來甚至因爲挺身保護而殉身犧牲。殊不知，這正代表了人性中極爲高貴情深的一面。一方面她很細心地透過多種技巧，以同情的瞭解，摸清巨熊的各種本性，堪稱很有智慧。二方面她能站在萬物平等的仁心，克服種種困難，爲巨熊請命，可說充份發揮「物我合一」、同體一命的仁愛精神，三方面她明知可能危險，仍然義無反顧，一再仗義執言，堅定反對獵殺巨熊，最後終於「殺身成仁」，更可說充份發揮了大勇，也將其生命提昇到與正氣浩然同流。整部過程，堪稱極爲感人的環保教育典範，這種兼具「智、仁、勇」的精神，也正是今後環保工作亟需弘揚的精神動力！

最後，有關當代西方的「衆生」觀，還有根本的兩項問題值得分析。那就是一切萬類，是否均含有生命，均可稱爲「衆生」？又是否均有內在目的？

根據泰勒的分析與舉證，不論人類或者其他萬類，若從微生物或生物學、生理學的觀點，都可以證明其中各有「內在目的性」。另外對於植物，或者不像動物一樣活躍的生物，雖然它們看起來沒有思想意識，甚至可能只是單細胞的存在，也不一定能覺察到環境的影響。但是，它們仍然有各自生存的內在目的性。

例如，一顆樹、一朵花，如果能夠充份而飽滿的成長，不要中途被人拔掉破壞，那就算實現了其生存的內在目的性。所以，就算它沒有生命意識，沒有思想精神，但是，若從生物學或植物學觀點，它照樣也在某種程度，具有實現潛能、完成生存目的的意義。因而也都應肯定其有某種生命意義。

此所以泰勒教授強調：

「一切有機體的生命，不論它有沒有意識，都是以目的爲中心的生命，它們都是具有統一性、融貫性、與條理性的系統，分別以目標爲導向而活動，以保護並且維繫其生命機體的存在和發展。」[87]

這種特性，可說正是以最新科學的發展，印證中國哲學的「機體主義」精神，並且能夠相互輝映，深值重視。

另外，泰勒還曾指出，萬類生命還都有其「獨特的生命週期」，也就是說，其內部組織均能相互呼應，彼此含攝，一體融貫，這也正是華嚴宗機體觀的重要內容。泰勒以最新的生物學、生理學、微生物學，乃至於植物學，得出這種結論，很能夠證明華嚴宗環境倫理學的重要性與正確性。

當然，我們若從更求完善的立場來看，則泰勒的論點，仍有不夠完備與矛盾之處，值得深入加以評論。

例如，除了動物、植物之外，其他看似沒有生命的存在物——如石頭，是否也在衆「生」之內，是否也有「內在目的性」？

泰勒對此認爲，在全世界石頭之中，沒有兩塊是完全一樣的，這代表其中有個體差異性，但他認爲無論是從物理學的角度，或者是從生命的感覺來看，石頭都沒有「目的論」可言。因爲石頭並沒有其內在求善的潛能，也沒有所謂「幸福」可言，更缺乏追求生命理想或幸福的內在觀念，所以並沒有「內在目的性」。

泰勒在此的毛病，在於仍然只從某種科學唯物論的角度來看石頭，以致只能從片面感覺，或物理表象來論斷，而缺乏從整體宇宙觀來看的慧眼。

相形之下，我們若能從華嚴宗的佛眼來看，則能肯定一種佛性無所不在的法滿世界，這個法滿世界，固然包含了動物、植物，即使對石頭這類的無生物，照樣也都融貫在內。因此肯定其也應該同享衆「生」應有的尊嚴。

中國有句成語「頑石點頭」，此中便意味著石頭不只有生命，更同樣有靈性。因此甚至頑石都能在佛法中點頭，這就明顯超越了科學唯物論的眼光，並不是只以孤立、片面的肉眼來看萬物，而是以統合融貫的法眼來看。

換句話說，對於石頭，如果只孤立的以石觀之，當然並沒有生命，然而根據中國哲學，如果能以天心觀之（儒家），或以道心觀之（道家），或以佛心觀之（佛家），則肯定生生之德充塞一切萬物（儒家），大道融貫萬類，無所不在（道家），或者衆生平等，均有佛性（佛家）；因而即使對石頭，不論那一家，均同樣肯定其有生命與靈性。此中深孕尊重衆生、保護萬類的精神，深具重大啟發，很能彌補當代西方環保思想在「衆生觀」仍然不足之處。

另如在中國著名小說《紅樓夢》中，賈寶玉的「寶玉」原先是塊石頭，因為石頭也有靈性，所以能通人性，並且還代表了一連串纏綿悱惻的人間眞情至性，一塊石頭而能成為「性情中人」的名字，其中象徵意義便代表石頭不僅是石頭，早已具有生命意義了。

又如衆所皆知，經國先生的辦公桌後方，有一塊天然的大理石，上面紋路形成一個天然的「忍」字。如此一來，它就不再只是一塊無生命的石頭，而是深具啟迪性，發人深省的生命體。我們可想而知，經國先生多少堅忍不拔的精神毅力，多少愈挫愈勇的重大決策，均在觀此石中更得激發，並能相互激盪，久而久之，此石也深通人性靈性，甚至更具精神意義了。

所以，中國在傳統的山林藝術中，庭園佈置常以「奇石」爲材料，就是肯定石頭中也有其生命，它們不但有獨立的內在生命價值，而透過不同形狀、或透過不同紋路，對於啟發人心靈性，更有其一定的重大意義。

或有人說，若從客觀來講，石頭畢竟沒有生命，只不過對人心主觀來講，好像有生命。殊不知此一問題並不能成立，因爲這種劃分恰恰墮入了「主客二分」的毛病。但中國哲學向來強調主客合一，向來肯定大化生機普遍融貫萬類衆生，因而，舉凡一切草、木、蟲、魚、鳥、獸、甚至石頭，均深含生意，並能渾然合爲一體。因此，即使對於石頭，也不能任意摧毀它，這就是尊重「衆生」的重要根據！

美國「國家公園之父」約翰·繆爾，因爲經常深入各大山森林與原野，所以也很能體認此中精神。他曾經明確的強調：

> 「這整個原野看來如此充滿盎然生意，如此親切充滿人性。即使每個石頭，都看似在傾訴說話，與我們就像兄弟手足一般，息息相關。難怪當我們每思及此，便覺得擁有共同的父母親。」[88]

繆爾能將石頭看成像在說話，而且視如兄弟手足一般，跟人類擁有共同的父母親，這在西方可以稱得上異數，與中國的張載却很能相通。亦即張載所謂「乾爲父，坤爲母」、「民胞物與」的情境，並且極能符合本文前述，應以「孝悌」精神善待天地與萬物衆生。中西哲人能夠在此不謀而合，的確深值重視與弘揚！

綜合而言，石頭看起來好像沒有生命，但這只是從孤立片面的唯物眼光去看，如果能從眞正天心、大道、或佛性去看，或如張載以「民胞物與」的精神去看，或如王陽明以「合天地萬物爲一體」的仁心去看，或以繆爾擁抱大自然的環保胸襟去看，則無論石頭、流砂、土壤、荒野、惡地……通通都包含在「衆生」之中，因而同樣含有生命。

此所以美國威斯康辛大學曾出版繆爾的傳記與思想，並明白稱其爲「原野之子」（Son of the Widerness）。全書扉頁更曾引述繆爾一句名言，深具啟發意義：

「山脈乃是人類的生命泉源，也是河川、冰河、肥沃土壤的泉源。」㉟

這句話，以象徵手法肯定，人類與河川、冰河、肥沃土壤全是來自同一泉源——山脈，因而以此肯定，人與所有這些萬物均渾然成爲一體。這也正是中國哲學的共同精神所在。繆爾以不同方式，表達了同樣心得，充份可見中西哲人殊途同歸之處，深值今後繼續發揚光大。

或有人稱，這只是哲學性或宗教性的態度，而非科學性的態度。然而如前所述，即使在科學領域中，科學唯物論也只是早期的發展，其中很多錯誤，在如今最新的各種科學發展中，均已經大大修正。所以我們若能以最新的生命科學、價值科學、或深度生態學來看，則同樣可以肯定，一切萬類不但均含生意，而且均含內在價值與目的。

此所以著名的綠色和平哲學中，曾經明白宣稱，「生態學」的發展，具有重大的突破意義，很能啟發人心：

「這個簡單的字眼——『生態學』，卻代表了一個革命性觀念，與哥白尼天體革命一樣，具有重大的突破意義。哥白尼告訴我們，地球並非宇宙中心；生態學同樣告訴我們，人類也並非這一星球的中心。生態學並告訴我們，整個地球也是我們人體的一部份，我們必需像尊重自己一樣，加以尊重。我們也應像感同身受一樣，去爲自然萬類生命著想……不論對鯨魚、海豹、森林、海洋，均應如此。……生態學廣闊無邊之美，真正提醒我們，應如何去瞭解與欣賞衆生之美。」[90]

本文所說，人類並非地球的中心，並肯定整個地球是我們人體的一部份，因而應尊重地球如尊重自己，而且對於萬物衆生，「應像感同身受一樣，去爲自然萬類生命著想」，凡此種種，正是中國哲學「物我合一」的重要精神，也很能打破西方以往「主客二分」的毛病。由此也再可證明，中國哲學對工作深具重要啟發，正如同生態學一樣，具有「重大的突破意義」，所以深值東西方共同弘揚！

準此立論，我們還可以發現泰勒教授另外一項自我矛盾。那就是他一方面既定已經肯定生態學的主張，認為整個地球是一個大的生命體，另一方面就不能把其中的一部分——例如石頭等，排除在此生命體之外。

更何況，如果人類認為所有石頭均沒有生命，也沒有內在目的性，就可能任意亂丟，或隨意破壞，那同樣會破壞景觀，並且破壞平衡，因而影響整體自然的內在關連。泰勒既然明確肯定自然萬物的內在關連性，當然就不能否定石頭等類存在也在其中。所以歸根結柢，我們仍應視其為地球大生命體的一份子，而不能排除於外。由此也可以再次證明，中國哲學才是更加週全與完善的環保哲學。

此所以早在一九五四年，柯羅奇（Joseph Wood Krutch）就曾主張，我們對自然界態度的最大毛病，便是「缺乏愛心，缺乏感覺，缺乏瞭解」[91]，而他所說的範圍，除了「動物、植物」之外，明白包括了「土壤與岩石」，他並曾反覆強調：「我們人類只是其中一部份」。這種見解，才真正符合生態學的精神，也才真正符合中國哲學的機體主義精神。

另外，在一九八一年，邢彼得（Peter Singer）也曾經明白呼籲，應及早將人類的倫理性關心，擴大到動物、植物，乃至於山川以及「岩石」[92]。凡此種種，均可看出，真正深刻而完備的環保哲學，應該連岩石也看成有生命、有目的。

除了石頭之外，泰勒教授認為機器也是沒有生命，沒有感情的，因而也沒有所謂的「內在目的性」。

不過，若從中國哲學來看卻並不如此。因爲機器若從其功能來看，本來就各有其一定目的。除了本文前述論點之外，此處值得再強調，任何機器也都需要保養、需要保護，然後才能順利完成功能。這種保護與愛護機器的心態，與保護生命與愛護自然的心態應無二致。有人愛車如命，有人愛飛機模型如命，有人愛電腦也如命，同樣代表「物我合一」的情形同樣均可稱爲明顯例證。

同樣情形，我們不但對機器應善加愛護，對能源也要同樣保護。不能說電力沒有感情、沒有生命，便可以不加愛惜，或者不斷浪費。一個人若浪費電力，看似有限，但若累積多數的衆人浪費，便會造成整體電源的短缺。一旦電源短缺，就會影響到工業用電，工業用電若受到影響，就會提高物品成本，或減弱生產能力，而這些又會影響衆生的生活物價與物資供應。所以，這中間同樣有一種物物相關的循環，也同樣可以看出環環相扣的關係，也再次可以證明，其中深具「機體主義」的融貫性與依存性，也正符合生態學所說的情形。

所以，雖然泰勒教授認爲機器沒有生命，但是，我們若有中國哲學素養，便知仍然不能將其排除在生命的有機體之外。否則一旦它遭受各種破壞，直接間接照樣會影響人類生活。我們由此，也可以看出中國哲學「機體主義」無所不包的重要性與正確性。

另外，泰勒教授也曾經提到，看自然界萬物衆生，有兩個重要的角度，一是從客觀性來看，一是從整體性來看，這種二分法同樣也有問題。

筆者認爲，綜合而言，「整體性」固然很重要，但「客觀性」卻應有其分寸。因爲就衆生觀而言，如果過分客觀，反而會變成片面的唯物主義。

像剛剛所提石頭，如果人們以過分客觀的角度去看，那麼石頭便會成爲完全沒有生命與感情。所以這個時候就應從「整體性」去看，然後才能如同中國哲學的機體主義一樣，眞正以融貫互攝的整體眼光，體認「物我合一」的精神，從而肯定萬物均可稱爲「衆生」，這才是萬物觀的最高境界。唯有如此，也才能如同最新的生態學所說，知道「如何眞正瞭解與欣賞衆生之美」，這也正與莊子所說，「聖人者原天地之美而達萬物之理」完全相通。

或有人稱，講整體性便無法講客觀性，講客觀性便失去整體性。然而，如此截然的二分對立，本身正好犯了「惡性二分法」的毛病，並且違背了機體主義的精神，深值警惕。這也再次提醒我們，必需深具中國哲學的素養，才能在分析論證之中，眞正以「互補互融」超越「二元對立」的相互排斥。這同樣可以證明，瞭解中國哲學，對於建構完善的環保哲學，是一項非常重要的基本素養。

同樣情形，我們也可在小羅斯頓（Holmls Rolston III）所著的《原野哲學》（Philosophy Gone Wild）中發現。該著作副標題明白指出，係以研究「環境倫理學」爲主，其優點同樣在能肯定一切萬類均含生，甚至稱衆生爲「生命之流」（The River of Life）[93]，堪稱與中國哲學所說大化流行、融貫衆生很能相通，然而，若論及價值判斷的方法，則該書仍然依舊未能跳出西方傳統「主客二分」的窠臼。因而再次可以印證，西方當代環保學者，深值向中國哲學多多借鏡，然後才能眞正建構完整而圓群的環境倫理學。

總而言之，經過以上論述，我們充份可見，西方當代最新的環境倫理思想，很多在基本上均與中國哲學的「機體主義」完全相符。但若深入分析，便知其中仍有一些不足之處，所以仍然有賴從中國哲學擷取靈感與啓發；然而另一方面，西洋環保學者的論證方式與科學例證，對於中國文化環保精神，卻也很有補充與佐證的功用。因此，今後如何共同合作，互通有無，進而共同弘揚，切實力行，相信正是促進全球環保工作更爲重要的關鍵所在！

最後，本文願進一步強調，中國文化除了在哲學思想上深具環保精神外，在很多民間經典，同樣充滿溫馨感人的生態保育故事。豐子愷曾經特別發心完成六集《護生畫集》，呼籲世人共同愛護萬物衆生，其中很多素材取自民間眞實故事，不但極能表現中國文化溫厚護生的精神，也與當代西方環保思想極能不謀而合，同樣深值東西方共同弘揚。所以本文願特別引述其中數項爲例，並以同樣心志呼籲世人共同護生。

首先，豐子愷在最後一集──也就是第六集中，畫了一幅「認母氣」。其中內容係根據《感應類鈔》，引述眉州一位中藥商，爲了取用藥材，將一蝙蝠捕殺，碾成粉末。後來突見幾隻小蝙蝠圍集其上，連眼睛都還未睜開，只因「識母氣而來」，因而，該中藥商「一家爲之洒淚」[94]。

這幅畫的精神，不只在「護生」，尤其在「護心」──呼籲世人「護持悲憫之心」，眞正將心比心，愛護萬物衆生，所以對於今後生態保育工作，深具重大啓發意義。

另外，根據此中同樣精神，豐子愷早在第一集中，就曾畫了一幅「母之羽」，敘述母雞被人宰割後，羽毛散落一地，小雞仍在旁環守。旁文並由弘一大師特別題詩如下，深值體認其中悲憫之心：

「雛兒依殘羽，殷殷戀慈母，母亡兒不知，猶復相環守，念此親愛情，能勿淒心否!?」[95]

另外，豐子愷又曾根據《聖師錄》，畫了一幅「鴛鴦殉侶圖」，其旁文字說明，[96]明朝期間，江蘇鹽城縱湖一位漁夫，看到鴛鴦群飛，因此獵殺了其中雄者，準備烹而食之，結果却見其雌者一直追隨，飛鳴不去，等漁夫打開釜鍋時，立刻俯衝飛下，投入湯中而死！

這一段精神，明顯提醒世人，應該體認鳥類不但有生命，更同樣有深厚感情，其中鴛鴦的重情重義，甚至超過很多人類的無情無義，所以絕不能任意摧殘。

另外，豐子愷與泰勒一樣，認爲釣魚代表「誘殺」，非常違背人心與忠信。此所以他曾經畫了一幅釣魚圖，稱其爲「殘酷的風雅」，並且親自作詩一首，也很發人深省：

「重綸稱風雅，魚向雅人哭，
甘餌藏利鈎，用心何惡毒，
穿顎鑽脣皮，用刑何殘酷，

風雅若如此，我願爲庸俗。」[97]

除此之外，豐子愷也與泰勒教授一樣，反對獵殺動物。所以他也根據《職分論》，敘述一則外國眞實故事。指出一位獵人愛德華，在海邊獵殺了一隻亞基鳥，正準備彎身去撿，忽見另有兩隻飛落海灘，「竟將此鳥銜去」。因此，「愛德華感之，終身罷獵」。[98]

豐子愷爲了強調，小鳥生命也是生命，所以把這幅畫名字就叫「救命」，的確發人深省，更可看出其中肯定萬物均爲衆生的仁心。

總而言之，護生之心正是悲憫衆生之心，也是同情體物之心，更是生態保育之心。這種精神正如同陸象山所說，不分東西方或南北方，也不分古代現代，「此心同也，此理同也。」所以深值弘揚與力行。

相信，只要今後有更多的仁人志士，不分年齡、不分性別、不分職業、也不分程度，均能本此「護生」之心，共同努力，愛護萬物，保育衆生，那才是眞正大自然之幸，也才是全人類之福！

【註譯】

① Aldo Leopold." A Sand County Almanac ".N.Y., Oxford University Press, 1948, especially see the essay "The Land Ethic".

❷ Ibid

❸ Rachel Carson." Silent Spring", Houghton Mifflin Co., Boston, 1987. 25th ed. p.277

❹ G. Perkins Marsh, "Man and Nature", The Belknap Press of Harvard University Press, originally published in 1864, 2nd ed . in 1965, especially see Chap. 2.3.4.5.

❺ Kenneth E. Goodpaster,"From Egoism to Environmentalism" in K.E. Goodpaster & K.M. Sayre, eds.,"Ethics and Problems of the 21th Century", University of Notre Dame Press,1979: pp.24-32

❻ Rachel Carson," Silent Spring", preface.

❼ Thomas Berry ," The Dream of the Earth, "Sierra Club Books,1990,p.6 & Newsweeks' Book Review.

❽ R.Elliot & A. Gare, (eds.,) "Environmental Philosophy: A Collection of Essays," Pennsylvania State University Press,1983., pp.183-196

❾ S. Udall," The Quiet Crisis and the Next Generation," Peregrine Smith Books, Salt Lake City ,2nd.ed.1988,xii-xiii

❿ Holmes Rolston,"Environmental Ethics," Temple University Press,1988, especially Chap.3.5.6

⓫ K.S Shrader-Frechette," Environmental Ethics," The Boxwood Press, 1988 , especially Chap.4.5.6.

⓬ D.J. Paustenbach," The Risk Assesssment of Environmental Hozards", Wiley-Interscience Publication ,John Wiley & Sons ,N.Y,1989, especially Sec.G.

⑬ S.Fox, "The American Conservation Movement", The University of Wisconsin Press,1985, especially pp.103–291

⑭ D.Van Deveer & C. Pierce,"People, Penguins and Plastic Tress", Wadsworth Publishing Co., Belmont, Cal.1986, especially p.24,32,51,83.

⑮ Paul R. Portney ,ed. "Public Policies for Environmental Protection" , Resources for the Future, Washington D.C.1990,本書各章均以分析技術性問題爲主要，例如對空氣污染，水污染、廢棄物處理、毒性物質處理等，佔去絕大篇幅，並未討論人對自然萬物應有的根本觀念與態度，因而難免形成「頭痛醫頭，腳痛醫腳」之弊，對其書名也有未盡周全之處。

⑯ 本季刊由美國喬治亞大學創刊於一九七九年，迄今（一九九〇年底）出版四十八卷，對環保問題涉獵相當完整，爲公認當今世界極具權威的環保期刊；唯因每篇論文的篇幅限制，影響對「環境倫理學」的完整建構工作，甚爲可惜。

⑰ Paul W. Taylor, "Respect for Nature :A Theory of Environmental Ethics", Princeton University Press",1986. p.99

⑱ Ibid, p.101

⑲ Ibid, p.116

⑳ Ibid, p.119

㉑ Ibid, p.129，原文係用反面語句，"The Denial of Human Superiority"

㉒ Ibid, p.101

㉓ Ibid, p.116

㉔ Ibid, p.117

㉕ Ibid, p.118

㉖ Ibid, p.117

㉗ Ibid, p.117

㉘ 參見方東美先生所著"The Chinese Veiw of Life", Linkin Press, 2nd ed. Taipei, 1978.p.24

㉙ A.N.Whitehead,"Procss and Reality," The Free Press, Macmillan Publishing Co. N.Y.,1987 p.60 其中明白肯定「每個實存物都是『生』的歷程。」

㉚ K.S.Shrader-Frechette."Environmental Ethics",The Boxwood Press.4th ed,Cal.1988, p.66.

㉛ Paul.W.Taylor,"Respect for Nature"p.119

㉜ John Muir,"A Thousand -Mile Walk to The Gulf",1916,164

㉝ "The Theoretical Foundation of Chinese Medicine".The MIT Priss, 1978.Chap.2.

㉞ Paul W. Taylor,"Respect for Nature",p.120

㉟ Ibid, p.129

㊱ Ibid, pp.129-135

㊲ Mark Twain, *What is Man,* in "The Extended Circle", ed. by Wynne-Tyson,Paragon

House,N.Y.,1989,P.383

㊳ Tom Regan."The Case for Animals Rights", University of California Press,Berkeley,1983.p.239.

㊴ A.S.Gunm & P.A.Vesilind," Environmental Ethics for Engineers", Lewis Publishers. Inc,3rd ed. Michigan, 1988,p.21

㊵ Ibid, p.21

㊶ Gabriel Marcel,"The Problematic Man",Paris ,1967, Chap.3

㊷ Gabriel Marcel,"La Mystere de Ietre ",Paris,1951,Chap,1

㊸ Holmes Rolston III ,"Environmental Ethics",Temple University Press,1988,p.94

㊹ Ibid, pp.94–95

㊺ Ibid, p.95

㊻ Bernard Shaw,"The Devils' Disciple",in "The Extended Circle", p.325

㊼ C.C.Jung,"Collective Works",also in "The Extended Circle",p.147

㊽ Abraham Lincoln "Complete Works", also in "The Extended Circle",p.179

㊾ Paul W.Taylor," Respect for Nature ",p.59,71,80,90.

㊿ Ibid, p.60

51 Ibid, p.60

52 Ibid, p.61

53 Ibid, p.61

54 Ibid, p.61

55 Ibid, p.61

56 Ibid, p.61

57 Mikhali Rebrov."Save Our Earth",Mir Publishers, Moscow,1989

58 Ibid, P.168

59 易經，「謙」卦象傳曰：「地中有山，謙。君子以裒多益寡，稱物平施。」

60 John Muir,"The Wild Parks and Forest Reservations of the West",Atlantic Monthly Jan.1898,25.

61 A.N.Whitehead."Religion in the Making",N.Y.,1926,p.15

62 「生態神學」英文爲"Eco-theology"代表重新從生態眼光解釋基督神學的新興思潮，在西方極受重視，唯仍在發展中，成果仍待觀察。

63 National Assembly of the Church of Englnd ,"Report by the Board for Social Responsibility," in "The Extended Circle",p.51

64 Ibid, p.89

65 Ibid, p.121

66 Ibid, p.121

67 Ibid, p.139

(68) 請參A.Baumgarten,“ Philosophical Thoughts on Matters Connected with Poetry”,1735.其中首次出現「美學」（Aesthetics）一詞。

(69) 豐子愷，〈美與同情〉，收入《豐子愷論藝術》，台北丹青公司，民國七十七年再版，頁一三〇。

(70) 同上，頁一二九。

(71) W.Wordsworth.“*the Tables Turned*’, in“The Extended Circle”,pp.416-417

(72) 梁任公，《飲冰室文集》，卷卅八。

(73) Theodore Roosevelt,“Wildnerness Writings,”Gibbs M.Smith Inc.,Salt Lake City,1986.p.292

(74) Lauwa and Guy Waterman,“Backwoods Ethics,”Stone Wall Press,3rd ed.,Washington D.C.1979.p.155-156

(75) Paul W.Taylor ,“Respect for Nature,”p.169

(76) Ibid, p.172.173.179.186

(77) L.N.Tolstoy, “ *The First Step* ”,in“The Extended Circle”,p.376

(78) F.M.Dostoevsky,“The Brothers Karamazov”,Ibid,p.71

(79) Paul W.Taylor,“Respect for Nature”,p.71

(80) M.T.Cicero“ *Letters to Friends* ”,Ibid,p.51.

(81) Ibid, p.51

82 豐子愷，《護生畫集》台北新文學出版社，民國七十年出版，第一集，頁六十二。

83 Paul W.Taylor."Respect for Nature",p.187

84 Ibid, p.192

85 Ibid, p.78

86 Ibid, p.64

87 Ibid, p.122

88 John Muir, "My Frist Summer in the Sierra",1911,319

89 Linnie Marsh Wolfe, "The Life of John Muir: Son of The Wilderness", The University of Wisconsin Press,2nd ed.,1937.vi

90 Cf. Wynne-Tyson, "The Extended Circle",p107.

91 Cf. R.F.Nash, "The Rights of Nature",the University of Wisconsin Press,1989,p.55

92 Ibid, p.121

93 Holmes Rolston III, "Philosophy Gone Wild",Prometheus Books,N.Y.,p.610

94 豐子愷，《護生畫集》，第六集，頁十一——十二。

95 同上，第一集，頁七——八。

96 同上，第六集，頁二九——卅。

97 同上，第三集，頁七十三。

98 同上，第一集，頁四五——四六。

第九章　今後環境保護的展望

緒論

本文宗旨，在根據前述中西環境倫理的思想精神，檢討過去，並策勵未來。重點在分析環保所面臨的問題本質，說明應該如何解決，並且闡論應有的前瞻性看法與做法。因此本章相當於結論性的一章。

美國最重要的十大環保組織，曾經在一九八五年共同出版一本《未來環境的議題》（An Environmental Agenda for the Future），該書化費兩年的時間，在美國各地連續召開多次會議，邀請環保有關學者，共同以前瞻性眼光，列出未來環境保護的重要議題。經其歸納，可得十一項如下述：（一）核武問題，（二）人口成長問題，（三）能源策略，（四）水資源，（五）毒性與污染控制，（六）野生資源，（七）私有土地與農業，（八）土地保護體系，（九）公有土地，（十）都市環境。（十一）國際責任。❶

這十一項議題，很能包括近十年來美國各界所討論的環保問題，所以貢獻重大，也很能發人深省。然而，若從整體性發展眼光來看，則仍然只限於從片面環保本身立場出發，而未兼及整體建設與共同發展的宏觀。歸根結柢，仍因缺乏整體哲學眼光所致。

因此，本文重點將更進一步從整體性著眼，並論述中國文化獨特的「中道哲學」，據以統攝今後解決之道，做爲總結參考。

本章內容預訂分成三項重點。第一，分析環保的兩難問題與解決之道。第二，申論環保工作應有的立場與原則。第三，今後環保應有的素養與共識。

第一節　環保的兩難問題與解決之道

有關本項重點，筆者認爲可以整理成五項議題來分析：

㈠「**經濟建設**」與「**環境保護**」孰重的問題：

經濟建設與環境保護，到底何者重要？看起來是項「兩難」，因爲，如果過分注重經濟建設，則容易破壞生態平衡，也會破壞原有景觀，更會破壞清新環境。不但直接影響這一代的生活空間與身心健康，也會影響以後子孫的生存環境。

這還只是從利害面來看，若從環境倫理的應有態度來看，如果一味發展經濟，犧牲環保，更會嚴重殘害自然萬類，其中開發山林、濫墾荒野，必定影響會野生動物的生存空間，另外上至空氣污染，下至種種環境破壞，也會更加嚴重。這些副作用不論在已開發或開發中國家，均已明顯產生。

然而，如果從另一面來看，假若凡事只重環境保護，任何建設都強調環保第一，並以此貶抑其他建設，那麼不但會明顯阻礙經濟的發展，甚至也會影響國防的安全，對於民生品質反而直接間接也會有傷害。

所以，此中的困境，在西方即稱爲「兩難」（dilemma），正如同唯心與唯物的兩難——到底是存在決定意識，還是意識決定存在？在近代西方就曾經一直纏訟不休。

然而這種「兩難」，如前所述，正是西方「惡性二分法」的結果，若從中國哲學來看，則根本並不成爲問題。

因爲，中國哲學的特性，不論儒、道、釋，均以「中道」爲依歸，強調「執兩用中」的精神，注重中庸和諧之道。所以若從「唯心」或「唯物」的二分法來講，則中國哲學的通危，既不是偏於唯心，也不是偏於唯物，而是強調兩者和諧並重，肯定心物同體，並且均爲「生命」浩然同流的現象。

同樣情形，根據中國哲學，「經建」與「環保」本應共同以「生命」爲最高原則，不能偏於任何一邊。換句話說，環保的目的除了防止污染，更在保護自然萬物生命，幫助彼等完成生命潛能，而經建的目的同樣在提昇生活品質，進而完成生命理想。所以若就共同目標而言，兩者可說並行不悖，並不對立衝突。如果缺乏這種「中道」的精神，便很容易墮入非理性的偏頗毛病。

例如，近年台灣，部份民衆有一種怪現象，就是「只要電而不要電廠」。若進一步問這些民衆，要不要用電？答案是：當然要用電。但要電總要蓋電廠，若問蓋到那裡？很多人却都反對「蓋在自家附近」。這就不是一種理性態度。

因爲，如果電廠眞有危險，則不論蓋在任何他人家旁，都不應該，那就必須先切實改進電廠本身的安全性能。但若電廠並沒有危險，則不論蓋在任何家旁，均應理性接受，以謀大衆共同的公益福祉。

然而，如今社會上部份人的心態，却是「不要蓋在我家後院」，彷彿認定總會有危險，因此假若有傷害，最好去害別人。這本身即屬情緒化的私心作祟，這就亟待相關機構切實溝通——一方面必需切實保證安全絶無問題，以消除無謂的恐懼，二方面也應該坦誠說明，如果大家均不願蓋在自家附近，則電力開發一再拖延，到最後只有大家共同受害。

例如，在《未來環境議題》一書中，就曾經指出，美國經濟發展的結果，很長一段時期只重經濟指標，而忽略環保指標，因而各種新聞媒體往往只播報「國民生產總額」、「國民平均所得」、「失業率」等經濟發展指標，而很少提到環境健康指標——諸如「病態率」、「死亡率」、「受害率」、土壤「侵蝕率」、空氣與水「污染率」……等等❷。結果便導致問題愈來愈嚴重。此中問題的確發人深省，值得深加警惕。

同樣情形，反之亦然。如果部份民衆或官員只知強調經濟發展，而忽略對環境的可能破壞，沒有同時加以預防，或者故意視而不見，明顯也並非負責任的態度。

所以，根據中國的中道哲學，凡事不能任由兩極化的發展，而應尋求平衡並重，形成中和之道，才能眞正可大可久。

那麼，具體而言，環保與經濟應如何平衡並重呢？

筆者認爲，第一，應該加強防治污染的科技。也就是切實將「反污染」本身當作一門極爲重要的急迫工作，不斷加以研究發展。

第二，就是在進行任何經濟建設之前，都必須先把其中可能的污染情形評估進去，並同時主動配置預算，透過人力物力，及早防上污染。唯有如此，才算眞正落實兩者平衡並重。

第三，更爲具體的，則應由政府在公共建設及公營事業中，首先以身作則，做好防治污染工作。然後再鼓勵民間工廠，在成本中同時加列「反污染」的經費。

通常任何健全的公司，在成本中均會對「研究發展」列有一定比例經費，做爲進步動力，今後對「反污染」工作，也應列一定比例，這才算眞正落實平衡之道。

換句話說，經濟建設的計劃，在考慮其正作用時，同時也應考量其副作用，而不能等到正作用發展一陣子後，才在事後彌補副作用，那就成爲事倍而功半，甚至已經來不及了。俗語說得好：「預防勝於治療」，環保工作尤其如此。如果建設一個新水庫，要被迫在事後運用龐大經費去除源頭住戶所造成的污染，當然遠不如在事前及早防範，這才是具體落實平衡之道。

另外，我們也可從先進國家相關的例證來說明。像德國、法國等政府，在規劃新建築的預算時，通常會先把美化這棟大樓所需的藝術品採購經費，同時列入預算，如此一來，便不只有了硬體建築物經費，同時也有了美化環境的軟體建設經費。這不但對培養國民藝術情操、提昇民衆生活品質，都很有幫助，對於改進藝術家生活，提昇藝術地位，也能同時兼顧。唯有如此，才算有計劃的平衡硬體與軟體建設，也才算眞正平衡經濟建設與文化建設，具體做到兩者並重。

同樣情形，環保要跟經濟建設並重，也應在未動工之前，就同時考量規畫。不論交通建設（如地下鐵、新機場、新高速公路，捷運系統等），或能源建没（如核能廠、火力廠、新水庫等），或各種工廠、農場，垃圾廠、甚至各種育樂園地新開發措施，通通均應把環保的因素一併算入，並且在評估預算時，也應一併將「防範污染」以及「消除污染」的經費列入。

唯有如此，才能從根本解決兩難的問題，並且很具體的落實，做到環保與經建眞正並重。由此可知，所謂「兩難」其實並非問題，只要能眞正「並重」，並在充份利弊分析後，採取中道精神，即能成功解決。

㈡「**工業開發**」與「**能源節約**」**孰重的問題**：

這項問題本質在於：「工業化」（industrialization）與「節約化」，那一個比較重要？乍看起來，也是個兩難，因爲如果不斷加強工業化，則整個地球的能源終有一天會盡，然而，如果一昧強調節約，則不但會減緩工業進步，也會影響公平原則，頂多只是減緩能量用盡的時間而已。

例如石油，在全世界已開發國家中，人口與面積比例均佔全球少數，但其消耗石油能源的比例却佔全球大多數，並且也影響今後開發中國家建設所需用的石油能源，因而顯然並不公平。即以美國爲例，其本土也蘊藏了豐富的石油，但迄今仍然很少開採，多以進口石油爲主，然而地球只有這麼大，石油也只有一定藏量，絕非取之不盡、用之不竭，總有一天會用完。更何況如果全球各國家有一天均成爲已開發，那理論上更將提前將石油消耗完畢。

所以，如果只重工業開發，那麼能源危機便只是時間問題，試看伊拉克併呑科威特，一旦控制全球百分之廿的油田，便馬上形成世界性戰爭危機，便是明顯例證。更何況，不但石油能源有此危機，水力能源也是如此，火力發電更是如此。因爲火力發電的煤礦，總有一天會用完，水力發電的水庫，也總有一天會不足，若要不斷興建水庫，顯然就會影響生態與環境。

因而，在此情形之下，所有民衆必需要面臨節約能源的問題。然而如果只是「節流」，不能「開源」，畢竟並非長久之計。尤其很多地區人們已經習慣冷氣空調生活，在夏日炎炎中，不太可能重新返回只用電扇，或勉強自己到更高温才開冷氣。此即所謂「由儉入奢易，由奢入儉難」，這也是明顯碰到的「兩難」。

所以，針對此等兩難，應如何因應？這也成爲今後一大挑戰。

興建核能電廠，在此情形下，便成爲一項重要出路，也是全球共同趨勢。因爲傳統各種能源如果均有枯竭危機，那自然而然便會想到開發核能電廠。然而，一旦要開發核能電廠，又會引發諸多問題，例如⑴廢水排除破壞海底生態的問題。⑵萬一發生意外輻射污染的問題。⑶建廠附近居民心理恐懼問題等等，因此蓋或不蓋，本身也形成一種「兩難」問題。

所以就此問題而言，如果開發核能電力勢在必行，那就同時必需注意：⑴切實做好層層防止輻射外洩的安全措施，不能有任何人爲輕忽。⑵切實做好廢水處理，不能影響任何地區生態。⑶興建任何核廠前，先把各種「反污染」的預算列入，以示消除污染的誠心與決心。⑷誠懇而公開的向建廠附近居民說明與溝通，除了曉以公益外，也需充份說明防止污染的準備工作，並把監督系統明白公開說清。

然而，更重要的精神建設，筆者認爲，仍係英國名歷史家湯恩比所說的：「挑戰與回應」之說（Theory of Challenge and Response）❸事實上，此亦孟子所說：「生於憂患，死於安樂」的深刻道理。❹

根據湯恩比看法，人類之所以能運用智慧，突破困局，往往是因爲憂患與挑戰所催逼出來，所以挑戰或憂患對於一個堅忍不拔的國家來說，不但不是壞事，反而是好事。這正可說是面對上述種種「兩難」困境，所應先有的心裡建設與精神力量。

這種看法，並非自我安慰，例如日本便是明顯例證。日本雖然工業極爲發達，但本國幾乎不產石油，全靠外國進口，所以它看似經濟非常繁榮，但若一旦切斷石油進口，經濟便馬上會陷入癱瘓。因此日本人對石油便形成了強烈的「憂患意識」，很早對此就有警惕心。此所以它後來所生產的汽車，多半都是小車，不但省油，而且容易停車，結果反而大受歡迎，甚至行銷量超過很多美國汽車。相形之下美國一向慣於生產大型汽車，雖然很夠氣派，但却耗油，而且不易停車。結果反而競爭不過日本，歸根結柢，便是對石油能源的危機意識不如日本。

另外，日本爲了及早因應石油危機，所以早在兩次全球石油能源危機時，便已及早加速其「自動化」的研究與發展，結果反而使其因禍得福，因能源危機而更能開創新機，不但成爲全世界能源危機中，因應挑戰最成功的例證，也成爲當今世界各國中，「自動化」程度最領先的國家，眞正形成「化危機爲轉機」的最佳典範。

這就充份說明，原先看似「兩難」的困境，對於有遠見、有毅力的國民，反而是能夠「動心忍性，增益其所不能」的動力。原先看似僵局的危機，對於有志氣、有信心的國家，却也正是最能突破困境、開創新機的轉捩點！

若問日本此等哲學精神與憂患意識從何而來？追溯根源，仍來自中國哲學，尤其是儒家的易經哲學。此所以孔子在易經中很早就提醒大家：「作易者其有憂患乎？」[5]這是中國經典中第一次提到「憂患」二字，從此奠定了中華民族注重憂患意識的精神特色。後來孟子強調「國無敵國外患者，國恆亡」，乃至於「生於憂患，死於安樂」[6]，均形成歷久彌新的名言。試看中東科威特富甲天下，但不到半天即宣告亡國，即充份警惕世人，絕不能沒有敵情觀念，更不能沒有憂患意識！

中國知識份子一向以天下興亡爲己任，也是承自這種精神傳統，此所以范仲淹強調「先天下之憂而憂，後天下之樂而樂。」然後才能慨然承擔天下之興亡。這種憂患意識，代表一種警惕心，更代表一種使命感。亦即所謂「君子多苦心，志士多遠慮。」深值體認與弘揚。可嘆的是，近代中國對這種憂患意識並未眞正落實，反而由日本人學去，特別在經濟上運用，而大有成就，甚至在強大之後再回頭欺負我們！凡此種種，更深值我們痛定思痛，然後才能及早加強憂患意識，共同奮發圖強！

本文舉日本爲例，除了說明其因應能源危機的方法技巧外，更重要的，則在指出其因應能源危機的精神動力—亦即本於憂患意識所產生的警惕心與使命感。

由此充份可見，物質的能源危機並非眞正問題關鍵，眞正可怕的，反而是人心奢靡，缺乏衝勁，這種「精神的能源危機」，才更值得我們警惕！

因此，歸根結柢，今後我們首應恢復此一中華文化的美德，加強憂患意識，共同堅忍自強，進而弘揚中道哲學，共同團結奮鬥，相信這才是突破各種「兩難」困境的最大要領，深值我們重視與力行！

(三)「人口成長」與「家庭節育」孰重的問題：

何以說這也是一個看似「兩難」的問題？因爲人口成長如果太快太多，則經濟成果將被消耗殆盡，同時會造成個人生活的品質降低，這是因「量」而拖垮了「質」。反之，如果家庭計畫太嚴，一般民衆基於各種因素而不願生小孩，則勢必也會使人口結構老化或不平衡，這同樣會影響人口品質與國力發展，這是因爲「量」的不足而影響到「質」。

所以，此中到底應該孰重？同樣形成看似兩難的問題。而其中解決之道，根據中國哲學的「中道」精神，同樣應該是兩者並重。

這種中道，代表人口政策不但應該質量並重，經濟生產與人口生產也應該並重，並且絕不能以非人道的手段強行控制人口成長。

像中國大陸的人口政策，便是明顯的失敗例證。其明顯失敗的原因，便是前後兩種政策均走極端。毛澤東時代可稱爲前期，他因爲馬克斯主義強調勞動力的重要，也誤信《資本論》中所說，勞動量多寡決定產品價值的多寡，所以全未顧及人口的品質問題，而盲目決定了錯誤的人口政策──「人多好辦事。」導致短時間之內人口突增。到了人口由五億成長爲八億時，他更以鬥爭哲學爲基礎，強調「八億人口，不鬥行嗎？」如此非但未能提昇經濟生產來平衡人口成長，反而企圖以鬥爭運動消耗人口，堪稱罕見之殘暴手段。

毛澤東前期的錯誤政策，到了鄧小平後期，却又偏向另一個極端。此時中國大陸人口已經增至十億，鄧小平的錯誤，便是未能眞正開放民主與自由經濟，以切實提高經濟生產，反而以專橫手段進行「一胎化」政策。尤其剛推行時，不論男女均以一胎化爲準，若有父母生第二胎便會受處罰，如此一來，便產生了很多「殺女嬰」的慘劇，也產生了很多家庭扭曲天倫人性的各種悲劇。

這種「一胎化」政策如果蠻橫執行下去，不但獨生子女在成長過程中因爲孤單、受寵，而易扭曲人格，等廿年後更可能造成男多女少的生態不平衡現象，凡此種種，均爲明顯的錯誤。

中共「一胎化」政策到後來雖然稍爲放寬，在農村也略有彈性，但基本上仍以高壓控制。若有違者均會被重罰，或被工作單位開除，或拆除家中住所，或扣除夫妻三年薪水等等。然而，中共既未反省先前本身人口政策的錯誤，又未檢討本身共產制度下生產力落後的根本病因，反而一再以無辜民衆爲犧牲，整個政策明顯既不公平，也非解決問題之道。

尤其，大陸人口雖然號稱十一億，但人口密度仍然只有台灣地區的五分之一，以整個大陸幅員之遼闊，加上資源之充沛，只要能有自由發揮的制度，仍然很有人口成長的空間，並無必要用高壓制止。所以，此中問題眞正解決之道，乃在早日突破共產僵化制度的束縛，讓人民能在自由化中充份發揮潛力。唯有如此，才能眞正提高經濟生產，那才是眞正平衡大陸人口問題的根本之道與人道方法。

有關人口問題，另外一種出生人口比例太少的極端，可以歐美爲例證。這些已開發國家，並不是因爲人口壓力才不想生育，而是年輕父母爲了本身玩樂，不想有小孩影響生活，才不願意生育。所以像法國，反而是政府鼓勵年輕夫婦生育，生到兩個以上，若再多生的話，每個小孩均可得到政府優厚補助—這與中共恰恰相反，相形之下，不但是一大諷刺，也可說是中國人的悲哀。

另如美國，近來年輕夫婦流行一個名詞，叫做「定克」族（DINKS），代表「兩份薪水，不要子孩」（Double Income with No Kids）。部份年輕夫婦爲了本身想要多享樂人生，所以寧可生活豐裕，享受自由，也不要子孩。然而若從整體人口來看，不少貧窮黑人却又猛生小孩—此中並非代表種族歧視，而是因這些小孩未能受到良好教育，在惡性循環下容易產生「反淘汰」現象，久而久之，若不能及早改進平衡，就會產生社會問題。凡此種種，均是因爲偏向另一極端所產生的毛病。

此所以中國哲學以太極圖象徵「中道」精神，極具深意。在此啟發之下，不但人口的「量」與「質」應充分平衡發展，家庭中的夫妻之道也應注重生態平衡，以和諧爲重。唯有如此，家中陰陽平衡，互重互助，才能培養出快樂健全的子女，也唯有整體人口政策陰陽平衡，質量並重，才能發展出健全強盛的國家。中國的中道哲學在此深具啟發性，的確也亟值弘揚光大。

㈣「**增加生產**」與「**處理廢物**」孰重的問題：

這一項何以也成爲「兩難」問題呢？因爲從前觀念總認爲前者重要，然而經由時代的進展，如果一味只知增加新產品，大量推銷，却未能顧及如何處理廢物，便會造成環境污染的極大公害來源。

比如說，如果製造飲料的工廠，只知一味推銷新產品與新口味，却未先考量如何處理這些用完的瓶子，形成人人亂丟瓶子，就會造成垃圾推積的嚴重污染，也會造成燃燒廢物的嚴重污染，其中公害變成由整個社會承受，既不公平，也很危險。

這也正如人體組織，固然進食能力很重要，可以享用多種佳肴口味，但如何消化以及正常排泄也同樣重要。如果消化系統不良，腸胃出問題，或者排泄系統失控，泌尿出問題，都照樣會形成嚴重病痛。

自然界同人體一樣，都是有機的生命體，不但物物相關，而且病痛相連。我們如果能有這種「機體主義」的體認，便知道如何處理廢物，看似小問題，其實是大問題。

具體而言，如何處理日益增多的垃圾問題，便是與整體社會組織都相關的問題。首先，所有製造廠商應在剛開始就儘量做好分類，以便日後容易處理。其次，民衆用完後，也應養成習慣，根據不同種類，丟入不同垃圾筒。然後，政府處裡時，才能便捷有效，儘量減少污染。如環保署所推動的「太空寶寶」垃圾分類法，便可說是很好的例證。

然而，此中環節必需整體配合，才能成功有效。如果廠商只顧自己生產，不顧廢物處理，又如果各家庭只知亂扔垃圾，不願配合分類，那麼到最後不但政府處理困難，也必會遭致垃圾場難尋的問題。另外，如果很多人只顧到自己方便，對垃圾亂丟，或者有些縣市過份本位主義，拒絕配合設置掩埋廠，均會形成整體公害，凡此種種，充分可見，現代社會必需有團隊精神，才能共同受益。尤其在環保上面，必需共同參與，才能眞正解決問題。

換句話說，根據中國的中道哲學，「創造生產」與「處理廢物」應該同樣並重，不能偏廢。既不能一味強調前者，忽略處理廢物的問題；也不能因爲後者便拖累了前者生產。否則，如果因爲廢物無法處理，便不再創造生產，正如同人體因爲排泄系統有問題，便不再進食，終非根本之道。重要的是，如果排泄系統有問題，必需立刻醫治，然後仍然繼續進食。因此仍需兩者平衡進行，形成和諧生態，才能根本解決問題。

那麼，到底應該如何才能算並重呢？

簡單的說，人們應該要加速發明廢物回收的科技，尤應重視如何廢物利用的科技。這是以往從來沒有注意到的問題，但今後勢必變成一個新興的重要問題。

事實上，今後眞正高明的生產者，是在產品成爲廢物之前，先能動腦筋想到如何可以回收，或者再利用，成爲一貫作業。例如報紙每天份量很重，如果看一遍就丟掉，對用紙而言，非常可惜，久而久之，更會形成嚴重負擔，因此，這就值得研究，如何報紙能夠回收，再運用，或者如何再成爲紙漿，重新又可以印行。

目前報紙的回收與再利用，已經有相當成效，一來既不會造成污染，二來又可以再次生產。可謂一舉兩得。今後各種產品如何均能重新利用廢物，正是平衡兩者並重的基本關鍵。深值繼續進一步研究。

㈤「開發現代文明」與「保護傳統文化」孰重的問題：

有關本項，最明顯的例子，便是蘭嶼高山族原住民，應否開化的問題，在都市人們看來，他們迄今仍穿丁字褲，好像很不文明。但對他們來講，這些却都是最自然的服飾。此所以美國在六〇年代，很多嬉皮爲了抗議都市文明扭曲自然，還故意穿著奇裝異服，甚至還故意裸奔，以表示對現代文明過度機械化的反彈。所以，面對這兩種極端，西方也容易形成兩難——一個是完全拒絕現代文明，一切保持原始風格。一個則是完全拋棄傳統風格，一切追求現代風尚。

然而，根據中國哲學的中道精神，仍然肯定此中兩者應該平衡並重。也就是對於傳統文化的精華仍應保持，但對現代文明的進步也不應排斥。如何在「傳統」與「現代」之間執兩用中，去蕪存菁，才是眞正對現代人智慧的考驗。

譬如說，對於山地同胞，有關彼等原來獨特的文化風俗，便不應強迫改掉。尤其對他們獨特的藝術風格更不應強迫同化，使其失去自我。因爲，文化與藝術本應充滿多樣性，才能表現多采多姿的精神風貌，此即所謂「萬紫千紅始成春」。否則如果通通一樣，變成一花獨放，怎能叫做春天？

換句話說，有關物質生活與硬體設備的改進，應以現代化不斷進步才好，但若論及文化藝術甚至人文精神，有時淳厚的傳統反而更好。

此所以近代德國大哲雅士培（Karl Jaspers）曾經強調，人類在西元前五至六世紀，歷史上有一段「軸心時代」（The Pivot of History）❼，那時中國正是先秦百家爭鳴，希臘也有雅典三子，印度也正是文化鼎盛的四吠陀時代。所以對整體人類歷史來講，堪稱有史以來的文化最高潮，甚至到目前均還未能超過。

其中，如果以中國爲例，也是如此。我們若從物質生活來看，當然現代生活遠遠超過古代，但若以精神文明來看，則先秦的黃金時代，堪稱中國文化的最高潮，雖然後來也曾出現盛期，但相形之下，一直未能超過先秦。

此所以梁漱溟先生曾經稱中國文化爲「早熟的中國文化」。方東美先生也一再指出，時間的「進化」（Progression）並不能代表實質的「進步」（Progress）。因爲歷史進展，並非一條鞭直線型的進行，也並非愈新就一定愈好。方先生甚至曾經沉痛的指出，廿世紀看似科技物質發達，但却打過兩次世界大戰，加上共產制度荼毒生靈數十年，影響人類遍及全地球，爲害程度更遠超過歷代，所以很可能今後歷史會指著廿世紀說，「這才是黑暗時期」！

因此，中國「中道哲學」所強調的平衡並重，就是精神文化與物質文明應平衡並重，傳統文化與現代文明也應並重，既不能停在「復古主義」，認爲古代一切都好，也不能停在「西化主義」，認爲一切均應以西方物質文明爲榜樣。

以上所述，是今後環保問題上，常見的五類「兩難」問題，我們若能深入分析，並運用中國哲學智慧，便知面對這種兩難問題，均應運用「中道」哲學，然後才能跳出此等「惡性二分法」，透過「執兩用中」，破解「兩難」困局，並透過憂患意識，化危機爲轉機，以激發更大的動力，創造更多的新局。

如果所有船隻均在風平浪靜中行駛，便看不出那一位船長更偉大。如果一旦碰上驚濤駭浪，對其他平庸的船長，可能進退「兩難」，但對眞正卓越的船長，却正可以充份發揮領導才能，沉穩堅毅，鼓舞士氣，以更加激發偉大的潛能。

如今，「地球村」在「宇宙海」中，可說也碰到了不少「兩難」的問題。人類既然稱爲「萬物之靈長」，便應如同地球村的村長一般，責無旁貸的以保護地球與自然萬物爲己任。

因此，人類能否充份運用智慧，克服種種「兩難」，將地球的萬有生命，平安渡向更光明、更美滿的境地，將是今後歷史評價的重要關鍵。

值此重要關頭，如前所述，中國哲學不論對環境倫理學，或人生奮鬥方向，均有重大啟發，的確深值世人重視，共同弘揚。

相信，只要大家都能有此體認，以同舟共濟的精神，共同團結奮鬥，盡心盡力，愛人愛物，就必能開創全地球人類與萬物更光輝的明天！

第二節　環保應有的立場與原則

環保工作應該保持何種立場與原則，才能合乎理性，不致陷入極端？泰勒教授（P.W.Taylor）在《尊重自然》（Respect for Nature）一書中，曾經提出五項原則[8]，筆者認爲相當中肯，值得申論，並可再增補一項，以更週全。現特結合實例闡述如下：

第一：「自衛安全的原則」（The Principle of Self–defense）

第二：「合理比例的原則」（The Principle of Proportionality）

第三：「犯錯最少的原則」（The Principle of Minimum Wrong）

第四：「公平分配的原則」（The Principle of Distributive Justice）

第五：「補償正義的原則」（The Principle of Restitutive Justice）

第六，個人認爲，應再增加一項，便是「和平法治的原則」（The Principle of Peaceful Legality）

㈠自衛安全的原則。

人類對於野生動物，到底能不能殺害？殺與不殺，最重要的原則是什麼？根據泰勒教授，一言以蔽之，便是「自衛原則」。如果牠對人類有害，而且正要爲害人類，人類爲了安全，當然不能不被迫自衛。

這正如同人與人之間，如果有人意圖加害自己，基於自衛安全，當然也可反擊，對人即已如此，對於動物也同樣情形。所以這中間並沒有違反人與物的平等精神。

然而，如果動物本身並沒有殺害人類，或者雖然有攻擊性，但卻遠在山林，對人並不妨礙，那麼人類本身便不應主動傷害。

尤其，人類更不應將獵捕動物，視爲娛樂，也不能在殺害動物後，製成人類用品或家庭裝飾品，因爲此等行爲均明顯將動物看成奴隸。這種以人類爲自我中心的行爲，以及殘暴流血的手段，便均不足爲訓，根據環保精神，均應儘早立法制止。

例如，假使在海上游泳，因故引來了鯊魚，造成人類的生命危險，人類自然不能不自衛。對於這種安全防衛，只要證明其爲正當自衛，即使對人，在法律上也可無罪。然而，如果對於馴良無害的海豹，只因企圖謀取其器官進補，便一一加以射殺，這正如同對手無寸鐵的善良百姓射害一樣，本身便是罪過。

所以，此中重要的原則，不但代表一種合理的自衛立場，而且也隱含了一種重要的環境倫理精神，什麼樣的精神呢？便是肯定萬類一律平等，不能認爲其它動物只是低等動物，人類可以任意殺害。這種「自衛原則」所蘊含的前提，便是肯定人類不能凌駕萬物，不能自認高於一等，這便是環境倫理中肯定萬物「平等」的具體表現。

唯有如此，才算眞正力行以平等心看待萬物衆生，肯定大自然一切萬物，均有其獨立的生存權利與生命意義，不能任由人類爲了私心圖利而加以殺害。

孔子所說「克己復禮爲仁」，❾在此就深具啟發。因爲當人類爲了自己想縱欲，而去獵殺動物爲樂時，便顯然侵犯了萬物平等的倫理。另外，人類如果爲了自己想進補，便以殺害善良動物爲犧牲，同樣也會破壞上天對萬物的好生之德。所以，針對人類這種私心與欲念，有識之士便應呼籲大家儘量自我節制，嚴守分寸，這才算眞正做到「仁」。

由此可見，「克己復禮」，不只代表人與人相處的應有關係，也代表了人與自然萬物的應有關係。

或有人說，人類殺生進補也是爲了身體健康，應該無可厚非，然而此中也應嚴守分寸。如果眞正是爲了拯救人類性命，而不得不殺害動物進補，或可另當別論，但如今絕大多數情形却是人類自己在飽暖之後仍想「壯陽」進補，這就不但深害動物，也深害人類自己。

更何況，如果眞爲人類健康著想，則應透過眞正科學研究，以眞正醫藥加強營養，那才是培元固本之道，如果專想旁門左道，以偏方殺害動物爲能事，那就絕非人類文明應有的行爲。

由此可見，環保運動第一原則—除非人類基於自衛，否則絕不應該殺生—的確深值重視與力行，然後才能眞正踏出環境倫理的基本第一步。

(二)「合理比例」的原則。

這一個原則，代表凡事應有本末先後的合理判斷。儒家對此也講得很清楚，「物有本末，事有終始，知所本末，則近道矣」。⑩這裡所說的「物有本末」，並非指生命等級的高低，而是指做事應有的順序。尤其從事行政工作，凡有經驗堵均知，其中成功關鍵，一言以蔽之，便是分清「優先順序」（Priority）。唯有如此，以合理的優先順序分出本末先後，工作才能有條不紊，循序完成。

行政工作如此，環保工作亦然。對於環境的污染，不論空中，海底或地面，目前幾乎層出不窮，而且種類愈來愈多，那麼，應如何下手防治呢？根據此項原則，首先便應挑選最重要的問題去改進。

例如垃圾問題、與工業廢水問題，在台灣幾乎是每一天、每一分鐘、每一地方都在產生，因此其影響人們的範圍與污染程度，可能成爲最嚴重的種類，所以便應列爲首要問題，加以改進。等到逐漸減輕此等污染情形後，可能其他種類污染的嚴重性，開始超過這兩項—例如空氣污染，或農產品污染，可能變成爲害更大，此時便應昇高這些順位，再集中力量加以對治。這種對人力或物力合理的分配，就是「合理比例」的原則。

換句話說，環保工作，千頭萬緒，有一些必需立刻行動，如同救護車的工作—例如石油公司廢油若漏到民衆家中，便形成嚴重公害，一旦燃燒更不堪設想，所以必需立刻救急。另外，則有一些環保工作屬於近程性質，需要規劃進行—例如對工廠廢氣空氣污染、或噪音的取締。還有一些則需要從長計議，像百年樹人一樣，需要從根做起—例如環保教育的進行，以及各地生態情況的研究等。

因此，對於這些工作，那些屬於最急迫的性質，那些屬於近程、中程或長程，均應整體衡量後，根據現實資源與能力，排出一定順位。然後再把握合理比例，分配人力與物力，這才能眞正落實環保與生態保護。

另外，「合理比例」原則，也適用於一個人生活上必須攝取的營養。因此，人體如係根據營養比例，合理的進食肉類、魚類、蛋白質、青菜、與水果等，便與環境保護及生態平衡並不衝突，因爲這是根據合理比例的範圍，所以並未過份。

此所以豐子愷曾經在《護生畫集》第三集序言中強調，「護生者，護心也」，主要爲了「去除殘忍心，長養慈悲心，然後拿此心來待人處世，才是護生的主要目的」。[11]因此，豐子愷特別提醒讀者「切勿拘泥字面」，誤以爲必需吃長齋，才算保護動植物生命。否則即使吃長齋，也是不徹底。因爲「用放大鏡看，一滴水中有無數微生物和細菌。你燒開水燒飯時都把它們煮殺了，開水和吃飯都是葷的！」⓬

換句話說，豐子愷的根本心意乃在指出，對於「人爲了要生活」，「不得已」而必要攝取的動植物，只要「不傷害我們的慈悲心，即並不違背『護生』的主要目的。」⓭歸根結柢，也可說正是根據同樣的精神，容許在合理比例內攝取必要食物。

然而，如果有人明明不需要吃象肉，却只爲了炫耀象牙產品，便去獵捕殺害大象，這就違反了「合理比例」的原則。另外也有些人明明不需要吃貂肉或鱷魚——因爲這些均非人類生存營養所必需——却爲了貂皮、鱷魚皮等產品而去捕殺，凡此種種，均爲傷害生態平衡的過份行動。

根據中國的中道哲學，「過」猶「不及」，均違反中庸理性之道。準此立論，因此一方面不能濫殺無辜動物，以此滿足人類虛榮心，那是極端殘忍行爲，必需避免。另一方面，却也不必迂腐拘泥，拒用一切生活必需的食品，否則也會成爲另一極端。綜合而言，必需根據合理的比例原則進食，這才是眞正溫和理性的環保之道，也才是可大可久、多數人們可行之道。

㈢「**犯錯最少的原則**」。

什麼叫做「犯錯最少」的原則？簡單的說，就是從整體各方面分析利弊，那一項弊端最少，就是可以採取的決策，這種決策原則就是「犯錯最少」的原則。在環境保護上，同樣適用，而且更爲需要。

因爲，任何環保問題，本身常常利弊互見，無論那種決策，要說面面俱到，完全沒有傷害，幾乎不可能。這也正是上述所說的「兩難」情形，因此，什麼叫做最好的環保政策？一言以蔽之，造成傷害最少的政策，就是最好的環保政策。

換句話說，任何一項政策，如果整體評估，對環境的傷害太大，或者其傷害無可彌補，那就應該立刻停止，才是明智之道。

例如，中共有意要在長江三峽強制進行水壩工程，這個政策對環境的傷害就太大了。所以應該立刻停止。

因爲，長江三峽乃是中國幾千年來非常獨特的勝景，即使在全世界也是獨一無二。這正如同美國的大峽谷一樣，其雄奇瑰偉，堪稱獨步世界，本來原應列爲國家公園「特別保護區」，怎麼竟可以倒行逆施，大興工程，加以毀壞？我們姑且不論各方專家評估，多數認定此舉得不償失，只要考慮長江三峽，在人文歷史上的深遠意義，便知不能輕易破壞，尤其這些名勝，上至黃帝時期，下至漢唐以來，包括了各種膾炙人口的歷史古蹟——例如劉備托孤的永安宮、諸葛孔明的八陣圖、最負盛名的白帝廟、李白杜甫的各種遊蹟，以及瞿塘關、巫山十二峰、屈原故里秭歸、黃帝廟等等，通通代表先人無數的血汗史蹟，也都是國寶級的無價名勝古蹟，一旦破壞，任何人均難以彌補！

我們試想，即使一般家庭，如果後人將先人的重要遺物破壞，都會令人深感痛心，無可彌補，更何況對整個民族的珍貴國寶加以破壞？

然而，中共老人政權仍然準備一意孤行。然所以全美「中國學生學者自治聯合會」，曾經在一九九〇年八月十五日在紐約發表聲明，呼籲「在此三峽危急，長江危急的關鍵時候，中共全國人大應本著對中華民族負責的態度，立刻討論停止三峽工程」，心意極爲中肯可敬。其理由不僅因爲耗費龐大，超過全大陸國民經濟總值，將使大陸百姓更加貧困，也因水位增高後，將迫使沿江居民流離失所。另外，更會帶來嚴重的生態失衡問題，破壞沿岸動物、植物、江中魚類以及氣候環境，至於對整個民族在長江三峽，各種千年以上的名勝古跡，更將嚴重損害，造成無以彌補的民族傷害。所以總括而言，綜合利弊分析，明顯是弊病遠大於得利，因而，萬萬不能進行。

本來任何民主國家決策，均應受到民意監督，但中共却根本没有民意監督，如今只因少數老人企圖留名，便不顧各方反對，仍然透過「人大」形式，悍然決定進行三峽水壩，形成「犯錯最大的政策」，今後顯然只會留下罵名，也形成迄今全球最明顯的環保反面教材。筆者在深感痛心之餘，也願鄭重呼籲全球中國人，共同體認此中的嚴重性，繼續奮鬥，共同努力，促使中共絕不能犯下如此重大傷害的罪過！

(四)、「公平分配的原則」。

「公平分配的原則」，相當於民生主義的「均富原則」，打破貧富懸殊，追求社會公義，這不但是經濟發展的原則，也同樣是環境保護的原則。

準此立論，所有地球資源也應「公平分配」給人類與萬物，才算符合公義。但事實上，目前不同國家利用地球資源的程度，已經很不公平，例如當今「已開發國家」所用地球資源，便遠超過開發中國家。另外，擴而充之，整個人類所佔用的地球資源，也遠超過其它動植物太多。尤其，這個地球並不只是爲人類而存在，人類更沒有權力污染此一萬物的共同資源，並且破壞其他生物的生存空間，否則便是破壞「公平分配的原則」。

根據環境倫理學的精神，所有動物、植物與萬物，均與人類同樣平等，所以它們也應該有同樣的生存權利，並且也應同樣公平的分享地球有關資源，這才算眞正符合環境倫理的原則。只不過，當今事實却存在著很多不公平現象，所以深值及早警惕並大力改進！

例如洛杉磯加州大學管理研究所，曾經在一九九〇年做過一項調查，發人深省。那就是發現至今全美國最大企業公司百分之九十五以上的主管，仍然由「白人男性」獨佔，與十年前並無兩樣。這一個調查結果很令人驚異。因爲，難道其他人種的能力均不如白人嗎？顯然並非如此。另外，難道女性的工作能力也均不如男性嗎？同樣也並不然。這只說明一件事——「種族歧視」與「性別歧視」仍然普遍存在於美國企業界中，即使美國法律在字面上，到處強調男女平等與種族平等，但事實上仍然存在很大的歧視！

人與人之間的平等，尚且如此不能落實，更何況人與萬物的平等？由此可以預見，環境倫理學「公平分配」的精神，今後仍然存在種種障礙，有待克服。然而正因如此，所以此中意義之重大，並不亞於「人權革命」。因爲，一切萬物，本應擁有與人權同樣平等的物權，這種「物權革命」，爲萬物挺身請命，也正是今後有識之士責無旁貸的重大使命！

換句話說，以往大家只注重人類有天生的「自然權」（Natural rights），今後便應同時注重「自然」也有天生的權益（The Rights of Nature）。因其同屬宇宙創造的生命，所以其重要性並不亞於人類。尤其根據中國哲學的精神，因爲萬物同樣來自天心（儒家），同樣浹化大道（道家），並同樣代表佛性（佛學），所以與人類生命同等重要；這種肯定萬物平等的精神，才是維護人與萬物之間眞正公義的根本棟樑！

那麼具體而言，如何確保自然萬物也有公平生存發展的權益？綜合而言，或可從三方面著手：

第一，便是設置「特別保護區」或「國家公園」，尤其對於珍貴的山林資源或野生動物，均應透過立法，切實劃出區域，其中並應明確嚴禁狩獵、釣魚與砍伐。唯有如此，才能切實保護其中天然景觀與生態平衡。

第二，便是人類與所有非人類均應共同分享自然資源，而不能由人類永遠獨占。這也就意味著，對於一切自然原野、山川、河流，以及其中的動物、植物岩石與萬物，均應儘量尊重其原始生命型態，不能有任何破壞或人爲的毀棄。

第三，便是對於整體環境的評估，應從各方面生態平衡來看，而不能只從人類自我中心或本身利益來看。換句話說，對於自然環境的評估，應從其中一切生物——不論大、小、貴、賤——的整體生態利益來看，而不能只用人類利益評估，更不能任意掠奪破壞，據爲己用。

尤其，從今天廿世紀回顧以往歷史，人們已經深知十九世界「帝國主義」在政治與經濟上剝削的罪惡，然而，還很少人體認出，在生態與環保上同樣不能夠再有「帝國主義」。

什麼叫做「環保的帝國主義」？就是人類本身仗恃強權，剝削其它萬物的生存空間，並自認有優越感，覺得理所當然，這便與從前帝國主義同樣的罪惡。所以，凡有良知與仁心的有識之士，今後均應全力呼籲世人，及早自我去除這種帝國主義心態，以眞正追求「公平分配」爲己任！

另外，還有第五項，即爲「補償正義」的原則。

㈤補償正義的原則

這一項原則，也代表對待萬物，應如同對待人類一樣的尊重。如果人類本身的人權，遭到他人不當的侵犯，根據法治精神，理應給予補償，以示尊重人權的正義精神。如果個人人權被政府不當的影響，那麼政府也應依法補償，這也就是所謂「國家賠償法」的基本精神。

例如，如果有一個人走在馬路上，這條馬路剛好有政府單位在施工，結果施工單位因爲疏忽沒有警示燈，造成這位人士摔到洞內而受傷，那麼他便可依法控訴施工單位，申請由政府補償其相關損失。此中基本精神，便是人權應受到平等的尊重，否則便應加以補償。

人對人之間是如此，人對萬物也應如此。這便是環保工作「補償正義」的原則，也正如同車子如果撞傷了狗、貓，或施工破壞了環境，均應立刻療傷治病，並且謀求補償之道。

綜合而言，此中「補償正義」同樣有三種具體方法，值得申述。

第一，就是對受到傷害的野生動物群或植物族群，立刻劃歸爲特別保護對象。如果破壞越厲害，便應給予越多的補償。如果是已經瀕臨絕種的動植物，更應撥出特別經費，好好的幫助其繁殖。例如熊貓，因爲在全球都已經快絕種了，所以不但應專闢特別地區來飼養，甚至還要特別爲牠們找對象，精心安排以助其繁衍。這就是要用更多的投資，來補償以往的缺失。

第二，就是在動機上，對於補償對象——不論動植物或萬物，均應以促進其整體族群的繁衍與幸福爲目的，而並非爲了提供人類觀賞爲目的，更不是爲了提供人類玩樂，或者役使爲目的，否則又將淪入從前的過失。

第三，就是在補償的態度上，應誠心誠意表現「知過能改」的態度，今後絕不再犯。而絕不能一面補償，一面又犯，否則彼此抵消，便毫無積極意義。另外，也不能自認爲在行善事而得意。因爲此等補償行爲本係贖罪補過，所以不能有任何驕矜之心，只能有深入懺悔之誠。

相信，唯有如此，人類以宗教性的救贖心情，盡心盡力補償，才能及早減少人類以往危害萬物的罪過，並儘快恢復自然景觀與生態平衡，那才是眞正萬物之幸，也才是全體人類之福！

㈥和平法治的原則

對於第六項原則，筆者認爲，應爲一切環保運動均深值遵守的基本過程──「和平法治」的原則。

換句話說，如果一家工廠造成污染，影響附近民衆生活，根據公平原則，政府自應依法令其補償，然而此等補償過程，却必須合乎兩項精神──一是和平，一是法治。

否則，如果民衆在索賠的過程使用暴力，不能和平，則本身也同樣變成施暴者，在理論上便與原先污染者同屬違法，原先有理的也變成無理，如何還能要求補償？尤其，如果其中施暴行爲變成強制封鎖工廠、脅迫停工等，則工廠反成爲受害者，理應就此也接受補償。如此循環糾纏不休，只有製造更多問題，而非解決問題之道。

另外，如果民衆索賠的方式不願根據科學鑑定，不能尊重客觀程序，而任憑主觀需求，或借機哄抬以逞私心，那同樣會變成某種敲詐與施暴的不當行爲，因而原先「受害者」的身份反而成爲「爲害者」身份。如此一來，應補償損失的工廠反倒成爲受害者，同樣可以要求補償，這就變成横生枝節，錯綜複雜，所以均非應有態度。

除此之外，比較常見的例子，便是政府如果必須要在某地興建公共設施，飛機場或捷運系統，而不能不影響當地生態或環境安寧時，或者不能不情商當地居民搬家時，此時便必須通過「和平」的方式眞誠溝通，並透過「法治」的途徑公平補償。唯有如此，才能將傷害減到最少，並符合整體公益。否則，任何一方如果情緒化採用暴力，或不顧法治程序，破壞公信力與公權力，均只有兩敗俱傷，形成更大傷害。

所以，眞正落實環保之道，最重要的仍在和平方法與法治途徑。如果法律不夠周延，自應即早修訂，然而此中過程也應透過和平與法治。唯有如此，才能眞正有效的解決環保問題。否則任何傾向暴力的街頭運動與煽情鼓動，只有更加迫使情勢複雜化，不能眞正解決問題，那反而會遠離環保的基本宗旨，並將環保當做政治鬥爭的工具，一旦如此，就尤非智者與仁者所應爲了。

第三節　今後環保應有的素養與共識

我們論述環保運動應有的素養，首先應瞭解民主運動應有的素養，因爲兩者不但相通，而且相互影響很大。

尤其，如果講民主而沒有民主素養，那麼這民主就容易變成空話。同樣情形，如果講環保而沒有環保素養，這種環保也是空話，這種環保運動不但不可能成功，而且很容易淪爲政治工具。

那麼，民主的基本素養應該是什麼？若用通俗的比喻來講，就是美國民主政治所謂的「運動員精神」（Sportsmanship）。

什麼叫做「運動員精神」？又可分成三項要點：一是公平競爭，二是遵守規則，三是服從裁判。這三種精神素養，不但很能說明民主運動的應有風度，同樣可以說明環保運動應有的風度。

首先第一項，便是公平競爭，也就是人人應該在公平的起點，各盡其能，而不能有任何作假或投機。

此所以在漢城舉行的世界奧運中，有位百米選手強生，涉嫌在比賽前服用興奮劑，結果雖然贏得第一，却因明顯不公平，也不名譽，所以大會決定取銷其資格。

民主政治也是如此，任何型態的「專政」，或者壟斷政治資源，採用不光明手段破壞公平原則，均係違反民主精神，即使得勝也勝之不武，更嚴謹一點說，即使雖勝猶敗。

同樣情形，環保運動也是如此。人與人之間，應公平競爭，以突顯公平性與平等性，人對萬物之間，同樣也應尊重平等性與公平性。人們在民主政治上不能壟斷政治資源，在生態與環保上，同樣不能壟斷自然資源，更不能具有駕凌萬物的心態，否則不但違背民主原則，同樣違背環保原則，歸根結柢，就是違反「公平性」。

第二項是遵守規則，也就是人人尊重客觀的規定，而不能有任何自我膨漲或自命特殊。

在民主政治中，這一項很重要，因爲民主代表多元社會，任何不同意見均可表達，然而均應遵守共同的規則，才能建立健康的民主政治。就此而言，反對人士雖然不能少任何一分權利，但也不能多任何一分特權。任何型態的「特權」，或者自命不同、不守規則，均係違反民主風度。尤其，民主風度主要表現在輸的一方能否遵守規則，坦然承認結果，唯有如此才能共同遵守「遊戲規則」，維繫民主制度。

同樣情形，環保運動也是如此。人與人應遵守規則，人與物也應遵守規則。人對人不能狡詐欺騙，人對物也不能設陷獵殺。另外，針對環境污染問題，如果需要賠償，有關各方也均應共同遵守規則，不能任由製造污染的一方狡賴，也不容受害者一方私自報復。唯有大家共同尊重客觀規則，謀求積極補救之道，才能眞正落實環保與生態保護。

第三項，便是服從裁判，也就是人人均應尊重裁判決定，不能以主觀成見自以爲是，更不能污辱裁判，破壞公權力。

在民主政治上，服從裁判，就是服從司法。若有爭端，訴諸司法後，輸的一方不能任意扭曲司法、誣衊司法，或將司法案件扭曲成政治化。否則如果反對人士只能贏不能輸，一旦犯法受刑，便成「政治迫害」，豈不形成「司法特權」，甚至「治外法權」，其中明顯很不公平。因而，唯有各界大衆普遍尊重司法，司法也眞正保持公正超然，才能維繫最後的正義與裁判。

環保運動亦係如此。環境污染是否已達處罰標準，或者公害補償應該理賠多少，這些均需透過客觀評鑑過程，必要時則應由司法決定。因而「服從司法」不但是保障民主的最重要修養，同時也是落實環保的最重要關鍵。尤其，環保法令是否週全、法令規章是否合理、以及執行法律是否徹底，均爲影響環保成果的重要因素，深值大家在尊重司法的原則下，共同努力及早改進！

以上是環保運動應該有的素養，從基本精神可以看出，與民主素養完全相通。

緊接著我們便應分析，如何根據前瞻性眼光，培養正確的環保共識？個人認爲，根據前述各種分析，也可歸納五項共識如下。

第一項共識是：「環保意識」與「環保知識」應該並重。

今天很多民衆環保意識逐漸高漲，然而因爲只有環保意識，缺乏環保知識，結果對很多重要公共建設均先持抗拒成見，如此便很容易影響公益，更造成未見其利，先見其害。

所以，筆者認爲，環保運動有兩隻腳——環保意識與環保知識，兩者缺一不可，必須相互並重，才能正常與健康的運作邁進。

準此而論，我們可以說，如果只有「環保意識」，而無「環保知識」，則如同瞎子，不知而行，形成盲目行動，這會非常危險。同樣，如果只有「環保知識」，而無「環保意識」，那麼，知而不行等於不知，也只如同跛子，無法行動。所以兩者皆非健全環保之道。

近年來台灣地區環保聲浪很高，固然很多頗有道理，但也有一些矯枉過正。以致有些因爲過份情緒化因素，爲反對而反對，而形成重大建設的遲滯。持平而論，對這些建設的推動並非不能反對，但重要的是要先經過客觀公正的評估，等眞正切實分析利弊後，「知然後行」，如此「環保知識」與「環保意識」並重，這種「知行合一」才能產生正確的行動，否則如果盲動、冒動，便很容易損及公益，也影響己利。

比如，部份民衆大聲反對五輕、六輕，但對「五輕」與「六輕」到底是什麼？連內容也說不清楚，對於何以會爲害，如何程度才算形成公害？也並不一定知道。這就是只用模糊的印象在反對，或者人云亦云的在反對。

另外，部分人士反對核能電廠，也是同樣情形，對於核能電廠的基本結構，如何才會構成爲害，也說不清楚，有些只是「談核色變」，而不清楚核能的和平用處——諸如x光醫療技術，只要用之得法，便並無安全顧慮，反而成爲不能缺乏的治病器材。尤其，對於日漸緊迫的電力缺乏，反對核能者總認爲不成問題，或者只是籠統地認爲反正另有辦法，但却又缺乏對供電情況的眞切知識，凡此種種，都是只有「環保意識」，而無「環保知識」的毛病。

針對這種現象，當然政府或相關單位，首先便有責任加強宣導與溝通。尤其民衆本來並無義務瞭解環保知識，基於一動不如一靜的大衆心理，有人反對在家鄉附近興建工廠，也是可以瞭解。因而此時政府尤需透過加倍的耐心與愛心，將有關環保知識客觀的反覆說明，然後才能眞正達到「政通人和」的境界。否則如果只是閉門造車，完全與民衆脫節，當然難免會因誤解而遭反對，如果其中再有政治人物煽惑，更易形成複雜的政爭問題，不能不加警惕。

另外，再比如說，都市中的綠地，具有多種功能，能夠降低溫度、減弱噪音、淨化空氣、消除污染，乃至增進居民休憩空間，提昇精神生活，擴充心胸靈性……等等，這些已經屬於非常明顯的環保知識。然而各地政府在都市計劃時，可曾根據環保意識，規劃應空出多少綠地？或者預訂以多少比例的綠地爲長期規劃標準？或者曾否研究國際標準應爲多少？凡此種種，却不一定有此意識，這便成爲另一極端的毛病——有環保知識，却無環保意識。

例如台北市氣温在民國七十九年八月，便曾經創下攝氏三十八度以上的高温，其原因之一，便係綠地愈來愈少，無法調整氣温，也無法透過綠地保護環境。由此可以警惕大家，今後各地市政單位首應站在環保立場，全力維護現有綠地，並且儘量再開闢新生綠地，這便成爲市政當局能否「環保意識」與「環保知識」並重的具體考驗。

此所以本文首先強調，「環保意識」與「環保知識」一定要能夠並重，才是正確推動環保工作的第一項共識。

第二項共識是：「群衆運動」與「個人力行」要能並重。

換句話說，環保工作不能只停留在街頭運動的層次，因爲街頭運動固然熱情有餘，但落實不足。這種群衆運動若能以和平理性方式進行，自然也具有相當的社會教育作用，並可以喚醒部分人心，但一方面應維護其過程不能變質，成爲暴力行爲成政治工具，二方面也應體認，環境保護能否眞正見效，仍賴每一國民身體力行，並賴每國民衆本身做起。諸如不要亂燒廢物、不要亂踩綠地、不要亂採花朵、不要獵殺動物、不要購買象牙或貂皮等動物製品，不要進食珍禽異獸、不要製造噪音、不要污染空氣、不要隨處抽煙等等，均需人人眞正實踐才行，如果有些人只知狂熱參與環保街頭運動，但自己却任意亂丟紙屑、製造噪音、破壞環境，怎麼可能眞正做好環保？

所以積極而言，任何一位國民如果發現他人有破壞環境的行爲，均應勇於挺身而出，保護環境萬物。諸如積極保護綠地、花草，積極保護動物、植物，積極保護環境整潔等等，都是人人可作，而且處處可做的事情。看似小事，却是所有大事的基礎。

老子有句名言，說得很好：「天下難事，必作於易，天下大事，必作於細。」[14]環保工作正是如此。看似大事，却必需從細節做起，看似難事，也必需從易處做起！唯有如此，環保工作才不會流於空話，也不會流於形式，更不會流於政治抗爭工具。

尤其，中國哲學一向注重力行，這對環保運動特別重要。此所以孔子強調，「聽其言」之後，還要「觀其行」。[15]例如對於平日主張環保運動的人士，更要觀察其是否穿著動物皮衣，間接傷害動物，也要看其是否亂踩草坪，亂丟紙屑，製造污染，製造噪音，也要看其是否使用象牙產品，或動物補品，凡此種種，宗旨都在督促每人能夠身體力行，從本身先做起。否則不論環保聲浪口號再高，如果連參與的人士都不能從本身力行，一切均屬空話。

此所以老子也曾經強調：

「上士聞道，勤而行之，中士聞道，若存若亡，下士聞道，大而笑之，不笑不以爲道。」[16]

這種精神對於環保工作也有同樣啟發——眞正誠心的環保之士，必定能夠勤勉力行，次一等的則是偶而爲之，「若存若亡」，更次一等的則是仍然認爲迂遠而大笑之。一個社會如果「中士」或「下士」成爲大多數，不能充份「勤而行之」，那就算群衆性的環保運動再多，個人不能力行，結果也是枉然。

因此，佛家特別強調，除了「善知識」外，必需同時具有「菩薩行」[17]，這對環保來講，尤爲眞切中肯。這代表不僅要有正確的環保善知識，同時更要有環保的菩薩行。另外陽明先生所強調的「致良知」，以及「知行合一」，[18]同樣均對環保教育深具啟發。

所以，凡此種種先賢寶訓，均在提醒我們，環保的群衆運動固然重要，但同樣重要的，則是每個人均應反求諸己，盡其在我，眞正身體力行。只要人人都能有此習慣，或者至少多數人均能有此共識，那才能收事半功倍之效。

第三項共識是：「外在法治」與「內在自覺」應該並重。

趙耀東先生擔任中鋼總經理時，曾經提到，中鋼之所以能在公營事業中一支獨秀，主要有三大寶：一爲儒家精神，二爲法家制度，三爲科學方法。

這「三大寶」，若運用在環保運動上，同樣極具啟發性，缺一而不可。

因爲，環保工作必需有科學做後盾，這是明顯的事實，不待多言。此所以「環境工程」與「環境科學」的發展日新月異，不論對環境生態的研究，或對生物資源、海洋生態的研究、乃至各種防制污染的研究，均離不開科學方法與科學技術，今後自應更加精益求精才行。

本文所要強調的是，除了上述科學以外，環保工作同樣需要哲學，這卻是至今很少人注意到的關鍵。此所以環境科學或環境工程等系所，雖然日益增多，但各大學能開「環保哲學」或「環境倫理學」課程的，却是幾乎沒有！

那麼，環境保護除了整體所需的哲學基礎外，環保運動還需要如何的哲學動力？

簡單的說，此即趙耀東先生所說的前兩項——儒家精神與法家制度，缺一而不可。

所謂儒家精神，在此便指內在倫理的覺醒，透過「克己復禮」，能夠自覺的節制，或者透過「忠恕之道」，能夠主動爲旁人著想，並爲萬物衆生著想。如果所有工廠資本家，均能有此自覺與職業倫理，在生產前即已充份考慮到防止公害，去除污染，則其效果比事後才彌補，顯然要人道很多，也有效很多。

然而，畢竟並非每一工廠老闆均能有此自覺，因而法家所代表的法治力量，在今天也不可或缺。「法家」在此並非指韓非或李斯一般的尊君法術，而是指管仲一般的崇法務實精神；就環保而言，這就代表有周延的立法，可行的規劃，以及執法的決心。不論對工廠污染的取締，或野生動物的保護，或各種生態的維護，均需先有明確的法令根據，然後再切實運用公權力執法，才能完成相當效果。

當然，話說回來，如果只注重法令的處分，而忽略內在的自覺，便會形成孔子所說：「民免而無恥」，[19]有些工廠或民衆可能陽奉陰違，但心中却無愧咎感，甚至還會伺機鑽法律漏洞，這就會使得環保人員疲於奔命，查不勝查，到最後仍然成效有限。

所以，環保工作若就整體效果而言，除了應加強外在法治外，必須同時提昇民衆內在的倫理精神，乃至於環保使命感，然後才能促使民衆做到「有恥且格」；並且能用積極的態度，以保護自然爲己任，從而取代消極的免於處罰態度，這才是眞正環保有效之道。

因此，欲達到此目的，環保教育便極其重要，環保文宣也深需推展，相信今後，也唯有透過加強環保教育與文宣，促使「外在法治」與「內在自覺」並重，才能根本而長久的解決環保問題。

第四項共識是：「人類文明」與「自然權益」應該並重。

這一項共識在提醒人類，在這個「地球村」中，並不只住著人類，另外還住有很多其他自然萬物。因此，除了人類文明需要發展外，也應尊重自然萬物的權益與生存空間。換句話說，人與自然萬物必須相互尊重忍讓，而不能只以人類爲自我中心，唯我獨尊，尤其不能任意駕凌萬類，甚至欺凌萬類。

在人類社會中，根據中國哲學的「仁道」精神，如果「目中無人」，或者「仗勢欺人」，是很壞的事情，同樣情形，既然我們肯定自然萬類與人類同樣平等，人類便尤需自我節制，不能「目中無物」，更不能「仗勢欺物」。

尤其，在「地球村」這個大環境中，很多其他生物早已居住在此千萬年、甚至億萬年以上，若論「資深程度」（亦即西方很重視的"seniority"），牠們才更有權利對這「地球村」事務發言，反觀人類文明自有文字歷史以來，不過數千年，看似很長，但比起其他萬類，仍然望塵莫及，此起整個宇宙生命，更如滄海一粟。因此這更提醒人類，要能公平對待其他萬類，千萬不能自大自傲，尤其不能將自己文明建築在自然萬類的犧牲之上。

換句話說，人類一定要能有這種胸襟，眞正做到「大其心」，以體認天地萬物本爲一體，然後才能眞正把對人的仁心，共同推廣到宇宙萬物，促進人與萬物的和諧並進，渾然同體。那才算眞正完成了人類生命的最高理想。

此所以西方環保學者也特別指出，人類本身的天賦人權，已經在近代被肯定，並且得到相當保障，今後緊接著，便應肯定自然界的權益（Rights of Nature），並且認眞加以保障。這種胸襟若借用儒家的話，便可說是從「己立而立人」，到達「己立而立物」，從「己達而達人」，到「己達而達物」。我們從這一點也可充份看出東西方哲人會通之處，深值大家共同體認與弘揚。

第五項共識，便是：「今生」與「來世」同樣重要。

現在環保運動常有一句口號：「爲後代子孫留一個純淨空間」，這一句話的確很發人深省，代表不要把地球的資源，在這一代通通用盡，也不要把純淨的空間，在這一代都污染絕盡。換句話說，人類除了顧到自己這一代生活品質外，同樣也應顧到以後世世代代的生活品質。

然而，這句話卻不能只被當成人類自我中心、或功利主義的口號。因爲人類不能只重視自己後代子孫的來生，同樣也應重視所有野生動物、植物、乃至萬物的來生來世。因此，根據環保哲學精神，「爲後代子孫保留純淨空間」，更應擴大成「爲自然萬類子孫均保純淨空間」。

因爲，眞正的環保精神，不但尊重人類生命，同樣也尊重自然萬物一切生命。因而能把自然萬物看成與人類同樣重要，肯定它們不但同樣有生命尊嚴，並且同樣也有子子孫孫。而它們的子子孫孫，也與人類的子子孫孫同樣重要，也應擁有同樣尊嚴與權益。

此所以美國環保科學專家韋勒（Jonathew Weiner）曾經發表著名的十大暢銷書之一《地球星球》（Planet Earth）特別呼籲世人，重視保護地球，另外，他在一九九〇年再出版了一本名著《論未來一百年》（The Next One Hundred Years），宗旨更在一一分析目前地球所受的各種環境污染，在未來一百年內會到如何嚴重程度。其結論是：人類如果「現在」再不立刻力謀改進，屆時「一切均已太遲」[20]，不論萬物的後代，或人類的後代，均將同遭重大劫難。這種前瞻性的警惕，尤其深值重視。

另如福克與卜朗婁專門針對地球的「温室效應」也曾出版一本名著：《温室效應的挑戰》（The Greenhouse Challenge），其中除了分析此一問題的由來以及解決之道，並在最後一章同樣強調，必需「保護未來」（Securing the future）[21]，否則今天如果再不做，明天將對後代更慚愧！

類似此等危機問題，可說不一而足，因此，人類唯有眞正體認到種種環境的重大危機，全心全力立刻改進，並且眞正大其心以體萬物，才能做到儒家所說：「贊天地之化育而與天地參」。[22]尤其，人類更應深知，不但這一代人類應該和諧的參贊天地化育，而且世世代代——與其它所有萬物的世世代代——也都應該和諧共處，化育並進，這才是眞正雍容恢宏的偉大胸襟！

所以，雖然儒家本身並不注重來世，此其所謂「不知生，焉知死」[23]，然而儒家重視孝道，重視尊親，重視生生不息，仍然代表肯定世代綿延創進的重要性。此中值得注意的是，儒家強調萬物並育而不相害，就是肯定除了人類應該生生不息外，一切萬物也應生生不息。這就充份強調了保護自然生態的重要性，尤其這種眼光並非從人類本位主義，或偏狹的功利主義出發，而是從普遍的「尊重生命」出發，所以更爲可大可久，深值重視。

另外，中國道家同樣重視歷史的綿延性，此所以莊子曾經明白強調，「指窮於爲薪，火傳也不知其盡。」[24]而且，道家強調「道無所不在」[25]，因此肯定不只人類應該薪火相傳，一切自然萬物也應薪火相傳，這就並非只從人類本位主義或功利主義角度出發，而能同時尊重萬物及其後代的生命性、平等性、與價值性，所以同樣深值體認。

至於中國大乘佛教，則明白肯定生命有來世與輪迴，因而更加清楚的強調，人類不能在本身今世造孽，否則可能在來世報應，尤其人類不能輕易殺生，否則輪迴結果，在來世本身也可能被殺，或可能墮入「畜牲道」，遭到同樣悲慘命運。

尤其，佛教思想肯定人生至少有三世——前世、今生與來世；這對民衆的環保教育，當更具警惕性與啟發性。其中強調「善有善報，惡有惡報，不是不報，時候未到」，對一般民衆，更有警世作用。特別是根據佛教，還有「現世報」，人們如果繼續破壞環境，很可能本身就遭到報應，自食惡果。這種看法更能當下驚醒一些麻木人心，同樣深值重視。凡此種種，都在提醒世人——今生與來世均同樣重要。

綜合而言，以上五項環保共識，重點均在融通二元對立的邊見，歸根結柢，同樣均根植於中國哲學重要的通性——中道哲學，因而其中基本精神，均在強調不偏不倚，大中至正，不但在態度上應該和平中正，在胸襟上，尤應開闊恢宏，眞正做到悲憫博愛的精神。

這種悲憫博愛的精神傳統，不但在政治哲學，可以形成「天下爲公」的風範，在環保哲學上，同樣可以形成「同情萬物」的風範。因此，今後唯有充份弘揚這種精神，人人從本身切實力行，以此將心比心，設身處地爲萬物著想，才能眞正愛護自然萬類，並且兼攝天地，尊重萬物生命，這才是眞正貫徹今後環保應有的正道！

美國南加州大學講座教授史東曾經本此精神，出版一本著作《地球與相關倫理》（Earth and Other Ethics），其中特別強調一種「道德多元論」（Moral Pluralism）[26]，肯定各種動物、植物、萬物均應受到尊重，形成眞正多元的世界。因而，它們一旦受到傷害或破壞，人類救治之道也應從多方面齊頭並進，才算眞正符合環境倫理的精神。

行政院環保署預定從民國八十年（一九九一）起展開「十大環保建設」，投資近三千億元新台幣，以全面提昇環境品質爲目標。其中多元並進的項目包括如下：㈠河川整治工程，㈡水庫水質保護工程，㈢事業廢水處理工程。㈣垃圾處理計劃，㈤事業廢棄物處理計劃，㈥空氣品質改善工程，㈦環境品質監測網路工程，㈧成立國家檢驗中心，㈨目的事業主管污染防治計劃，㈩加強推動環境影響評估。[27]

以上各項，眞正可稱洋洋大觀，非常完備，不但很能具體落實前述環境倫理學的重要精神，而且很能展現今後環保工作的正確方向，所以深值重視與推廣，並以此「台灣經驗」作爲中國大陸與開發中國家借鏡。

本來，西方在古希臘先蘇格拉底時期哲人，還有些頗具這種環保精神，例如，齊諾（Zeno, 335 B.C.）便曾強調，「人生目的，便是與自然和諧相處」㉘，只可惜這種精神在西方一直未能充份發展，直到如今環境危機四起，愈來愈加嚴重，才又重新警惕，加以省思。此所以美國環保專家柯立斯（Will Curtis）曾經出版《事物的本性》（The Nature of Things）一書，其中序文首先便引述齊諾上面名言，然後以各種實例說明，人類應如何與自然萬物和諧相處㉙。究其根本，仍在強調，應有一種悲憫與同情萬物的心靈。

這種體認，到近代西方可說逐漸受到重視，成爲重要思潮，此所以培根（Francis Bacon）也曾經強調：

「最高貴的靈魂，乃是最廣闊的悲憫精神。偏狹與墮落的心靈，雖然會認爲悲憫與其無關，但偉大的心靈卻永遠以悲憫爲懷。」㉚

根據培根，「最廣闊的悲憫精神」，足以擴大關懷到各種動物、植物、與萬物。⑫這正與中國「大其心以體天下之物」的精神相通，充份可見東西方哲人不謀而合之處。

另外，叔本華也曾經提倡同樣精神，並且明白指出：

「對一切萬物無限的悲憫，乃是對純正倫理行爲最明確、也最肯定的保證。」㉛

除此之外，叔本華並且曾經舉古印度人的宗教爲例，說明無限悲憫的感人精神：

「古印度人在祈禱後，通常有一段結語——我從來沒有看過如此感人的結語。那就是：希望所有萬物生命，都能脫離苦難！」㉜

此所以美國另外有一位環保專家貝瑞（Wendall Berry），同時也是位田園詩人與農夫，他根據田野中的眞切體認，曾經特別強調，人與自然應該邁向「持續的和諧」㉝，人類文化更應多從農業生活中擷取靈感，然後才更能親近自然，從而明瞭整個世界中，人與自然萬物均爲渾然同體。此中精神，強調要將人道感覺擴充到大地萬物，更與中國哲學同樣極能相通。

另外，史懷哲也深具同感，因而也曾明白指出：

「我們的文明缺乏人道的感覺。我們號稱人類，却遠不夠人道！」㉞

因此，他曾特別強調：

「任何宗教或哲學，如果不能肯定尊重生命，便不是真正的宗教或哲學。」[35]

由此可見，不論中外，眞正大哲均曾明確強調，應將關愛對象擴充到人類之外，眞正以「大其心」的精神，尊重一切山川、河流、草木、鳥獸、魚類等萬物生命。[36]唯有如此，才能幫助它們生命免於受苦受難，並且更積極的幫助它們完成生命潛能。這種情操，中外皆通，古今皆然，的確深值今後大力提倡與弘揚！

所以，總結而言，今後環保工作的最大動力，應當就是廣大無邊的仁心胸襟，也就是「對一切萬物無限的悲憫」。相信，唯有人人充份發揮這種仁心胸襟，才算充份盡到了人在天地之間應有的生命責任，也唯有如此，眞正同情體物，悲憫博愛，人類才能眞正做到物我合一，並且促進萬物共同完成生命潛能，那才是整個宇宙生命的最高境界與終極理想！

【註釋】

1 參見Leaders of America 's Foremost Environmental Organizations:"An Environmental Agenda for

The Future", Island Press, 1985,p.8,該書並將每一問題均專章分析，頗值借鏡。

❷ 同上，頁七。

❸ A.J.Toynbee,"A Study of History",London,1956, 7th ed. vol.II, especially pp.112–255.

❹ 孟子，〈告子章〉下。

❺ 易經，〈繫辭〉下傳，第七章。

❻ 孟子，〈告子章〉下。

❼ Karl Jaspers,"The Origin and Goal of History",N.Y.,1965,pp.257–267

❽ P.W.Tayler,"Respest for Nature",Princeton University Press,1986,p. 264,269,280,291,304.

❾ 孔子，《論語》，顏淵篇。

❿ 《大學》，第一章。

⓫ 豐子愷，《護生畫集》，台北新文學出版社，第三集，民國七十年台北出版，頁四。

⓬ 同上，頁四—五。

⓭ 同上，頁五。

⓮ 老子，《道德經》，六十三章。

⓯ 孔子，《論語》，公冶長篇。

⓰ 老子，《道德經》，四十一章。

⓱ 華嚴經，見〈入法界品〉。

⑱ 陽明先生，《傳習錄》，全書卷一，頁四。其中明白強調，「知是行之始，行是知之成。」

⑲ 孔子，《論語》，〈爲政篇〉。

⑳ Falk & Brownlow,"The Greenhouse Challenge", Penguin Books,N.Y.,1989,pp.237-258

㉑ Jonathan Weinar,"The Next One Hundred Years",Bantam Books,N.Y.,1990, Chap.8-9

㉒ 《中庸》，廿二章。

㉓ 孔子，《論語》，〈先進篇〉。

㉔ 莊子，〈養生主〉。

㉕ 莊子，〈齊物論〉。

㉖ Chriotopher D. Stone,"Earth and Other Ethics", Harper & Row, N.Y.,1987, especially pp.132-152

㉗ 參見台北聯合報，民國八十年一月二日第五版，環保署李慶中副署長公佈之資料。

㉘ Will Curtis,"The Nature of Things",The ECCO Press,N.Y.,1984, Preface,ix

㉙ Ibid,especially,pp. Chap.1-6

㉚ Francis Bacon, *Advancement of Learning* ,Quoted from "The Extended Circle",ed.by Wynne-Tyson, Paragon House, N.Y.,1989,p.7.

㉛ A. Schopenhauer,"On The Basis of Moraity"Quoted from "The Extended Circle", p.309

㉜ Ibid, p.309

㉝ Wendell Berry,"A Continuous Harmony: Essays Cultural and Agricultural",HBJ Book,N.Y., San

Diego,1975, especially pp.36–56, 86–96

㉞ Albert Schweitzer, *Letter to Aida Flemming*, 1959, Quoted from "The Extended Circle"p.315

㉟ Ibid, p.513

㊱ 張載，正蒙〈大心篇〉：「大其心，則能體天下之物。」

英文參考書目

1. Ausubel, J.H.(ed.)" Technology andEnvironment", National Academy Press, Washington D.C. 1989.
2. Beebe W.,(ed.),"The Book of Naturalists",princeton University press, 1988.
3. Berry. T,"The Dream of the Earth",Sierra ClubsBooks,1988.
4. Berry,Wendell,"A Continuous Harmony",A Harvest/HBJ N. Y., 1972.
5. Brennan,A,"Thinking About Nature",TheUniversity of Georgia Press,1988
6. Browning,Peter,"John Muir in His OwnWords",Great West Books,1988.
7. Carson, Rachel "Silent Spring",Houghton Miffinco., Boston,1962.
8. Cooper,(ed)"Redwood Empire",A. R. Collings.,1985.
9. Curtis,W,"The Nature of Things",ECCOPress,1984.
10. Dreyfus,H,"Mind Over Machine",Free Press,1986.

11. Ehrlich,P. R.,"The Machinery of Nature",ATouchstone Book,N. Y. ,1986.
12. Emerson,R. W.,"Nature", Beacon Press, Boston,1989.
13. "An Environmental Agenda for the Future",Island Press, Washington D. C,1985.
14. Falk & Brownbow, "The Greengouse Challenge"Penguin Books ,N. Y.,1989.
15. Fesle. E. W.,(ed.),"the Wilderness World of John Muir"Houghton Migglin Co. ,Boston,1954.
16. Fox, S. "The American Conservation Movement,"The University of Wisconsin Press, 1985.
17. Marsh,G. P.(ed). "Man and Nature",lst ed.1864.2nd ed,1965. Harvard University Press.
18. Muir,John,"Mountaineering Essays",Gibbs SmithInc. ,Salt Lake City,1980.
19. Nollman,J. "Spiritual Ecology", Bantham,N.Y.,1990.
20. Neill. R. V. & D. L. Deangelis,"A Hierarchical Concept of Ecosystems",Princeton University Press, Princeton,1986.
21. Paustenbach, D. (ed.),"The Risk Assessment of Environmental Hazards",Wiley Interscience,N.K.,1989.
22. Phillips,D. C. "Holistic Thought in Social Science", Stanford,1976.
23. Portney,P. R. "Public Policies for Environmental Pretection". Washington D. C. 1989.
24. Rebrov,M. "Save Our Earth",Mir Publishers, Moscow,1989.
25. Regan,Tom ,"The Case for Animal Rights,"University of California, Berkeley,1983.

26. Roosevelt,T. "Wilderness Writings",Gibbs SmithInc. ,1986.

27. Rolston,Holmes,III. "Philosophy Gone Wild:Environmental Ethics", Prometheus N.Y.,1989.

28. Serafini A. (ed.)"Ethics and SocialConcern",Paragon,N. Y. ,1989.

29. Sessions,Dewell,"Deep Ecology",Peregrine SmithBooks, Salt Lake City,,1985.

30. Shrader-Frechette, K. S.,"EnvironmentalEthics",The Boxwood Press. Ca,. 4th.ed., 1988.

31. Stone,C.D.,"Earth and Other Ethics",Harper & Row,N.Y.,1987.

32. Udall,S. L,"The Quiet Crisis and the NextGeneration",Gibbs Smith Inc. ,1963.

33. Van De Veer, D. & Pierce, C., (eds.) "People ,Penguins,and Plastic Trees",Wadsworth Publishing Co.,California,986.

34. Vesilind,A. S.,Gunn,P. A,"Environmental Ethicsfor Engineers",Lewis Publishers, Inc. 1988.

35. Waterman,Laura & Guy,"Backwoods Ethics",Stone Wall Press,Washington D. C. 1982.

36. Weiner,J. "The Next one Hunderd Years", Bantham,N. Y. ,1990.

37. Wolfe,L. M. "The Life of John Muir", TheUniversity of Wisconsin Press, 1973

38. Wynne-Tyson(ed.)"The Extended Circle", Paragon House, N. Y.,1989.

39. "Environmental Ethics"Quartly,Georgia University,1979-1990.

【附　註】

一、本參考書目爲本著作撰寫中重要參考書目，亦可視爲當今西方環保哲學中主要參考書目。

二、本著作之中文參考書目分見於各章註解中，謹請從略。

本書作者著作目錄

1.《易經之生命哲學》，民國六十二年，台北天下圖書公司。

2.《青年與國難》，民國六十三年，台北先知出版社。

3.《哲學與現代世界》，民國六十四年，台北先知出版社。

4.《文化哲學面面觀》，民國六十五年，台北先知出版社。

5.《華夏集》，民國六十六年，台北先知出版社。

6.《孔子與馬克斯之比較研究》，民國六十七年，（英文本），美國波士頓大學博士論文，後由台中東海大學出版。

7.《哲學與國運》，民國六十八年，台北問學出版社。

8.《中國人的人生觀》，民國六十九年，中譯本，台北幼獅公司。

9.《新馬克斯主義批判》，民國七十年，台北黎明公司。

10.《三民主義研究》，民國七十一年，（合著本），台北政大公企中心印行，中央文物供應社出版。

11.《中國哲學與三民主義》，民國七十二年，台北時報文化出版公司。

12.《中國哲學的現代意義》，民國七十四年，（英文本），台中東海大學出版。

13.《民族精神論叢》，民國七十五年，台北黎明公司。

14.《超越新馬克斯主義》，民國七十六年，台北嵩山出版社。

15.《國父思想之理論與實踐》，民國七十七年，（合著本），台北大海文化公司。

16.《丹心集》，民國七十八年，台北黎明公司。

17.《蔣經國先生的思想與精神》，民國七十八年，台北黎明公司。

18.《中國古代美學思想》，民國七十九年，台北學生書局。

19.《環境倫理學——中西環保哲學比較研究》，民國八十年，行政院環保署。

20.《天人合一》，民國八十年，國家文藝基金會印行。

國家圖書館出版品預行編目資料

環境倫理學：中西環保哲學比較研究

馮滬祥著. – 初版. – 臺北市：臺灣學生，民 80

32,736 面；21 公分

參考書目：面 731-734

ISBN 957-15-0204-9 (平裝)

1.環境保護 – 哲學，原理

445.011 80001634

環境倫理學（全一冊）

著作者：馮滬祥

策劃者：行政院環境保護署

出版者：臺灣學生書局

發行人：孫善治

發行所：臺灣學生書局

臺北市和平東路一段一九八號

郵政劃撥戶：〇〇〇二四六六八號

電話：(〇二)二三六三四一五六

傳真：(〇二)二三六三六三三四

E-mail: student.book@msa.hinet.net

http://studentbook.web66.com.tw

本書局登記證字號：行政院新聞局局版北市業字第玖捌壹號

印刷所：宏輝彩色印刷公司

中和市永和路三六三巷四二號

電話：二二二六八八五三

定價：平裝新臺幣五六〇元

西元一九九一年六月初版

西元二〇〇二年十月二刷

19007

ISBN 957-15-0204-9 (平裝)